21世纪高等院校通识教育规划教材

U0649535

就业指导与职业规划

（修订版）

朱永平 主编

人民邮电出版社

北 京

图书在版编目（ＣＩＰ）数据

就业指导与职业规划 / 朱永平主编. -- 2版（修订
本）. -- 北京 ：人民邮电出版社，2012.9（2016.6 重印）
21世纪高等院校通识教育规划教材
ISBN 978-7-115-28792-2

Ⅰ．①就… Ⅱ．①朱… Ⅲ．①大学生－就业－高等学
校－教材 Ⅳ．①G647.38

中国版本图书馆CIP数据核字(2012)第188355号

内 容 提 要

本书结合大学生的就业现状，概要介绍我国大学生的就业制度与政策，职业生涯规划的概念、理论和方法，就业准备，笔试及面试礼仪，就业的权益维护，职业适应与职业发展，创业谋划，创业融资，创业风险，创业企业的设立等。书中既有理论方面的深入阐述，又有切合大学生职业发展实际的能力训练、操作方法。本书不仅有利于引导大学生正确对待就业难题，从容应对就业竞争，而且还可以帮助他们树立职业目标，合理规划自己的大学学业，为大学生个人职场成功奠定基础。

本书可作为大学生就业指导与职业生涯规划方面的通识教育教材，也可作为高校相关教职人员的参考书。

21 世纪高等院校通识教育规划教材

就业指导与职业规划（修订版）

◆ 主 编 朱永平
　　责任编辑 董 楠

◆ 人民邮电出版社出版发行　　北京市丰台区成寿寺路 11 号
　　邮编 100164　 电子邮件 315@ptpress.com.cn
　　网址 http://www.ptpress.com.cn
　　三河市海波印务有限公司印刷

◆ 开本：787×1092　1/16
　　印张：17.5　　　　　　　　2012 年 9 月第 2 版
　　字数：446 千字　　　　　　2016 年 6 月河北第 7 次印刷

ISBN 978-7-115-28792-2

定价：36.00 元

读者服务热线：(010)81055256　印装质量热线：(010)81055316
反盗版热线：(010)81055315

前言
Preface

　　当前，我国正处在加快建设小康社会、促进经济结构调整和增长方式转变的关键时期，需要大量高素质的劳动者。高校毕业生是我国宝贵的人力资源，是现代化建设的重要生力军。党和政府高度重视高校毕业生就业工作，把大学生就业放在当前就业工作的首位，采取积极有效的措施促进高校毕业生充分就业。

　　当前我国宏观就业形势严峻。高校毕业生规模逐年增加，2012 年达到 680 万人，就业压力更加突出，就业工作任务十分艰巨。对大学生进行就业指导与职业生涯规划教育，对于提升当代大学生个人竞争实力、充分实现个人价值、保持学校的健康发展、维护社会的和谐与稳定都有着十分重要的意义。我们结合我国普通高校和高职高专院校开展就业指导教学的实际情况，集合国内职业规划专家和一线专职教师共同编写的这本教材，可作为我国高校开设职业发展与就业指导课的教材。

　　本书针对高校毕业生择业方面存在的问题，从就业制度、职业认知、职业生涯规划、就业准备、求职面试技巧、就业权益保障、自主创业、创业教育、社会适应与职业发展等方面予以指导，具有较强的实用性。本书在编写中借鉴了当前毕业生就业指导方面的最新理论成果和实践经验，力求突破传统，有所创新，既立足实用性，具备指导功能，又注重方向性，富有教育意义。与目前教材市场上的其他同类教材相比，本书具有以下特点。

　　（1）紧密结合高校大学生创业教育的实际情况。本书加强了创业教育与创业实务的内容，把创业意识的引导与创业实务结合起来，从大学生的创业意识培养、创业素质的提升以及创办企业的具体流程等方面进行全面阐述，引导大学生树立创业意识与创业精神。

　　（2）紧密结合高校大学生就业实际情况。本书结合当前我国大学生的就业制度，从企业对人才的素质要求入手，详细阐释大学生就业的政策、流程、礼仪和素质能力准备，全面提升大学生的就业能力。

　　（3）紧密结合高校就业指导实际情况。本书全面涵盖教育部颁布的《大学生职业发展与就业指导课程要求》（教育厅〔2007〕7 号）的内容，对涉及就业指导、职业咨询等方面的理论和工具进行详细介绍，完全满足高校就业指导教师的需要。

　　教师在讲授本教材内容时，可根据本校具体的教学计划和教学条件等实际情况，对书中内容进行选择，对相应的学时进行适当的增减。以下是建议学时分配表。

建议学时分配表

内　　容	讲　授　课　时
第一章　就业制度与就业政策	2
第二章　职业发展认知	2
第三章　职业生涯规划理论基础	4
第四章　职业生涯规划制定与实施	4
第五章　就业准备	4
第六章　面试与笔试	4
第七章　就业权益与保障	2
第八章　职业适应与职业发展	2
第九章　创业概述	2
第十章　创业谋划	4
第十一章　创业融资	2
第十二章　创业风险	2
第十三章　创业企业的设立	2
总学时	36

　　本书不仅可以作为大学生就业指导、职业生涯规划及创业教育方面的通识教育教材，也可以作为高校相关教职人员的参考书。

　　在本书的编写过程中，参考和使用了有关资料，在此谨向这些资料的作者致以诚挚的谢意，如果有权利人对本书所使用资料的版权有异议，请致电 67132839 与相关人员联系。

　　由于时间仓促和编者水平有限，书中难免存在不足之处，恳请广大读者给予批评指正。

编　者

2012 年 6 月

目录

Contents

就业指导与职业规划（修订版）

第 一 章

就业制度与就业政策

目前，我国的市场经济正在不断完善，经济结构发生了很大变化，对人才的需求也相应地发生了变化。这些变化导致高校毕业生就业出现了暂时的结构性困难，尤其是 2008 年美国次贷危机引发全球金融危机，使就业形势更加严峻。虽然"双向选择"、"自主择业"是当前大学生就业的基本制度，但"自主择业"并非自由择业，不同地区接收毕业生的办法不尽相同。因此，掌握毕业生就业的相关制度和政策，了解就业市场的动态，是大学毕业生顺利就业的前提。

第一节 就业制度

大学生就业制度作为高等教育体制的组成部分，必须与我国的生产力和经济、政治体制以及其他体制改革相适应，并随着各项体制改革的深化而不断深化。

一、就业制度的历史沿革

在计划经济条件下，高校学生的培养和分配均以计划为导向，政府是整个招生就业过程的核心。在市场经济条件下，培养和分配模式转变为以市场为导向，学生和用人单位是就业过程的主体和核心，政府的作用主要在于降低"市场失灵"的影响，对高等教育招生、培养、就业等实行宏观调控。从"统包统配"到"自主择业"，我国高校毕业生就业制度的变革大体可以划分为以下几个阶段。

1. "统包统分"和"包当干部"阶段

这一阶段由 1950 年持续到 1976 年。我国大学毕业生分配就业工作始于 1950 年，当年全国共分配了 17 万多名大学毕业生，中央要求 90%～95% 的毕业生服从统一分配。当时对毕业生不是采取强迫命令，而是通过组织动员工作说服多数毕业生服从国家分配。

1951 年 10 月 1 日，原中央人民政府政务院发布的《关于改革学制的规定》中进一步明确规定了"高等学校毕业生之工作由政府分配"的制度原则。在第二年印发的毕业生统一分配方案中规定：由原中央人民政府人事部制定全国高等学校毕业生科系人数调配表，各大行政区按计划调配。从此，高度集中的毕业生计划分配管理制度开始形成。这种制度与我国社会主义建设初期的生产力状况、经济政治体制相适应，有力地促进了我国社会主义经济建设和其他各项事业的发展。

2. "统包统配"到"双向选择"的过渡阶段

这一阶段由 1977 年持续到 1984 年。1977 年恢复全国统一的招生考试制度。1981 年，国务院批转了当时的国家计划经济委员会（以下简称国家计委）等《关于改进 1981 年普通高等学校毕业生分配工作的报告》，确定在国家统一计划下，对毕业生分配实行"抽成调剂，分级安排"的办法。1983 年，国务院批转了当时的国家计委等《关于 1983 年全国毕业研究生和高等学校毕业生分配的报告》，决定实行学校与用人单位直接见面的就业办法，即"供需见面"，使培养、分配与使用更好地结合起来。清华大学等一批高校率先开展了毕业生和用人单位供需见面的活动。

这种供需见面、政策公开的做法，打破了多年来就业政策、就业计划的神秘性，使毕业生不再感觉被蒙在鼓里，从实质上已经接近于双向选择的就业方式。

3. 从计划分配到社会选择就业制度的探索阶段

这一阶段由 1985 年持续到 1992 年。1985 年 5 月 27 日中共中央发布了《中共中央关于教育体制改革的决定》，标志着中国教育体制改革正式启动，也标志着我国从计划导向到市场导向的高校毕业生就业制度改革正式拉开帷幕。

根据《中共中央关于教育体制改革的决定》的精神，1989 年国务院批转了当时的国家教委、国家计委和财政部提出的《高等学校毕业生分配制度改革方案》（即"中期改革方案"），决定逐步将毕业生计划分配就业制度改为社会选择就业制度，1989 年以后入学的学生实行在一定范围内双向选择、择优录用的办法。

对于国家任务招生计划招收的学生，毕业后可在国家方针、政策指导下，按照有关规定在一定范围内选择职业，用人单位择优录用；联合办学、委托培养的学生，毕业后到合同规定的地区、行业或单位择优录用；自费生毕业后自主择业，也可以请学校帮助推荐就业。

4. "双向选择、自主择业"制度的逐步确立阶段

这一阶段由1993年持续到2000年。1993年2月13日中共中央、国务院印发了《中国教育改革和发展纲要》，标志着"双向选择、自主择业"高校毕业生就业制度改革的全面铺开。

1997年，教育部颁布的《普通高校学校毕业生就业工作暂行规定》提出，供需见面和双向选择活动是落实毕业生就业计划的重要方式；实行招生"并轨"改革学校的毕业生在国家就业政策指导下，在一定范围内自主择业；毕业研究生在国家规定的服务范围内就业。2000年，教育部决定将毕业生就业"派遣证"改为"报到证"，标志着"双向选择、自主择业"高校毕业生就业制度改革的确立。

这期间，国家还出台了一系列其他关于就业制度改革的重要文件，确保了"双向选择，自主择业"就业制度改革的稳步推进。

5. "双向选择，自主择业"制度的完善阶段

这一阶段由2001年持续至今。2002年，国务院办公厅转发的《关于进一步深化普通高等学校毕业生就业制度改革有关问题的意见》（国办发〔2002〕19号），明确提出了市场导向就业的方针，指出引导高校毕业生到基层、到中小企业就业是解决高校毕业生就业问题的主要途径。

2003年，国务院办公厅发出《关于做好2003年普通高等学校毕业生就业工作的通知》（国办发〔2003〕49号），明确了改革方向和工作重点，初步形成了新时期高校毕业生就业工作的政策框架。

2005年，中共中央办公厅、国务院办公厅印发了《关于引导和鼓励高校毕业生面向基层就业的意见》（中办发〔2005〕18号），就做好引导和鼓励高校毕业生面向基层就业工作提出了具体意见，就鼓励和支持高校毕业生到基层自主创业和灵活就业、建立高校毕业生就业见习制度、选调生制度等方面做了具体部署。

二、现行毕业生就业制度

现行的大学生就业制度由毕业生就业的有关方针政策、就业管理体制和服务保障体系、大学生人才市场等方面的内容构成。

1. 就业工作管理体制

高校毕业生就业实行中央和地方两级管理，以地方管理为主的工作体制。中央建立由国务院有关部门参加的高校毕业生就业工作联席会议制度，定期研究、协调解决工作中的重大问题。

截至2004年7月，全国各省、自治区、直辖市人民政府都按照要求建立了高校毕业生就业工作领导协调机制。

2. 完善尚未就业毕业生的有关政策规定

对毕业离校时未落实工作单位的高校毕业生，本人要求户口和人事档案保留在学校的，按规定保留两年（部分地区政策有所调整，以学生毕业当年政策为准）。在此期间，档案管理机构对保管其档案免收服务费用；本人要求将户口转回入学前户籍所在地的，公安机关应当按照户籍管理规定为其办理落户手续，人事、教育部门所属人才交流服务机构负责办理相关手续。本人落实

工作单位前，人事部门所属人才交流服务机构免费为其提供人事代理服务。落实工作单位后，公安机关按有关规定为其办理户口迁移手续。

3. 大学生就业的服务保障体系

大学生就业的服务保障体系主要包括：毕业生就业指导和服务体系、劳动关系调整体系、职业技能开发体系、社会保障服务体系、宏观调控体系、法律法规体系等，建立健全执法监督机制和法律服务机构，以规范市场主体行为和秩序，保护毕业生和用人单位的权益，使毕业生就业市场在公平、公正的健康环境中运行。

4. 就业见习制度

为帮助回到原籍、尚未就业的高校毕业生提升就业能力，促进供需见面，尽快实现就业，建立高校毕业生就业见习制度。

毕业生见习期限一般为 6 个月，最长不超过 1 年；在见习期间被见习单位正式录（聘）用的，在该单位的见习期可以作为工龄计算；为见习生办理人身意外伤害保险。见习活动结束后，由见习单位对高校毕业生进行考核鉴定，出具见习证明，作为用人单位招聘和选用见习高校毕业生的依据之一。

为完善离校未就业高校毕业生见习制度，鼓励见习单位优先录用见习高校毕业生，国务院办公厅 2009 年 2 月发出通知要求，见习期间由见习单位和地方政府提供基本生活补助，提出从 2009 年起，用 3 年时间组织 100 万未就业的高校毕业生参加见习。

> **重要提示** 见习期满未被见习单位录用的高校毕业生，可继续享受政府提供的免费就业信息和各类就业服务；对有创业愿望的，有关机构将提供项目开发、方案设计、风险评估、开业指导、融资服务、跟踪扶持等"一条龙"创业服务。

5. 就业准入制度

就业准入制度是根据《中华人民共和国劳动法》（以下简称《劳动法》）和《中华人民共和国职业教育法》（以下简称《职业教育法》）的有关规定，对从事技术复杂、通用性广，涉及国家财产、人民生命安全和消费利益的职业（工种）的劳动者，必须经过培训，并取得相应职业资格证书方可就业上岗的制度。

就业准入制度是经济社会发展的需要，也是国际上通行的做法。劳动者要进入相关行业就必须获得相关的资格证书，如医生、教师、律师等。

职业资格证表明劳动者具有从事某一职业所必备的学识和技能，是劳动者求职、任职、开业的资格凭证，是用人单位招聘、录用工作人员的主要依据。大学生如果在校期间获得相关的职业资格证书，将为自己的求职择业增添砝码。

6. 大学生人才市场

大学生人才市场是社会主义人才市场的组成部分和特殊实现形式，是针对应届毕业生这一特定群体就业特点而建立、专门为大学生和用人单位之间实现双向自主选择、供需优化配置的服务场所，是高校毕业生就业过程中涉及的各种社会关系的总和。

人才市场的任务是举办就业洽谈、进行供需信息交流、开展咨询服务等活动，通过市场作用使大学毕业生找到合适的工作，用人单位得到所需的人员。其基本职能是依法组织市场，根据法律和市场规范运作；维护进入市场的供需双方合法权益，使双方在市场中处于完全平等的地位，保证公开公正地进行双向选择；监督运作过程和达成协议的合理合法性；在双方出现争议时，依法据理进行调解。

大学生人才市场分为有形市场和无形市场两部分。有形市场是指有固定和明确的场所，有固定和明确的开放时间和地点，具有特定参加对象的大学毕业生就业市场。无形市场是指不受特定时间和空间的限制，由毕业生和用人单位自行选择的就业市场。其主要特征是没有具体的时间、地点和固定的场所，它是无形的，但又是客观存在的。例如：人才信息网、高校毕业生就业服务网、单位招聘网站等网络媒体，单位和求职者通过报刊、电视等媒介进行沟通和选择，也属于无形市场的范畴。

第二节 就业政策

近年来随着高校的不断扩招，大学毕业生人数骤增，大学毕业生的就业形势显得相当严峻。为有效缓解大学生就业危机，切实帮助大学毕业生解决就业难题，国家不断出台新的就业政策，突出表现在：2003 年一年内，包括国务院办公厅、教育部、财政部等在内的有关部委、部门及团体共出台 14 个有关大学生就业的配套文件，无论从数量上、内容上、范围上，都史无前例；2007 年 8 月 30 日，十届全国人大常委会第二十九次会议表决通过了就业促进法，该法于 2008 年 1 月 1 日起实施，为扩大就业、发展和谐劳动关系带来了福音。大学生就业政策不断丰富和发展，对做好大学毕业生就业工作起到了极大的促进作用。

一、当前我国大学生就业的总政策

大学生就业的总政策主要包括认清形势、深化改革；完善高校毕业生就业工作管理体制；调整人才培养结构；鼓励人才合理流动；完善尚未就业高校毕业生的有关政策；整顿和规范高校毕业生就业市场程序；加强对高校毕业生的思想教育和领导；转变用人机制，拓宽高校毕业生就业渠道；发挥市场作用，建立高校毕业生社会服务体系等方面的原则规定。

2009 年 3 月，教育部下发《国家促进普通高校毕业生就业政策公告》，对毕业生就业政策做出了具体部署。

1. 鼓励高校毕业生到基层、到中西部地区就业

（1）对到农村基层和城市社区公益性岗位就业的毕业生，给予社会保险补贴和公益性岗位补贴。对到农村基层和城市社区其他社会管理和公共服务岗位就业的毕业生，给予薪酬或生活补贴。

（2）对到中西部地区和艰苦边远地区县以下农村基层单位就业并履行一定服务期限的，由政府补偿学费，代偿助学贷款。

（3）对有基层工作经历的，在研究生招录和事业单位选聘时优先录取。

（4）对参加"选聘高校毕业生到村任职"、"三支一扶"（支教、支农、支医和扶贫）、"大学生志愿服务西部计划"、"农村义务教育阶段学校教师特设岗位计划"等项目的，给予生活补贴，按规定参加社会保险。项目服务期满并考核合格的，报考硕士研究生初试总分加 10 分，高职（高专）学生可免试入读成人本科。今后相应的自然减员空岗全部聘用参加项目服务期满的高校毕业生。

2. 鼓励高校毕业生应征入伍服义务兵役

（1）由政府补偿学费，代偿助学贷款。

（2）在选取士官、考军校、安排到技术岗位等方面优先。

（3）退役后参加政法院校为基层公检法定向岗位招生考试时，优先录取。

（4）具有高职（高专）学历的，退役后免试入读成人本科。或经过一定考核，入读普通本科。

（5）退役后报考硕士研究生初试总分加 10 分。荣立二等功及以上的，退役后免试推荐入读硕士研究生。

3. 积极聘用优秀高校毕业生参与国家和地方重大科研项目

高校毕业生在参与项目研究期间，享受劳务性费用和有关社会保险补助，户口、档案可存放在项目单位所在地或入学前家庭所在地人才交流中心。聘用期满，根据需要可以续聘或到其他岗位就业，就业后工龄与参与项目研究期间的工作时间合并计算，社会保险缴费年限连续计算。

4. 鼓励和支持高校毕业生到中小企业就业和自主创业

（1）对企业招用非本地户籍的普通高校专科以上毕业生，各地城市应取消落户限制（直辖市按有关规定执行）。

（2）为到中小企业就业的高校毕业生提供档案管理、人事代理、社会保险办理和接续等方面的服务。

（3）从事个体经营符合条件的，免收行政事业性收费并享受国家相关扶持政策。

（4）登记失业并自主创业的，如自筹资金不足，可申请 5 万元小额担保贷款。对合伙经营和组织起来就业的，可按规定适当提高贷款额度。

（5）参加创业培训的，按规定给予职业培训补贴。

（6）灵活就业并符合规定的，可享受社会保险补贴政策。

5. 强化对困难家庭高校毕业生的就业援助

（1）就业困难和零就业家庭的高校毕业生，享受公益性岗位安置、社会保险补贴、公益性岗位补贴等就业援助政策。

（2）机关、事业单位免收招聘报名费和体检费。

（3）高校可根据实际情况给予适当的求职补贴。

（4）对离校后未就业回到原籍的高校毕业生，由各地公共就业服务机构免费提供就业服务并组织就业见习和职业技能培训。

二、当前我国大学生就业的具体政策

大学生就业的具体政策主要包括就业过程中的工作程序、纪律、各项具体规定，以及在不违背国家法律和相关政策规定的前提下，各地根据地方需要所制定的政策措施等。

1. 2011 年 11 月 10 日教育部发布的《关于做好 2012 年全国普通高等学校毕业生就业工作的通知》（教学〔2011〕12 号）提出做好 2012 年大学生就业工作的 8 条措施。

（1）继续把高校毕业生就业工作摆在突出重要位置。

① 明确工作思路和目标任务。各省级主管部门、各高校要深入贯彻落实党的十七届六中全会、《国务院关于进一步做好普通高等学校毕业生就业工作的通知》（国发〔2011〕16 号，以下简称国发 16 号文件）精神，把 2012 年作为"落实年"，切实加大政策和工作落实力度，加快建

立和完善高校毕业生就业服务体系，继续大力推进就业优质服务，全面促进高校毕业生就业。确保 2012 年高校毕业生离校时初次就业率基本稳定、就业人数持续增加；毕业生就业质量进一步提高；基层就业、自主创业、困难帮扶、指导服务等重点工作取得新突破；制度建设和长效机制建设取得新进展。

② 切实加强组织领导。各省级主管部门主要负责同志和高校的"一把手"要切实加强领导，把高校毕业生就业工作放在突出重要的位置，纳入重要议事日程，明确任务，强化责任，狠抓落实。各省级主管部门要加大部门协调力度，形成工作合力，完善相关政策，在年底前制定并出台本地贯彻国发 16 号文件的措施。各高校也要根据国发 16 号文件的部署要求，制定相应的措施办法。

（2）引导和鼓励高校毕业生到城乡基层、中西部地区、艰苦边远地区和部队建功立业。

① 继续实施好各类基层就业项目。各省级主管部门、各高校要与有关部门密切配合，统筹实施好"农村教师特岗计划"、"西部志愿者计划"、"三支一扶计划"、"到村任职计划"、"农技特岗计划"等项目。同时，各地要根据地方城乡建设需求，在城市社区及农村教育、卫生、科技等方面积极设立地方项目。要推动出台本省高校毕业生到中西部地区和艰苦边远地区基层单位就业的学费补偿和助学贷款代偿办法。要高度重视教育部直属师范大学免费师范毕业生的就业工作，切实做好招聘录用、落实岗位、离校服务等工作，确保到中小学任教有岗有编。

② 进一步拓宽毕业生基层就业渠道。各省级主管部门要配合有关部门落实好鼓励中小企业、微型企业吸纳毕业生的有关政策，积极为中小企业招聘高校毕业生搭建平台，充分发挥中小企业吸纳高校毕业生就业的主渠道作用。要主动配合有关部门，积极引导毕业生到城乡社区公共文化服务岗位就业；积极拓展服务外包领域，进一步扩大服务外包企业吸纳毕业生规模。高等学校要紧密结合国家产业发展和技术进步需要，在所承担的重大科研项目中聘用高校毕业生，完善并落实协议签订、户籍管理、待遇保障、考核激励等方面的政策。

③ 做好高校毕业生入伍预征工作。鼓励高校毕业生入伍服义务兵役，对于加快实施人才强军、科技强军战略，促进青年学生健康成长，具有重要意义。各地教育部门、高校要与兵役部门密切配合，做好 2011 年冬季征集高校应届毕业生入伍工作。同时，2012 年上半年，要及早启动、精心谋划开展"预征工作周"等活动，大力宣传国家有关政策和毕业生在部队锻炼成长、建功立业的优秀事迹，动员广大毕业生报名预征，确保完成预征工作目标任务。2011 年底，2009 年征集的高校毕业生士兵将退出现役，各省级主管部门、高校要根据《教育部办公厅关于做好普通高职（专科）毕业生服义务兵役和"下基层"服务期满后接受本科教育招生工作的通知》（教学厅〔2009〕6 号）要求，制定具体实施办法，确保符合条件的高职毕业生士兵退役后享受免试入读成人本科、单独考试入读普通本科等政策；参照应届毕业生政策为退役毕业生办理就业报到手续和迁转户口档案，并提供重点推荐、就业指导等服务，努力实现征与用、征与退的良性循环。

（3）全面推进大学生创新创业工作，力争实现创业人数进一步增加。

① 全面加强创新创业教育和创业基地建设。各省级教育行政部门、各高校要把创新创业教育作为培养创新型人才的重要途径，普遍建立地方和高校创新创业教育指导中心等机构，积极开发创新创业类课程，并纳入学分管理。要探索建立聘用企业家和创业成功人士担任创业导师、学校专职教师到用人单位挂职锻炼双向交流的有效机制。广泛开展创业大赛、创业模拟等实践活动，着力提升学生的创新精神、创业意识和创业能力。要大力建设创新创业教育实践、实习和项目孵化基地等创新创业平台，积极推进"大学生创业示范基地"、"大学生创业教育示范校"建设。

② 进一步加强创业政策扶持和创业服务。各省级主管部门、各高校要在资金、项目、技术、培训等方面对大学生创业给予更多扶持。要设立创新创业教育专项资金和扶持大学生创业的资

金，继续做好《高校毕业生自主创业证》审核发放工作，配合落实好减税、贴息贷款、培训补贴、落户等政策。要组织开展政策咨询、项目开发、风险评估、开业指导、融资服务、跟踪扶持等"一条龙"服务，完善教育部"全国大学生创业服务网"，鼓励更多高校毕业生自主创业。

（4）以课程建设和信息化建设为重点，大力提升高校就业指导服务水平。

① 加强就业指导课程建设和咨询指导。各高校教务、学生工作、就业等部门要形成合力，共同推进就业指导课程建设；有条件的高校要成立就业创业指导教研室，深入开展就业指导工作研究，建立职业生涯发展和就业创业指导课程体系。要结合实际，为学生提供个性化辅导，提高就业指导的针对性和有效性。

② 加强就业指导服务机构和队伍建设。为积极应对就业工作新形势，不断满足毕业生日益增长的对就业指导服务的需要，各省级主管部门、各高校要确保高校毕业生就业"机构、人员、经费、场地"四到位，加快建设一批省级和高校示范性就业指导服务中心。积极争取公共就业资金对高校毕业生就业工作的投入。要加快推进就业指导教师、新任就业指导中心主任培训计划，把西部高校就业指导教师培训纳入"东部高校对口支援西部高校计划"项目。积极开展"就业指导名师评选"，落实普通高校就业指导专职教师纳入专业技术岗位系列的政策，着力提升就业指导队伍专业化水平。

③ 加强就业市场和信息化建设。各高校要充分发挥就业服务主渠道作用，积极主动联系用人单位，特别要加强与西部地区和县（市）等基层单位的合作。要逐步探索建立国家战略性新兴产业人才需求与高校毕业生就业对接机制。要大力推进就业信息化建设，建立健全统一、规范的信息标准，2012 年 7 月前要全面推广使用"全国大学生就业信息服务一体化系统"，积极探索使用手机信息报、微博等新媒体手段，建立和完善高校毕业生就业供求信息共享机制。

（5）重点帮扶，对特殊困难群体实施有效的就业援助。

① 认真做好家庭经济困难、就业困难高校毕业生的就业援助工作。各高校要针对家庭经济困难、就业困难毕业生，建立帮扶台账，指定院系教师开展"一对一"帮扶，优先推荐，提供至少"一次个体咨询、一次技能培训、一次就业补贴"。各省级主管部门要积极争取有关部门和地方政府的支持，通过政府购买基层公益性岗位等方式，安置家庭经济困难和就业困难毕业生。

② 重点开展高校就业困难少数民族毕业生的帮扶和援助。各省级主管部门、各高校要以高度的政治责任感，努力促进少数民族毕业生充分就业。特别是各少数民族地区省级主管部门和高校要摸清就业困难的少数民族毕业生底数，加强对少数民族学生的国家通用语言培训、就业技能培训，提高其就业竞争力；要积极开发本地社区、农技、双语教师岗位，继续实施未就业毕业生赴对口支援省市培养计划。

（6）加强就业管理，提高工作规范化、科学化水平。

① 严格按照有关规定做好毕业生签约和就业统计工作。各省级主管部门、各高校要加强管理，引导和规范学生及用人单位诚信签约。高校不准以各种方式强迫毕业生签订就业协议和劳动合同，不准将毕业证书、学位证书发放与就业签约挂钩，不准劝导毕业生签订虚假协议，不准将顶岗实习材料作为就业证明材料。要进一步加强和规范就业统计工作，各地高校毕业生离校前的就业信息统计与发布工作由省级教育部门（负责高校毕业生离校前就业工作的有关地方人力资源社会保障部门）归口管理。要积极探索就业统计方式的多元化，鼓励引入第三方社会机构进行统计和评价。各省级主管部门、高校、院系要逐级开展就业统计核查。

② 创新就业管理和服务模式。各省级主管部门、各高校要坚持以学生为本，利用现代信息手段，为毕业生提供更加科学、便捷、高效的就业服务。要积极探索开展毕业生和用人单位远程

面试、网上签约、网上办理就业手续和改派手续等，认真负责地做好毕业生档案投递、户口迁移等工作，简化程序，提高效率。各省级教育行政部门要与同级人力资源社会保障部门共同做好毕业生离校前后就业服务的衔接。

（7）深化高等教育改革，切实提高毕业生就业创业能力。

① 进一步优化学科专业结构和人才培养结构。省级教育行政部门要认真贯彻党的十七届六中全会部署，服务于建设宏大文化人才队伍的要求，鼓励和扶持高等学校优化专业结构，与文化企事业单位共建培养基地。省级教育行政部门和高等学校要紧紧围绕国家和地方"十二五"规划要求，超前部署国家战略性新兴产业等所需专业设置和人才培养工作。探索建立高校毕业生就业和重点产业人才供需年度报告制度，健全专业动态调整和预警、退出机制，对就业率连续两年低于60%的专业，调减招生计划直至停招。要优化人才培养结构，继续扩大全日制专业学位硕士研究生招生规模，开展本科和高职高专专业综合改革试点，加大应用型、复合型、技能型人才培养力度。要继续落实就业状况与高校发展相关工作适度挂钩的制度，建立就业状况反馈机制，实现人才培养、社会需求与就业的良性互动。

② 加快人才培养模式改革，强化实践育人。高校要结合专业特点和人才培养要求，增加实践教学比重，系统开展各类社会实践活动。要提供和保障专业学位研究生的实习实践条件，在学期间保证不少于半年的实践教育。全面落实本科专业类教学质量国家标准对实践教学的基本要求。高职院校毕业生的实习实训等实践教学比重不少于总学分（学时）的50%；要与有关部门共同开展在校生的职业技能培训和鉴定工作。教育部在部分高校设立的"试点学院"，要在探索人才选拔方式、培养模式等内部治理结构改革的基础上，统筹做好高校毕业生就业工作。

（8）开展生动有效的思想教育和宣传工作，确保就业安全和校园稳定。

① 进一步加强思想教育和宣传工作。各省级主管部门、各高校要加强对毕业生的思想教育和就业教育，通过举办形势宣讲会、典型报告会、党团活动等多种形式，组织毕业生深入学习贯彻胡锦涛总书记在庆祝清华大学建校100周年大会上对青年学生提出的三点希望，引导毕业生树立远大理想，转变就业观念，积极到基层一线砥砺品质，增长才干。要积极引导和配合新闻媒体，大力宣传党和政府促进就业的政策措施，大力宣传毕业生就业创业的先进典型，努力营造良好舆论氛围。

② 切实维护就业安全和校园稳定。各省级主管部门、各高校要高度重视就业安全和校园稳定，加强大型毕业生招聘会的规范管理和安保工作，防止重大安全事故发生；注意防范招聘欺诈和传销陷阱；加强就业困难群体心理援助，及时化解潜在矛盾；大力开展毕业生文明离校教育活动，做好毕业生离校前的管理和服务工作。

③ 建立定期督查机制。各省级主管部门、各高校要建立高校毕业生就业工作督查机制，要把各项政策措施和年度重点工作的落实情况作为检查重点，定期开展就业工作检查，及时总结经验、查找问题、改进工作。教育部将适时对地方和高校的毕业生就业工作开展督查。

2. 《关于统筹实施引导高校毕业生到农村基层服务项目工作的通知》（人社部发〔2009〕42号）包括以下主要内容。

（1）各专门项目主要包括：中央组织部牵头组织的"选聘高校毕业生到村任职工作"、教育部牵头组织的"农村义务教育阶段学校教师特设岗位计划"、人力资源社会保障部组织的高校毕业生"三支一扶"计划、共青团中央组织的"大学生志愿服务西部计划"等项目。

（2）中央组织部、人力资源社会保障部、教育部、财政部、共青团中央，在就业工作部际联席会框架下建立引导和鼓励高校毕业生面向基层就业部际协调机制。办事机构设在人力资源社会保障部，负责在研究确定计划、组织报名选聘、安排工作岗位、出台优惠政策等方面进行沟通协调。各专门项目主管部门不变，仍按现有方式管理。

各省、自治区、直辖市在就业工作联席会框架下也要相应建立由组织、人力资源社会保障、教育、财政、团委等部门组成的部门协调机制，并明确相关职责，在组织、人力资源社会保障部门指导下统筹组织实施工作。

（3）各专门项目高校毕业生的工作、生活补贴按照现在各专门项目毕业生所从事的岗位，可参照本地乡镇机关从高校毕业生中新录用公务员、事业单位从高校毕业生中新聘用工作人员试用期满后工资收入水平确定标准，按月发放。在艰苦边远地区工作的，按规定发放艰苦边远地区津贴。现有项目中高于此标准的，按现行标准执行。

（4）各专门项目高校毕业生在服务期间，未参加社会保险的，从2009年起，按照当地规定，参加相应社会保险。其中在建立补充医疗保险制度的地方，应在参加基本医疗保险的基础上，为其办理补充医疗保险。

社会保险的单位缴纳部分，由负责发放高校毕业生工作、生活补贴的部门缴纳，个人缴纳部分由负责发放高校毕业生工作、生活补贴的部门在个人补贴中代扣代缴，具体手续由县（市、区）负责发放高校毕业生工作、生活补贴的部门到当地社会保险经办机构办理。其中，按照《工伤保险条例》规定，应由用人单位支付的工伤待遇，由负责发放高校毕业生工作、生活补贴的部门发放。相关费用，纳入财政给予的工作、生活补贴范围。

（5）各省、自治区、直辖市地（市）级以上党政机关录用公务员，要坚持"凡进必考"，并明确录用具有2年以上基层工作经历的人员比例，县及乡镇机关要拿出一定职位，专门招考到村任职等专门项目的大学生。各专门项目毕业生服务期满考核合格，同等享受各省、自治区、直辖市地（市）级以上党政机关录用公务员优惠政策。在录用具有2年以上基层工作经历人员的比例范围内，符合规定条件的，同等具有报考资格。

（6）鼓励高校毕业生在项目结束后留在当地就业。今后，参加各专门项目的事业单位相对应的自然减员空岗，全部聘用服务期满的高校毕业生。从2009年起，到乡镇事业单位服务的高校毕业生服务满1年后，在现岗位空缺情况下，经考核合格，即可与所在单位签订不少于3年的聘用合同。

各有关部门要制定切实有效措施，充分挖掘本系统就业岗位，积极吸纳高校毕业生进入本系统工作。各省、自治区、直辖市县及县以上相关的事业单位公开招聘工作人员，应拿出不低于40％的比例，聘用各专门项目服务期满考核合格的高校毕业生。

（7）各专门项目服务期满考核合格的毕业生自主择业和自主创业的，享受国办发〔2009〕3号文件规定的各项优惠政策，由人力资源社会保障部门所属人才服务机构和公共就业服务机构提供免费就业指导、就业推荐、创业指导等公共服务。各主管部门要发挥本部门资源优势，积极推荐各专门项目服务期满考核合格毕业生就业。

各专门项目毕业生到农村基层服务2年以上，服务期满后3年内报考硕士研究生的，初试总分加10分，同等条件下优先录取。各专门项目高校毕业生期满考核合格的，按规定符合相应条件的，可按规定享受相应的学费补偿和助学贷款代偿政策。各专门项目高校毕业生到农村基层的服务年限计算工龄。服务期满到企业就业的，按照规定转移社会保险关系。

（8）中央财政和地方财政继续安排专项资金，用于参加各专门项目的高校毕业生的工作、生活补贴及参加社会保险等费用。各地可根据当地经济发展水平及物价水平，适当调整高校毕业生服务期间的工作、生活补贴标准。要加强资金管理，确保专款专用，切实保证高校毕业生工作、生活补贴按月足额发放，并按规定为其办理社会保险。

（9）各专门项目主管部门要明晰职责，密切配合，不断完善工作协调机制。各专门项目的选拔招募工作以省、自治区、直辖市为单位统筹组织实施。各省级组织、人力资源社会保障部门可根据各专门项目现行招募办法，统筹做好农村基层岗位需求统计，制定工作方案，分项目上报招募计划并分类组织实施。要注意总结、运用已有经验，解决突出问题，努力探索建立高校毕业生面向基层就业的长效机制，进一步拓宽高校毕业生就业渠道，为高校毕业生到农村基层就业服务提供有力保障。

3.《教育部关于大力推进高等学校创新创业教育和大学生自主创业工作的意见》（教办〔2010〕3号）的相关内容如下。

（1）大力推进高等学校创新创业教育工作。

① 创新创业教育是适应经济社会和国家发展战略需要而产生的一种教学理念与模式。在高等学校中大力推进创新创业教育，对于促进高等教育科学发展，深化教育教学改革，提高人才培养质量具有重大的现实意义和长远的战略意义。创新创业教育要面向全体学生，融入人才培养全过程。要在专业教育基础上，以转变教育思想、更新教育观念为先导，以提升学生的社会责任感、创新精神、创业意识和创业能力为核心，以改革人才培养模式和课程体系为重点，大力推进高等学校创新创业教育工作，不断提高人才培养质量。

② 加强创新创业教育课程体系建设。把创新创业教育有效纳入专业教育和文化素质教育教学计划和学分体系，建立多层次、立体化的创新创业教育课程体系。突出专业特色，创新创业类课程的设置要与专业课程体系有机融合，创新创业实践活动要与专业实践教学有效衔接，积极推进人才培养模式、教学内容和课程体系改革。加强创新创业教育教材建设，借鉴国外成功经验，编写适用和有特色的高质量教材。

③ 加强创新创业师资队伍建设。引导各专业教师、就业指导教师积极开展创新创业教育方面的理论和案例研究，不断提高在专业教育、就业指导课中进行创新创业教育的意识和能力。支持教师到企业挂职锻炼，鼓励教师参与社会行业的创新创业实践。积极从社会各界聘请企业家、创业成功人士、专家学者等作为兼职教师，建立一支专兼结合的高素质创新创业教育教师队伍。高校要从教学考核、职称评定、培训培养、经费支持等方面给予倾斜支持。定期组织教师培训、实训和交流，不断提高教师教学研究与指导学生创新创业实践的水平。鼓励有条件的高校建立创新创业教育教研室或相应的研究机构。

④ 广泛开展创新创业实践活动。高等学校要把创新创业实践作为创新创业教育的重要延伸，通过举办创新创业大赛、讲座、论坛、模拟实践等方式，丰富学生的创新创业知识和体验，提升学生的创新精神和创业能力。省级教育行政部门和高校要将创新创业教育和实践活动成果有机结合，积极创造条件对创新创业活动中涌现的优秀创业项目进行孵化，切实扶持一批大学生实现自主创业。

⑤ 建立质量检测跟踪体系。省级教育行政部门和高等学校要建立创新创业教育教学质量监控系统。要建立在校和离校学生创业信息跟踪系统，收集反馈信息，建立数据库，把未来创业成功率和创业质量作为评价创新创业教育的重要指标，反馈指导高等学校的创新创业教育教学，建立有利于创新创业人才脱颖而出的教育体系。

⑥ 加强理论研究和经验交流。教育部成立高校创业教育指导委员会，开展高校创新创业教育的研究、咨询、指导和服务。省级教育行政部门和高等学校要加强对国内外创新创业教育理论研究，组织编写高校创新创业教育先进经验材料汇编和大学生创业成功案例集。省级教育行政部

门应定期组织创新创业教育经验交流会、座谈会、调研活动，总结交流创新创业教育经验，推广创新创业教育优秀成果。逐步探索建立中国特色的创新创业教育理论体系，形成符合实际、切实可行的创新创业教育发展思路，指导创新创业教育教学改革发展。

（2）加强创业基地建设，打造全方位创业支撑平台。

① 全面建设创业基地。教育部会同科技部，以国家大学科技园为主要依托，重点建设一批"高校学生科技创业实习基地"，并制定出台相关认定办法。省级教育行政部门要结合本地实际，通过多种形式建立省级大学生创业实习和孵化基地；同时要积极争取有关部门支持，推动本地区有关地市、高等学校、大学科技园建立大学生创业实习或孵化基地，并按其类别、规模和孵化效果，给予大力支持，充分发挥基地的辐射示范作用。

② 明确创业基地功能定位。大学生创业实习或孵化基地是高等学校开展创新创业教育、促进学生自主创业的重要实践平台，主要任务是整合各方优势资源，开展创业指导和培训，接纳大学生实习实训，提供创业项目孵化的软硬件支持，为大学生创业提供支撑和服务，促进大学生创业就业。

③ 规范创业基地管理。大学科技园作为"高校学生科技创业实习基地"的建设主体，要把基地建设作为园区建设的重要内容，确定专门的管理部门负责基地的建设和管理；加强与依托学校和有关部门的联动，共同开展大学生实习实训和创业实践。有关高等学校要高度重视大学科技园在创新创业人才培养中的作用，出台有利于大学科技园开展学生创业工作的政策措施和激励机制。

④ 提供多种形式的创业扶持。大学生创业实习或孵化基地要结合实际，为大学生创业提供场地、资金、实训等多方面的支持。要开辟较为集中的大学生创业专用场地，配备必要的公共设备和设施，为大学生创业企业提供至少 12 个月的房租减免。要提供法律、工商、税务、财务、人事代理、管理咨询、项目推荐、项目融资等方面的创业咨询和服务，以及多种形式的资金支持；要为大学生开展创业培训、实训；建立公共信息服务平台，发布相关政策、创业项目和创业实训等信息。

（3）进一步落实和完善大学生自主创业扶持政策，加强创业指导和服务工作。

① 切实落实创业扶持政策。省级教育行政部门要按人力资源和社会保障部、教育部等《关于实施"2010 高校毕业生就业推进行动"大力促进高校毕业生就业的通知》（人社部发〔2010〕25 号）要求，与有关部门密切配合，共同组织实施"创业引领计划"，并切实落实以下政策：对高校毕业生初创企业，可按照行业特点，合理设置资金、人员等准入条件，并允许注册资金分期到位。允许高校毕业生按照法律法规规定的条件、程序和合同约定将家庭住所、租借房、临时商业用房等作为创业经营场所。对应届及毕业 2 年以内的高校毕业生从事个体经营的，自其在工商部门首次注册登记之日起 3 年内，免收登记类和证照类等有关行政事业性收费；登记求职的高校毕业生从事个体经营，自筹资金不足的，可按规定申请小额担保贷款，从事微利项目的，可按规定享受贴息扶持；对合伙经营和组织起来就业的，贷款规模可适当扩大。完善整合就业税收优惠政策，鼓励高校毕业生自主创业。

② 积极争取资金投入。省级教育行政部门要与有关部门协调配合，积极争取当地政府和社会支持，通过财政和社会两条渠道设立"高校毕业生创业资金"、"天使基金"等资助项目，重点扶持大学生创业。要建立健全创业投资机制，鼓励吸引外资和国内社会资本投资大学生创业企业。

③ 积极开展创业培训。省级教育行政部门要积极配合有关部门，对有创业愿望并具备一定创业条件的高校学生，普遍开展创业培训。要积极整合各方面资源，把成熟的创业培训项目引入

高校，并探索、开发适合我国大学生创业的培训项目。同时，高等学校要加强对在校生的创业风险意识教育，帮助学生了解创业过程中可能遇到的困难和问题，不断提高防范和规避风险的意识和能力。

④ 全面加强创业信息服务。省级教育行政部门和高等学校要加大服务力度，拓展服务内涵，充分利用现有就业指导服务平台，特别是就业信息服务平台，广泛收集创业项目和创业信息，开展创业测评、创业模拟、咨询帮扶，有条件的要抓紧设立创业咨询室，开展"一对一"的创业指导和咨询，增强创业服务的针对性和有效性。

⑤ 高等学校要出台促进在校学生自主创业的政策和措施。高校可通过多种渠道筹集资金，普遍设立大学生创业扶持资金；依托大学科技园、创业基地、各种科研平台以及其他科技园区等为学生提供创业场地。同时，有条件的高校要结合学科专业和科研项目的特点，积极促进教师和学生的科研成果、科技发明、专利等转化为创业项目。

（4）加强领导，形成推进高校创业教育和大学生自主创业的工作合力。

① 省级教育行政部门要把促进高校创新创业教育和大学生自主创业工作摆在突出重要位置。要积极争取有关部门支持，创造性地开展工作，因地制宜地出台并切实落实鼓励大学生创业的政策措施。要加大对高校创新创业教育、创业基地建设的投入力度，在经费、项目和基金等方面给予倾斜。有条件的地区可设立针对大学生的创业实践项目，为大学生创业实践活动提供小额经费支持。根据工作需要，可评选创新创业教育示范校、创业示范基地。

② 高等学校要把创新创业教育和大学生自主创业工作纳入学校重要议事日程。要理顺领导体制，建立健全教学、就业、科研、团委、大学科技园等部门参加的创新创业教育和自主创业工作协调机制。统筹创新创业教育、创业基地建设、创业政策扶持和创业指导服务等工作，明确分工，切实加大人员、场地、经费投入，形成长效机制。

③ 营造鼓励创新创业的良好舆论氛围。省级教育行政部门和高等学校要广泛开展创新创业教育和大学生自主创业的宣传，通过报刊、广播、电视、网络等媒体，积极宣传国家和地方促进创业的政策、措施，宣传各地和高校推动创新创业教育和促进大学生创业工作的新举措、新成效，宣传毕业生自主创业的先进典型。通过组织大学生创业事迹报告团等形式多样的活动，激发学生的创业热情，引导学生树立科学的创业观、就业观、成才观。

三、大学生就业政策中的具体规定

1. 鼓励企业特别是中小企业吸纳高校毕业生就业

（1）国家对鼓励中小企业吸纳高校毕业生有哪些政策措施？

按照《国务院关于进一步做好普通高等学校毕业生就业工作的通知》（国发〔2011〕16号）等文件规定：

① 对招收高校毕业生达到一定数量的中小企业，地方财政应优先考虑安排扶持中小企业发展资金，并优先提供技术改造贷款贴息。

② 对劳动密集型小企业当年新招收登记失业高校毕业生，达到企业现有在职职工总数30%（超过100人的企业达15%）以上，并与其签订1年以上劳动合同的劳动密集型小企业，可按规定申请最高不超过200万元的小额担保贷款并享受50%的财政贴息。

③ 高校毕业生到中小企业就业的，在专业技术职称评定、科研项目经费申请、科研成果或荣誉称号申报等方面，享受与国有企事业单位同类人员同等待遇。

此外，2012年2月1日，国务院常务会议研究部署进一步支持小型和微型企业健康发展，决定对小型微型企业招用高校毕业生按规定给予培训费和社会保险补贴。

（2）企业招收就业困难高校毕业生享受什么优惠政策？

按照《财政部、人力资源社会保障部关于进一步加强就业专项资金管理有关问题的通知》（财社〔2011〕64号）规定，对各类企业（单位）招用符合条件的就业困难高校毕业生，与之签订劳动合同并缴纳社会保险费的，按其为就业困难高校毕业生实际缴纳的基本养老保险费、基本医疗保险费和失业保险费给予补贴，不包括企业（单位）和个人应缴纳的其他社会保险费。

根据《就业促进法》有关规定，就业困难人员是指因身体状况、技能水平、家庭因素、失去土地等原因难以实现就业，以及连续失业一定时间仍未能实现就业的人员。就业困难人员的具体范围，由省、自治区、直辖市人民政府根据本行政区域的实际情况规定。

企业（单位）按季将符合享受社会保险补贴条件人员的缴费情况单独列出，向当地人力资源社会保障部门申请补贴。社会保险补贴申请材料应附：符合享受社会保险补贴条件的人员名单及《身份证》复印件、《就业失业登记证》复印件、劳动合同等就业证明材料复印件、社会保险征缴机构出具的社会保险费明细账（单）、企业（单位）在银行开立的基本账户等凭证材料，经人力资源社会保障部门审核后，财政部门将补贴资金支付到企业（单位）在银行开立的基本账户。

（3）企业为高校毕业生开展岗前培训享受什么优惠政策？

按照《财政部、人力资源社会保障部关于进一步加强就业专项资金管理有关问题的通知》（财社〔2011〕64号）等文件规定，企业新录用毕业年度高校毕业生与其签订6个月以上期限劳动合同，在劳动合同签订之日起6个月内由企业依托所属培训机构或政府认定的培训机构开展岗前就业技能培训的，根据培训后继续履行劳动合同情况，按照当地确定的职业培训补贴标准的一定比例，对企业给予定额职业培训补贴。

企业开展岗前培训前，需将培训计划大纲、培训人员花名册及《身份证》复印件、劳动合同复印件等材料报当地人力资源社会保障部门备案，培训后根据劳动者继续履行劳动合同情况，向人力资源社会保障部门申请职业培训补贴。申请材料经人力资源社会保障部门审核后，财政部门按规定将补贴资金直接拨入企业在银行开立的基本账户。企业申请职业培训补贴应附：培训人员花名册、培训人员《身份证》复印件、《就业失业登记证》复印件、劳动合同复印件、职业培训合格证书等凭证材料。

（4）高校毕业生从企业到机关事业单位就业后工龄如何计算？

按照《国务院关于进一步做好普通高等学校毕业生就业工作的通知》（国发〔2011〕16号）等文件规定，高校毕业生从企业、社会团体到机关事业单位就业的，其按规定参加企业职工基本养老保险的缴费年限合并为连续工龄。

（5）高校毕业生到企业特别是中小企业就业可否在当地落户？

按照《国务院关于进一步做好普通高等学校毕业生就业工作的通知》（国发〔2011〕16号）规定，对各类企业招用非本地户籍的普通高校专科以上毕业生，各地城市应取消落户限制（直辖市按各自有关规定执行）。

（6）流动人员人事档案如何保管？

根据《流动人员人事档案管理暂行规定》规定，流动人员人事档案是指：

① 辞职或被辞退的机关工作人员、企事业单位专业技术人员和管理人员的人事档案；

② 与用人单位解除劳动合同或聘用合同的专业技术人员和管理人员的人事档案；

③ 待业的大中专毕业生的人事档案；

④ 自费出国留学人员的人事档案；

⑤ 外商投资企业、乡镇企业、区街企业、民营科技企业、私营企业等非国有企业聘用的专业技术人员和管理人员的人事档案；

⑥ 外国企业常驻代表机构的中方雇员的人事档案；

⑦ 其他流动人员的人事档案。

流动人员人事档案管理机构为县以上（含县）党委组织部门和政府人力资源社会保障部门所属的公共就业和人才服务机构，其他任何单位不得擅自管理流动人员人事档案；严禁个人保管他人人事档案。跨地区流动的流动人员人事档案，可由其户籍所在地的公共就业和人才服务机构管理，也可由其现工作单位所在地的公共就业和人才服务机构管理。

高校毕业生到具有档案管理权限的机关、事业单位、国有企业就业的，由单位直接接收、管理档案。到无档案管理权限的单位（私营企业、外资企业等）就业的，可由各地公共就业和人才服务机构负责提供档案管理等人事代理服务。高校毕业生离校时没有就业的，档案可由学校统一发回原户籍所在地公共就业和人才服务机构保管。档案不允许个人保存。

（7）什么是人事代理？

公共就业和人才服务机构可在规定业务范围内接受用人单位和个人委托，从事下列人事代理服务：①流动人员人事档案管理；②因私出国政审；③在规定的范围内申报或组织评审专业技术职务任职资格；④转正定级和工龄核定；⑤大中专毕业生接收手续；⑥其他人事代理事项。

（8）高校毕业生怎样办理人事代理？

按照《人才市场管理规定》有关规定，人事代理方式可由单位集体委托代理，也可由个人委托代理；可多项委托代理，也可单项委托代理；可单位全员委托代理，也可部分人员委托代理。

单位办理委托人事代理，须向代理机构提交有效证件以及委托书，确定委托代理项目。经代理机构审定后，由代理机构与委托单位签定人事代理合同书，明确双方的权利和义务，确立人事代理关系。

（9）高校毕业生如何与用人单位订立劳动合同？

劳动合同法第七条规定，用人单位自用工之日起即与劳动者建立劳动关系。第十条规定，建立劳动关系，应当订立书面劳动合同。已建立劳动关系，未同时订立书面劳动合同的，应当自用工之日起一个月内订立书面劳动合同。用人单位与劳动者在用工前订立劳动合同的，劳动关系自用工之日起建立。

第八条规定，用人单位（企业、个体经济组织、民办非企业单位等组织）招用劳动者时，应当如实告知劳动者工作内容、工作条件、工作地点、职业危害、安全生产状况、劳动报酬，以及劳动者要求了解的其他情况；用人单位有权了解劳动者与劳动合同直接相关的基本情况，劳动者应当如实说明。

第九条规定，用人单位招用劳动者，不得扣押劳动者的居民身份证和其他证件，不得要求劳动者提供担保或者以其他名义向劳动者收取财物。

（10）什么是社会保险？我国建立了哪些社会保险制度？

社会保险是指国家通过立法，按照权利与义务相对应原则，多渠道筹集资金，对参保者在遭遇年老、疾病、工伤、失业、生育等风险情况下提供物质帮助（包括现金补贴和服务），使其享有基本生活保障、免除或减少经济损失的制度安排。

社会保险法第二条规定，我国建立基本养老保险、基本医疗保险、工伤保险、失业保险、生育保险等社会保险制度，保障公民在年老、疾病、工伤、失业、生育等情况下依法从国家和社会获得物质帮助的权利。其中，基本养老保险制度包括职工基本养老保险制度、新型农村社会保险制度和城镇居民社会养老保险制度；基本医疗保险制度包括职工基本医疗保险制度、新型农村合作医疗制度和城镇居民医疗保险制度。

（11）用人单位应该履行哪些社会保险义务？享有哪些社会保险权利？

① 社会保险义务：一是申请办理社会保险登记的义务；二是申报和缴纳社会保险费的义务；三是代扣代缴职工社会保险的义务；四是向职工告知缴纳社会保险费明细的义务。

② 社会保险权利：一是有权免费查询、核对其缴费记录；二是有权要求社会保险经办机构提供社会保险咨询等相关服务；三是可以参加社会保险监督委员会，对社会保险工作提出咨询意见和建议，实施社会监督；四是对侵害自身权益和不依法办理社会保险事务的行为，有权依法申请行政复议或者提起行政诉讼。此外，还有权对违反社会保险法律、法规的行为进行举报、投诉。

（12）参加社会保险的个人享有哪些权利？

高校毕业生依法缴纳社会保险费后，享有以下权利：

① 有权依法享受社会保险待遇；

② 有权监督本单位为其缴费情况；

③ 有权免费向社会保险经办机构查询、核对其缴费和享受社会保险待遇权益记录；

④ 有权要求社会保险经办机构提供社会保险咨询等相关服务；

⑤ 对侵害自身权益和不依法办理社会保险事务的行为，有权依法申请行政复议或者提起行政诉讼。

此外，还有权对违反社会保险法律、法规的行为进行举报、投诉。

（13）目前国家对用人单位及其职工和参保个人缴纳社会保险费的费率是如何规定的？

① 用人单位及其职工缴纳社会保险费的费率。根据《国务院关于完善企业职工基本养老保险制度的决定》（国发〔2005〕38号）、《国务院关于建立城镇职工基本医疗保险制度的决定》（国发〔1998〕44号）、《失业保险条例》（国务院令第258号）规定，用人单位缴纳基本养老保险、基本医疗保险和失业保险的费率，分别是原则上为本单位工资总额的20%、6%左右和2%；用人单位缴纳工伤保险费按照《工伤保险条例》（国务院令第586号）规定实行行业差别费率和浮动费率，有关费率确定按照国家相应规定执行；用人单位缴纳生育保险费的费率按照《企业职工生育保险试行办法》（劳部发〔1994〕504号）规定执行，由统筹地区政府根据实际情况自行确定，但不得超过用人单位工资总额的1%。职工本人缴纳基本养老保险、基本医疗保险和失业保险的费率，分别为本人工资的8%、2%和1%。

② 参保个人缴纳社会保险费的费率。根据《国务院关于完善企业职工基本养老保险制度的决定》（国发〔2005〕38号）规定，无雇工的个体工商户和灵活就业人员参加职工基本养老保险的缴费费率为20%，其中8%计入个人账户；无雇工的个体工商户和灵活就业人员参加职工基本医疗保险的缴费费率，按国家有关规定，统筹地区可以参照当地基本医疗保险建立统筹基金的缴费水平确定。

③ 城镇居民参加居民医疗保险和农村居民参加新型农村社会养老保险及新型农村合作医疗，主要采取定额方式缴纳社会保险费。

（14）高校毕业生如何处理劳动人事纠纷？

发生劳动人事争议，可以通过协商解决。当事人不愿协商或协商不成的，可以向调解组织申请调解；不愿调解、调解不成或者达成调解协议后不履行的，可以向劳动人事争议仲裁委员会申请仲裁；对仲裁裁决不服的，除法律另有规定的外，可以向人民法院提起诉讼。

对用人单位违反劳动保障法律、法规和规章的情况，高校毕业生可向人力资源社会保障部门举报、投诉。劳动保障监察机构将依法受理，纠正和查处有关违法行为。

（15）什么是服务外包和服务外包企业？

服务外包是指企业将其非核心的业务外包出去，利用外部最优秀的专业化团队来承接该业务，从而使其专注核心业务，达到降低成本、提高效率、增强企业核心竞争力和对环境应变能力的一种管理模式。

服务外包企业是指其与服务外包发包商签订中长期服务合同，承接服务外包业务的企业。

（16）目前服务外包产业主要涉及哪些领域及地区？

服务外包分为信息技术外包服务（ITO）、技术性业务流程外包服务（BPO）和技术性知识流程外包（KPO）等。ITO 包括软件研发及外包、信息技术研发服务外包、信息系统运营维护外包等领域。BPO 包括企业业务流程设计服务、企业内容管理数据库服务、企业运营数据库服务、企业供应链管理数据库服务等领域。KPO 包括知识产权研究、医药和生物技术研发和测试、产品技术研发、工业设计、分析学和数据挖掘、动漫及网游设计研发、教育课件研发、工程设计等领域。

我国目前有服务外包示范城市 21 个，分别是北京、天津、上海、重庆、大连、深圳、广州、武汉、哈尔滨、成都、南京、西安、济南、杭州、合肥、南昌、长沙、大庆、苏州、无锡、厦门。

（17）服务外包企业吸纳高校毕业生有哪些财政支持？

按照《国务院办公厅关于鼓励服务外包产业加快发展的复函》（国办函〔2010〕69 号）、《人力资源社会保障部、商务部关于加快服务外包产业发展促进高校毕业生就业的若干意见》（人社部发〔2009〕123 号）等文件规定，对符合条件的服务外包企业，每新录用 1 名大学以上学历员工从事服务外包工作并签订 1 年期以上劳动合同的，给予企业不超过每人 4500 元的培训支持；对符合条件的培训机构培训的从事服务外包业务人才（大学以上学历），通过服务外包业务专业知识和技能培训考核，并与服务外包企业签订 1 年期以上劳动合同的，给予培训机构每人不超过 500 元的培训支持。

服务外包企业吸纳高校毕业生参加就业见习的，享受相关财政补助政策。服务外包企业吸纳就业困难高校毕业生就业，享受社会保险补贴等扶持政策。就业困难的高校毕业生参加服务外包培训可按规定享受职业培训补贴和职业技能鉴定补贴。

2. 鼓励引导高校毕业生面向城乡基层、中西部地区以及民族地区、贫困地区和艰苦边远地区就业。

（18）什么是基层就业？

基层就业就是到城乡基层工作。国家近几年出台了一系列优惠政策鼓励高校毕业生积极参加社会主义新农村建设、城市社区建设和应征入伍。一般来说，"基层"既包括广大农村，也包括城市街道社区；既涵盖县级以下党政机关、企事业单位，也包括社会团体、非公有制组织和中小企业；既包括单位就业，也包括自主创业、自谋职业。

（19）国家鼓励毕业生到基层就业的主要优惠政策包括哪些？

按照《国务院关于进一步做好普通高等学校毕业生就业工作的通知》（国发〔2011〕16 号）等文件规定：

① 各地要根据统筹城乡经济和加快基本公共服务发展的需要，大力开发社会管理和公共教育、医疗卫生、文化等领域服务岗位，增加高校毕业生就业机会。要进一步完善相关政策，重点解决好他们在工资待遇、社会保障、人员编制、户口档案、职称评定、教育培训、人员流动、资

金支持等方面面临的实际问题，鼓励和引导高校毕业生到城乡基层特别是城市社区和农村教育、医疗卫生、文化、科技等基层岗位工作。

② 对到农村基层和城市社区从事社会管理和公共服务工作的高校毕业生，符合公益性岗位就业条件并在公益性岗位就业的，按照国家现行促进就业政策的规定，给予社会保险补贴和公益性岗位补贴。

③ 对到农村基层和城市社区其他社会管理和公共服务岗位就业的，给予薪酬或生活补贴，同时按规定参加有关社会保险。

④ 对到中西部地区和艰苦边远地区县以下基层单位就业、并履行一定服务期限的高校毕业生，以及应征入伍服义务兵役的高校毕业生，按规定实施相应的学费补偿和国家助学贷款代偿。

⑤ 自 2012 年起，省级以上机关录用公务员，除部分特殊职位外，均应从具有 2 年以上基层工作经历的人员中录用。市（地）级以下机关特别是县乡机关招录公务员，应采取有效措施积极吸引优秀应届高校毕业生报考，录用计划应主要用于招收应届高校毕业生。

⑥ 对具有基层工作经历的高校毕业生，在研究生招录和事业单位选聘时实行优先。

（20）什么是基层社会管理和公共服务岗位？

所谓基层社会管理和公共服务岗位，包括大学生村官、支教、支农、支医、乡村扶贫，以及城市社区的法律援助、就业援助、社会保障协理、文化科技服务、养老服务、残疾人居家服务、廉租房配套服务等岗位。

2009 年 4 月，人力资源社会保障部下发《关于公布第一批基层社会管理和公共服务岗位目录的通知》（人社部函〔2009〕135 号），向社会公布第一批基层社会管理和公共服务岗位目录，以指导各地做好鼓励和引导高校毕业生到基层就业的工作。这批发布的岗位目录共分为基层人力资源和社会保障管理、基层农业服务、基层医疗卫生服务、基层文化科技服务、基层法律服务、基层民政、托老托幼、助残服务、基层市政管理、基层公共环境与设施管理维护以及其他等 9 大类领域，包括在街道（乡镇）、社区（村）等基层单位从事公共就业服务、社会保障、劳动关系协调、劳动监察、农业、扶贫开发、医疗、卫生、保健、防疫、文化、科技、体育、普法宣传、民事调解、托老、养老、托幼、助残、公共设施设备管理养护等相关事务管理服务工作的 50 种岗位。

（21）什么是其他基层社会管理和公共服务岗位？

在街道社区、乡镇等基层开发或设立的相应的社会管理和公共服务岗位。部分由政府出资，或由相关组织和单位出资。所安排使用的人员按规定享受相关补贴。

（22）什么是公益性岗位？

由政府开发、以满足社区及居民公共利益为目的的管理和服务岗位。对符合条件在公益性岗位安置就业的就业困难人员，按规定给予社会保险补贴和岗位补贴。符合公益性岗位安置条件的就业困难高校毕业生，可按规定享受公益性岗位就业援助政策。

（23）什么是公益性岗位社会保险补贴？

按照《财政部、人力资源社会保障部关于进一步加强就业专项资金管理有关问题的通知》（财社〔2011〕64 号）规定，对就业困难人员的社会保险补贴实行"先缴后补"的办法。在公益性岗位安排就业困难人员，并缴纳社会保险费的，按其为就业困难人员实际缴纳的基本养老保险费、基本医疗保险费和失业保险费给予补贴，不包括就业困难人员个人应缴纳的基本养老保险费、基本医疗保险费和失业保险费，以及企业（单位）和个人应缴纳的其他社会保险费。社会保险补贴期限，一般最长不超过 3 年。

办理手续请见第 2 问。

（24）什么是公益性岗位补贴？

对在公益性岗位安排就业困难人员就业的单位，按其实际安排就业困难人员人数给予岗位补贴。公益性岗位补贴期限，一般最长不超过 3 年。

在公益性岗位安排就业困难人员就业的单位，可按季向当地人力资源社会保障部门申请公益性岗位补贴。公益性岗位补贴申请材料应附：符合享受公益性岗位补贴条件的人员名单及《身份证》复印件、《就业失业登记证》复印件、发放工资明细账（单）、单位在银行开立的基本账户等凭证材料，经人力资源社会保障部门审核后，财政部门将补贴资金支付到单位在银行开立的基本账户。

（25）为鼓励高校毕业生面向基层就业，实施学费补偿和助学贷款代偿政策的主要内容是什么？

按照《财政部、教育部关于印发〈高等学校毕业生学费和国家助学贷款代偿暂行办法〉的通知》（财教〔2009〕15 号）等文件规定，中央部门所属高校应届毕业生（全日制本专科、高职生、研究生、第二学士学位毕业生）到中西部地区和艰苦边远地区基层单位就业、服务期在 3 年以上（含 3 年）的，其学费由国家实行补偿。在校学习期间获得国家助学贷款（含高校国家助学贷款和生源地信用助学贷款，下同）的，补偿的学费优先用于偿还国家助学贷款本金及其全部偿还之前产生的利息。定向、委培以及在校期间已享受免除全部学费政策的学生除外。

（26）国家实施补偿学费和代偿助学贷款的就业地域范围包括哪些？

国家对到中西部地区和艰苦边远地区基层单位就业、并履行一定服务期限的中央部门所属高校毕业生，按规定实施相应的学费补偿和助学贷款代偿。这里涉及的地域范围主要包括以下几个地区。

① 西部地区：西藏、内蒙古、广西、重庆、四川、贵州、云南、陕西、甘肃、青海、宁夏、新疆等 12 个省（自治区、直辖市）；

② 中部地区：河北、山西、吉林、黑龙江、安徽、江西、河南、湖北、湖南、海南等 10 个省；

③ 艰苦边远地区：由国务院确定的经济水平、条件较差的一些州、县和少数民族地区。（详情可登录中国政府网查询：http://www.gov.cn）

④ 基层单位：

• 中西部地区和艰苦边远地区县以下机关、企事业单位，包括乡（镇）政府机关、农村中小学、国有农（牧、林）场、农业技术推广站、畜牧兽医站、乡镇卫生院、计划生育服务站、乡镇文化站、乡镇劳动就业服务站等；

• 工作现场地处以上地区县以下的气象、地震、地质、水电施工、煤炭、石油、航海、核工业等中央单位艰苦行业生产第一线。

（27）学费补偿和助学贷款代偿的标准和年限是多少？

每生每学年补偿学费和代偿国家助学贷款的金额最高不超过 6 000 元。在校学习期间每年实际缴纳的学费或获得的国家助学贷款低于 6 000 元的，按照实际缴纳的学费或获得的国家助学贷款金额实行补偿或代偿。每年实际缴纳的学费高于 6 000 元的，按照每年 6 000 元的金额实行补偿或者代偿。

本科、专科（高职）、研究生和第二学士学位毕业生补偿学费或代偿国家助学贷款的年限，分别按照国家规定的相应学制计算。在校学习的时间低于相应学制规定年限的，按照实际学习时间计算补偿学费或代偿助学贷款年限。在校学习时间高于相应学制年限的，按照学制规定年限计算。

每年代偿学费或国家助学贷款总额的三分之一，三年代偿完毕。

（28）中央部门所属高校毕业生如何申请学费补偿和助学贷款代偿？

① 在办理离校手续时向学校递交《学费和国家助学贷款代偿申请表》和毕业生本人、就业单位与学校三方签署的到中西部地区和艰苦边远地区基层单位服务3年以上的就业协议；

② 在校学习期间获得国家助学贷款的，在与国家助学贷款经办银行签订毕业后还款计划时，注明已申请国家助学贷款代偿，如获得国家助学贷款代偿资格，不需自行向银行还款；

③ 高校负责审查申请资格并上报全国学生资助管理中心。

（29）地方所属高校毕业生到基层就业如何获得学费补偿和助学贷款代偿？

按照《财政部、教育部关于印发〈高等学校毕业生学费和国家助学贷款代偿暂行办法〉的通知》（财教〔2009〕15号）要求，各地要抓紧研究制订本地所属高校毕业生面向本辖区艰苦边远地区基层单位就业的学费补偿和助学贷款代偿办法。地方所属高校毕业生到基层就业是否可以获得学费补偿或国家助学贷款代偿，以及如何申请办理补偿或代偿等，请向学校所在地政府有关部门查询。

（30）到基层就业如何办理户口、档案、党团关系等手续？

对到西部县以下基层单位和艰苦边远地区就业的高校毕业生，实行来去自由的政策，户口可留在原籍或根据本人意愿迁往就业地区；人事档案原则上统一转至就业单位所在地的县级政府人力资源社会保障部门，由公共就业和人才服务机构提供免费人事代理服务；党团组织关系转至就业单位，在工作期间积极要求入党的，由乡镇一级党组织按规定程序办理。

（31）中央有关部门实施了哪些基层就业项目？

近年来，中央各有关部门主要组织实施了4个引导高校毕业生到基层就业的专门项目，包括：团中央、教育部、财政部、人力资源社会保障部等四部门从2003年起组织实施的"大学生志愿服务西部计划"；中组部、人力资源社会保障部、教育部等八部门从2006年开始组织实施的"三支一扶"（支教、支农、支医和扶贫）计划；教育部、财政部、人力资源社会保障部、中央编办等四部门从2006年开始组织实施的"农村义务教育阶段学校教师特设岗位计划"；中组部、教育部、财政部、人力资源社会保障部等部门从2008年起组织实施的"选聘高校毕业生到村任职工作"。

人力资源社会保障部门积极会同有关部门，按照统一征集岗位、统一发布公告、统一组织考试、统一服务管理的原则，统筹实施基层服务项目，做好各类项目之间的政策衔接，进一步落实对服务期满考核合格人员的就业政策措施。

（32）什么是农村义务教育阶段学校教师特设岗位计划？

2006年，教育部、财政部、原人事部、中央编办下发《关于实施农村义务教育阶段学校教师特设岗位计划的通知》（教师〔2006〕2号），联合启动实施"特岗计划"，公开招聘高校毕业生到"两基"攻坚县农村义务教育阶段学校任教。特岗教师聘期3年。

（33）农村教师特岗计划实施的地区范围包括哪些？

2006—2008年"特岗计划"的实施范围以国家西部地区"两基"攻坚县为主（含新疆生产建设兵团的部分团场），包括纳入国家西部开发计划的部分中部省份的少数民族自治州，适当兼顾西部地区一些有特殊困难的边境县、少数民族自治县和少小民族县。2009年，实施范围扩大到中西部地区国家扶贫开发工作重点县。

（34）农村教师特岗计划招聘对象和条件是什么？

① 以高等师范院校和其他全日制普通高校应届本科毕业生为主，可招少量应届师范类专业专科毕业生。

② 取得教师资格，具有一定教育教学实践经验，年龄在 30 岁以下的全日制普通高校往届本科毕业生。

③ 参加过"大学生志愿服务西部计划"、有从教经历的志愿者和参加过半年以上实习支教的师范院校毕业生同等条件下优先。

④ 报名者应同时符合教师资格条件要求和招聘岗位要求。

（35）农村教师特岗计划的招聘程序有哪些？

特岗教师实行公开招聘，合同管理。合同规定用人单位和应聘人员双方的权利和义务。

招聘工作由省级教育、人力资源社会保障、财政、编办等相关部门共同负责，遵循"公开、公平、自愿、择优"和"三定"（定县、定校、定岗）原则，按下列程序进行：①公布需求，②自愿报名，③资格审查，④考试考核，⑤集中培训，⑥资格认定，⑦签订合同，⑧上岗任教。

（36）什么是选聘高校毕业生到村任职？

2008 年，中组部、教育部、财政部、人力资源和社会保障部出台了《关于印发〈关于选聘高校毕业生到村任职工作的意见（试行）〉的通知》（组通字〔2008〕18 号），计划用五年时间选聘 10 万名高校毕业生到农村担任村党支部书记助理、村委会主任助理或团支部书记、副书记等职务。从 2010 年开始，扩大选聘规模，逐步实现"一村一名大学生村官"计划的目标。选聘的高校毕业生在村工作期限一般为 2～3 年。

（37）选聘到村任职的对象是什么？要满足哪些条件？

选聘对象为 30 岁以下应届和往届毕业的全日制普通高校专科以上学历的毕业生，重点是应届毕业和毕业 1～2 年的本科生、研究生，原则上为中共党员（含预备党员），非中共党员的优秀团干部、优秀学生干部也可以选聘。

基本条件是：①思想政治素质好，作风踏实，吃苦耐劳，组织纪律观念强。②学习成绩良好，具备一定的组织协调能力。③自愿到农村基层工作。④身体健康。此外，参加人力资源社会保障部、团中央等部门组织的到农村基层服务的"三支一扶"、"志愿服务西部计划"等活动期满的高校毕业生，本人自愿且具备选聘条件的，经组织推荐可作为选聘对象。

（38）选聘到村任职的程序是什么？

选聘工作一般通过个人报名、资格审查、组织考察、体检、公示、决定聘用、培训上岗等程序进行。

（39）什么是"三支一扶"计划？

三支一扶是支教、支医、支农、扶贫的简称。2006 年，中组部、原人事部等八部门下发《关于组织开展高校毕业生到农村基层从事支教、支农、支医和扶贫工作的通知》（国人部发〔2006〕16 号），以公开招募、自愿报名、组织选拔、统一派遣的方式，从 2006 年开始连续 5 年，每年招募 2 万名高校毕业生，主要安排到乡镇从事支教、支农、支医和扶贫工作。服务期限一般为 2～3 年。招募对象主要为全国普通高校应届毕业生。

2011 年 4 月，人力资源社会保障部下发《关于继续做好高校毕业生三支一扶计划实施工作的通知》（人社部发〔2011〕27 号），决定继续组织开展高校毕业生"三支一扶"计划，从 2011 年起，每年选拔 2 万名，五年内选拔 10 万名高校毕业生到基层从事"三支一扶"服务。

（40）什么是大学生志愿服务西部计划？

大学生志愿服务西部计划由共青团中央牵头，教育部、财政部、人力资源社会保障部共同组织实施。从 2003 年开始，每年招募 1.8 万名普通高等学校应届毕业生，到西部贫困县的乡镇从事为期 1～3 年的教育、卫生、农技、扶贫以及青年中心建设和管理等方面的志愿服务工作。

（41）参加中央部门组织实施的基层就业项目，服务期满后享受哪些优惠政策？

根据中组部、人力资源社会保障部、教育部、财政部、共青团中央《关于统筹实施引导高校毕业生到农村基层服务项目工作的通知》（人社部发〔2009〕42 号）等政策规定，参加"选聘高校毕业生到村任职"、"三支一扶"、"大学生志愿服务西部计划"、"农村义务教育阶段学校教师特设岗位计划"项目、服务期满的毕业生，享受以下优惠政策：

① 公务员招录优惠：每年拿出公务员考录计划的一定比例，专门用于定向招录服务期满且考核称职（合格）的服务基层项目人员。服务基层项目人员也可报考其他职位。

② 事业单位招聘优惠：鼓励在项目结束后留在当地就业，参加各基层就业项目相对应的自然减员空岗，全部聘用服务期满的高校毕业生。从 2009 年起，到乡镇事业单位服务的高校毕业生服务满 1 年后，在现岗位空缺情况下，经考核合格，即可与所在单位签订不少于 3 年的聘用合同。同时，各省（区、市）县及县以上相关的事业单位公开招聘工作人员，应拿出不低于 40% 的比例，聘用各专门项目服务期满考核合格的高校毕业生。

③ 考学升学优惠：服务期满后三年内报考硕士研究生初试总分加 10 分；同等条件下优先录取；高职（高专）学生可免试入读成人本科。

④ 国家补偿学费和代偿助学贷款政策：参加各基层就业项目的毕业生，符合规定条件的，可享受相应的学费补偿和助学贷款代偿政策。

⑤ 服务期满自主创业的，可享受税收优惠、行政事业性收费减免、小额贷款担保和贴息等有关政策。

⑥ 其他：各基层就业项目服务年限计算工龄。服务期满到企业就业的，按照规定转接社会保险关系。

（42）高校毕业生到艰苦边远地区或国家扶贫开发工作重点县就业有什么优惠政策？

根据《国务院关于进一步做好普通高等学校毕业生就业工作的通知》（国发〔2011〕16 号）规定，对到艰苦边远地区或国家扶贫开发工作重点县就业的高校毕业生，在机关工作的，试用期工资可直接按试用期满后工资确定，试用期满后级别工资高定 1～2 挡；在事业单位工作的，可提前转正定级，转正定级时薪级工资高定 1～2 级。

3. 鼓励高校毕业生应征入伍，报效祖国

（43）国家鼓励高校毕业生入伍，这里的"高校毕业生"如何界定？

指中央部门和地方所属全日制公办普通高等学校、民办普通高等学校和独立学院的全日制普通本专科（含高职）、研究生、第二学士学位应届毕业生。不包括往届毕业生及成人高等教育、高等教育自学考试类学生、各类非学历教育的学生。

征集的高校应届毕业生以男性为主，女性应届毕业生征集根据军队需要确定。

高职（专科）毕业班学生完成专业理论课程学习并取得毕业所需学分，仅需再完成毕业实习即能毕业的，可在当年冬季报名应征入伍，享受高校应届毕业生入伍有关优惠政策。

（44）公民应征入伍需要满足哪些政治条件？

征兵政治审查的内容包括：应征公民的年龄、户籍、职业、政治面貌、宗教信仰、文化程度、现实表现以及家庭主要成员和主要社会关系成员的政治情况等。征集服现役的公民必须热爱中国共产党，热爱社会主义祖国，热爱人民军队，遵纪守法，品德优良，决心为抵抗侵略、保卫祖国、保卫人民的和平劳动而英勇奋斗，等等。

（45）公民应征入伍要满足哪些基本身体条件？

公民应征入伍要符合国防部颁布的《应征公民体格检查标准》和有关规定。其中，有几项基本条件。

身高：男性 162cm 以上，女性 160cm 以上。

体重：男性不超过标准体重的+25%、-15%，女性不超过标准体重的±15%。（标准体重=（身高-110）kg）

视力：陆勤岗位视力标准，大学专科以上文化程度的青年入伍，右眼裸眼视力放宽至 4.6，左眼裸眼视力放宽至 4.5。

屈光不正，准分子激光手术后半年以上，无并发症，视力达到相应标准，合格。

内科：乙型肝炎表面抗原呈阴性，等等。

（46）应征入伍高校毕业生的年龄条件是多少？

高职（专科）毕业生当年为 18～23 周岁，本科以上学历的可以放宽到当年 24 周岁。

（47）高校毕业生应征入伍服义务兵役要经过哪些程序？

① 参加网上预征报名：4 月至 7 月，有应征意向的高校毕业生登录"大学生网上预征报名系统"报名预征（http://zbbm.chsi.com.cn 或 http://zbbm.chsi.cn），填写、打印《应届毕业生预征对象登记表》和《应征入伍高校毕业生补偿学费代偿国家助学贷款申请表》（以下分别称《登记表》、《申请表》），交所在学校预征工作管理部门。

② 参加初审、初检，通过确认：5 至 7 月份，按照兵役机关的统一安排，预征报名高校毕业生参加身体初检、政治初审，通过的毕业生被确定为预征对象。在毕业生离校前，高校协助兵役机关，将《登记表》和《申请表》审核盖章发给预征对象并完成网上信息确认。

③ 到户籍所在地报名应征：10 月底全国征兵工作开始后，预征对象携带《登记表》和《申请表》，到入学前户籍所在地县（市、区）征兵办公室报名应征（落实单位户档随迁的，在现户籍所在地应征）。通过体检政审的高校毕业生由县级兵役机关批准入伍。

（48）兵役工作由哪个部门负责？

兵役法规定，全国的兵役工作，在国务院、中央军委领导下，由国防部负责。各军区按照国防部赋予的任务，负责办理本区域的兵役工作。省军区（卫戍区、警备区）、军分区（警备区）和县、自治县、市、市辖区的人民武装部，兼各该级人民政府的兵役机关，在上级军事机关和同级人民政府领导下，负责办理本区域的兵役工作。县级以上地方各级人民政府组织兵役机关和有关部门组成征集工作机构，负责组织实施征集工作。

高校毕业生预征工作在学校由学生管理部门或武装部门牵头。有意向参军入伍的高校毕业生可向所在学校学工部（处）、就业中心、武装部咨询。

（49）高校毕业生应征入伍服义务兵役享受哪些优惠政策？

高校毕业生应征入伍服义务兵役，除享有优先报名应征、优先体检政审、优先审批定兵外，还享受优先选拔使用、考学升学优惠、补偿学费或代偿国家助学贷款、就业安置帮扶等优惠政策。

（50）如何理解高校毕业生应征"优先"政策？

征兵报名前，县级兵役机关通知预征对象报名时间、地点、注意事项等。高校毕业生本人持《登记表》到户籍所在地县级兵役机关报名应征。

高校毕业生预征对象体检由县级征兵办公室统一组织，同级卫生部门具体负责。征兵前，县级兵役机关要通知预征对象体检时间、地点、注意事项，安排其上站体检。

组织高校毕业生政审时，严格按照《征兵政治审查工作规定》进行。《应征公民政治审查表》中的"就读学校鉴定意见"栏的鉴定意见以《登记表》意见为准，不再填写鉴定意见。入伍前，《登记表》作为政审表的附件装入新兵档案。

县级兵役机关召开定兵会议审批定兵时，优先批准体检、政审合格的高校应届毕业生预征对象入伍。

同等条件下，高校毕业生士兵在选取士官、安排到技术岗位等方面优先；具有普通本科学历、取得相应学位的高校毕业生士兵，表现优秀、符合总部有关规定的可以直接选拔为军官。有关具体规定按照军队有关部门出台的文件执行。

（51）应征入伍服义务兵役给予学费补偿和助学贷款代偿的内容是什么？

从 2009 年起，国家对应征入伍服义务兵役的高校应届毕业生在校期间缴纳的学费实行补偿。在校期间获得国家助学贷款的，学费补偿款首先用于偿还助学贷款本金及其全部偿还之前产生的利息。

（52）高校毕业生应征入伍享受学费补偿和助学贷款代偿的标准是多少？

按照《财政部、教育部、总参谋部关于印发〈应征入伍服义务兵役高等学校毕业生学费补偿和国家助学贷款代偿暂行办法〉的通知》（财教〔2009〕35 号）规定，国家对服义务兵役的高校毕业生每学年补偿学费或代偿国家助学贷款本息的金额，最高为 6 000 元；毕业生在校期间每学年实际缴纳的学费或获得的国家助学贷款本息高于 6 000 元的，按照每年 6 000 元的金额实行补偿或者代偿；高校毕业生在校学习期间每年实际缴纳的学费或获得的国家助学贷款本息低于 6 000 元的，按照学费和国家助学贷款本息两者就高的原则，实行补偿或代偿。

（53）高校毕业生应征入伍都可以享受学费补偿或助学贷款代偿政策吗？

在校期间已享受免除全部学费政策的学生、定向生、委培生、国防生、按部队生长干部条件招收的大学毕业生，以及从高校毕业生中直招的士官等其他形式到部队参军的高校毕业生，均不享受学费补偿和助学贷款代偿政策。

（54）高校毕业生应征入伍享受学费补偿和助学贷款代偿的年限如何计算？

对本科、专科（高职）、研究生和第二学士学位毕业生补偿学费或代偿国家助学贷款本息的年限，不论服役时间长短，分别按照国家规定的相应学制计算，在高校毕业生入伍时，实行一次性补偿或代偿。在校学习时间低于相应学制规定年限的，按照实际学习时间计算。在校学习时间高于相应学制规定年限的，按照学制规定年限计算。专升本、本硕连读、中职高职连读、第二学士学位毕业生补偿学费或代偿国家助学贷款本息的年限，分别按照完成本科、硕士、高职和第二学士学位阶段学习任务的实际时间计算（即按完成最终学历阶段学习任务的实际时间计算）。

（55）高校毕业生应征入伍申请学费补偿或助学贷款代偿的程序是什么？

① 填写有关表格：预征工作开始后，有应征意向的普通高校应届毕业生登录"大学生预征网上预征报名系统"（http://zbbm.chsi.com.cn 或 http://zbbm.chsi.cn），填写、打印并向就读高校递交《登记表》、《申请表》。在校学习期间获得国家助学贷款的，还需提供与经办银行签订的还款计划书复印件。其中，应注明已申请国家助学贷款代偿。

② 高校初审盖章：离校前，高校对被确定为预征对象的毕业生补偿学费和代偿国家助学贷款本息的条件资格、具体金额及相关信息资料进行初审，确认无误后，在《申请表》上加盖公章，连同《登记表》一起交给学生本人。

③ 表格递交县征兵办：10 月 31 日前，高校毕业生到入学前户籍所在地报名应征时将《登记表》及《申请表》交县（市、区）人民政府征兵办公室。

④ 县征兵办审批入伍、复核材料并盖章：12 月 31 日前，县（市、区）人民政府征兵办公室批准高校毕业生应征入伍后，向其发放《应征入伍通知书》，并会同同级教育行政部门对应征入伍的高校毕业生申请补偿学费和代偿国家助学贷款本息等情况进行复核。确认无误后，分别在《申请表》上加盖公章。

⑤ 学生资助中心审核并确定最终名单：次年 1 月 15 日前，县（市、区）教育行政部门将户籍为本县（市、区）的入伍高校毕业生的《应征入伍通知书》复印件及《申请表》原件，寄送至应征入伍毕业生原就读高校学生资助管理机构。各高校按隶属关系，分别报各省（区、市）学生资助管理中心和全国学生资助管理中心审核。最终，汇总至全国学生资助管理中心复核、备案后，确定当年享受补偿学费和代偿国家助学贷款本息政策的最终名单及具体金额。

（56）补偿、代偿的经费如何发放到符合条件的高校毕业生手中？

各中央部门所属高校和地方所属高校在收到补偿学费和代偿国家助学贷款本息资金的 15 个工作日内，向毕业生补偿学费；对于申请助学贷款代偿的毕业生，由学校代替毕业生按照还款协议，向银行偿还其在本校办理的国家助学贷款本息，并将银行开具的偿还国家助学贷款本息的凭据交寄毕业生本人或其家长，将剩余资金汇至高校毕业生指定的地址或账户。

入学前在户籍所在县（市、区）办理了生源地信用助学贷款的应征入伍毕业生，在收到代偿资金后 1 个月内，根据与银行签订的还款协议，由学生本人或家长（或其他法定监护人）一次性向银行偿还生源地信用助学贷款本息。

（57）因个人原因被部队退回，毕业生已获补偿、代偿的经费要被收回吗？

高校毕业生因本人思想原因、故意隐瞒病史或违法犯罪等被部队退回的，取消其补偿学费和代偿国家助学贷款的资格。已获补偿或代偿资金由毕业生户籍所在地县（市、区）教育行政部门会同同级征兵办公室收回，并逐级汇总上缴至全国学生资助管理中心。

（58）高校应届毕业生入伍服义务兵役年限是多少？

我国现行的义务兵役制度是两年。

（59）具有高等教育学历的士兵退役后，享受哪些升学考学优惠政策？

① 参加政法院校为基层公检法定向岗位招生时，同等条件下优先录取，且专列一定比例招收退役毕业生报考者；

② 退役后三年内参加全国硕士研究生招生统一入学考试，初试总分加 10 分；

③ 立二等功及以上的，退役后免试（指初试）攻读硕士研究生；

④ 具有高职（高专）学历的，退役后免试入读成人本科；或经过一定考核（计划单列、专升本考试、单独录取），30%比例入读普通本科。

（60）什么是政法院校为基层公检法定向岗位招生？

2008 年，政法院校开展招录培养体制改革试点工作，重点从军队退役士兵和普通高校毕业生中选拔人才，为西部和经济欠发达地区的基层公、检、法、司机关定向招录培养专科以上层次的各类人才。

（61）高校毕业生应征入伍服义务兵役，其户口档案存放在哪里，如何迁转？

高校毕业生在 4～7 月份参加预征，身体初检和政治初审合格，填写《登记表》，将户口迁回入学前户籍所在地，档案可转到入学前户籍所在地公共就业和人才服务机构存放。批准入伍后，其学籍档案放入新兵档案。

（62）高校毕业生退役后就业及户档迁移有何优惠政策？

入伍高校毕业生退出现役后，可参照普通高等学校应届毕业生，凭用人单位录（聘）用手续，向原就读高校再次申请办理就业报到证（从退出现役当年的 12 月 1 日起至次年 12 月 31 日止），户档随迁（直辖市按照有关规定执行）。到各地公共就业和人才服务机构求职的，可按规定免费享受公共就业和人才服务。参加户籍所在地省级毕业生就业指导机构、原毕业高校就业招聘会，享受提供信息、重点推荐、就业指导等就业服务。

（63）什么是士官？与义务兵有什么区别？

我军现役士兵按兵役性质分为义务兵役制士兵和志愿兵役制士兵。义务兵役制士兵称为义务兵，志愿兵役制士兵称为士官。士官属于士兵军衔序列，但不同于义务兵役制士兵，是士兵中的骨干。义务兵实行供给制，发给津贴；士官实行工资制和定期增资制度。预征指的是义务兵。

（64）没有参加网上预征报名的高校毕业生是否还可以应征入伍并享受有关优惠政策？

离校前未报名的应届毕业生，可在冬季征兵前到入学前户籍所在地乡（镇、街道）武装部报名并进行兵役登记，合格者确定为预征对象，择优送站体检。体检、政审合格被批准入伍后，补办补偿代偿等手续，仍可享受国家鼓励高校毕业生应征入伍的各项优惠政策。

4. 积极聘用高校毕业生参与国家和地方重大科研项目

（65）国家和地方重大科研项目包括哪些？

按照《科技部、教育部、财政部、人力资源社会保障部、国家自然科学基金委员会关于鼓励科研项目单位吸纳和稳定高校毕业生就业的若干意见》（国科发财〔2009〕97 号）规定，由高校、科研机构和企业所承担的民口科技重大专项、973 计划、863 计划、科技支撑计划项目以及国家自然科学基金会的重大重点项目等，可以聘用高校毕业生作为研究助理或辅助人员参与研究工作。此外的其他项目，承担研究的单位也可聘用高校毕业生。

（66）哪些高校毕业生可以被吸纳为研究助理或辅助人员？

吸纳对象主要以优秀的应届毕业生为主，包括高校以及有学位授予权的科研机构培养的博士研究生、硕士研究生和本科生。

（67）科研项目吸纳的高校毕业生是否为在编职工？

不是项目承担单位的正式在编职工，被吸纳高校毕业生需与项目承担单位签订服务协议，明确双方的权利、责任和义务。

（68）科研项目承担单位与被吸纳高校毕业生签订的服务协议应包含哪些内容？

① 项目承担单位的名称和地址；

② 研究助理的姓名、居民身份证号码和住址；

③ 服务协议期限；

④ 工作内容；

⑤ 劳务性费用数额及支付方式；

⑥ 社会保险；

⑦ 双方协商约定的其他内容。

服务协议不得约定由毕业生承担违约金。

（69）服务协议的期限如何约定？

根据《人力资源社会保障部办公厅关于重大科研项目单位吸纳高校毕业生参与研究工作签订服务协议有关问题的通知》（人社厅发〔2009〕47 号）等文件规定，服务协议期限最多可签订三年，三年以下的服务协议期限已满而项目执行期未满的，根据工作需要可以协商续签至三年。

（70）服务协议履行期间可以解除协议吗？

服务协议履行期间，毕业生可以提出解除服务协议，但应提前15天书面通知项目承担单位。

项目承担单位提出解除服务协议的，应当提前30日书面通知毕业生本人。研究助理被解除服务协议或协议期满终止后，符合条件的毕业生可按规定享受失业保险待遇。

（71）被吸纳高校毕业生如何获取报酬？

由项目承担单位向高校毕业生支付劳务性费用，具体数额按照国家有关规定、参照相应岗位标准，由双方协商确定。

（72）项目承担单位是否给被吸纳的高校毕业生上保险？

项目承担单位应当为毕业生办理社会保险，具体包括基本养老保险、基本医疗保险、失业保险、工伤保险、生育保险，并按时足额缴费。参保、缴费、待遇支付等具体办法参照各项社会保险有关规定执行。

（73）被吸纳的高校毕业生户档如何迁转？

毕业生参与项目研究期间，根据当地情况，其户口、档案可存放在项目承担单位所在地或入学前家庭所在地公共就业和人才服务机构。项目承担单位所在地或入学前家庭所在地公共就业和人才服务机构应当免费为其提供户口、档案托管服务。

（74）服务协议期满后如何就业？

协议期满，如果项目承担单位无意续聘，则毕业生到其他岗位就业。同时，国家鼓励项目承担单位正式聘用（招用）人员时，优先聘用担任过研究助理的人员。项目承担单位或其他用人单位正式聘用（招用）担任过研究助理的人员，应当分别依据《劳动合同法》、《国务院办公厅转发人事部关于在事业单位试行人员聘用制度意见的通知》（国办发〔2002〕35号）等规定执行。

（75）毕业生服务协议期满被用人单位正式录（聘）用后，如何办理落户手续？工龄如何接续？

担任过研究助理的人员被正式聘用（招用）后，按照有关规定，凭用人单位录（聘）用手续、劳动合同和《普通高等学校毕业证书》办理落户手续；工龄与参与项目研究期间的工作时间合并计算，社会保险缴费年限合并计算。

5. 鼓励支持高校毕业生自主创业，稳定灵活就业

（76）高校毕业生自主创业，可以享受哪些优惠政策？

按照《国务院关于进一步做好普通高等学校毕业生就业工作的通知》（国发〔2011〕16号）、《国务院办公厅转发人力资源社会保障等部门关于促进以创业带动就业工作指导意见的通知》（国办发〔2008〕111号）等文件规定，高校毕业生自主创业优惠政策主要包括：

① 税收优惠：持《就业失业登记证》（注明"自主创业税收政策"或附着《高校毕业生自主创业证》）的高校毕业生在毕业年度内（指毕业所在自然年，即1月1日至12月31日）从事个体经营的，3年内按每户每年8000元为限额依次扣减其当年实际应缴纳的营业税、城市维护建设税、教育费附加和个人所得税。对高校毕业生创办的小型微利企业，按国家规定享受相关税收支持政策。

② 小额担保贷款和贴息支持：对符合条件的高校毕业生自主创业的，可在创业地按规定申请小额担保贷款；从事微利项目的，可享受不超过10万元贷款额度的财政贴息扶持。对合伙经营和组织起来就业的，可根据实际需要适当提高贷款额度。

③ 免收有关行政事业性收费：毕业2年以内的普通高校毕业生从事个体经营（除国家限制的行业外）的，自其在工商部门首次注册登记之日起3年内，免收管理类、登记类和证照类等有

关行政事业性收费。

④ 享受培训补贴：对高校毕业生在毕业年度内参加创业培训的，根据其获得创业培训合格证书或就业、创业情况，按规定给予培训补贴。

⑤ 免费创业服务：有创业意愿的高校毕业生，可免费获得公共就业和人才服务机构提供的创业指导服务，包括政策咨询、信息服务、项目开发、风险评估、开业指导、融资服务、跟踪扶持等"一条龙"创业服务。各地在充分发挥各类创业孵化基地作用的基础上，因地制宜建设一批大学生创业孵化基地，并给予相关政策扶持。对基地内大学生创业企业要提供培训和指导服务，落实扶持政策，努力提高创业成功率，延长企业存活期。

⑥ 各城市应取消高校毕业生落户限制，允许高校毕业生在创业地办理落户手续（直辖市按有关规定执行）。

（77）高校毕业生怎样提升自主创业的能力？

各高校要广泛开展创业教育，积极开发创新创业类课程，完善创业教育课程体系，将创业教育课程纳入学分管理。

各地人力资源社会保障部门已形成一些成熟的创业培训模式，如"GYB"（产生你的企业想法）、"SYB"（创办你的企业）、"IYB"（改善你的企业）；高校毕业生可选择参加创业培训和实训，并可按规定享受培训补贴，以提高创业能力。

（78）什么是小额担保贷款？小额担保贷款的用途是什么？

小额担保贷款是指通过政府出资设立担保基金，委托担保机构提供贷款担保，由经办商业银行发放，以解决符合一定条件的待就业人员从事个体经营自筹资金不足的一项贷款业务。

小额担保贷款主要用做自谋职业、自主创业或合伙经营和组织起来创业的开办经费和流动资金。

（79）申请小额担保贷款额度是多少？贷款期限有多长？

国家规定对符合条件的高校毕业生自主创业的，可在创业地按规定申请小额担保贷款；从事微利项目的，可享受不超过 10 万元贷款额度的财政贴息扶持。各地区对申请小额担保贷款额度有不同规定。对合伙经营和组织起来就业的，可根据需要适当提高贷款额度。

小额担保贷款的期限一般不超过 2 年，可展期一年。

（80）怎样申请小额担保贷款？在哪些银行可以申请小额担保贷款？

小额担保贷款按照自愿申请、社区推荐、人力资源社会保障部门审查、贷款担保机构审核并承诺担保、商业银行核贷的程序，办理贷款手续。

各国有商业银行、股份制商业银行、城市商业银行和城乡信用社都可以开办小额担保贷款业务，各地区根据实际情况确定具体经办银行。在指定的具体经办银行可以办理小额担保贷款。

（81）哪些项目属于微利项目？

微利项目由各省、自治区、直辖市人民政府结合当地实际情况确定，并报财政部、中国人民银行、人力资源和社会保障部备案。对于从事微利项目的，财政据实全额贴息，展期不贴息。

（82）针对高校毕业生灵活就业有什么政策措施？

根据《国务院关于进一步做好普通高等学校毕业生就业工作的通知》（国发〔2011〕16 号）、《财政部、人力资源社会保障部关于进一步加强就业专项资金管理有关问题的通知》（财社〔2011〕64 号）等规定，鼓励支持高校毕业生通过多种形式灵活就业，并给予相关政策扶持。对符合就业困难人员条件的灵活就业高校毕业生，要按规定落实社会保险补贴政策。对申报灵活就业的高校毕业生，各级公共就业和人才服务机构按规定提供人事、劳动保障代理服务，做好社会保险关系接续工作。

对就业困难人员灵活就业后缴纳的社会保险费，给予一定数额的社会保险补贴，补贴数额原则上不超过其实际缴费的 2／3。灵活就业的就业困难人员按规定向当地人力资源社会保障部门申请社会保险补贴。社会保险补贴申请材料应附：由灵活就业人员签字、人力资源社会保障部门盖章确认的、注明具体从事灵活就业的岗位、地址等内容的相关证明材料，灵活就业人员《身份证》复印件、《就业失业登记证》复印件、社会保险征缴机构出具的社会保险费明细账（单）等凭证材料，经人力资源社会保障部门审核后，财政部门将补贴资金支付给申请者本人。

6. 支持高校毕业生参加就业见习和技能培训

（83）什么是就业见习？

就业见习是指由各级人力资源社会保障部门根据离校未就业高校毕业生本人意愿，组织其到经政府认定的就业见习单位进行见习锻炼、积累工作经验、提升就业能力的一项就业促进措施。

2009 年起，人力资源社会保障部会同教育部、工业和信息化部、国资委、工商总局、全国工商联和共青团中央联合下发《关于印发三年百万高校毕业生就业见习计划的通知》（人社部发〔2009〕38 号），决定自 2009 年至 2011 年，拓展和规范一批用人单位作为高校毕业生见习基地，用 3 年时间组织 100 万离校未就业高校毕业生参加就业见习。

未就业高校毕业生如参加就业见习可向当地人力资源和社会保障部门及当地团组织咨询，当地人力资源和社会保障部门是就业见习的组织实施单位。

（84）离校后未就业高校毕业生如何参加就业见习？

人力资源社会保障部门通过媒体、公共就业和人才服务机构以及电视、网络、报纸等多种渠道，发布就业见习信息，公布见习单位名单、岗位数量、期限、人员要求等有关内容，或者组织开展见习单位和高校毕业生的双向选择活动，帮助离校未就业高校毕业生和见习单位对接。离校后未就业回到原籍的高校毕业生可与原籍所在地人力资源社会保障部门及当地团组织联系，主动申请参加就业见习。

（85）就业见习期限有多长？

高校毕业生就业见习期限一般为 3～12 个月。

高校毕业生就业见习活动结束后，见习单位对高校毕业生进行考核鉴定，出具见习证明，作为用人单位招聘和选用见习高校毕业生的依据之一。在见习期间，由见习单位正式录（聘）用的，在该单位的见习期可以作为工龄计算。

（86）就业见习单位给毕业生上保险吗？

见习期间所在见习单位为毕业生办理人身意外伤害保险。

（87）离校未就业高校毕业生参加就业见习享受哪些政策和服务？

① 获得基本生活补助（基本生活补助费用由见习单位和地方政府分担，各地要根据当地经济发展和物价水平，合理确定和及时调整基本生活补助标准）；

② 免费办理人事代理；

③ 办理人身意外伤害保险；

④ 见习期满未被录用可继续享受就业指导与服务。

（88）见习单位能享受什么优惠政策？

对企业（单位）吸纳离校未就业高校毕业生参加就业见习的，由见习企业（单位）先行垫付见习人员见习期间基本生活补助，再按规定向当地人力资源社会保障部门申请就业见习补贴。

就业见习补贴申请材料应附：实际参加就业见习的人员名单、就业见习协议书、见习人员《身份证》、《登记证》复印件和大学毕业证复印件、企业（单位）发放基本生活补助明细账（单）、企业（单位）在银行开立的基本账户等凭证材料，经人力资源社会保障部门审核后，财政部门将资金支付到企业（单位）在银行开立的基本账户。

见习单位支出的见习补贴相关费用，不计入社会保险缴费基数，但符合税收法律法规规定的，可以在计算企业所得税应纳税所得额时扣除。

（89）高校毕业生如何申请参加职业培训？

职业培训由各地人力资源社会保障部门负责组织实施。高校毕业生可到当地人力资源社会保障部门咨询了解职业培训开展情况，选择适宜的培训项目参加。

职业培训工作主要由政府认定的培训机构、技工院校或企业所属培训机构承担。

（90）高校毕业生能否享受职业培训补贴政策？如何申请职业培训补贴？

高校毕业生毕业年度内参加就业技能培训或创业培训，可按规定向当地人力资源社会保障部门申请职业培训补贴。毕业后按规定进行了失业登记的高校毕业生参加就业技能培训或创业培训，也可向当地人力资源社会保障部门申请职业培训补贴。

按照《财政部、人力资源社会保障部关于进一步加强就业专项资金管理有关问题的通知》（财社〔2011〕64号）等文件规定，申请材料经人力资源社会保障部门审核后，财政部门按规定将补贴资金直接拨付给申请者本人。职业培训补贴申请材料应附：培训人员《身份证》复印件、《就业失业登记证》复印件、职业资格证书（专项职业能力证书或培训合格证书）复印件、就业或创业证明材料、职业培训机构开具的行政事业性收费票据（或税务发票）等凭证材料。

高校毕业生参加就业技能培训或创业培训后，培训合格并通过职业技能鉴定取得初级以上职业资格证书（未颁布国家职业技能标准的职业应取得专项职业能力证书或创业培训合格证书），6个月内实现就业的，按职业培训补贴标准的100%给予补贴。6个月内没有实现就业的，取得初级以上职业资格证书，按职业培训补贴标准的80%给予补贴；取得专项职业能力证书或创业培训合格证书，按职业培训补贴标准的60%给予补贴。

（91）高校毕业生如何获取职业资格证书？

高校毕业生个人可向职业技能鉴定所（站）自主申请职业技能鉴定。职业技能鉴定要参加理论知识考试和操作技能（专业能力）考核。经鉴定合格者，由人力资源社会保障部门核发相应的职业资格证书。

（92）高校毕业生能否享受职业技能鉴定补贴政策，如何申请技能鉴定补贴？

按照《财政部、人力资源社会保障部关于进一步加强就业专项资金管理有关问题的通知》（财社〔2011〕64号）等文件规定，对高校毕业生在毕业年度内通过初次职业技能鉴定并取得职业资格证书或专项职业能力证书的，按规定给予一次性职业技能鉴定补贴。

通过初次职业技能鉴定并取得职业资格证书或专项职业能力证书的，可向职业技能鉴定所在地人力资源社会保障部门申请一次性职业技能鉴定补贴。职业技能鉴定补贴申请材料应附：申请人《身份证》复印件、《就业失业登记证》复印件、职业资格证书复印件、职业技能鉴定机构开具的行政事业性收费票据（或税务发票）等凭证材料，经人力资源社会保障部门审核后，财政部门按规定将补贴资金支付给申请者本人。

7. 为高校毕业生提供就业指导、就业服务和就业援助

（93）主要有哪些机构为高校毕业生提供就业服务？

① 公共就业和人才服务机构。由各级人力资源社会保障部门举办的公共就业和人才服务机构，为高校毕业生免费提供政策咨询、就业信息、职业指导、职业介绍、就业援助、就业与失业登记或求职登记等各项公共服务，按规定为登记失业高校毕业生免费提供人事档案管理等服务。

此外，还定期开展面向高校毕业生的公共就业和人才服务专项活动，比如每年 5 月"民营企业招聘周"、每年 9 月"高校毕业生就业服务月"、每年 11 月"高校毕业生就业服务周"等，为高校毕业生和用人单位搭建供需对接平台。

② 高校毕业生就业指导机构。目前，各省教育部门、各高校普遍建立了高校毕业生就业指导机构，为毕业生提供就业咨询、用人单位招聘及实习实训信息、求职技巧、职业生涯辅导、毕业生推荐、实习实践能力提升和就业手续办理等多项就业指导和服务。

③ 职业中介机构。主要包括从事人力资源服务的经营性机构，政府鼓励各类职业中介机构为高校毕业生提供就业服务，对为登记失业高校毕业生提供服务并符合条件的职业中介机构按规定给予职业介绍补贴。

（94）职业中介机构如何享受职业介绍补贴？

按照《财政部、人力资源社会保障部关于进一步加强就业专项资金管理有关问题的通知》（财社〔2011〕64 号）等文件规定，在工商行政部门登记注册的职业中介机构，可按经其就业服务后实际就业的登记失业人员人数向当地人力资源社会保障部门申请职业介绍补贴。

职业介绍补贴申请材料应附：经职业中介机构就业服务后已实现就业的登记失业人员名单、接受就业服务的本人签名及《居民身份证》（以下简称《身份证》）复印件、《就业失业登记证》（以下简称《登记证》）复印件、劳动合同等就业证明材料复印件、职业中介机构在银行开立的基本账户等凭证材料。申请材料经人力资源社会保障部门审核后，财政部门按规定将补贴资金支付到职业中介机构在银行开立的基本账户。

（95）高校毕业生获取就业信息的主要渠道有哪些？

① 浏览各类就业信息网站，包括中央有关部门主办的全国性就业信息网站、地方有关部门主办的就业信息网站、各高校就业信息网站及校内 BBS 求职版面、其他专业性就业网站等；

② 参加各类招聘和双向选择活动，包括国家有关部门、各地、学校、用人单位等相关机构组织的各类现场或网络招聘活动；

③ 参与校企合作实习，包括社会实践、毕业实习等活动；

④ 查阅媒体广告，如报纸、刊物、电台、电视台、视频媒体等；

⑤ 他人推荐，如导师、校友、亲友等；

⑥ 主动到单位求职自荐等。

（96）在校期间高校毕业生可以通过哪些途径提升就业能力？

在学好专业知识技能的同时，根据学校要求或安排，毕业生可以通过选修或必修就业指导课程、参与学校组织的就业实习、技巧辅导、模拟招聘等活动，学习和了解相关职业的资料和信息，充分借助社会实践平台，全面提升就业能力。

高校毕业生还可通过学校实施的毕业证书与职业资格证书"双证书"制度、组织到企业顶岗实习、参加人力资源社会保障部门认定的定点机构开展的职业技能培训等，切实增强自身的岗位适应能力与就业竞争力，促进职业素养的养成。

（97）困难家庭高校毕业生包括哪些毕业生？享受哪些帮扶政策？

困难家庭高校毕业生是指：来自城镇低保家庭、低保边缘户家庭、农村贫困家庭和残疾人家庭的普通高校毕业生。

各级机关考录公务员、事业单位招聘工作人员时，免收困难家庭高校毕业生的报名费和体检费。

为帮助困难家庭的高校毕业生求职就业，高校一般都会安排经费作为困难家庭毕业生的求职补助，或对已成功就业的困难家庭毕业生给予奖励。困难家庭的毕业生可向所在院系书面申请。学校也应根据平时掌握的情况，对困难家庭的毕业生给予主动帮助。

（98）面对求职困难，高校毕业生该如何应对？

① 主动了解国家促进就业的相关政策，努力争取各方支持；

② 主动联系学校就业指导老师和专业教师，并保持经常沟通；

③ 积极参加校园招聘会和各类人才洽谈会；

④ 主动到各级人力资源社会保障部门所属的公共就业和人才服务机构进行求职登记，获得免费的政策咨询、就业信息、职业指导、职业介绍、就业援助等服务；

⑤ 通过网络等各种渠道，广泛收集社会需求信息；

⑥ 充分利用亲友、校友、学校社团等资源，积极获取就业信息；

（7）了解社会发展动态，树立正确的就业观，合理调整求职预期。

（99）高校毕业生如何办理就业登记和失业登记？离校后未就业如何获得相应的就业指导和服务？

各级公共就业和人才服务机构要按照就业促进法的规定，为已就业高校毕业生免费办理就业登记，并按规定提供人事、劳动保障代理服务。对未就业的高校毕业生可按规定办理失业登记，并纳入户籍所在地失业人员统一管理，落实相关就业扶持政策。各级人力资源社会保障部门、教育部门和各高校将进一步完善以实名制为基础的高校毕业生就业统计制度，做好高校毕业生毕业前后的信息衔接和服务接续。

回到原户籍所在地报到的未就业高校毕业生，能够免费享受当地人力资源社会保障部门提供的公共就业和人才服务。

（100）离校未就业高校毕业生登记失业后，可以享受哪些服务和政策？

登记失业高校毕业生可免费获得政策咨询、职业指导、职业介绍和人事档案托管等服务政策。有意愿参加就业见习的，可按规定提供基本生活补助并办理一次性人身意外伤害保险；参加职业培训和技能鉴定的，可以按规定申请培训补贴和鉴定补贴。有创业意愿的，可以享受有关税收优惠、小额担保贷款及贴息、行政事业性收费减免、创业服务等扶持政策。

各级公共就业和人才服务机构已将就业困难的高校毕业生纳入当地就业援助体系，建立专门台账，实施"一对一"职业指导和重点帮扶，并向用人单位重点推荐，或通过公益性岗位安置就业。符合就业困难条件的高校毕业生可按规定得到就业援助，并落实社会保险补贴或公益性岗位补贴等政策。

第三节　就业的主要方式

自实行"自主择业，双向选择"的就业制度以来，大学生实际上被推到了市场化就业的轨道，并逐步形成了即时就业、延时就业、自主创业、考研和出国等多种就业途径和渠道。

一、即时就业

即时就业是指毕业生在毕业之前，通过学校推荐及参加毕业生就业市场、人才招聘活动，与用人单位签订就业协议后，毕业时即派遣到签约单位就业。

我们期望每一位即将毕业的同学，应该建立当年尽快实现就业的思想，这于个人、家庭、社会都有利。找第一份工作或未来几年变换工作，不论工作条件如何，福利待遇如何，都应该看作是积累工作经验的时期，必须树立从艰苦行业做起，从艰苦地方开始的思想，敢于吃苦，脚踏实地做好工作才能取得成绩。

目前，毕业生逐渐适应"供需见面，双向选择"的就业制度，就业观念不断更新，毕业生实现即时就业的渠道也呈现出多元化，主要表现为以下两种。

1. 供需见面、双向选择、自主就业

供需见面和双向选择活动是毕业生择业的重要方式，也是毕业生就业的主要渠道。教育部规定，每年11月20日后，中央各部委、各地方主管毕业生就业工作部门以及各高等院校可举办用人单位和毕业生供需见面会，毕业生和用人单位经过选择相互确定后，应当签订毕业生就业协议书，作为制订就业计划和派遣的依据。此外，毕业生也可以自己到人才市场通过合法的中介公司介绍有关用人单位，自己选择和参加用人单位的招聘，或者以自荐的形式直接联系用人单位。

2. 参加国家公务员录用考试，被录用就业

我国对国家机关行政人员实行公务员制度。为适应中央、国家机关和各省市补充工作人员的需要，国家每年以应、往届毕业生为主要对象招考公务员，因此报考国家公务员也成为少部分毕业生就业的渠道。

国家行政机关录用担任主任科员以下及其他相当职务层次的非领导职务公务员，采取公开考试、严格考察、平等竞争、择优录取的办法。中央国家行政机关国家公务员的录用考试，由国家公务员局负责组织；地方国家各级机关公务员的录用，由省级公务员主管部门负责组织，必要时省级公务员主管部门可以授权设区的市级公务员主管部门组织。国家公务员录用考试的方式采取笔试和面试的方式进行。考试的内容根据公务员应当具备的基本能力和不同职位类别分别设置。一般考试内容包括公共基础知识、行政职业能力倾向测验和申论。当前，公务员考试越来越成为社会的热点，竞争异常激烈，有的岗位甚至达到几千名毕业生竞争1个岗位。

二、延时就业

延时就业是指由于暂时未能找到一个满意的工作单位或由于其他原因，毕业生在毕业前夕，暂缓找单位或先回家庭所在地，然后再就业。

由于就业形势严峻，个别大学生择业意识不强，择业过程中存在等、靠思想，有的干脆不就业，回家依靠父母积蓄生活，社会上称之为"啃老族"。

国务院办公厅颁发的《关于进一步深化普通高等学校毕业生就业制度改革有关问题的意见》明确规定："对毕业离校时未落实工作单位的高校毕业生，学校可根据本人意愿，将其户口转至入学前户籍所在地或两年内继续保留在原就读的高校，待落实工作单位后，将户口迁至工作单位所在地。超过两年仍未落实工作单位的高校毕业生，学校档案管理机构将其在校户口及档案迁移回其入学前户籍所在地。"

暂缓就业政策是国家为了缓和当年就业压力的一项应急措施，实质上这也容易带来一种积累效应，毕业生积累成堆反而带来负面影响。从这几年情况来看，暂缓就业做法对毕业生来说并不是最好的选择。其一，往届毕业生暂缓就业期结束后，学校与之联络不上，只能按规定把户口档案寄回生源所在地，错过了派遣期限；其二，未在当年就业，容易给单位留下"就业期望值过高"

或者"自身素质不强"的印象，不利于与师弟师妹们在下一年度竞争就业，心理难免出现失落感，压力更大。

> **重要提示** 在职场中，只有感觉敏锐，思维清晰，抓住时机，坚持主见的人，才能笑到最后。

三、自主创业

自主创业是指大学生毕业后不是向社会"寻求"工作，而是用自己所学知识进行自主创业，即毕业生通过科技创新、社会服务或在某一方面有特长，自己或与他人合作创办公司。自主创业目前已成为大学毕业生一种新的就业途径，它作为一种新的就业渠道，无疑对大学毕业生的知识、能力和综合素质等提出了更高的要求。

专家指出，大学毕业生自主创业不仅解决了自己的就业问题，而且还给别人提供就业机会和岗位。对当代大学生来说，自主创业是一条光明之路，希望之路。积极鼓励、支持大学毕业生自主创业，是党和国家对大学生就业的基本原则。各级政府主管部门针对大学毕业生的创业需要，采取了加强创业意识和创业能力教育，提供针对性项目，指导咨询服务，建立创业基金，提供小额借款担保或贴息补贴，提供工商注册登记优惠或免税费措施，建立大学生创业孵化基地等。这些都为大学生创业提供了良好的环境。

四、升学深造

升学主要包括以下途径：参加研究生考试、普通高校专升本考试、成人高考、对口升学考试、高等教育自学考试等。通过研究生考试、普通高校专升本考试、对口升学考试，继续在学业上深造，一方面可以提高学历层次，另一方面也能缓解社会就业压力。

究竟选择考研还是就业因人而异，每个人的学习、身体、经济等方面的条件都是不同的，关键是要结合自己的特点，作出适合自己的选择。不管你选择就业还是考研，都必须要摆正自己的心态，看清自己的位置，只有这样才能得到有利于自身发展的结果。

> **重要提示** 告诉每个人他们应该走哪条路是不可能的。每个人都应该仔细考察他内心深处真正向往的是什么，然后全力以赴地实现它。

五、出国留学与就业

伴随着改革开放的不断深入和中国加入世界贸易组织，部分有条件的毕业生可选择到国外留学，继续深造。另外，有不少毕业生可选择到境外机构工作，参与国际人才竞争。出国留学根据经费来源不同，有以下4种类型。

1. 公费留学

公费留学是指国家根据需要，按计划派遣由国家提供出国学习、生活及往返旅费的出国留学，一般分为大学生、研究生、进修人员和访问学者等公费留学。因选派部门不同，可分为国家公派和单位公派。

2. 自费公派

由个人自费按国家公派的方式加以管理，实际上也是公派的一种，近几年来，这部分人纳入单位公派的范围。在各机关、企业、事业团体里工作的各类专业骨干人员、毕业研究生、优秀文艺骨干、优秀运动员、机关工作业务骨干和具有特殊技能的人才，经过本单位的同意，通过取得各种奖学金、贷学金或者亲友的资助后，均应纳入所在单位、部门的派遣计划（在政府部门所属人才交流机构存档人员除外）。

3. 自费留学

自费留学是出国学习、生活、医疗和往返一切费用由自己承担或者由国外亲友资助的留学方式。自费留学需要具备以下 3 项基本条件。

（1）申请人必须是具备法律上的公民资格，并且不存在民事上的或刑事上的法律责任。

（2）申请人必须是具有可靠的经济来源，无论是通过什么方式，只要能够自己解决学习和生活费用就可以。

（3）申请人必须能够提供外国录取学校的入学许可证。这种申请不受年龄、学历和工作年限的限制。到国外学习的学校，一般应当是大学，读专科、本科或者读研究生、博士生学位以及进修。

4. 勤工俭学

勤工俭学是指那些进入外国语言学校学习语言，而不进入各种专门院校进一步深造的人员，属于非正规留学生，实际上也是自费留学的一种补充方式。这些人的主要特点是：在国外无亲友提供经济资助，完全依靠个人利用业余时间打工支付生活、学习、医疗和往返费用，用打工收入偿还出国旅费和入学的费用。

重要提示　　大学生选择出国留学或就业，要根据自己的发展实际需要进行选择，谨慎从事，切勿盲目跟风。

六、国家项目就业

国家项目就业是指大学生参加国家、地方就业项目就业。如大学生服务西部志愿者、三支一扶、农村教育硕士、一村一名大学生工程等。鼓励人才到广阔的农村和基层去，是解决就业难题的有效办法，更是缩小城乡差别和区域差别、促进社会全面协调发展的长远战略之策。

七、灵活就业

灵活就业不同于正规的全日制、与用人单位间有稳定的劳动法律关系、获得有工资福利和社会保障的就业。

灵活就业包括自由职业、意向就业、自主创业等。例如，作家、自由撰稿人、翻译工作者、某些艺术工作者等。与传统的就业模式相比，这种就业方式的特点是灵活性强、自由度大、适用范围广、劳动关系比较松散。

为了鼓励灵活就业，国家和各级政府出台了诸多相应的政策，制定和实施灵活就业的工资支付和社会保障政策，保护灵活就业者的合法权益。

第四节　国外高校就业特色

"他山之石，可以攻玉"。在建设有中国特色的大学生就业制度与就业市场的过程中，吸收和借鉴国外尤其是西方先进国家的一些成功经验，对于我们少走弯路、健康发展大有帮助。

一、国外高校大学生就业指导特色

就业指导在国外起步较早，已有近百年的历史，积累了丰富的案例，形成了自己的特色。了解国外高校开展就业指导的先进经验，对我们开展就业指导具有十分重要的积极意义。

1. 多层次多职能、完善而高效的就业服务体系

美国的高等教育先于我国进入大众化阶段，针对与高等教育大众化相伴而生的大学生就业难问题，美国通过构建以"市场就业制度"或"自由就业制度"为基础，以政府、高校、中介机构和用人单位为主体的完善而高效的大学生就业指导体系，为大学毕业生提供内容全面、形式多样、方法先进的就业指导和服务。

在德国，对大学生就业的关注与参与体现在各个方面。这些方面靠市场机制运作，相互制约、补充与联系，客观地形成具有自身特色的服务体系。这一服务体系的基本功能是咨询、培训、介绍与指导。构成这一服务体系的基本要素是政府（职能系统为联邦劳动总署与各州、市劳动局）、学校、企业、私人咨询介绍所和学生。在德国大学生就业服务体系中，政府系统为主渠道，企业与学生为主体，学校为中介，私人咨询介绍所为补充。

日本厚生劳动省设有"学生职业综合支援中心"，各都道府县也设有"学生职业中心"，对学生就业进行指导。针对大学毕业生毕业后不能就业人数的不断上升，政府制定了"早期就业援助及能力开发计划"，通过厚生劳动省的"学生职业综合支援中心"及各都道府县的"学生职业中心"对大学毕业后尚未就业的登记人员，在毕业后的一年内，根据本人兴趣、爱好及适应能力开设有针对性的讲座，并组织去企业实习，通过这种培训提高其就业能力，所需费用全部由"中心"负担；需要说明的是，日本所建立的高校就业指导专门机构并非是行政性的机构，它们仅承担与就业有关的服务、咨询和研究功能，体现了就业指导工作的市场特征。

2. 高素质、专业化的就业指导队伍

美国高校一般都设有专门的就业指导服务机构，它是一个常设机构，是学校学生事务管理中非常重要的一部分。一般都配有十余人到几十人不等的专兼职人员，设有中心主任、就业顾问、就业主管、对外联络员、秘书等岗位工作人员。美国高校对就业指导服务人员的素质要求一般都很高，从学历方面看：中心主任一般要求具有辅导学、咨询学、高等教育学硕士或博士学位；就业顾问一般要求具有心理学硕士或博士学位；专职工作人员也需要获得辅导学、咨询学等硕士学位；其他工作人员一般要具有学士学位。

3. 全程就业辅导与生涯教育

美国、日本等国在教学计划安排中，已将职业生涯教育列入必修的课程（包括测试、讲座、咨询和实践）贯穿于整个大学教育过程。

辅导工作具体可以概括为以下几方面：以心理测试和职业咨询为方式的自我认识指导；以提高应聘技巧、增强职业竞争力为目的的小组训练和讲座；以增强职业适应性为目的的社会实践活动。

美国政府在 20 世纪 70 年代，通过了实施"职业生涯教育"的拨款计划，要求将普通教育与职业教育结合起来，在普通教育中设置职业预备课程。90 年代后，美国的"职业生涯教育"计划进一步加强，并于 1994 年通过的《学校工作机会法》适用于从幼儿园到大学的学生。其目的是为所有学生提供职业准备，以适应全球化和知识化背景下的美国社会。

1991 年 6 月 29 日，日本通过了《关于完善终身学习推进体制的法律》，以此促进终身学习体制的建立。在日本，大学生生涯规划向毕业后延伸。公共就业保障办公室对在毕业初期未找到工作的大学生一律要求登记，为他们提供就业信息、咨询并以外包方式由指定的公司和学校进行培训，并在城市社区开展失业或不稳定就业大学生的就业辅导，包括资质评估、职业咨询、就业指导、信息提供及开发劳动力需求。

4. 注重教育与实践相结合

美国高校均有一批长期保持密切关系的企业和机构，通过组织学生实习、工作，增强学生的社会实践能力和社会适应性，利于学生更多地了解社会、了解单位，为供需见面双方提供互相选择的机会，安排学生就业招聘面试活动。美国有人明确提出要把高等学校办成"创业者的熔炉"，他们在就业指导中非常重视培养学生的创造意识和运用所学知识解决实际问题的能力，力求培养学生的自主创业精神，还特别将有关企业管理的实际操作知识列入就业指导。

英国政府在提升学生的就业能力方面有一个重大举措：充分利用志愿者行动为学生提供工作经验。2004 年计划组织 100 多万人融入地方社区，为大学生提供发展技能与获得工作经验与发展技能的机会。此外，2005—2006 年度，英国高等教育创新基金出资 9 000 万英镑，用于高等教育与企业之间的交流和开发，包括建立高等教育机构与企业的知识技能交流中心，推动创建与实际工作结合紧密的基础学位教育等。

5. 完善的信息资源服务

在美国，高校的就业指导中心均建有供学生查询资料的就业图书馆，收集的资料分门别类，摆放有序，指导中心设备精良，通过信息网络及时把各种社会需求联系起来，学生可以随时通过信息网络查到感兴趣的全国乃至全世界的需求信息，也可以把求职信息直接通过网络传递给雇主。

英国牛津大学注重提供就业信息咨询服务，专设职业服务处和就业信息室，提供广泛的职业信息来源和有效的职位空缺搜索服务，每周发送电子简报，编印职位空缺周报，寄送给每位最终使用者。

日本许多大学就业指导部门特别注重宣传的作用。一是设立专门的就业指导资料室，对学生开放。该室以印刷品、录音带、录像带以及计算机数据库等各种方式收集和储存大量有关就业信息。二是编辑发行就业信息刊物，散发给学生，他们通过印制刊物向学生提供最新职业信息，刊载校友忠告和建议、企业要求以及专家意见等，以此来启发引导和规范学生的求职行为。

二、国外大学生就业模式

尽管西方各国都是市场经济，在劳动就业中以市场作为配置劳动力资源的基础性手段，但由于经济、政治、文化上的差异，各国的就业模式又都表现出明显的本国特色。一般而言，美国的人力资源市场是自由放任式的，而欧洲、日本的人力资源市场则普遍以大公司的终身雇佣制与年功序列制为特点，强调就业的稳定性，内部人力资源市场相对发达。国外大学生就业模式具体来看有如下特点。

1. 就业立法与就业管理体制各具特色

在西方国家，就业立法是解决就业问题最为惯常的政府措施，而且基本上都是以实现充分就业、保障就业市场的公平竞争以及保护失业为前提的。以美、德、日三国为例，美国就业法律制度的特色是对就业歧视有严格的约束，对就业管理体制的要求也很严；德国则是目前西方国家中制定最详尽解雇程序的国家，并且有独特的就业管理体制；日本就业法律制度的特色是特别强调就业技能训练。

1973 年，美国政府综合《社会保障法》、《人力开发培训法》等几个法案，颁布了《综合就业与培训法》，成为美国官方人力资源管理与开发的一个综合性法规。在行政管理体制上，美国设立了专门的"就业机会均等委员会"，负责少数民族的就业管理事务；同时，在劳工部专门设立了"妇女事务局"，负责改善劳动妇女的福利、工作条件和增加妇女的就业机会。

1969 年，德意志联邦共和国（以下简称德国）制定了《职业教育法》，使德国著名的"双轨制"教育制度得以形成。同年还颁布了《就业促进法》以及《训练促进法》等，都旨在扩大就业需求，促进就业。此前在 1951 年，德国还颁布了一项有关解雇程序的法律，对正常解雇、非正常解雇、定期合同与辞职、对雇员的保护等都作了详细的规定。在就业管理上，德国曾于 1927 年设立了联邦劳工局，虽然 1939 年与政府劳工部合并，但在第二次世界大战后又得以重建。除管理失业保险外，联邦劳工局的主要任务是保证人力资源市场上劳动力数量与质量的平衡，具体的职责范围包括职业咨询、职业培训、学徒的培训与安排、职业培训制度完善、就业促进和失业保险等。

日本的劳动法律体系比较完备，主要有 1947 年的《职业安定法》，1966 年的《职业措施法》，1969 年的《职业培训法》，1972 年的《女工福利法》，1974 年的《雇佣保险法》，1987 年的《职业能力开发促进法》等。从立法中可以看出日本对职业技能开发的重视，各时期都颁布过就业训练方面的法律，从战后初期直到 20 世纪 80 年代，一直对就业训练、人力资源开发予以特别重视。

2. 人力资源市场健全完善

在人力资源市场上，劳动力的供求主体与决策主体是一致的，但各国劳动力供求主体的自由度是不尽相同的，这主要是由于政府对企业——劳动力需求主体的约束程度不同。1985 年，国际雇主组织曾就终止雇佣合同的法律约束程度，对西欧、北欧的雇主进行了调查，其中，被认为约束极强的有法国、联邦德国、意大利、荷兰、葡萄牙、西班牙，极弱的是英国；日本与其他国家不同，除了法律约束外，大公司还受习惯即终身雇佣制约束，再加上年功序列工资制等，都强调的是稳定的劳资关系和就业的长期稳定性。

随着社会经济的发展，尤其是经济结构的变化和科技发展的加速，西方各国的人力资源市场政策都由"消极"转向"积极"，即从以保障失业者的生活为主要目标转向以充分开发利用劳动力资源为目标，在这一点上美国发展较快。由于受美国经济学家西奥多·舒尔兹人力资本理论的影响，美国从 20 世纪 60 年代以来实施的一系列人力开发法案都有着共同的目标和着重点，即：进行就业调查，开展职业定向咨询；提供教育和职业培训，提高劳动力素质；创造新的就业岗位，扩大就业面；提供在职培训和自谋职业培训；把靠福利过活的人变成自食其力的工薪领取者。

在人力资源市场的组织方面，西方国家有职业介绍、咨询、指导等，其中以职业介绍为主。西方国家的职业介绍所大多发源于 1929 年经济大危机，并在此后得到重视，发展成体系。大部分国家是由政府设立职业介绍所，为求职者提供免费帮助；有些国家将私人开办职业介绍所列为非法；而在美国，政府设立的职业介绍所和私人职业介绍所是并存的。职业介绍所的效能在各国并不一样，例如，美国各类职业介绍所达 2 600 多家，但所起的作用不大，或者说效率不高；瑞典的情况正好相反，它有着一个庞大的、组织严密的职业介绍体系，每年都有 70%～80%的人员通过职业介绍所就业。

3. 就业机制运行高效

西方各国的就业机制各不相同，但大致可以分为两种类型，即市场型就业机制和有控制的市场型就业机制。

市场型就业机制主要存在于市场经济国家，其运行特点是劳动力供求信息主要靠劳动市场产生、传递，个人和企事业单位可以按照自己的意愿作出有关就业的决策；工资率的升降一方面起着激励机制的作用，推动个人努力工作，奋发进取，另一方面扮演着调节机制的角色，在劳动力供大于求时减少劳动力供给，在劳动力供不应求时降低劳动力需求。这种就业机制的核心是劳动市场，它在微观上为劳动力的供需双方提供相互选择的平等环境、条件和场所，负责千百万劳动力的就业和协调就业决策。

有控制的市场就业机制以充分发挥市场调节作用为主，以政府的适当控制和干预为辅。市场调节的灵活性、高效性以及能够根据社会需求比较合理地配置社会劳动力的特性，决定了它在调节劳动力供求过程中的主导地位，即劳动力的流动和大多数劳动力资源的配置主要由人力资源市场来实施和调节。但是市场调节存在着一定程度的局限性和不完全性，需要政府予以适当的干预和控制，如政府通过指导性就业计划及相应的经济手段、行政手段来弥补市场调节的不足，利用法律、法令、规章制度等手段引导劳动市场规范化、合理化。

上述劳动就业体制对西方的大学毕业生就业模式有着直接的影响。在西方国家，受教育程度的差异在人力资源市场内部对就业的影响，主要体现在由工资差别来划分的不同就业层次，而在一些特殊行业如律师、会计师等，在接受专业的高等教育后，还必须通过专设的资格考试才能在其职业领域内就业。总体来看，大学毕业生人力资源配置是同社会人力资源市场有机衔接在一起的，基本上不存在专门的大学毕业生就业制度，而其就业模式大致都是在学校指导下的学生自主择业、人力资源供需双方双向选择，学校在这个过程中充当着重要的中介人角色。

三、国外大学生就业制度与方法

在高等教育步入大众化阶段后，无论是发达国家，还是发展中国家，都面临着大学生就业的新问题，只是各个国家的文化背景不同，就业的路径也各不相同。下面简要介绍一下部分国家的就业制度和大学生就业方法，给即将毕业的大学生们提供一定借鉴。

1. 美国

美国实行毕业生自主择业制度，政府不直接干预和限制，而是由劳工部、学校、中介机构和用人单位协同进行。高校学生在毕业前从多方渠道了解就业行情及用人单位信息。劳工部主要负责制定宏观政策和做好就业调查等基础性工作，是毕业生就业的"总管"。劳工部设有劳工统计局，主要职能是收集不同时期美国就业市场的职业需求状况、不同职业对知识和技能的要求等数据，重点预测经济发展对未来就业需求的影响。统计结果通过上网和发行出版物向全社会公布，作为政府决策和个人择业的参考依据。劳工统计局根据这些数据编撰的《岗位需求手册》很受美国大学生的欢迎，几乎人手一册。

2. 日本

日本大学毕业生实行自由择业的就业制度，大学生就业是不受任何行业范围、工作性质和就业地区的限制，可以根据自己的愿望自由的选择职业；用人单位可以根据自己的需要自由录用毕业生；政府对双方的行为不作任何行政干预；学校对学生的就业只起指导咨询、推荐和介绍情况作用，毕业生就业完全通过市场调节。尽管如此，在日本，无论是政府、学校还是用人单位对毕业生的就业工作都极为重视，积极采取措施促进大学毕业生就业。

日本有完善的就业机制：一是网络信息准确。日本是一个网络无处不在的社会，在求职方面，网络作用十分明显，日本公司在网上都有自己的主页，公司招聘都在网上公布，求职学生在规定时间内报名申请即可。二是报纸刊登广告。这样既公布了招聘信息，又为公司做了宣传，一举两得。一些报纸会经常整版刊登招聘广告，学生按报纸提供的联络方式，可直接与公司联络。三是用人单位举办各种各样的说明会。四是日本有各种求职支援中心和俱乐部。它们都有自己的网址，提供各种信息，只要交少量费用，就可享受各种优惠。五是政府提供预算支持。

3. 加拿大

加拿大大学生找工作的途径主要有以下 3 种：第一种途径是求助于学校的"职业介绍服务"，学生可以从这种服务中获得相关的人才需求信息。第二种途径是通过由校方安排的专业实习找工作。在最后一个学年里，大学生一般都要去企业、政府机关和民间机构等单位实习三个月左右，部分学生就是通过这种实习找到工作的。第三种途径是到自己联系的单位去实习，然后找到工作。

在这 3 种途径中最后一种更多一些，大学毕业后，许多学生并不能马上找到工作，但可以到企业或政府机关去实习。实习期间，用人单位给大学生发放相当于正式雇员工资的 50%～75%作为报酬。通过实习，部分大学生在实习单位找到了工作。即便不能留在实习单位工作，有了实习经历后，大学生就更容易在其他单位找到合适的工作，这种途径对有效缓解大学生的就业压力非常有利。

一般情况下，加拿大成绩优秀的大学生总希望找到工资比较高、又与所学专业对口的工作，但多数学生则希望找一份比较稳定的工作。此外，大部分学生还希望在经济比较发达的地区就业。加拿大政府鼓励大学毕业生到生活条件艰苦的欠发达地区工作，在条件相对艰苦的加拿大西北部地区工作，工资要比其他一般地区高得多。

阅读材料　　　　　　　　**透视国外大学生就业心态**

法国：兴趣先行

大学毕业生找第一份工作时最重视的是什么？在法国大学生们的答案中，"工资收入"这一因素的排名相对靠后，不过，他们最重视的是工作是否符合自己的兴趣。法国大学生最看重的因素按照重视程度排名前 5 位的依次是：工作令自己感兴趣、良好的工作环境及氛围、在公司的发展前景、工作中有自主权、个人生活与工作达到平衡。工资收入在大学生们考虑就业时排名第六位。

俄罗斯：不介意改行

俄罗斯是一个高等教育普及程度极高的国家，高中毕业生的大学入学率很高，跨入大学校门只是被看作成年生活的起步。在俄罗斯，所从事的工作和所学专业相去甚远的大学毕业生比比皆是。他们往往在毕业后根据自己的实际工作需要再进行相关专业的再学习和再培训。

瑞典：不求高薪

面对劳动力"买方市场"，瑞典大学毕业生不得不调整自己的就业预期，找工作的态度由被动变主动，过去，一些著名企业上门求才，大学毕业生则待价而沽。现在形势变了，一个招聘岗位往往引起二三百人前来应聘，竞争异常激烈。瑞典大学毕业生也不再对薪水提出过高要求。

印度：甘心低就

普通高校的毕业生只有10%的人能找到自己理想的工作，其余除了部分人决定考研究生继续深造外，绝大多数人迫于生活压力不得不调整心理预期。一些学生甚至放弃专长去做一些根本不需要高学历的工作，使得社会上出现了越来越多的大学生售货员、大学生司机。

巴西：先就业后择业

巴西大学毕业生增长速度迅猛，大学生普遍认为，毕业后只能先就业后择业，不管对工作是否满意，都要先干起来，逐步积累工作经验，一边工作，一边寻找自己所喜爱的工作。虽然小企业和服务行业这些单位收入低，工作流动性大，但在目前的就业形势下应聘者却只增不减。

资料来源：王希怡. 中国教育在线 http://www.eol.cn

思考题

1. 简要叙述我国现行大学生就业政策中的具体规定。
2. 我国大学生人才市场有什么特点？
3. 大学生就业的主要方式有哪些，哪种方式最适合你？
4. 如何理解"大学生到基层就业有广阔的前景"？
5. 国外大学生就业指导有什么特色？对于我们而言有什么借鉴意义？
6. 大学生自主创业的有关优惠政策有哪些？

第 二 章

职业发展认知

求职择业，是每个人一生中都要面对的难题。对于一个大学毕业生来说，面对第一次求职择业，要想成功完成对自我职业的定位和选择，顺利实现从学校人到社会人的角色转变，系统学习相关知识是十分必要的。

第一节　职业的概念及意义

职业的形成经历了一个漫长的社会发展过程，时至今日可谓"种类繁多，千差万别"。有关调查表明，大学毕业生在选择职业时对其基本知识了解甚少，出现了诸如"冲动选择"、"猜测选择"的情况，导致现实与理想之间产生较大差距，有的甚至因此而丧失了努力工作的动力。因此，大学毕业生要成功选择职业，必须对职业基础知识进行必要的了解。

一、职业的产生

社会分工的细化是职业产生的基础。在原始社会氏族公社初期，生产力极为低下，劳动的过程只是简单的自然分工，谈不上什么职业。随着生产力的发展，人类出现了 3 次具有重大意义的社会分工，即游牧业同农业的分离，手工业同农业的分离，工业和商业的产生，从而也就出现了最初的职业，如农夫、工匠、商人等。

职业的发展受社会分工的发展决定和制约，科学技术的进步，生产工具的不断更新换代促使分工愈加细化，专业化程度越来越高，职业门类也就越来越多。例如，在中世纪初期的英国，各种职业达三万多种。时至今日，职业在科技突飞猛进带动下种类愈加繁多。但是，职业对人们的任职条件要求也就越来越高，获取职业需要一定的条件和过程，并不是任何一项职业都适合每一个人。一方面，每项职业都要求从事的人员具备一定的相关知识与技能、思想品德和心理素质等；另一方面，各种不同的职业也会有各自的特殊需求与选择，于是就产生了职业对人的选择和人对职业的选择。

二、职业的概念与功能

职业对社会发展和个人存在有着重要作用，是社会体系的重要组成部分。正确理解职业的概念，分清职业承担的功能，具有重要意义。

1. 职业的概念

从劳动社会学的角度来说，职业是劳动者能够稳定从事某项有报酬工作而获得的劳动角色。与其他社会活动相比，职业有以下特殊性。

（1）职业活动与社会分工密不可分。职业随着社会分工的产生而出现，随着社会分工的发展而变迁。

（2）职业活动具有明显的经济性和一定的连续性。所谓职业活动的经济性，是说人们从事职业活动会因此而获得经济收入或报酬。连续性是指一个人只有在较长时间内持续进行某种活动，并通过这项活动较稳定地获得一定的经济收入或报酬，该活动才被视为职业活动。

（3）职业活动具有知识性和技术性。要从事某些职业，必须经过较长时间专门知识的学习或技术培训，从事这些职业活动的劳动者，需要具备特殊的知识和技术。

（4）职业活动还具有规范性。从事职业活动必须遵从职业规范，职业活动总要受一定职业规范的约束。

2. 职业的功能

职业的功能是指职业活动与职业角色对人和社会的作用与影响。概括起来主要有以下几个方面。

（1）职业是社会存在的内容。职业分工及其结构，是社会经济制度与结构的重要组成部分，是社会经济发展水平的反映。人们通过职业劳动，创造出社会财富，为社会存在和发展提供物质基础。

（2）职业是社会发展的动力。职业的社会活动，包括个人改善职业的向上流动、与社会经济结构联系的职业结构变动、不同职业之间的矛盾冲突及解决等，这些构成了推动社会发展与进步的动力。

（3）职业是社会控制的手段。职业是人的重要生活方式，"安居乐业"是人们的共同愿望。政府为公众创造职业岗位及就业机会，执行促进"充分就业"的政策，从其社会功能角度看，是为了实现减少社会问题、维护社会安全稳定。

（4）职业是人们获取利益的手段。职业作为个人经济收入的主要手段，成为个人生存和进行社会生活的物质基础。职业也是获得多种经济利益的重要途径，包括名誉、地位、权力等，从而使个人获得心理上的满足，达到"乐业"的境地。有时候非经济利益也可能转化为金钱或者其他形式的经济利益。

（5）职业是人生的重要活动。职业是人们参与社会活动、建立社会关系、进行人生实践的重要途径。同时，人的交际活动大多也和职业生活相联系。职业生活使从业者进入一种社会情境，这种情境因职业的不同而不同。所以，职业是人担任特定的社会角色、形成一定行为模式的条件。

三、职业的特征及类型

职业作为一种社会现象，具有行业性、空间性等特征，要想全面地了解职业，就要了解职业角色的特征和类型。

1. 职业角色的特征

由于职业活动是一种具有经济性、连续性、知识性、技术性和规范性等多种特性的社会活动，所以对从业者，社会就会逐渐形成一种期望的行为模式——职业角色。一个人较固定地从事某种职业活动，会获得相应的职业角色。职业角色在社会中有以下几个特征。

（1）行业性特征。

职业角色在行业中的分布，在现代社会和古代社会有很大的差别。古代的社会里，因社会分工尚不充分，同一种劳动或手艺还没有被分成各种精细的工序，一种职业角色差不多固定地分布于一种行业之内，这时候的行业几乎等同于职业。后来，随着社会分工的进一步发展和职业的分化，构成职业的基本单位演变成职位，而构成行业的基本单位则是工厂、公司、学校、行政机关等社会组织，于是职业角色在行业里的分布状况就变为：一种职业角色主要存在于一个或几个行业之内，同一行业内又只能密集一种或数种职业角色。如教师角色以教育行业居多，卫生系统密集着大量的医生、护士等。

（2）空间性特征。

职业角色分布的空间性特征主要表现为：自然环境的差异会造成职业角色分布的差异，主要原因在于自然环境决定着人类从事经济活动的类别。如草原地区畜牧业类职业角色十分密集，以渔为业者，多集中于沿海区域等。职业角色的分布有城乡之别。如教育、科研和公务员之类的职业角色，就是城市的密度大，农村的密度小；而农、林、牧、渔一类职业角色，又以农村分布为多。

2. 职业的类型

我国已公布的职业分类有两种类型。第一种是 1995 年原国家劳动和社会保障部编制《中华人民共和国职业分类大典》，把我国职业化分为八大类，如表 2-1 所示，1 838 个职业。2004 年 8 月建立了新职业信息发布制度，目前已发布了 11 批共 114 个新职业信息。2008 年 5 月 28 日，人力资源和社会保障部在广州市召开第十一批新职业信息发布会，正式向社会发布了动车组司机、动车组机械师、燃气轮机运行值班员、加氢精制工、干法熄焦工、带温带压堵漏工、设备点检员、燃气具安装维修工 8 个新职业信息。

表 2-1 职业分类

第一大类	国家机关、党群组织、企事业单位负责人
第二大类	各类专业、技术人员
第三大类	办事人员和有关人员
第四大类	商业及服务人员
第五大类	农林牧渔水利业生产人员
第六大类	生产、运输人员及有关人员
第七大类	军人
第八大类	不便分类的其他劳动者

第 2 种分类标准是由原国家计划委员会、原国家经济委员会、国家统计局、原国家标准局批准，于 1984 年公布并于 1985 年实施的《国民经济行业分类和代码》1994 年进行了修订，2002 年颁布了新的《国民经济行业分类》，将国民经济行业划分为 20 个行业门类，95 个大类，396 个中类，913 个小类。下面只列出 20 个行业门类，如表 2-2 所示。

表 2-2 行业门类划分

项　目	内　容	项　目	内　容
1	农林牧渔业	11	房地产业
2	采矿业	12	租赁和商务服务业
3	制造业	13	科学研究、技术服务和地质勘查业
4	电力、燃气及水的生产和供应	14	水利环境和公共设施管理业
5	建筑业	15	环境管理业
6	交通运输	16	居民服务和其他服务业
7	信息传输	17	教育
8	批发和零售业	18	卫生、社会保障和社会服务业
9	住宿和餐饮业	19	文化、体育和娱乐业
10	金融业	20	公共管理和社会组织

以上两种分类方法符合我国国情，简明扼要，具有实用性，也符合我国的职业现状。大学生较为关注的热门职业有以下 4 种行业类型。

（1）国家公务员序列（含国务院各部委、中直机关工委、地方各级党群机关、公检法系统、海关边检及各类事业干部编制）。

（2）各类公司（含各类国有企业、民营企业、三资企业）。

（3）银行及非银行金融机构（含银行、保险、证券、基金、风险投资行业）。

（4）IT 行业（邮电通信、网络、计算机等高科技行业）。

3. 职业分类的意义

职业分类最初是作为人口统计的一项基础工作，但因为它与职业选择、就业咨询、就业指导之间有着极为密切的联系，所以受到了社会各界的普遍关注。社会学家认为：根据心理素质与择业倾向，可将劳动者划分为 6 种基本类型，即现实型、研究型、艺术型、社会型、企业型、常规型；根据职业本身的内容和它对劳动者素质的要求，可将职业划分为与上述相适应的 6 种类型。劳动者只有从事类型相同或相近的职业才能发挥所长；反之，则不利于自身的发展和对社会的贡献。

职业选择是劳动者与职业岗位互相选择、互相适应的过程，劳动者选择职业的过程也就是职业选择劳动者的过程。因此，对求职择业者来说，不了解职业的种类及其分类的依据，不了解不同职业对于劳动者素质的不同要求，是不可能做出正确的选择和决策的。

> **重要提示**
> 《美国新闻和世界报道》的专家对未来社会的职业发展趋势进行了预测，并提出了未来世界的 20 个主导行业：执法、法律、信息服务、社会工作、医疗服务、公共事务、金融、技工、电信业、工程技术、科学研究、销售、医学、传媒、教育、咨询业、广告业、艺术/娱乐、工程学等。

四、职业发展对大学生择业的影响

职业发展，从组织学角度来说，是组织帮助员工获取目前及将来工作所需的技能、知识的一种方法。实际上，职业发展是组织对企业人力资源进行的有关知识、能力和技术的发展性教育、培训等活动。从个人角度来说，职业发展是在自己选定的领域里、在自己能力所及的范围内成为最好的专家。

职业是动态的，是发展的。其发展与社会分工的发展密切相关，由于社会分工和科技发展是渐进的，因此职业的演变又是缓慢的。随着生产工具的改进和科学技术的进步，以及生产的社会化，社会分工越来越细、越来越复杂，专业化程度越来越高，职业的种类也越来越多。

据有关方面调查分析，今后我国对人才需求将有较大的变化。急需的人才主要有以下 8 大种类：以电子技术、生物工程、航天技术、海洋利用、新能源、新材料为代表的高新科技人才；信息技术人才；机电一体化专业人才；农业科技人才；环境保护技术人才；生物工程研究开发人才；国际经贸人才；律师人才等。

今后，我国有 6 大技术领域将大力发展。一是被认为是 21 世纪技术核心的生物技术，这些技术对农业、医药、环保和能源等方面具有很大的意义，其标志技术是基因工程和蛋白质工程。二是作为高技术前导的信息技术，其标志技术是智能计算机和智能机器人。三是作为高技术基础的新材料领域。人们可以根据需要来设计新材料，而不再是根据材料设计产品。四是作为高技术支柱的新能源技术，其标志技术核聚变与太阳能可使人们的生产、生活大为改观。五是空间技术，这是 21 世纪技术的外向延伸，两个标志技术是航天飞机和永久太空站，这不仅把高技术用在地球上，还把人类整体生活结构引向外层空间。六是海洋技术。

上述 6 大技术可以形成 9 大高科技产业，今后它们将是我国大力发展的技术产业，即：生物工程产业（包括微生物、酶、细胞、基因四大工程，转基因动、植物、药物疫苗、生物芯片、生物计算机等）；生物医药产业（包括有效替换的综合利用、全息图像处理等）；光电子信息产业；智能机械产业；软件产业；超导体产业；太阳能产业；空间产业（全球已投入 4 000 多亿美元司提供卫星发射、太空旅行、空间商业服务等）；海洋产业（包括海水利用、深海采矿、海底城市建设）。

当代职业的迅速发展，对大学生就业影响越来越大。大学生在求职择业和进行就业准备时，要认真研究职业发展的趋势。

（1）新职业种类的大量出现，扩大了大学生的择业范围。从职业分类的角度看，适宜于大学毕业生从事的职业主要是专业性较强的职业，所以在择业中就不能不考虑"专业对口"，但由于职业发展加快，新职业种类不断增加，所谓与专业"对口"的职业种类当然也相应增多。这就要求大学生在择业时应当解放思想，开阔视野，跳出以往传统职业种类的狭小范围。

（2）职业的发展导致同一职业或职位对就业者的要求不断提高。如律师资格证书、会计资格证书等职业资格证书制度的逐渐推行，学历文凭和职业资格证书并重制度的实行等。对于某些职业来说，仅有学历文凭还不具备就业资格，这就要求大学生必须重视实践技能的培养，并通过有关的职业资格鉴定，获得职业资格证书。

（3）职业的发展和国家劳动人事制度的改革，为人才的合理流动创造了条件。大学生毕业后的首次就业并不意味着选择了终身不变的职业，随着各种条件的变化，已就业的大学生，也可能面临第二次、第三次择业，所以大学生就业时应从发展的角度看待自己的初次就业。

第二节　职业化与职业发展

在 21 世纪，职业化是一个国家、一个组织乃至个人的第一竞争力，没有职业化做基础，其他的能力都是空谈。我国的职业化训练比较滞后，许多刚毕业的大学生不知走了多少弯路，也没有取到职场制胜的真经。因此，系统的职业化训练迫在眉睫。

一、职业化的概念

简单来讲，职业化就是一种工作状态的标准化、规范化、制度化，即在合适的时间、合适的地点，用合适的方式，说合适的话，做合适的事。对大学生来讲，就是培养职业兴趣，挖掘自身潜能，练就心理素质，教会他们面试技巧和常识，使他们尽快从学生状态变为企业心态，为顺利就业打下坚实的基础。

职业人就是参与社会分工，自身具备一定的专业知识、技能和素质等，并能够通过为社会创造物质财富和精神财富，而获得其合理报酬，在满足自我精神需求和物质需求的同时，实现自我价值最大化的这样的一类群体。用我们的话说，就是"干什么像什么"。

阅读材料　　　　　职业人的一个中心三个基本点

对职业人的总结，业界有许多不同的说法，比较有代表性的是"一个中心，三个基本点"。

1. 一个中心

职业人的核心目标是客户满意。职业人总是准备提供超过客户期望值的服务，这里的客户包括上司、同事、家人、下属和生意场上的客户。职业化的一个中心：提供客户满意的服务。客户指广义上的概念，包括上司、同事、家人、下属和常用意义上的客户。

以客户为中心的第一个含义是你能够对客户产生影响。你能够使客户满意，意味着你必须具有一定的能力，使客户接受你为他提供的服务，也就是你有能力才能产生影响。以客户为中心的第二个含义是互赖，如大洋公司的总经理用人的一个标准是"敬人"，敬上司、敬客户、敬同事，也就是在你的职业圈子里创造互赖的关系，这样才能协调好各个环节，使其功能发挥达到最佳状态。

职业化的中心是提供客户满意的服务，从另一种意义来说，就是提升客户的竞争力，使客户的价值得到提升。以客户为中心还意味着你必须关注对整体的把握，而关注整体，意味着你要关注那些限制整体发展的因素。木桶理论说明，限制最大产出的是数量最少的资源。职业人的要务之一就是帮助客户以尽量小的投入获得尽量大的产出。

2. 三个基本点

第一个基本点是职业人要为高标准的产出负责，最主要的是做到两点：（1）行为思考的出发点是客户最感兴趣的。（2）有义务保守与客户合作之间的所有秘密。对老板而言，职业人能够帮他做他做不了的事情，他之所以雇佣你，是因为：第一你是有竞争力的，你具有你的专业优势和你的特殊才能；第二他认为你的判断是客观的，职业人很重要的一点是用数据说话。你的所有建议案是有数据支持的，你的所有行动方案是可以实现的，有量化指标，结果是可以考量的。第三你是正直的。职业道德应该是企业用人的重要考核点，商业道德问题对于公司的发展也是致命的。

第二个基本点是团队协作。作为职业人，你必须记住一点，只有团队协作，才能够提供高标准的服务。这里讲述的不是专业人士，而是职业人士，专业人士是学有专精的人，而职业人士则是注重团队合作的专业人士。尤其是在分工越来越细的现代社会，团队协作就更应该被强调。

第三个基本点就是职业人必须为自己的职业生涯负责。要提升客户的竞争力，首先你要提升你自己的竞争力。处在急剧发展的时代，职业人必须不断地学习，否则只能被社会淘汰。所以说，应变的唯一之道是学习。

资料来源：周矩.《大学生职场核心能力训练（经典）教程》.重庆：重庆出版社，2006

二、职业生涯发展的影响因素

影响职业生涯发展的因素是多方面的，有个人素质、心理等主观方面的问题，也有社会环境、机遇等客观方面的问题，他们相互关联、相互依靠，好比房子周围支撑篱笆的桩柱，假如你移动其中的一根，整道篱笆就会改变形状。因此，在进行职业生涯设计时要仔细考虑影响自己职业生涯的以下6个因素。

1. 身心状况

身心状况就是个人的身体和心理状况与职业对其要求的特点是否适当的问题。身心健康对于职业选择特别重要，几乎所有的职业都需要健康的身心。不仅如此，职业适应也与身心状况有内在的关系，有的职业要求视力、身高、体重；有的职业要求反应敏捷；有的职业要求耐心、细心；有的职业与物打交道多，有的职业与人打交道多；有的职业需要不断创新；有的职业需要不断地重复按程序操作等。

2. 受教育程度

教育是赋予一个人才能，塑造人格，从而促进个人发展的活动。获得不同教育程度的人，在个人职业选择或被选择时，具有不同能量。一般来说，接受过较高水平教育的人，在就业以后会有较大的发展；在职业不如意时，再次进行职业选择的能力和竞争力也较强。另外，人们所接受教育的专业、学科门类、对职业生涯起着决定性作用。人们在选择职业、转换职业时往往与所学的专业有一定的联系，或以该专业的理论知识、技术能力为基础，流动到更高层次的职业岗位上。因此，职业的发展程度受正规教育或专业培训的影响，教育程度是事业成功中不可缺少的因素。凡是社会阶层高过其父母所属阶层的人都觉得，教育是改变社会地位的主要动力，但是对大多数的职业而言却未必尽然，现实中雇主往往对录用者能干什么有更大的兴趣，而不只注意他们所具备的教育资格。一般来说，他们要找的是既受过正规教育，又具备某些具有发展潜力的人。

3. 家庭负担

这是对别人（多为家人或朋友）、对社会所承担的义务。事实上，有些毕业生由于家庭负担过重，而不得不考虑现实利益，放弃自己的理想职业，而从事较为现实的职业，但也有人待条件成熟后再去选择理想的职业。如某高校中文系的毕业生谈到，从跨入大学的那天起便立志成为一名记者，但最后在毕业生就业协议书上签下的不是某某报社，而是一家企业。在收起协议书的一刻，他感慨万千："我没有冒险的资本，我不能那么自私，只为我自己潇洒而不考虑家人，一份高薪稳定的工作对我来说比较合适，至少在最近几年是应该如此。也许有一天，当我还有那份痴迷和激情时，而我又找到更好的起点时，我还会重新选择。"

4. 性别

虽然男女平等的观念已普遍被现代社会所接受，但"性别因素"仍然扮演着重要的角色。事实上，很少有人能完全漠视性别问题。男性与女性生理上的差别，在择业和适应职业上会形成自然差别，在择业价值观上也会根据生理条件而形成差别。因此，由于性别的原因，在职业生涯规划上也形成不同的特点。

5. 社会环境

社会环境主要是指社会的政治、经济体制、人才市场的管理体制、社会文化习俗、职业的社会评价等。社会环境因素决定了社会对社会职业岗位的数量、结构、层次等，决定了人们对不同职业岗位的接受、赞誉或贬低的程度，决定了个人步入职业生涯的基本方式、开始职业生涯后的基本态度以及由此引起的个人职业生涯的变化。比如，在计划经济和市场经济条件下，国家对高校毕业生就业的管理方式是截然不同的。在计划经济体制下，国家对大学生进行统包统配，毕业生和用人单位均无自主权可言；在市场经济条件下，随着高校教育体制改革的不断深入，我国高校普遍建立了在国家方针政策和宏观调控下，学校和各级政府推荐，学生和用人单位双向选择的毕业生就业工作模式，用人单位和大学毕业生都有了选择的自主权。

6. 机遇

机遇是影响职业生涯的偶然因素，但是对个人的职业生涯而言，有时又具有决定性的作用。机遇是随机出现的、具有偶然性因素的事物，它包括社会各种职业对一个人展示的随机性的岗位，或者说是一个人能够就业和流动的各种职业岗位，也包括能够给个人提供发展的职业境遇。机遇本身是客观存在的，但机遇只垂青那些有准备的人，许多事业上成功的人，不是靠家庭、亲友的帮助，也不依赖社会给予的现成机会，而是靠自己的努力奋斗和开拓进取。

三、职业决策的基本原则

人生的设计中，最为重要的部分在于对从事职业及职业生涯的设计。因为，职业生涯是人一生活动中的鼎盛阶段，最能体现和发挥创造及存在的价值。对于即将毕业、走向社会的大学生，恰当的择业决策意味着成功职业生涯的开始，而失误的择业决策意味着未来的职业生活中可能潜伏了危机。所以说，初次的择业决策十分重要，但这又只是一生事业曲线的开端，它还要经过多次的修正，才能达到人生设计中的"峰值"，一般要遵从以下几项原则。

1. 择己所爱

兴趣是最好的老师，是成功之母，从事一项你所喜欢的工作，工作本身就能给你一种满足感，你的职业生涯也会从此变得妙趣横生。调查表明，兴趣与成功几率有着明显的正相关性。在设计自己的职业生涯时，务必注意考虑自己的特点，珍惜自己的兴趣，择己所爱，选择自己所喜欢的职业。

2. 择己所长

任何职业都要求从业者掌握一定的技能，具备一定的能力条件，然而人一生中不能将所有技能都掌握。因此你必须在进行职业选择时择己所长，从而有利于发挥自己的优势。实际操作中可运用比较优势原理分析别人与自己，尽量选择冲突较少的优势行业。

重要提示　　"知人者智，自知者明。"只要充分认识到自己的优势，以己之长胜人之短，成功的主动权就会牢牢掌握在自己手里。

---

3. 择世所需

社会的需求不断演化着，旧的需求不断消失，新的需求不断产生，新的职业也不断产生。因此，在设计自己的职业生涯时，一定要分析社会需求。最重要的是目光要长远，能准确预测未来行业或者职业发展方向，再做出选择。

4. 择己所利

职业是个人谋生的手段，其目的在于追求个人幸福。在择业时，首先考虑的是自己的预期收益——个人幸福最大化。明智的选择是在由收入、社会地位、成就感和工作付出等变量组成的函数中找出一个最大值，这就是选择职业生涯中的收益最大化原则。

第三节　职业评价标准与准则

职业评价以职业为对象，评价的主体是择业者自身。职业评价所要解决的问题，是让毕业生从现实和发展的观点去分析和判断什么样的职业适合于自己，只有如此，才能使职业主体充分发挥其特长，职业才能更好地实现其社会功能。

一、时代发展与职业评价

社会分工是职业评价的基础，自从有了社会分工就有了职业评价。在我国，早在春秋战国时期，管仲就有"士农工商"四民分业的主张。在元代，有"一官、二吏、三僧、四道、五医、六工、七猎、八民、九儒、十丐"的戏谑之言。现在，不论学术界还是普通百姓中，对职业的评价都是热门话题。学者从学术性的角度，从不同学科进行评价和判断；普通人以情感性的、时尚性的眼光看职业，以重要与不重要、高贵与低贱、好与坏来区分。事实上，职业的不同是由于社会分工的不同形成的，其本身并没有高与低、贵与贱、好与坏之分。社会分工使得职业之间在劳动强度、智力水平、收入状况、工作条件等方面形成了差别，这种差别就形成了人们对职业地位的不同看法和态度，这是客观存在的，不同社会学派对其有着不同的解释。

功能主义者认为，职业地位的差别是社会正常运行不可避免的。一个社会要想正常运行，需要各行各业的劳动者正常发挥其职能。但是，不同的职业对于任职者的要求也不一样，有的职业与人打交道多，有的职业与人打交道少；有的职业风险大，有的职业风险小；有的职业要求智力水平高，有的职业要求体力强，有的职业技术性较高，适应的人少，有的职业人人都可以干等。由于职业的差别，出现了劳动报酬、荣誉等方面的差别，这就需要有一种社会机制去激励人们进行职业竞争，否则人们就不会进行更多的教育投资，不愿付出更多的努力，不愿承担更大的责任。

冲突论认为，在现代社会中，各种职业是相互依赖的，缺少谁都不行，职业地位的高低是职业垄断和社会冲突的结果，是职业特权的表现。

职业地位是人们对职业的主观认识态度，反映了一定社会发展阶段和一定时期内的人们职业价值观。因此，通常通过职业声望调查的方法来表现职业地位。

职业声望是对职业地位资源状况，如权力、工资、晋升机会、发展前景、工作条件等的主观评判。职业声望是通过选取有代表性的职业进行职业调查，所得出的职业等级序列。在一定时期内，职业声望排列呈相对稳定状态，如白领高于蓝领，专业技术岗位高于体力劳动岗位等。

职业地位是现实的，也是历史的、发展的。在农业社会，对农民的评价高于商人；工业社会崇尚科学家与企业家，对商人的评价高于农民。从就业上来说，一般人们都愿意选择声望高的职业，或者是从职业声望较低的职业流向职业声望较高的职业。但是，有时也会出现一些非常规的现象，如把收入高或地区作为择业的单一指向，而不顾及职业声望。事实上，职业虽然有地位上的差别，但对社会的贡献只是分工不同而已。对大学生来说，掌握职业声望的评价因素及影响因素，避免出现从众、攀比等择业心理现象，是做好择业准备的重要条件。

二、职业评价的影响因素

职业评价是人们对职业社会地位的主观反映，每个大学生在进行职业规划时，不可避免地带有个人偏好以及受父母期望、生活环境、社会舆论、学校教育等其他因素的影响，主要表现在以下 5 个方面。

1. 个人偏好的影响

有的大学生在进行职业评价时，形成了对某一种或某一类职业的好与恶的心理思维定势，缺乏客观性和全面性，只以职业声望的个别因素作为评价依据必定得出片面的结论。湖南某高校对 2008 届毕业生进行职业评价影响因素调查，调查中有的大学生回答"只要适合自己的兴趣，无论什么职业都可以"的占 59%。由此看出，当代大学生不再把就业看成是唯一谋生手段，而是向往适合自己兴趣的职业。

2. 父母期望的影响

每个大学生在职业评价时，都会不同程度地受父母期望的影响。如果父母对职业评价的意义充分理解，并对子女进行正确指导，子女也会深受鼓励而全身心地投入到职业评价和职业选择的实践活动中去。如果父母对子女经常灌输"求稳定，保终身"的思想或全权包办，这类大学生多数"无爱好"、"无主见"，易产生随遇而安的想法，思想上纯粹追求安稳，往往不敢主动求职。因此，父母的鼓励和支持是大学生正确进行职业评价和择业不可缺少的保障。此外，家庭经济状况也在一定程度上影响着大学生职业评价观的形成，如有的家庭有自己的企业，有比较丰富的创业经验，这可为自己的创业提供良好的锻炼机会和空间；有的家庭比较困难，父母艰苦朴素，吃苦耐劳，也会使子女更早地具备独立性、坚韧性等。

3. 生活环境的影响

不少大学生抱着自己是"天之骄子"、"精英人才"的心理，在职业评价和职业规划时，一味定位于好环境，如某高校针对 2009 届毕业生的调查中发现愿意去北京、上海、深圳等经济发达地区的占 54%，而愿意回家乡的只占 26%，愿意去"西部地区"工作的只有 10%。尽管国家和学校积极鼓励大学生到西部地区和基层农村工作，地方也出台了许多吸引人才的政策，但仍难以调动大多数大学生的积极性。这说明上海、深圳等经济发达地区近几年经济发展突飞猛进，与国际接轨较快，社会文化环境氛围好，这是吸引大学生的一个重要原因，同时，也反映出大学生择业地区的多元化。此外，大学生对职业的评价往往被社会上出现的某类个别现象所引导，如时尚性、趋利性、功名性等，尤其是一定社会的政治和文化背景，直接左右着大学生对职业的评价。

4. 学校教育的影响

高校对大学生的职业评价指导就是让学生在了解社会、了解自己的基础上，充分发挥自己的特长，不断发展自己的个性和潜能，培养职业评价和择业的能力素质，为升学和就业做准备。高校教育对大学生职业评价意识的形成，职业能力的培养影响是全方位的，它通过各种课程和社会实践活动，如理论课、实践课和活动课来传授各种职业评价的知识，并潜移默化地影响学生的职业意识，培养学生的职业能力。特别是近几年，高校为使大学生顺利地走上社会，开设了各种形式的就业指导课和职业教育课（如请专家举办就业指导讲座、校内人才交流会、自荐信大赛、成才毕业生回母校作报告等），为大学生日后就业和创业打下了一定基础。

5. 社会舆论的影响

大众舆论的推崇，可以使大学生对某一种职业出现心理倾向性，如有的企业虽然社会地位不高，但其经济收入高，福利待遇好，因而受到大众舆论的认可。新浪网等媒体对 2008 届毕业生的就业调查中"三资企业"的选择明显高于"科研院校"、"高校"等项，其中的关键因素是薪金，并不全是因为个人才能的发挥和工作环境等的优越。大学生更注重职业的"含金量"，再一次突出了大学生就业的"福利化"倾向。

除上述几方面外，还应根据自己的性格、观察、思维和活动特点来选择职业。总之，一个人从事何种职业，要受到社会、经济、家庭和个人气质等多种因素制约，如果在适应社会和职业的要求的同时，又能把抱负、期望建立在对自身性格、气质、能力和兴趣需要了解的基础上，发挥自己的个性特长，那么，工作对于你将具有更积极的意义，你将更有可能在工作中得到更大的满足，取得更大的成就。

三、职业评价的意义

职业与人生紧密相连，大学生能否为国家为社会做出贡献，个人生活是否幸福，在很大程度上取决于他的职业评价和职业选择，因为职业评价是职业选择的前提，一般来说，人们的思想支配行动。帮助大学生进行正确的职业评价无论对社会还是对个人都具有十分重要的意义。

1. 促进自我认知

俗话说"知己曰聪，知人曰明"。大学生在求职择业、职业生涯规划时经常面临着"我是谁"的问题，而通过职业评价，可以在一定程度上帮助他们解决这个问题。据调查结果表明，大部分毕业生在对待"是否清楚自己的优势劣势"、"选择什么用人单位最适合自己"这样的大问题上显得思考和应付不足。在大学生中进行职业评价活动，可以帮助他们深入了解自己，知道自己的能力水平和兴趣爱好，从而能够因势利导，明确自己的择业和发展方向，自信地面对职业选择。

2. 促进个人择业

由于职业岗位要求的多样性与择业者自身特点的差异性，决定了只有通过职业评价，用人单位与择业者进行双向选择，才能使劳动者与职业岗位获得优化组合。不具备某一职业岗位特定要求的大学生在职业评价和职业选择过程中，就必然会被拒之门外。随着经济形势、企业和个人就业意向的变化，大学生在职业生涯中也有可能通过职业的再评价，提高对职业的适应性，做到人尽其才，顺利就业。

3. 促进自我发展

职业评价可以使每个大学生认清自己的基本素质，知道自己的长处和短处，优势和缺陷，从而有针对性地接受教育培训，并在实践中尽量扬长避短，更好地发展自我。也只有通过职业评价，大学生在择业中才能选择与自己的兴趣、爱好、能力、气质、性格等相符合的职业岗位，才能有利于个人才能的充分发挥，从而取得较好的社会效益，寻求自我价值实现的最佳途径。反之，如果对自己的工作缺乏兴趣，用非所长，那么个人的才能就会受到压抑，工作积极性也难以调动，劳动生产率也就无法提高。

4. 促进社会发展

在新的历史条件下，社会需要决定着社会职业的广泛性、层次性和发展性，这就要求每个大学生必须根据社会需要进行择业，并不断通过职业评价，来调整自己的职业选择，顺利地实现就业。否则，若不能正确进行职业评价，造成就业不顺利，失业率超过一定警戒线，就会成为社会的不稳定因素，从而影响我国社会经济的发展和进步。

第四节 自我评价

自我评价即通过对以往成长经验的反省，检视自己的价值。在求职之前，学生一定要从自己的专业、性格、兴趣、特长等诸方面进行通盘思考，进行深层次的自我剖析，了解自己的能力大小，明确自己的优势和劣势。根据过去的经验选择、推断未来可能的工作方向，给自己一个科学、正确的社会定位，从而为自己设计出合理且可行的职业生涯发展方向，解决"我能干什么"的问题。

一、自我评价的内容

自我评价应当客观而全面。首先，评价应是客观的，是在正视自己、面对现实的基础上做出的，过高或过低的评价都会给自己的求职心态带来不利影响；其次，评价应是全面的，既包括自己的特殊素质，又包括综合素质；既包括自己的优点和长处，也包括缺点和不足。

1. 优势分析

个人优势是求职就业制胜的法宝。我们要找出自己与众不同的地方，形成鲜明的自我定位，在招聘者面前亮出一个独特的招牌，让自己的价值更好地为招聘单位所认识。对于自己的优势可以从以下角度进行分析。

（1）知识。要明确十几年寒窗苦读从专业课程中学到了什么，清楚自己的知识面构成如何等。专业在一定程度上决定你的职业方向，因而尽自己最大努力学好专业课程是职业规划的前提条件之一，要善于从中总结，真正化为自己的智慧；而知识面的合理构成则会符合社会对复合型人才的需要。

（2）经验。你具有什么社会经验？你有什么样的人生经历和体验？对于刚毕业的大学生而言，这主要表现在学校期间担当的学生干部职务，曾经参与或组织的实践活动，曾获得过的各种奖励等。这些情况可以从侧面反映出一个人的素质状况。在自我分析时，要善于利用过去的经验选择，推断未来的工作方向与机会。

（3）成绩。你做过什么成功的事情？你可能做过很多事情，但成功的是什么，最成功的又是哪一件？为何成功，是偶然还是必然？通过分析，可以发现自我性格优越的一面，譬如坚强、果断，以此作为个人深层次挖掘的动力之源和魅力闪光点。

2. 劣势分析

很多人都不喜欢直面自己的缺点和短处。其实，劣势并不总是一无是处。知道自己的劣势，不至于使自己盲目自信，趾高气扬；分析自己的劣势，不至于使自己因为劣势而无端自卑，垂头丧气。与优势分析相似，劣势可从以下角度进行分析：

（1）知识不足。我们无法想象一个什么都不懂的人能为企业带来效益，因此，专业学得不好要尽量弥补，知识面狭窄要从现在开始广泛涉猎。俗话说"活到老，学到老"，而大学生尚且年轻，亡羊补牢，犹未晚也。

（2）性格弱点。一个独立性过强的人会很难与他人默契合作，而一个优柔寡断的人也难以担当企业管理者的重任。卡耐基曾说，人性的弱点并不可怕，关键要有正确的认识，认真对待，尽量寻找弥补、克服的办法，使自我趋于完善。

（3）经验缺乏。也许你曾多次失败，总也找不到成功的道路；也许需要你做某项工作，而你之前从未接触过，这都说明经历的欠缺。其实欠缺并不可怕，怕的是自己还没有认识到，甚至还一味地不懂装懂。

了解自己的劣势，求职时可以避免突发事件处置不当而导致用人单位产生误会。认识到自己的缺点，平时要对症下药，从以下几个方面努力改正。

（1）要加强学习。针对自身劣势，制定出自我学习的具体内容、方式、时间安排，尽量落于实处便于操作。

（2）投身社会实践。尽可能在社会实践中锻炼才干，不断总结提高。要主动参与学生活动，接触各色人群，多看、多听、多写，对应锻炼自己能力欠缺的方面。如果可能的话，不妨把自己的收获体会用文字表达出来，这对帮助自身提高更为直接。

（3）要虚心请教。家庭、同学、朋友、师长和专业咨询机构都可以成为个人提高的有力支援，要学会求得他人帮助。对自己了解最深的莫过于你周围最亲密的人，多听听他们的经验与教训以及对自己的评价，尤其是注意他们对你的职业选择和人生发展方向的建议与评价。各类专业咨询机构在指导个人认识和选择职业方面都有一套比较完整的测评手段，也可以借助他们加深自我认识，全面了解自己。

阅读材料　　　　　　　　　人类气质的分类

第一种类型称为多血质，也叫活泼型。具有这种气质者的特点是活泼好动，善于交际，思维敏捷，富于朝气，易适应新环境，感情易变且外露，一旦事业受阻或需要付出艰苦努力时，其热情大减，情绪波动大。这种人一般适合从事外交、管理、记者、公安等应变性较强的工作。

第二种类型称为胆汁质，也叫战斗型或不可抑制型。具有这种气质者的特点是热情直率，思维敏捷，精力旺盛，容易冲动，脾气暴躁，感情明显外露。这种人工作热情高，知难而进，干劲足，但受到打击后易失去信心。这种人一般适合从事推销、外事、监督等应急性强、难度大的工作。

第三种类型称为黏液质，也叫安静型。具有这种气质者的特点是安静稳重，沉默寡言，善于忍耐克制，不好空谈，注意力集中，遇事沉着冷静，严守生活秩序和工作制度。这种人一般适合从事医生、法官、管理、出纳、会计、调解等条理性强、需要细心和耐心的工作。

第四种类型称为抑郁质，也叫抑郁型或弱型。具有这种气质者的特点是好静、腼腆、孤僻，感受能力强，情绪不易外露，动作迟缓，易与人相处，责任感较强，但经不起外界刺激，遇到危险容易感到恐惧。这种人一般适合从事秘书、统计、雕刻、检查、化验、排版等责任感强、细致入微的工作。

在现实生活中，单纯属于哪一种气质的人并不多见，常见到的是具有"混合型"和"交叉型"气质特点的人，只不过其气质特点中某种气质表现得突出一些。毕业生择业时，对自己的气质进行评价，不是为了寻找自己的缺点，而是为了能找到发挥自己潜能的工作，为了不断完善自己以适应工作。

资料来源：王雁.《普通心理学》. 北京：人民教育出版社，2002 年。

二、自我评价的原则

自我评价是建立在自我观察与自我分析基础上的自我身心素质的全面评估。自我评价的具体方法，主要包括自省、听取他人评价、接受他人或自己进行心理测验等。对于择业期间的大学生来说，应当注意使用正确的自我评价方法，既要重视躬行自省，又要广泛听取他人意见。要重视心理测量结果的重要参考作用，但不应对其产生绝对依赖。不论采用何种方法，都要注意相互之间参照与综合，把握好以下几个原则，这样才有利于做出准确全面的自我评价。

1. 适度性

自我评价应该适当。不适当的自我评价有两种：过高评价和过低评价。过高评价往往使自己脱离现实，意识不到自己的条件限制，甚至自傲狂妄，由自信走向自负；过低评价往往忽视自我的长处，缺乏自信，过于自卑。过高或过低的自我评价对自己都是不公正的。

2. 全面性

自我评价应当全面。也就是说，既要看到自己的优点和特长，又要看到自己的缺点和不足；既要对自我某一方面的特殊素质进行具体评价，又要对其他各个方面的整体素质进行综合评价；既要考虑到全面的整体因素，又要考虑到其中占主导地位的重点因素。任何一种片面的、孤立的、不分主次的自我评价，显然都不可能全面而正确地反映自己的整体素质状况。

3. 客观性

自我评价还应当掌握客观性的原则。尽管是自己对自己进行观察、分析和评价，但毕竟需要以客观事实作为基础和依据。常言说：人贵有自知之明，"自知"的可贵之处在于其难度，"自知"之所以难度大，就在于自知的过程往往会受到个人主观因素的限制和干扰。只有努力克服和排除这种限制及干扰，才有可能使自我评价趋于客观和真实。

4. 发展性

自我评价时，应以发展变化的眼光看待自己。世间万物都不可能是静止不变的，包括自我评价者自己。今日的自我，已不同于昨日的自我；明日的自我，相对于今天也会有所不同。自我评价不但应当对自己的现实素质作出适当、全面、客观的评价，而且应当着眼于未来的发展变化，有预见性地估价自己将来的发展潜力和前景。

三、自我评价的方法

人们对自我性格和自我能力的定位，往往会决定自己的行为。自我认知强烈地限制人们的职业选择，我们必须找出一个真实的自我形象，勿使自我过度膨胀，或者让形象含有不可能实现的华丽设想。选择适合自己的职业，"认识自我"是非常重要的第一步。认识自我，就是要认识自己的生理特点，以及理想、价值观、兴趣爱好、能力、性格等心理特点；就是要客观地评价自己，不高估自己，也不贬低自己；就是要认识自己的优势、劣势，自己的与众不同和发展潜力。自我的生理特点，如身高、体重，能够比较容易地测量出来，那么，怎样能够客观地认识自我的心理特点呢？一般可通过以下几个环节进行。

1. 自我现实分析

（1）要正确地认识和把握自我，对自己的人生态度、兴趣和成功的理想有充分的认识。应对诸如"我的人生需求到底是什么？什么对我是最重要的？"等问题进行深入思考，充分认识自己的人生态度。兴趣可以弥补能力和知识的欠缺，因而把兴趣和职业方向联系起来至关重要，不可因利益驱动而抹煞自己的兴趣。对成功的理解定位是确定职业的重要砝码，传统意义上，有一份"高薪水、高品位、高自由度、高个性化"的工作就是成功，其实，从更深层次上讲，实现自我对社会的贡献和社会对自我的满足和承认，才是成功的本质。

（2）要正确地对知识、能力、个性、特长等方面进行分析，确定自己最适合的职业。充分理解知识影响专业背景，能力影响职业素质，人际关系影响发展前景，特长影响成功。有时尽管你对某一职业感兴趣，也拥有相应的知识，但如果你的个性和能力表明你不适合从事这项职业，固执地选择和坚持只会造成人才资源的浪费。

（3）要考虑社会的需要。择业时考虑个人因素是合理的，但前提是这种选择要符合社会的需要。人是现实性、社会性的统一体，个人期望与社会需求有效结合，才是最合理的选择。目前，在学生甚至在一部分教师中存在着这样一种错误观念，即认为自主择业就是自由择业，想去哪儿就去哪儿，想干什么就干什么。这是非常错误的，必须意识到择业的主客观约束条件，也就是自我职业适应性与社会需求的综合限制因素。具体而言，只有把国家经济发展、政治形势、就业政策导向、行业发展前景、职业性质、岗位要求等客观要求与个人主观愿望有机地统一起来，摆正二者的关系，才会使自己成为社会所需要的人才。

2. 运用测评手段

心理测验是一种力求客观的测量手段，它的特点是能够在较短时间内测出一个人的某方面特点，并且这一特点是在与群体的比较中得出的。通过计算机或心理专家测量，个人能够在短期内获得对自己较为客观的描述和评价。通过评估分析自我的特点，再结合职业的要求，帮助自我进行职业选择，这也就是通常意义上的"人—职匹配"。了解自我可以帮助个人做出更好的职业选择，具体操作中，必须准确理解测验报告，要知道测验结果具有参照性，只是帮助自我分析的方法之一。

3. 总结过去的经验

回顾过去的经历，对自己的想法、期望、品德、行为进行理性思考，然后认真地描述和判断自己的特点。在这个过程中，需要个人搜集信息，耐心地分析。比如，问一下自己：过去我做过什么自己确实喜爱的工作，喜欢这些工作的哪些方面？现在我仍喜欢它们什么？我喜欢处理人际关系，还是喜欢处理具体问题或处理信息情报的技术？什么能激发我的活力，什么令我感觉倦怠乏味？另外，要对过去的成功经验和教训进行回顾，分析自己过去有哪些成功，哪些不成功，原因是什么，除了客观因素外，自己在哪些方面需要改进。需要注意的是，要尽量以客观评价为依据，避免因为个人认识或个人动机出现较大误差。

4. 他人的评价或者与他人比较

他人的评价就是依据他人对自己的态度评价自己。可以了解家长、老师、同学、朋友对自己的评价和态度，还可以通过与自己条件相似的人比较来评价自己。需要注意的是，要采用正确的方法理解和分析他人对自己的态度和说法。

5. 通过专家咨询认识自我

大学生到就业指导中心、专业咨询机构进行咨询，是一种有效而快捷的方式。咨询人员会用他的学识、经验以及科学的咨询技术给个人提供帮助，在咨询过程中个人会获得大量的知识和信息资料，获得对问题的重新认识。

四、个性特点与职业选择

下面重点探讨价值观、兴趣和性格等个性特点对职业选择的影响。研究表明，个性特点与职业选择关系密切，一个人的个性特点对其职业选择有着深远的影响，其关系如图 2-1 所示。从事"适合你"的工作能够避免挫折，同时也能持续拥有对工作的满足感和享受。

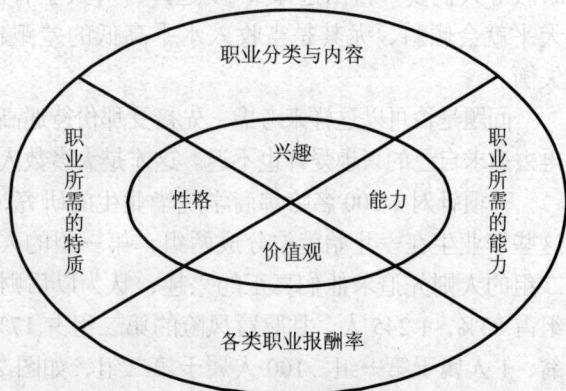

图 2-1　职业选择影响因素

1. 价值观与职业选择

任何人在选择职业时都会受到一定动机的支配，而择业的动机一般都是由价值观决定的。在选择职业的过程中，人们总是盼望所选择的职业能够满足自己的某种物质和精神需要。

在职业选择与发展中，价值观是根基，关系到回答"我为什么要工作？"的根本性问题。因此在职业生涯规划和职业选择时，我们应当重视对自身价值的明晰，培养对工作的健康合理的价值观，追求有意义的人生。

职业价值观是指一个人对各种职业价值的基本认识和基本态度。人们对某种社会地位的仰慕，其实是对这一社会地位所占有的职业的仰慕，由此产生了人们对社会不同职业的评价，也相应地形成了个人对待职业的态度，产生了职业价值观。它指向我们一生中最重要的东西，是个体行为背后的深层次动机，对个体的职业选择和发展起到重要的激励、影响作用。

社会上的各种职业都有一定的价值，不同的职业体现着不同的价值内容。由于各种职业的工作条件、工作方式、工作强度、工作性质，以及工作的社会和经济效果都不相同，社会舆论也会对这些价值内容做出评价，所以，人们在思想上会对不同的职业做出不同的评价，表现不同的态度。

由于时代的不同，职业的社会评价也会有所不同。比如在战争时期，军人的地位就会很高，青年中自然就会出现"从军热"，并以从事军人职业为自豪的倾向。在经济备受重视的年代，成为一个企业家、创业者、自由职业者又会变成人们的愿望。另外，人们职业价值观的形成，除了受到社会和时代的制约外，还要受地域、家庭的影响。

从企业选人的角度也能够很好地揭示价值观的重要性。为什么麦肯锡的咨询顾问很多并不是出身于管理专业？为什么一些学业上并不突出的同学能够在竞争激烈的应聘中胜过那些学习成绩突出的人？为什么外企在招聘储备人才的面试中总是会有"你最大的成就是什么"、"你最大的优缺点是什么"等看似非常普通的问题？其实这些都和价值观有非常密切的关系。因为一个人在职业上的价值观念和他能取得的成就是息息相关的，与此相比，一时的学习成绩反倒成了细枝末节。

2. 兴趣与职业选择

现在有两份工作摆在你面前：一份工资待遇高，但与自己的兴趣并不吻合；另一份工资待遇低，却是自己喜欢的，你将如何选择呢？"我会选择自己喜欢的工作"，相信你会这样回答，而且是大多数人的答案，之所以如此，正因为它仅仅是一个假设。现代社会价值观不断教导人们要"自由选择"，要选择"对人生有价值的东西"，而一旦面对现实，我们的心理天平就会倾斜，尤其是当收入水平高低的差距超出了我们心理承受能力时，大多数人都会失衡。

问题是否可以这样来考虑，先接受那份待遇高而自己不感兴趣的工作，积累一定的财富后，再去追求自己的兴趣爱好也不迟。这才是大多数人的真实想法。

一项针对1 500名哈佛商学院毕业生的研究，追踪他们从1960年到1980年间的事业发展。这些毕业生在一开始就被分成两组，第一组的人说想先赚钱，然后才能做自己想做的事。第二组的人则先追求他们真正的兴趣，认为以后财源自然会滚滚而来。其中，想先赚钱的第一组占83%，1 245人。甘愿冒风险的第二组占17%，255人。20年后，两组共有101名百万富翁，1人属于第一组，100人属于第二组，如图2-2所示。即将走出校门的你，决定要走哪一条路？

| 83%想先赚钱（1 245人） | 20年后 → | 产生百万富翁1人 |

| 17%追求兴趣（255人） | 20年后 → | 产生百万富翁100人 |

图 2-2　兴趣与职业选择调查

兴趣对职业选择的重要性可能是你始料不及的。一开始影响你选择的往往是薪水高低等因素，但慢慢会发现，如果长期干自己所不喜欢的工作，就会备感厌倦，就会变成一个简单的赚钱机器。

很多人都忽视了这样一个事实：工作本身也是生活的一部分，工作质量的高低决定了生活质量的高低。工作并不是毫无感情的，它对于人生的意义绝不亚于衣食住行。实际上，它更是你实现理想的途径，是使你生活得快乐幸福的隐形伴侣。

对于现代人而言，工作不只是简单地为了解决吃饭，人们更希望通过工作或事业的发展来达到自我价值的肯定。一项工作不仅仅是花上几个小时来赚得一份薪水，而且是你得以将自己的天赋贡献给世人的最伟大的礼物。如果你认定工作（work）就是意味着心甘情愿地（willingly）向他人提供（offer）资源（resources）和知识（knowledge），那么你的生活就会发生转变。

如果你喜欢你的工作，那么对你来说，每一天都是假日。乐趣就是把工作变成游戏，等到你分不出工作与游戏的差别，你才能真正开始盈利。有些人觉得演讲是工作，但有些人却觉得演讲是游戏，工作与游戏的本质其实没有什么差别，两者都需要耗费心力与体力，其间的差别只在你的心态而已。

3．性格与职业选择

性格是一个人较稳定的对现实的态度以及与之相应的习惯化的行为方式，它是由各种特征所组成的有机统一体。性格是在社会实践中逐渐形成的，并会经常地、习惯地表现在个人的言行、表现、工作等方面，性格具有可塑性。

性格与职业有着非常密切的关联，性格类型与职业类型的匹配度，决定着事业的成功与否。与职业有关联的最重要的个人特征是性格、兴趣及能力，其中性格决定着人的行为方式及特点，兴趣表现出行为的倾向性，而能力是顺利完成某种活动并影响活动效率的心理特征。这里面性格起着最重要的作用，反映了一个人独特的行为方式，是与他人区别的重要标志。每一种职业岗位都有独特的行为要求，而这种要求是否与个人的性格行为趋向一致，将决定个人的事业是否成功。

那么，如何才能让性格成为自身职业发展的最佳导航者呢？

（1）要正确测定自己的性格，了解性格与职业之间的关联。

（2）要选择适合自己性格的职业，考虑职业与自己性格的匹配度。

（3）要塑造良好的性格。

思考题

1. 大学生如何正确评价职业？

2. 职业具有哪些社会功能？

3. 如何理解"三百六十行，行行出状元"？

4. 结合个性特点与职业选择的关系，谈谈如何选择自己理想的职业。

5. 大多数人会选择与自己的才能、价值观、兴趣、所希望的生活方式相匹配的职业吗？这么做会遇到什么障碍？

6. 针对目前我国职业发展现状，结合你所学专业，写一份你未来的职业发展规划。

第 三 章

职业生涯规划理论基础

Chapter 3 ————————————

　　职业生涯理论是在心理学、人力资源管理学、社会学等学科理论的基础上经过不断的整合与发展而建立起来的，其分类有多种方法，而把职业生涯理论分为职业选择理论、职业生涯发展理论和职业决策理论3类最具代表性。

　　对职业生涯基本理论的正确理解和把握可以帮助我们提高职业决策能力，引导我们全面认识自己、合理择业、充分发挥自我潜能，在职业活动中愉快地胜任工作并不断发展自己。

第一节　职业生涯规划基础知识

上大学是为了找到一份工作、一个职业还是一份事业？什么是生涯？什么是职业生涯？你希望自己的职业生涯是一个什么样的发展形态？正确回答这些问题，需要我们学习掌握一些有关职业生涯规划的基础知识。

一、生涯规划的内涵

生涯规划任务不仅是单一的职业目标的确立，也不仅是单一的生活事件规划，而是面临一系列认知活动与行动，对生涯角色、生活目标的选择与建立的历程。

1. 生涯规划定义

生涯规划就是一个人从生到死的规划，恰当的生涯规划的含义必然包含人生多方面的规划，如家庭生涯规划、社会生涯规划、生活生涯规划、休闲生涯规划等。

学者洪凤仪在她的《生涯规划自己来》一书中把生涯规划定义为：生涯规划是一个人尽其可能地规划未来生涯发展历程，在考虑个人的智能、性向、价值观以及助力的前提下，做好妥善安排，并借此调整、摆正自己在人生中的位置，以期自己能适得其所。

2. 职业生涯规划

职业生涯规划是人生最重要的规划，指的是一个人对其一生中所承担职务的相继历程的预期和计划，这个计划包括一个人的学习与成长目标，以及对一项职业和组织的生产性贡献和成就期望。

简单来说，职业生涯规划就是你打算选择什么样的行业，什么样的职业，什么样的组织，想达到什么样的成就，想过一种什么样的生活，以及如何通过学习与工作达到目标。具体的讲，职业生涯规划是以心理开发、生理开发、智力开发、技能开发、伦理开发等人的潜能开发为基础，以工作内容的确定和变化，工作业绩的评价，工资待遇、职称、职务的变动为标志，以满足需求为目标的工作经历和内心体验的经历。

职业生涯又可以分为内职业生涯和外职业生涯。内职业生涯是指从事一项职业时所具备的知识、观念、心理素质、能力、内心感受等因素的组合及其变化过程。外职业生涯是指从事职业时的工作单位、工作地点、工作内容、工作职务、工作环境、工资待遇等因素的组合及其变化过程。

重要提示　　内职业生涯的发展是外职业生涯发展的前提，内职业生涯带动外职业生涯发展。它在人的职业生涯成功乃至人生成功中具有重要作用。

---

3. 职业生涯发展形态

人的一生要扮演多种角色。我们把个人的职业转换与工作投入状况称为职业生涯发展形态。常有的职业生涯发展形态有以下 7 种。

（1）步步高升。在一个组织中，即使更换工作地点或变换工作内容，工作表现始终能够受到主管领导的肯定，晋升速度很快，如图 3-1 所示。

（2）阅历丰富。换过不少工作，在很多家公司积累了丰富的经验，无论工作的差异性是否很大，勇于改变与创新，并且有较强的学习能力，善于处理突发事件，如图 3-2 所示。

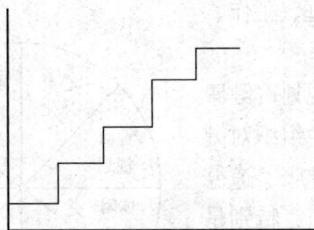

图 3-1　步步高升

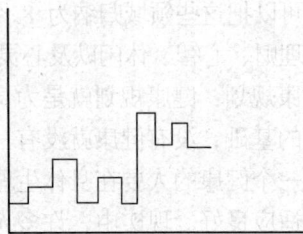

图 3-2　阅历丰富

（3）稳扎稳打。在事业单位，比如学校、行政机关、研究所认真工作，一步一个脚印地发展。这类单位的升迁与发展虽然缓慢，但是非常稳定，如图 3-3 所示。

（4）越战越勇。职业发展有明确方向，但是因为某些打击，受挫后凭自己的毅力和能力，积极发展，以更成熟的状态面对挑战，使工作的成就超越从前，如图 3-4 所示。

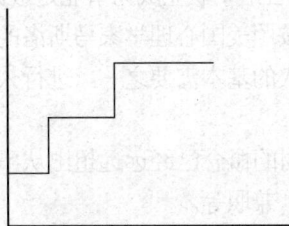

图 3-3　稳扎稳打

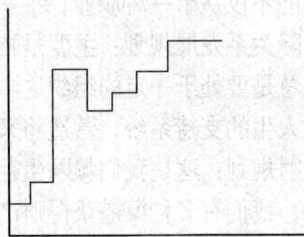

图 3-4　越战越勇

（5）得天独厚。对于自己的职业，并未曾花费太多的时间和精力，由于良好的家族背景原因，很早就直接确定了方向，并得到可以的栽培与锻炼，有直接进入决策核心层的机遇，如图 3-5 所示。

（6）因故中断。连续性的职业发展因为某些因素如读书、照顾幼儿等而停顿，处于静止或衰退阶段，如图 3-6 所示。

（7）一心多用。有份稳定的工作，同时在工作之余还从事其他类型的工作，以使生活更加丰富，如图 3-7 所示。

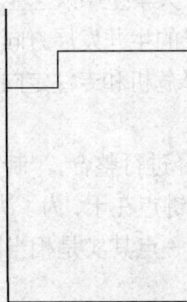

图 3-5　得天独厚

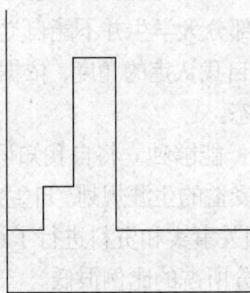

图 3-6　因故中断

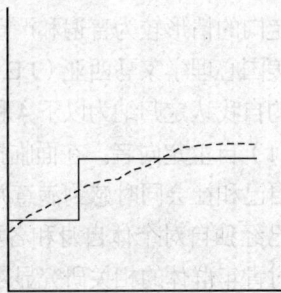

图 3-7　一心多用

二、生涯规划的领域与生涯定向

1. 大学生生涯规划的领域

根据生涯和生涯规划的概念，生涯规划的领域应当是个体角色职责所涉及的各项领域。总体来看，我们可以把这些领域归纳为 8 个领域：健康、家庭、工作、人际关系、理财、心智、休闲以及心灵，如图3-8所示。

（1）健康规划：健康规划就是为身心健康而进行的规划，健康是人生事业的基础，没有健康就没有一切。根据世界卫生组织对健康的定义，一个健康的人要在身体生理上健康、心理上健康、道德健康和社会适应良好。现实中，许多人都会忽略健康规划，特别是青年人，总认为青年时期不需要考虑健康问题，可是人生的许多问题常常是年轻时不健康的习惯导致的。

图3-8 生涯规划的领域

（2）家庭规划：家庭包括我们的原生家庭和即时家庭。这里说的家庭规划主要是即时家庭，即我们离开原生家庭而组建的家庭。何时组建家庭，担当家长角色也是生涯规划的重要方面。

（3）工作规划：工作事业规划也可以看成是职业生涯规划，包括正式职业规划和兼职。一个人一生中可能不仅从事一种职业，每一种职业也可不限于一种工作，职业成为事业是最大的升华。

（4）人际关系发展规划：主要是指一个人的社会归属。按照美国心理学家马斯洛的需要层次论，每个人总是要处于一定的组织之中，爱与归属的需要是人的基本需要之一。进行人际关系规划就是建立人生的支持系统，营造将来的工作、生活环境。

（5）理财规划：这是我们赖以生存的重要基础，现今理财的概念已经远远超出从事某项职业挣钱的概念，我们有多种渠道获得财产，如投资基金、股票、兼职等。

（6）心智规划：主要是指我们的知识、技能、观念的发展规划。

（7）休闲规划：多是指工作之外所从事的非谋生活动，主要源自个人的兴趣与爱好。在现代社会，休闲规划是一个亟待加强的课题。

（8）心灵规划：心灵规划是指思想和道德发展以及人生思想境界、信仰等方面的规划。

2. 大学生的生涯定向

对大学生而言，生涯定向关系着其今后的发展方向，也决定着大学生的校园生活与学习的重点。生涯不确定的大学生经常会出现焦虑、目标与兴趣模糊不定、缺乏求学动机、学生角色投注不足、学业成绩偏低等现象，进而不能适应今后的发展。大量的研究发现，大学生中缺乏生涯规划与定向的情形较为普遍和严重，相当一部分大学生并不能自觉地确立自己的生涯发展方向。

美国心理学家马西亚（J.E.Marcia）从自我认定的角度，依据面对的选择危机和专注定向，将青年的自我认定归纳为以下4种不同的形态。

（1）自主定向者。在面临抉择危机时，能够独立将自我知识和各种选择进行整合，制定出能让自己和社会同时感到满意并让双方都受益的生涯规划。自主定向者的关键点在于，为了决策，他们已经独自对个体自身和各种选择的相关事实和资料进行了评估，而这一点其实是相当困难的，对青年群体的相关研究显示，这一部分所占的比例很低。

（2）提早定向者。从选择专业开始，一部分人本身未曾面对抉择危机，在职业方向或职业目标上已接受父母或他人的安排而定型。这部分人在从事生涯准备或课业学习方面，难免会缺乏兴趣和动力，如高考中许多同学的报考专业为父母选定，上大学后发现所学专业并不是自己感兴趣的。这部分的比例在青年群体中相当之高。

（3）延迟未定者。指面对个人的抉择没有做出承诺的人。有些尚未定向的青年可能正在考虑他的选择，但由于有非常恰当的理由，他们没有表明其第一选择，且没有因此而感到不舒服。这种情况不用担心，因为他们迟早会做出决定。而另一些尚未定向的青年希望有职业确定性，他们因没有明确第一选择感到焦虑、不安，这种不舒服的感觉可能让他们去寻求各种各样的帮助，或者想办法得到更多有关自己职业或教育选择的信息。还有一些尚未定向者是有太多的兴趣和技能，恰恰因为他们有太多实力，所以他们无法决定选择某一职业。

（4）茫然失措者。指那些常常不能做出生涯决策的人，他们在生活中持续不断地体验到较大的压力。这部分的青年常常发现在生活的任何方面都很难制定计划，而且在做决策时往往关注于外界的事件或人。无法决策者由于自己很焦虑，他们发现探索很困难，往往会延迟或者无限期地拖延制定决策方案。或者把制定决策的责任交给他人；或者会夸大不同选择的优点和缺点。然而现实中，各种逃避和借口不但不能缓解压力，反而会给他们带来更多麻烦。

马西亚的研究结果说明，生涯确定是青年期主要而关键的发展任务之一。生涯决定的明确与否不但可能阻碍个人的长期发展，更影响其当前的生活调适。因此，生涯定向探索在青年的生涯发展与规划课题中有着相当重要的作用。

三、职业锚

职业锚是一个非常重要的概念，它有助于我们进行职业定位。

1. 职业锚的含义

职业锚（Career Anchor）是由美国著名职业心理学家施恩教授提出的，他认为，职业生涯发展实际是一个持续不断的探索过程，随着一个人对自己越来越了解，这个人就会越来越明显地形成一个占主导地位的职业锚。

那么，究竟什么是职业锚呢？施恩教授认为，职业锚是指一个人在不得不作出职业选择时，不会放弃的职业中的那种至关重要的态度和价值观。"锚"是指抛到水底可以使船停稳的器具，"职业锚"则有职业稳定、定位等含义，在职业心理学中，职业锚实际上就是人们选择和发展职业时所围绕的自己确定的中心。一个人对自己的天资和能力、动机和需要以及态度和价值观有清楚的了解后，就会意识到自己的职业锚，从而作出某种重大选择。比如，到底是接受公司将自己晋升到总部的决定，还是辞去现职，转而开办和经营自己的公司？正是在这一关口，一个人过去的所有工作经历、兴趣、资质、潜能等等才会集合成一个富有意义的职业锚，职业锚会告诉这个人，对他来说什么东西才是最重要的。

具体而言，职业锚的概念包含3方面的内容。

（1）自省的动机需要：以实际情境中的自我测试和自我诊断以及他人的反馈为基础。

（2）自省的才干和能力：以个人工作环境中的实际成功为基础。

（3）自省的态度和价值观：以自我与雇佣组织和工作环境的准则和价值观之间的实际碰撞为基础。

2. 职业锚的类型

施恩教授根据自己对麻省理工学院毕业生的研究，确定了8种基本的职业锚类型，如图3-9所示，各种职业锚的基本特点及不同职业锚之间的区别如下。

（1）技术/职能型

技术职能型的人追求在技术职能领域的成长和技能的不断提高，以及应用这种技术职能的机会。他们对自己的认可来自于他们的专业水平，他们喜欢面对专业领域的挑战。他们通常不喜欢从事一般的管理工作，因为这意味着他们不得不放弃在技术职能领域的成就。

（2）管理型

管理型的人追求并致力于工作晋升，倾心于全面管理，独立负责一个部分，可以跨部门整合其他人的努力成果。他们想去承担整体的责任，并将公司的成功与否看成自己的工作。具体的技术职能工作仅仅被看作是通向更高、更全面管理层的必经之路。

（3）自主独立型

自主独立型的人希望随心所欲安排自己的工作方式、工作习惯和生活方式。追求能施展个人能力的工作环境，最大限度地摆脱组织的限制和制约。他们宁愿放弃提升或工作发展机会，也不愿意放弃自由与独立。

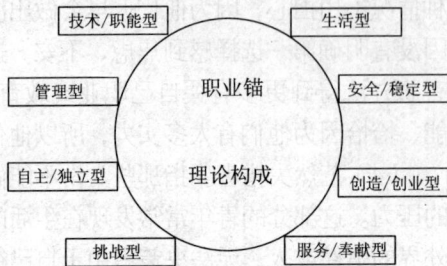

图 3-9　职业锚构成

（4）安全稳定型

安全稳定型的人追求工作中的安全感与稳定感，他们因为能够预测到稳定的将来而感到放松。他们关心财务安全，例如，退休金和退休计划。

（5）创业型

创业型的人希望用自己能力去创建属于自己的公司或创建完全属于自己的产品（或服务），而且愿意去冒风险，并克服面临的障碍。他们想向社会学习并寻找机会，一旦时机成熟，他们便会走出去创立自己的事业。

（6）服务型

服务型的人一直追求他们认可的核心价值，例如，帮助他人，改善人们的安全，通过新产品消除疾病等。他们一直追寻这种机会，这意味着即使变换公司，他们也不会接受不允许他们实现这种价值的变动或工作提升。

（7）挑战型

挑战型的人喜欢解决看上去无法解决的问题，战胜实力强硬的对手，克服无法克服的困难障碍等。对他们而言，参加工作的原因是工作允许他们去战胜各种不可能。他们需要新奇、变化和困难，如果事情非常容易，工作马上会变得令他们厌烦。

（8）生活型

生活型的人希望将生活的各个主要方面整合为一个整体，喜欢平衡个人的、家庭的和职业的需要。因此，生活型的人需要一个能够提供"足够弹性"的工作环境来实现这一目标。生活型的人甚至可以牺牲职业的一些方面，例如，放弃职位的提升，来换取三者的平衡。他们将成功定义的比职业成功更广泛。相对于具体的工作环境、工作内容，生活型的人更关注自己如何生活、在哪里居住、如何处理家庭事情及怎样自我提升等。

有很多人也许一直都不知道自己的职业锚是什么，当他们处于不得不做出某种重大选择的关口时，如是否弃官从商等，一个人过去的所有工作经历、兴趣、资历、职业倾向等会集合成一个富有意义的职业锚，这个职业锚会揭示到底什么东西才是决定其职业取向的最关键因素。

重要提示　　找到职业锚的平均年龄为 40 岁，从确定职业锚那天起，你的职业转变为你的事业。

第二节 职业选择理论

职业选择理论根本立足点在于个人在择业时要尽量做到职业与个人匹配，故又称"人—职匹配理论"。该理论重视个人的需求、能力、兴趣、人格等内在因素在职业选择过程中的重要作用。相关理论大致可分为两类：以强调个人特性与职业特性相匹配的特质论模式，如美国现代社会学的奠基人帕森斯（Parsons）的特质因素论和美国著名的职业指导专家霍兰德的人格类型论。以强调个人内在动机为核心的动力论模式，如美国临床心理学家罗伊的人格发展论和美国心理学家弗鲁姆的择业动机理论。

一、帕森斯的特质因素论

1909 年，帕森斯根据多年的工作经验，在其《选择职业》一书中提出了特质因素理论（又称帕森斯的人职匹配理论），特质因素论是最早的职业辅导理论。他认为，个人都有自己独特的人格模式，每种人格模式的个人都有其相适应的职业类型。

"特质"是指个人的人格特征，包括能力倾向、兴趣、价值观和人格等，这些都可以通过心理测验工具来加以评量。

"因素"是指在工作上要取得成功所必须具备的条件或资格，这可以通过对工作的分析而了解。

帕森斯主张选择职业的 3 大要素和步骤如下。

（1）评价求职者的生理和心理特点（特性）。

通过心理测验及其他测评手段，获得有关求职者的身体状况、能力倾向、兴趣爱好、气质与性格等方面的个人资料，并通过会谈、调查等方法获得有关求职者的家庭背景、学业成绩、工作经历等情况，并对这些资料进行评价。

（2）分析各种职业对人的要求（因素），并向求职者提供有关的职业信息。

职业信息包括：①职业的性质、工资待遇、工作条件以及晋升的可能性；②求职的最低条件，诸如学历要求、所需的专业训练、身体要求、年龄、各种能力以及其他心理特点的要求；③为准备就业而设置的教育课程计划，以及提供这种训练的教育机构、学习年限、入学资格和费用等；④就业机会。

（3）人—职匹配。

指导人员在了解求职者的特性和职业的各项指标的基础上，帮助求职者进行比较分析，以便选择一种适合其个人特点又有可能得到并能在职业上取得成功的职业。人—职匹配分为两种类型：① 因素匹配（职业找人）。例如，需要有专门技术和专业知识的职业与掌握该种技能和专业知识的择业者相匹配；脏、累、苦劳动条件很差的职业，需要有吃苦耐劳、体格健壮的劳动者与之匹配。② 特性匹配（人找职业）。例如，具有敏感、易动感情、不守常规、个性强、理想主义等人格特性的人，宜于从事审美性、自我情感表达的艺术创作类型的职业。

特性因素论强调个人所具有的特性与职业所需要的素质与技能之间的协调和匹配。为了对个体的特性进行深入详细的了解与掌握，特性因素论十分重视人才测评的作用，可以说，特性因素论进行职业指导是以对人的特性的测评为基本前提，它首先提出了在职业决策中进行人—职匹配的思想，奠定了人才测评的理论基础，推动了人才测评在职业选拔与指导中的运用和发展。

二、罗伊的人格发展理论

20 世纪 50 年代后期，职业指导理论开始重视人的内在动力和需要等动机因素在个人职业选择中的作用。需要理论由美国临床心理学家、职业指导专家罗伊（Roe）提出，她综合了精神分析论与马斯洛的需求层次理论，强调个人由早期亲子互动经验所发展的心理需求满足模式对其日后职业选择行为的影响，认为职业选择是个体满足其心理需要的过程。

1. 需求满足

罗伊认为，需求的满足形态及程度与个人早期经验息息相关。如果需求获得满足，就不会变成无意识的动力来源；如果高层次的需求（如自我实现、审美）不能获得满足时，则这种需求将会消失而且不再发展；如果低层次的需求未获得满足，将驱使人们去满足此类需求来维持生存，而间接地妨碍了高层次需求的发展。如果低层次需求的满足受到延迟，就会无意识地驱动人去满足这些需求，而延迟其他的需求。其影响力将依据该需要的强度、时间的长短及周围环境对满足该需求的价值判断而定。

2. 亲子关系

罗伊认为，需求满足的发展与个人早期的家庭气氛及成年后的职业选择有密切的关系。如个体成长过程中，父母是接纳还是拒绝，家中气氛是温暖还是冷漠，父母对他的行为是自由放任还是保守严厉，这些都将反映在个人所做的职业选择上，图 3-10 所示为亲子关系与职业选择之间的关系。

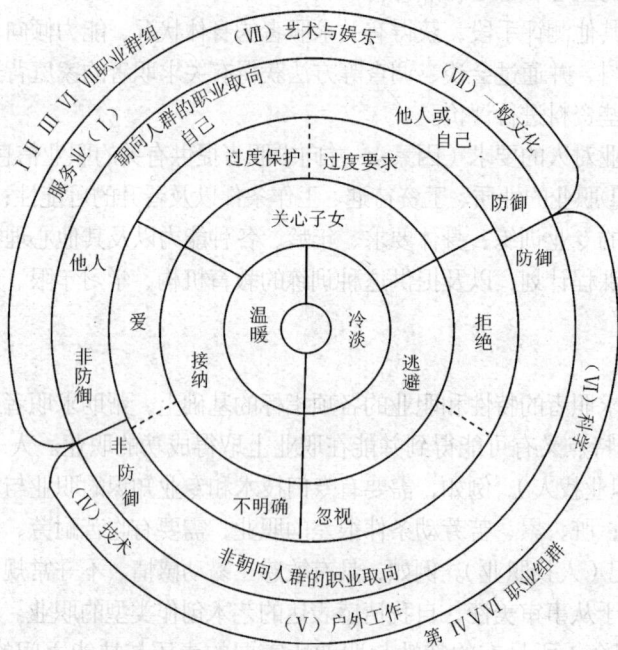

图 3-10　亲子关系与职业选择

（1）关心子女型，包括过度保护和过度要求两种情况。在这种亲子关系中父母多倾向于满足子女的生理需求，而有条件的满足心理需求。

（2）逃避型有拒绝和忽视两种情况，表现为只满足孩子的生理需求，忽略心理上的需求。

（3）接纳型包括"爱的接纳"和"不明确的接纳"两种情况。前一种不仅能满足孩子的各种需求，而且会支持子女发展的独立性，后一种则采取自由放纵任其发展的态度。

3. 职业分类

罗伊认为，人们所选择的工作环境往往会反映出幼年时的家庭气氛。如果幼年时生活的环境充满温暖、爱、接纳或保护的氛围，就可能会选择与人有关的职业。如果幼年时生活在一个冷漠、忽略、拒绝或适度要求的家庭中，很可能会选择科技、户外活动的职业，因为这些职业从事的是以事、物和观念为主，不太需要和人有太直接的接触。把职业分为服务业、商业交易、商业组织、技术、户外、科学、文化、演艺等 8 大职业群组，并划分专业及管理（高级）、专业及管理（一般）、半专业及管理、技术、半技术、非技术等 6 大类。

4. 亲子关系与职业选择

在第一型"关心子女型"中的"过度保护型"父母，会毫无保留地满足子女的生理需求，却不见得满足子女对爱和自尊的需求，即使这些需求都能得到满足，子女未必能够表现出社会认可的行为，所以这类子女日后显示出较多的人际倾向，而且不是出自防御的心理机制。

"关心子女型"中的"过度要求型"父母，对子女需求的满足往往附加某些条件，也就是当子女表现出顺从的行为，或表现出父母认可的成就行为时，其生理需求和爱的需求才会被满足，所以这类儿童，虽然也有强烈的人际倾向，但有时会有一种潜意识的防卫作用，害怕无法从人群里得到较高层次的需求的满足。

在第二型的"逃避型"父母教养下，无论是拒绝还是忽视，儿童需求满足的经验都是痛苦的，不论生理或是心理满足上都有缺陷，更谈不上高层次的满足，所以这类孩子日后怕和人相处，宁可在岗位上靠自己的努力得到高层次需求的满足。

第三型"接纳型"家庭氛围大体是温暖的。在温暖、民主气氛下长大的孩子，各类层次的需求都不会缺乏，长大后也能做独立的选择。

因此，父母的教养态度对孩子的职业的选择有重要的影响力，应该让孩子从小发展自己的能力倾向及职业兴趣，这样他们对终身的择业及志向才有正确的观念及选择能力，也愿意承担选择后的责任。

三、霍兰德的职业个性理论

20 世纪 60 年代，美国职业指导专家霍兰德（Holland）在帕森斯观点的基础上，结合当时人格心理学概念，认为职业选择是人格的一种表现，工作兴趣类型即人格类型。大多数人的人格特质可以归纳为 6 种类型：实用型、研究型、艺术型、社会型、企业型、事务型。工作环境也可以分为与人格类型的分类一致的 6 种类型。由于同一职业吸引有相似人格特质的人，他们对情境和问题会有类似的反应，因此，工作环境也可以分为与人格类型的分类一致的 6 种类型，如表 3-1 所示。

表 3-1　霍兰德的 6 种人格类型

类　型	喜欢的活动	喜欢的职业
R 型	和事物打交道（工具、机械、设备）、用手、工具、机器制造或修理东西。愿意从事实物性的工作，喜欢户外活动或操作机器，而不喜欢在办公室工作	制造业、渔业、野外生活管理业、技术贸易业、机械业、农业、技术林业、特种工程师和军事工作
I 型	处理信息（观点、理论），喜欢探索和理解事物，研究那些需要分析、思考的抽象问题。喜欢独立工作	实验室工作人员、生物学家、化学家、社会学家、工程设计师、物理学家和程序设计员
A 型	创造，喜欢自我表达，喜欢写作、音乐、艺术和戏剧	作家、艺术家、音乐家、诗人、漫画家、演员、戏剧导演、作曲家、乐队指挥和室内装潢
S 型	帮助别人，喜欢与人合作，热情关心他人的幸福，愿意帮助别人解决困难	教师、社会工作者、牧师、心理咨询员、服务性行业人员
E 型	喜欢领导和支配别人，或为了达到个人或组织的目的而善于去说服别人。希望成就一番事业	商业管理、律师、政治运动领袖、营销人员、市场或销售经理、公关人员、采购员、投资商、电视制片人和保险代理
C 型	组织和处理数据，喜欢固定的、有秩序的工作或活动，希望确切地知道工作的要求和标准。愿意在一个大的机构中处于从属地位	会计师、银行出纳、簿记、行政助理、秘书、档案文书、税务专家和计算机操作员

1. 霍兰德生涯理论假设

霍兰德生涯理论的基础主要由 4 个基本假设组成。

（1）大多数人的人格特质都可以归纳为 6 种类型，即现实型、研究型、艺术型、社会型、管理型和常规型。

（2）工作环境也有 6 种类型，其名称、性质与人格类型的分类一致。

（3）人们都尽量寻找那些能突出自己特长、体现自己价值和能令自己愉快的职业，例如，一个现实型的人会尽力去寻找现实型的职业，其他几种人格类型和职业类型的匹配亦然。

（4）一个人的行为表现是职业环境类型和人格类型相互作用的结果。如果知道自己的人格类型和职业类型，我们就可以预测自己的职业选择、工作变换、职业成就、教育及社会行为。

2. 霍兰德 6 种类型之间的关系

霍兰德以一个六边形形象地阐述了 6 个类型之间的关系，如图 3-11 所示。六种类型占据了六边形的 6 个角，各角间相邻类型彼此间具有较高的一致性，即相邻两种类型间有一定的共同特点，而相隔一角的类型之间一致性其次，相对角之间的类型一致性最弱，用虚线表示。如以社会型与现实型为例，社会型的人喜欢帮助别人，在团体中工作，看重人际间的互动。现实型的人则偏好用机器来工作，而不喜欢以人群为工作的对象。

从图 3-11 所示霍兰德六角形模型对人格特质和职业环境之间相似关系的描述可以看出，每一种类型与其他类型之间存在不同程度的关系，大体可描述为 3 类。

（1）相邻关系，如 RI，IR，IA，AI，AS，SA，SE，ES，EC，CE，RC 及 CR。属于这种关系的两种类型的个体之间共同点较多，现实型 R、研究型 I 的人就都不太偏好人际交往，这两种职业环境中也都较少机会与人接触。

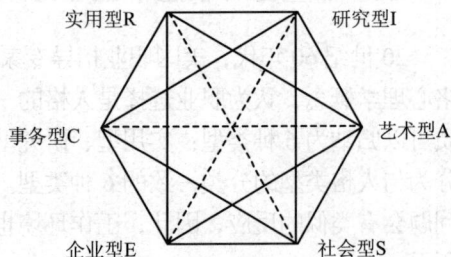

图 3-11　霍兰德六角模型

（2）相隔关系，如 RA，RE，IC，IS，AR，AE，SI，SC，EA，ER，CI 及 CS，属于这种关系的两种类型个体之间共同点较相邻关系少。

（3）相对关系，在六边形上处于对角位置的类型之间即为相对关系，如 RS、IE、AC、SR、EI 及 CA，相对关系的人格类型共同点少。因此，一个人同时对处于相对关系的两种职业环境兴趣很浓的情况较为少见。

霍兰德的类型论提出之后，产生了广泛的影响，对职业指导过程的分析、解释和诊断产生了重大影响，其理论被广泛用于心理测验工具的编制和应用，并激发了众多对其理论的研究工作与报告的产生。

阅读材料　　　　　　　霍兰德职业兴趣游戏

假定你有一次坐飞机旅行，到了一片岛屿上空，飞机突然出现了问题，你不得不带上降落伞迫降到以下 6 个岛屿中的一个，这 6 个岛屿分别生活着不同的人。俗话说，物以类聚，人以群分，你最愿意降落到哪个岛上？每个同学按照愿望成依次做出 3 个选择。

R 岛：自然原始的岛屿，岛上保留有热带的原始植物林，自然生态保护得很好，也有相当规模的动物园、植物园、水族馆。岛上居民以手工见长，自己种植花果蔬菜、修理房屋、打造器物，制作各种工具。

I 岛：深思冥想的岛屿，岛上人迹较少，建筑物多偏处一隅，平川绿野，适合夜观星象。岛上有多处天文馆、科博馆，以及科学图书馆等。岛上居民喜好沉思、追求真知，喜欢和来自各地的科学家、哲学家、心理学家等交换心得。

A 岛：美丽浪漫的岛屿，岛上充满了美术馆、音乐厅，弥漫着浓厚的艺术文化气息。同时，当地的原住民还保留了传统的舞蹈、音乐与绘画，许多艺术和文艺界的朋友都喜欢在这里找寻灵感。

S 岛：温暖友善的岛屿，岛上居民个性温和、十分友善、乐于助人，社区均自成一个密切互动的服务网络，人们互助合作，重视教育，充满人文气息。

E 岛：显赫富足的岛屿，岛上居民热情豪爽，善于经营和贸易。岛上的经济高度发展，处处是高级饭店、俱乐部、高尔夫球场。来往者多是企业家、经理人、政治家、律师等，衣香鬓影，夜夜笙歌。

C 岛：现代井然的岛屿，岛上建筑十分现代化，是进步的都市形态，以完善的户政管理、地政管理、金融管理见长。岛民个性冷静保守，处事有条不紊，善于组织规则。

你在上面依次选的 3 个小岛的字母顺序就是你的霍兰德职业性向，请对照本书附录内容查看自己对应的职业信息。

资料来源：方伟.《大学生职业生涯规划咨询案例教程》. 北京：北京大学出版社，2009.

四、弗鲁姆的择业动机理论

美国心理学家弗鲁姆（V. H. Vroom）在 1964 年出版的《工作和激励》一书中，提出了解释员工行为激发程度的期望理论的基本公式：$M = V \times E$。

其中 M 为动机强度，指积极性的激发程度，表明个体为了一定目标而努力的程度。V 为效价，指个体对一定目标重要性的主观评价。E 为期望值，指个体实现目标可能性的大小，也就是目标实现的概率。员工个体行为动机的强度取决于效价大小和期望值的高低。

弗洛姆认为这一理论也可以用来解释个人的职业选择行为，具体化为择业动机理论。该理论的应用（即个人如何进行职业选择）分为如下两个步骤。

1. 确定择业动机

择业动机用公式表示为：择业动机＝职业效价×职业概率。

公式中，职业效价指择业者对某项职业价值的评价。职业效价取决于两方面，一是择业者的择业价值观，另一个是择业者对某项具体职业要素如兴趣、工资、发展空间、工作条件等的评价。

公式中职业概率是指择业者获得某项职业可能性的大小。职业概率大小通常取决于以下 4 个因素。

（1）某项职业的社会需求量

在其他条件一定的情况下，职业概率同职业需求量呈正比关系。

（2）择业者的竞争能力

竞争能力即择业者自身求职就业和工作能力，能力越强，获得职业的可能性越大。

（3）竞争系数

竞争系数指谋求同一种职业的劳动者人数的多少。在其他条件一定的情况下，竞争系数越大，职业概率越小。

（4）其他随机因素

择业动机公式表明，对择业者来说，某项职业的效价越高，获取该项职业的可能性越大，那么，择业者选择该项职业的意向或者倾向越大；反之，某项职业对选择者而言其效价越低，获取该项职业的可能性越小。

2. 比较择业动机，确定选择的职业

比较择业动机就是择业者对其视野内的几种目标职业，分别进行价值评估和获取该项职业可能性的评价，然后通过比较，选择某项职业。

第三节　职业发展理论

职业生涯发展理论，主要是指个体职业心理发展的阶段性理论。这种理论认为个体在不同的职业发展阶段中，对职业的需要以及追求发展的方向和方式存在着较大的差异，只有充分认识到人在职业生涯发展的各个不同阶段的特点和规律，才能更好地规划自己的人生。

一、金斯伯格的职业发展阶段理论

美国著名的职业生涯发展理论先驱、职业心理学家金斯伯格（EliGinzberg），通过对人的童年到青少年阶段职业心理发展过程的研究，将个体职业心理的发展划分为幻想期、尝试期和现实期 3 个阶段。

1. 幻想期（4～11 岁）

这一时期儿童，已逐渐地获得了社会角色的直接印象，他们对自己经常看到或接触到的各类

职业都感兴趣，并充满了新奇、好玩之感，幻想着长大要当什么。特别是他们在早期的游戏中，常常充分地运用各自的职业想象力，扮演他们各自所喜爱的角色。随着年龄的增长，游戏中所喜爱的角色，得到初步强化，他们开始在日常服饰搭配、语言行动上对这些角色进行模仿。如果这种模仿得到了成人和伙伴的赞许、肯定，那么他们的这种开始萌芽的职业意识会得到强化。

这一时期儿童职业心理发展总的特点如下。

（1）属于单纯的兴趣爱好与模仿。

（2）不考虑自身的条件和能力水平。

（3）不能形成与社会需要相适应的职业动机，完全处于幻想之中。

2. 尝试期（11～17 岁）

与早期单纯的模仿不同，11～17 岁是儿童向青少年过渡时期。随着他们生理迅速成长和变化，心理也在快速发展，以其独立意识和价值观念的形成作为显著标志，他们开始憧憬自己美好的未来。伴随着知识和能力的增长与增强，特别是获得一些社会生产、生活经验后，他们开始对职业问题进行积极探索，如能够比较客观地审视自己的条件、能力，注意社会职业声望、需要等。

金斯伯格还进一步把尝试期划分为以下 4 个阶段。

（1）兴趣阶段（11～12 岁），处在这个阶段的青少年开始觉察社会不同职业之间的一些重要差异，并对自己较为关注的职业产生兴趣。

（2）能力阶段（12～14 岁），处在这个阶段的青少年开始注意社会不同职业对人的能力要求，注意衡量自己的能力与某些自己感兴趣的职业的差异，并自觉进行训练。

（3）价值观阶段（14～16 岁），处在这个阶段的青少年开始注意了解各种职业的社会价值和个人价值，并运用这些价值审视自己的职业兴趣和能力，以便进行职业选择。

（4）综合阶段（16～17 岁），处在这个阶段的青少年开始综合有关职业信息，并综合判断个体职业发展方向，缩小职业兴趣范围，把自己在前几个阶段中形成的职业价值判断和早期职业行动，转移到自己初步确定的职业方向上来。

3. 现实期（17 岁以后）

与尝试期青少年的职业心理不同，17 岁以后是青年向成人过渡和迈进的年龄阶段，客观性、现实性是这一时期青年的最明显的特点。

在这一时期，个体开始步入社会劳动并实现就业，能够客观地把自己的职业愿望同自己的主观条件、能力以及社会现实的职业需要密切联系和协调起来，寻找适合自己的职业角色。他们对职业的认识已不再模糊不清，而是形成了明确、具体、现实的职业生涯目标。

金斯伯格按职业心理的发展顺序将现实期也分为 3 个阶段。

（1）试探阶段，对尝试期初步确定的职业方向进行各种职业的试探活动，如调查、访谈、参观、考察、查询、咨询等，了解职业发展方向及就业机会，为选择职业生涯做准备。

（2）具体化阶段，对职业试探活动中的某些结果，结合自己的情况进行比较分析，再一次缩小职业选择范围，使自己的职业选择方向更加具体化、明确化。

（3）专业化阶段，对个体职业发展的专业方向进行确认，并以实际行动投入到目标变为现实的行为过程中去。包括选择专业院校学习和直接对工作单位进行选择。

金斯伯格为了完善他的理论，1983 年对他的职业选择理论进行了重新阐述，其中着重强调的一点是：对那些从工作中寻找满足感的人来说，职业选择是终生决策过程，是不断增进变化的职业目标和工作现实之间匹配的过程。这一过程受 3 个因素影响：最初的职业选择、最初的选择与随后工作经验所给予的反馈以及经济与家庭状况。这就是说，如果一个人最初的选择没有达到所期望的职业满意度，他很可能要重新进行一次选择，而再次的选择依然受到家庭和经济状况等因素的制约。

二、舒伯的职业生涯发展理论

美国学者舒伯（Super）根据自己"生涯发展形态研究"的结果，将生涯发展阶段划分为成长、试探、决定、保持与衰退 5 个阶段。

1. 成长阶段

由出生至 14 岁，该阶段孩童开始发展自我概念，开始以各种不同的方式来表达自己的需要，且经过对现实世界不断地尝试，修饰他自己的角色。

这个阶段发展的任务是：发展自我形象，发展对工作的正确态度，并了解工作的意义。这个阶段共包括 3 个时期。

（1）幻想期（4～10 岁），它以"需要"为主要考虑因素，在这个时期幻想中的角色扮演很重要。

（2）兴趣期（11～12 岁），它以"喜好"为主要考虑因素，喜好是个体抱负与活动的主要决定因素。

（3）能力期（13～14 岁），它以"能力"为主要考虑因素，能力逐渐具有重要作用。

2. 探索阶段

由 15 岁到 24 岁，该阶段的青少年，通过学校的活动、社团休闲活动、打零工等机会，对自我能力及角色、职业做了一番探索，因此选择职业时有较大弹性。

这个阶段发展的任务是：使职业偏好逐渐具体化、特定化并实现职业偏好。这阶段共包括 3 个时期。

（1）试探期（15～17 岁），考虑需要、兴趣、能力及机会，做暂时的决定，并在幻想、讨论、课业及工作中加以尝试。

（2）过渡期（18～21 岁），进入就业市场或专业训练，更重视现实，并力图实现自我观念，将一般性的选择转为特定的选择。

（3）试验并稍作承诺期（22～24 岁），生涯初步确定并试验其成为长期职业生涯的可能性，若不适合则可能再经历上述各时期以确定方向。

3. 建立阶段

由 25 岁到 44 岁，由于经过上一阶段的尝试，合适者会谋求变迁或作其他探索，因此该阶段较能确定在整个事业生涯中属于自己的"位子"，并在 31～40 岁，开始考虑如何保住这个"位子"并固定下来。

这个阶段发展的任务是稳固并求上进。这个阶段细分又可包括两个时期。

（1）试验—承诺稳定期（25～30 岁），个体寻求安定，也可能因生活或工作上若干变动而尚未感到满意。

（2）建立期（31～44 岁），个体致力于工作上的稳固，大部分人处于最具创意时期，由于资深往往业绩优良。

4. 维持阶段

由 45 岁到 64 岁，个体仍希望继续维持属于他的工作"位子"，同时会面对新的人员的挑战。这一阶段发展的任务是维持既有成就与地位。

5. 衰退阶段

65 岁以上，由于生理及心理机能日渐衰退，个体不得不面对现实从积极参与到隐退。这一阶段往往注重发展新的角色，寻求不同方式以替代和满足需求。舒伯生涯阶段的循环发展如表 3-2 所示。

表 3-2　舒伯的循环式发展任务

生 涯 阶 段	青年期 （14～15 岁）	成年初期 （25～45 岁）	成年中期 （45～65 岁）	成年晚期 （65 岁以上）
成长期	发展合适的自我概念	学习与他人建立关系	接受自身的限制	发展非职业性的角色
探索期	从许多机会中学习	寻找心仪的工作机会	确认有待处理的新问题	选个良好的养老地点
建立期	在选定的职业领域中起步	工作，并寻求确定投入某一职位上的升迁	发展新应对技能	完成未完成的梦想
维持期	验证目前的职业选择	致力于维持职位的稳固	巩固自我以对抗竞争	维持生活的兴趣
衰退期	从事休闲活动的时间减少	减少体能活动的时间	集中精力于主要的活动	减少工作时间

在上述舒伯的生涯发展阶段中，每一阶段都有一些特定的发展任务需要完成，每一阶段需达到一定的发展水准或成就水准，而且前一阶段发展任务的达成与否关系到后一阶段的发展。比如一个大学一年级的新生，必须适应新的角色与学习环境，经过"成长"和"探索"。一旦建立了较固定的适应模式，同时维持了大学学习生活之后，又要开始面对另一个阶段——准备求职。原有的已经适应了的习惯会逐渐衰退，继而对新阶段的任务又要进行成长、探索、建立、维持与衰退，如此周而复始。

20 世纪 80 年代初，为了综合阐述生涯发展阶段与角色彼此间的相互影响，舒伯创造性地描绘出一个多重角色生涯发展的综合图形——"生涯彩虹图"，如图 3-12 所示，形象地展现了生涯发展的时空关系，更好地诠释了生涯的定义。

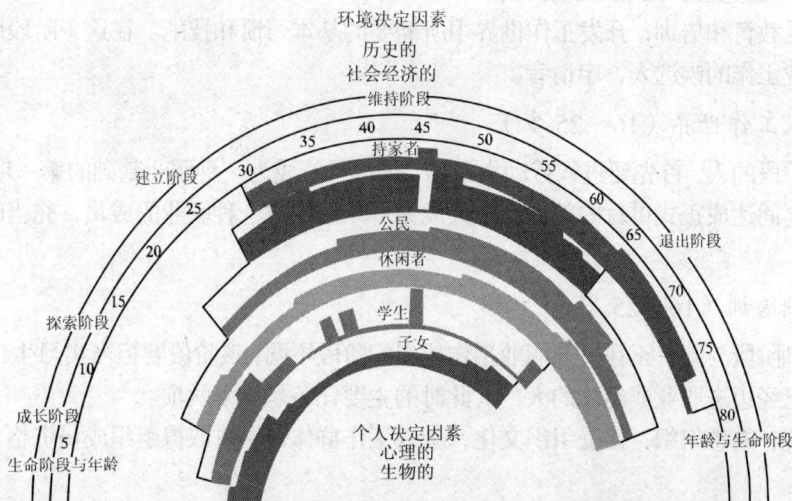

图 3-12　生涯彩虹图

在生涯彩虹图中，最外的层面代表横跨一生的"生活广度"，又称为"大周期"，包括成长期、探索期、建立期、维持期和衰退期。里面的各层面代表纵观上下的"生活空间"，由一组角色和职位组成，包括儿童、学生、休闲者、公民、工作者、家长等主要角色。各种角色之间是相互作用的，一个角色的成功，特别是早期角色的成功，将会为其他角色提供良好的基础；反之，某一个角色的失败，也可能导致另一个角色的失败。舒伯进一步指出，为了某一角色的成功付出太大的代价，也有可能导致其他角色的失败。

彩虹图中的阴影部分表示角色的相互替换、盛衰消长。它除了受到年龄增长和社会对个人发展、任务期待的影响外，往往跟个人在各个角色上所花的时间和感情投入的程度有关。从这个彩虹图的阴影比例中可以看出，成长阶段（0～14岁）最显著的角色是儿童；探索阶段（15～20岁）是学生；建立阶段（30岁左右）是家长和工作者；维持阶段（45岁左右）工作者的角色突然中断，又恢复了学生角色，同时公民与休闲者的角色逐渐增加，这正如一般所说的"中年危机"的出现，同时暗示这时必须再学习、再调适才有可能处理好职业与家庭生活中所面临的问题。

舒伯的职业生涯发展阶段理论较为全面完整，阐释了将个人特征与职业匹配的动态过程，并将制约个人职业选择和发展的心理因素、社会因素有机地结合在一起，对职业生涯发展的研究具有较高的理论价值和实践价值。

三、施恩的职业生涯发展理论

美国著名的职业心理学家施恩（Schein）根据人的生命周期的特点和不同年龄阶段的人所面临的主要心理、生理、家庭问题及其职业工作的主要任务，将职业生涯划分为9个阶段。

1. 成长、幻想、探索阶段（0～21岁）

人处于这一职业发展阶段的主要任务包括以下3个方面。

（1）发展和发现自己的需要和兴趣，发展和发现自己的能力和才干。

（2）学习职业方面的知识，寻找现实的角色模式，从测试和咨询中获取丰富信息，发展和发现自己的价值观、动机和抱负，作出合理的教育决策，查找有关职业和工作角色的可靠的信息源，将幼年的职业幻想变为可操作的现实。

（3）接受教育和培训，开发工作世界中所需要的基本习惯和技能。在这一阶段所充当的角色是学生、职业工作的候选人、申请者。

2. 进入工作世界（16～25岁）

步入该阶段的人，首先要进入劳动力市场，谋取可能成为一种职业基础的第一项工作；其次，个人和雇主之间达成正式可行的契约，个人成为一个组织或一种职业的成员，充当的角色是应聘者、新学员。

3. 基础培训（16～25岁）

基础培训阶段与上一正在进入职业工作或组织阶段不同，该阶段要担当实习生、新手的角色。也就是说，已经迈进职业或组织的大门。此时的主要任务是以下两项。

（1）了解、熟悉组织，接受组织文化，融入工作群体，尽快取得组织成员资格，成为一名有效的成员。

（2）适应日常的操作程序，应付工作。

4. 早期职业的正式成员资格（17～30 岁）

早期职业的正式成员资格阶段面临的主要任务包括以下 3 个方面。

（1）承担责任，成功地完成与第一次工作分配有关的任务。

（2）发展和展示自己的技能和专长，为提升或进入其他领域的横向职业成长打基础。

（3）根据自身才干和价值观，根据组织中的机会和约束，重估当初追求的职业，决定是否留在这个组织或职业中，或者在自己的需要、约束和机会之间寻找一种更好的配合，还要体会第一次工作中的成功感和失败感。

5. 职业中期

处于职业中期的正式成员，年龄一般在 25 岁以上。这段时期主要任务包括以下 4 个方面。

（1）选定一项专业或进入管理部门。

（2）保持技术竞争力，在自己选择的专业或管理领域内继续学习，力争成为一名专家或职业能手。

（3）承担较大责任，确定自己的地位。

（4）开发个人的长期职业计划。

6. 职业中期危险阶段（35～45 岁）

职业中期危险阶段的主要任务包括以下 3 个方面。

（1）现实地估价自己的进步、职业抱负及个人前途。

（2）就接受现状或者争取看得见的前途做出具体选择。

（3）建立与他人的良好关系。

7. 职业后期

从 40 岁以后直到退休，可说是处于职业后期阶段，此时的职业状况或任务包括以下 3 个方面。

（1）成为一名良师，学会发挥影响，指导、指挥别人，对他人承担责任。

（2）扩大、发展、深化技能，或者提高才干，以担负更大范围、更重大的责任。

（3）如果求安稳，就此停滞，要接受和正视自己影响力和挑战能力的下降。

8. 衰退和离职阶段

一般在 40 岁之后到退休期间，不同的人会在不同的年龄退休或离职。在此期间重要的职业任务：一是学会接受权力、责任、地位的下降；二是基于竞争力和进取心下降，要学会接受和发展新的角色；三是评估自己的职业生涯，并准备退休。

9. 离开组织或职业——退休

在失去工作或组织角色之后，面临两大问题或任务。

（1）保持一种认同感，适应角色、生活方式和生活标准的急剧变化。

（2）保持一种自我价值观，运用自己积累的经验和智慧，以各种资源角色，对他人进行"传帮带"，回首过去的一生，感到有所实现和满足。

需要指出的是，施恩虽然基本依照年龄增大顺序划分职业发展阶段，但并未限于此，其阶段划分更多的是根据职业状态、任务、职业行为的重要性。因为施恩教授划分职业周期阶段是依据职业状态、职业行为和发展过程的重要性，又因为每个人经历某一职业阶段的年龄有别，所以他只给出了大致的年龄跨度。

四、格林豪斯的职业生涯发展阶段理论

格林豪斯（Greenhaus）研究人生不同年龄阶段职业发展的主要任务，并将职业生涯发展分为5个阶段。

1. 职业准备

典型年龄段为 0～18 岁。主要任务是：发展职业想象力，对职业进行评估和选择，接受必需的职业教育。一个人在此阶段所作的职业选择，是最初的选择而不是最后的选择，主要目的是建立起个人职业的最初方向。

2. 进入组织

18～25 岁为进入组织阶段。主要任务是：在一个理想的组织中获得一份工作；在获取足量信息的基础上，尽量选择一种合适的、较为满意的职业。在这个阶段，个人所获得信息的数量和质量将影响个人的职业选择。

3. 职业生涯初期

处于此阶段的典型年龄段是 25～40 岁。主要任务是：学习职业技术，提供工作能力；了解和学习组织纪律和规范，逐步适应职业工作，适应和融入组织；为未来职业成功做好准备。

4. 职业生涯中期

40～55 岁是职业生涯中期阶段。主要任务是：对早期职业生涯重新评估，强化或转变自己的职业理想；选定职业，努力工作，有所成就。

5. 职业生涯后期

从 55 岁直至退休为职业生涯后期。继续保持已有的职业成就，维持自尊，准备引退，是这一阶段的主要任务。

第四节　职业生涯决策理论

职业决策理论主要探讨人如何或者应该如何做职业选择的问题，分为标准化职业生涯决策模型、描述性职业生涯决策模型和规范性职业生涯决策模型。标准化职业生涯决策模型说明如何做出理性选择；描述性职业生涯决策模型描述并解释在现实生活中人们如何从实际选项中来做出选择；规范性职业生涯决策模型勾勒出做出更好的决策可能包括的步骤，并承认个体做出的决策按照标准化模型来说可能不是最好的。

一、标准化职业生涯决策模型

标准化职业生涯决策模型吸收经典决策理论观点，认为决策者能够搜集所有和职业相关的信息，理性地评估每个选项的概率和效用，从而做出最优化的职业生涯决策。然而，由于人类认知的局限以及时间和金钱的限制，在现实生活情景中标准化的职业生涯决策模型是不实用的。首先，当有大量选项时（如职业生涯决策），如果没有数据库做支撑，这些模型是无法应用的。其次，对于谨慎的个体而言，标准化决策模型太理性、太抽象，也过于量化了。标准化职业生涯决策理

论涉及过多的运算，常常是建立在无法凭直觉实现的强迫计量基础之上，对大多数个体来说，这些模型比较武断，也太复杂。

二、描述性职业生涯决策模型

描述性的职业生涯决策模型描述或解释个体如何从实际职业选项中做出决策，以描述职业生涯决策过程为主，并特别强调个人的独特性和主动性，以及职业生涯决策问题的终身性、决策过程的反复性、决策结果的主观性。但它仅停留在对现象的描述上，未能给出职业生涯决策系统化的框架，不够深入和具体。描述性职业生涯决策理论有些概念过于抽象，对于职业生涯决策过程的描述也有些含糊不清，使得个人很难从操作化或实证的角度来验证这一理论的正确性。

三、规范性职业生涯决策模型

此模型是在试图弥补标准化职业生涯决策模型和描述性职业生涯决策模型不足的基础上发展起来的，比较有代表性的理论模型是认知信息加工理论。该理论采取规范性观点，规定并提出了个体思考职业生涯决策的几种方式，这些方式将改善个体职业生涯决策的能力。

1. 信息加工理论

该理论包括4部分，即元认知（考虑我的决策）、一般信息加工技能（知道我如何决策）、自我知识（了解我自己）和职业知识（了解我的选择）。通过信息加工金字塔可以更好地说明职业发展的认知信息加工理论，认知信息加工包括3个成分：知识领域、决策技巧领域和执行加工领域，它们的关系如图3-13所示。

2. 认知信息加工理论的组成

认知信息加工理论由四部分组成，形如金字塔，形象地说明了职业生涯决策所涉及的内容。

（1）知识领域。包括自我知识（对价值观、兴趣、需要和技能等方面的了解）和职业知识（对职业、教育、休闲、组织等方面的了解），它们就像计算机的数据文件，存储在我们的记忆当中，构成了职业生涯决策的基础。

（2）决策技能领域。关注的是"个体是如何做决策的"，它就像计算机软件程序从各种文件中获取数据，并按照预先设定的方式使用这些数据。

（3）执行加工领域，是指元认知。元认知是一个人完成一项任务或达到一定目标而投身其中的记忆和思考，是一种思维过程。它就像操作计算机的人，控制和监督职业生涯决策过程，主宰着我们如何思考生涯问题和制定决策。

3. CASVE 循环

认知信息加工金字塔模型的第二水平决策技能领域是职业生涯决策的关键环节，有5个决策技巧（CASVE，5个决策要素的英文首字母，见图3-14）来表述个体应该如何做出决策。CASVE 循环由5个要素组成：沟通、分析、综合、评估和执行，职业生涯决策就是这5个要素循环的过程。

（1）沟通（Communication）。沟通是"个体意识到自己需要做出选择"的阶段。在这个阶段个体收到了关于理想与现实情境之间存在差距的信息，这些信息可能通过内部或外部的信息交流途径传达给你。内部沟通包括情绪信号，例如不满、厌烦、焦虑和失望，还包括身体信号，如昏昏欲睡、头痛、胃部疾病等。外部信息包括老师告诉我们就业形势不容乐观，父母询问我们关于毕业后的计划，报纸上一篇关于我们所学专业供大于求的文章。

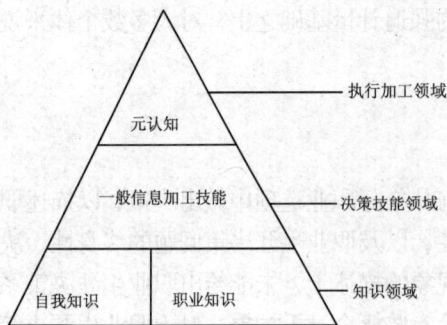

图 3-13　信息加工金字塔

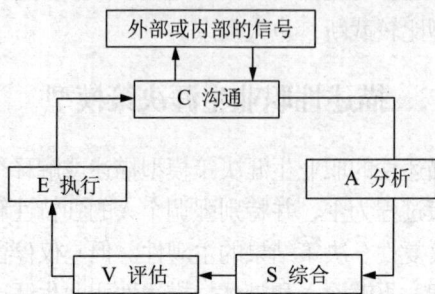

图 3-14　CAVSE 循环

（2）分析（Analysis）。分析阶段包括 3 部分，如图 3-15 所示，分析问题产生的原因并对问题做出反省，避免冲动、盲目行事。比如，问一些问题："为什么我有这样的感受？""我确实需要做些什么才能解决这个问题？我做出选择的压力从何而来？"；检查自我知识和职业知识领域，改善自己在兴趣、价值观、技能、职业、学习机会、工作组织、行业类型等方面的知识；考虑和分析可能影响职业生涯决策的积极或消极想法。

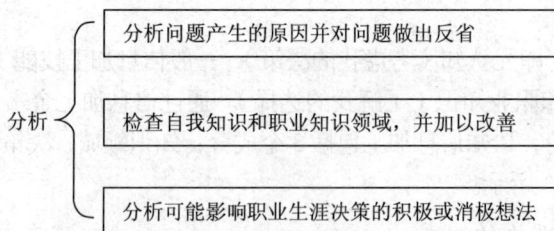

图 3-15　CAVSE 循环的分析阶段

（3）综合（Synthesis）。综合阶段的主要任务是"扩大并缩小我的选择"，表现为个体综合和加工分析阶段提供的信息，制定出差距的行动方案。在这一阶段，首先需要搜索查找解决问题的各种方案，思考每一个可能的解决方法。接着是缩小选择的范围，通常需要缩减到 3～5 个选项，挑选出 3～5 个最好的选择。

（4）评估（Valuing）。评估阶段的第一步是评估每一种选择对问题解决者和他人的影响。每个人最终都必须面对这样的抉择：对个人而言哪个选择是最好的；对我生活中重要的他人如父母亲友而言哪个选择是最好的；对社会而言哪个选择最好。通过评估过程可以显示出有些选择是对个人和社会都有利的。每一种选择都要从对自己和对他人的代价和益处两方面进行考察。第二步就是对综合阶段得出的各种选择进行排序。最好体现自己意图的地选择排在第一位，次好的选择排在第二位，依此类推。

此时，好的问题解决者会选出一个最佳选择，并且做出承诺去实施这一选择，职业生涯问题到此就解决了。然而，有时第一选择会因为某些原因而不能成功实现，我们必须转向排在后面的那些选择，所以排在第二、第三位的那些选择也是恰当的备选方案。

（5）执行（Execution）。执行阶段是"实施我的选择"的阶段。在此阶段，问题解决者将思考转换为行动，实施有助于解决问题的方案。执行过程中，个体将考察如何尝试一个选择，看它是否适合自己。有时执行可能涉及找到志愿工作、兼职工作或参加某一门课程，有时可能是投简历、花时间与某人一起从事一个具体的工作。

CASVE 循环是一个沟通再循环的往复过程。在执行阶段之后，个体又回到沟通阶段，以确定已经选取的选择是否是好的——现实与理想状态间的差距是否已经被消除。如果 CASVE 循环的问题解决过程是成功的，那么原先在沟通阶段体验到的消极情感就会转化为积极的。如果仍然是消极的，那么就需要再次进入 CASVE 循环。

在问题解决和决策过程中，很多时候人们会很快地完成 CASVE 循环的 5 个阶段，或者在某一个特定的阶段稍有延迟。CASVE 模型无论是对解决个人问题还是解决团体问题都非常有用，用系统的方法思考这 5 个步骤，能够提供一个有用的工具，使我们成为一个更有效率的人。

重要提示 在选择一个职业或选择一个就业环境时，你应该能够回答这样的问题："我正处在 CASVE 循环的那个地方？"

思考题

1. 职业生涯规划理论对你有什么启示？
2. 生涯规划主要涉及哪些领域？
3. 施恩将职业生涯划分为哪几个阶段？主要任务是什么？
4. 职业生涯决策理论有哪些模型？各有什么特点？
5. 谈谈你对职业生涯规划的认识。
6. 如何理解"家里的事感觉好就算好，企业的事结果好才算好？"
7. 人的一生要经历哪些角色？对你来说，生命中最重要的是什么？

第 四 章

职业生涯规划制定与实施

　　古人云："凡事预则立，不预则废"，职业生涯规划作为大学生职业发展的蓝图，对大学生的事业发展有着重要的指导意义。本章主要介绍大学生职业生涯规划的原则、目标和步骤等，通过对本章的学习，大学生可以制定自己的职业生涯规划。

第一节 职业生涯规划的原则

大学生的职业规划是一个复杂、动态的过程，需要经过长时间的调查、检测自身的能力、实习等一系列的实践工作，才能制订出满意的、可操作的职业规划方案。

职业生涯规划一般要遵循以下原则。

一、个性化原则

每个人都具有自己独特的能力系统，并且系统中各种能力的发展是不平衡的，即每个人都有强于他人的能力。根据帕森斯特性因素匹配理论的观点，社会上不同的职业都具有不同的特点，它们要求工作人员都具有一定的个人特质。以霍兰德人格类型为例，6 种人格类型分别适合不同的职业范围。

1. 现实型

具有现实型（Realistic Type）人格类型特点的人偏好与物体打交道，喜欢摆弄和操作工具、机械、电子设备等具体有形的实物，不喜欢与人打交道的活动，厌恶从事教育性、服务性和劝说说服性的职业。这种类型的人往往表现出看重具体的事物或真实的个人特点的价值观。

2. 研究型

研究型（Investigative Type）的人偏好对各种现象进行观察、分析和推理，并进行系统的创造性的探究，以求能理解和把握这些现象；他们不喜欢组织、领导方面的活动，厌恶要求劝说和机械的重复的活动。这种类型的人多体现出看重科学研究的价值观。

3. 艺术型

具有艺术型（Artistic Type）特点的人偏好模糊、自由和非系统化的活动，并在这些活动中创造艺术作品，完成自我表现；他们厌恶明确、秩序和系统化的活动。艺术型的人想象力丰富，看重美的品质。

4. 社会型

社会型（Social Type）的人偏好对他人进行传授、培训、教导、治疗和咨询等方面的社会服务性的活动，不喜欢与材料、工具、机械等实物打交道。该类型的人表现出重视社会和伦理道德问题的价值观。

5. 企业型

企业型（Enterprising Type）的人对领导角色和冒险活动感兴趣，喜欢从事领导他人实现组织目标或获取经济收益的活动；厌恶研究型的活动。该类型的人看重政治和经济方面的成就。

6. 传统型

传统型（Conventional Type）的人偏好对数据资料进行明确、有序和系统的整理工作，如按既定的规程保管记录，填写、整理书面和数字的资料，使用文字和数据处理设备等协助实现组织目标或获取经济利益；厌恶模糊、不正规、非程序化或探究性的活动。传统型的人看重商业和经济方面的具体成就。

因此，大学生职业规划时充分考虑自己的人格特质，制定出具有个人特色的职业规划。在规划职业生涯时，要充分认识到职业对个体发展、社会进步的重要作用，不能只考虑工作的收入、条件、地点等因素，更要考虑到自身素质，考虑到自己的性格、处世态度和职业发展潜力，以发展的眼光来检查这项职业能否帮助其实现自我价值。

> **重要提示**　在同等条件下，以注重个人的发展为主旨的职业规划不仅有利于当前的职业选择，而且更有利于将来的职业发展和事业成功。

二、遵循诚信原则

诚信是一个人立足于社会的基本要求。在人际交往中，失信者的假面具没有被揭穿之前，也许能赢得别人的信任，但是任何人的失信行为终有被揭穿的一天。正如一位美国总统所说的那样：你虽然能在所有的时候欺骗某些人，也能在某些时候欺骗所有的人，但不能在所有的时候欺骗所有的人。

诚信是中华民族的优秀传统，人们把它作为道德规范提到至高无上的地位。在西方社会，诚信也受到分外礼遇，人们把它与商业伦理紧密联系在一起。到了当代，诚信依然是社会保持持续发展的必要因素。美国学者希塞拉·鲍克说过："信任所产生的社会利益与我们吸入的空气和饮用的水一样，需要受到保护。当信任被损害时，整个社会都会吃苦头，当信任被毁灭时，社会就会动摇和崩溃。"诚信能促进人与人之间的沟通与合作，有助于形成一种相互信任的社会环境。从心理学角度而言，诚信是社会人寻求安全感所需要的基本品质。

三、发展创新原则

人的自我实现就是潜能充分发挥的过程，这一过程需要不断有创造性成果予以证明。发展创新的原则是指职业生涯发展过程中提倡用新方法处理常规问题，解决新问题。

大学生的职业规划应贯穿于大学生活的始终。人的职业兴趣、能力提高是一个长期、持续的发展过程，职业选择不是在面临择业时才做的单一事件，而是一个发展过程，因而职业规划应是一个长期的、系统的工作。大学阶段是职业生涯的预备期，大学生的职业规划应注重在大学期间的准备工作。迈出校门后，如果你发现自己所从事的职业一直没有成功的希望，那么你就应该反思一下：就自己的兴趣、能力来说，自己是否走错了路？这项职业是否发挥了自己的才干？一旦发现原来的职业规划不适合现在的自己，那就不要再浪费时间，应当马上重新制定职业规划，另外寻找一片沃土。当然在你重新确定目标、改变航向之前，一定要慎重考虑，不要仓促行事，以免落得一事无成的下场。虽然从头再来会比别人多一些困难，但仍然有东山再起的希望，比那些死守一个不适合自己的职业、浑浑噩噩过一辈子的保守者要幸运。只要找到正确的职业方向，你会感到自己的生活和思想都焕然一新，充满希望和斗志，信心十足。这种聪明的做法并不是一种失信的行为，既对个人发展负责，也能创造最佳的社会效益。

四、专业化原则

大学生都经过一定的职业训练，具有某个职业的知识和技能，即有专业方面的优势。大学里每个专业都有一定的培养目标和就业方向，这是大学生进行职业生涯规划的一个基本依据。用人单位招聘时，首先考虑的是专业知识与技能掌握的程度。专业设备的操作必须具备一定的专业知识，所以大学生在校期间要主动接受专业教育，注重知识的学习和专业技能的提高。

五、可行性原则

可行性原则也称可操作性原则，职业生涯规划要以事实为依据，实事求是、切实可行，设定职业目标一方面要考虑客观环境，另一方面要符合自己能力、特性，既不能好高骛远，也不能畏缩不前。

六、全面评价原则

全面评价是指对一个人职业生涯的全过程和全方位评价。我们按照人际关系范围，将职业生涯是否成功的评价分为自我评价、家庭评价、企业评价和社会评价 4 类评价体系，如表 4-1 所示。

表 4-1　职业生涯全面评价

评价方式	评价内容	评价标准
自我评价	1. 自己的才能是否充分施展； 2. 是否对自己在企业发展、社会进步中做的贡献满意； 3. 是否对自己职称、职务、工资待遇的变化满意； 4. 是否对处理职业生涯发展与其他人生活动的关系的结果满意	根据个人价值观念及个人知识能力水平
企业评价	1. 是否有下级、平级同事的赞赏； 2. 是否有上级的肯定和表彰； 3. 是否有职称、职务的提升或职务责、权、利范围的扩大； 4. 是否提高其工资待遇	根据企业管理体系，企业文化及企业总体经营结果
家庭评价	1. 是否能够得到家庭成员的理解； 2. 家庭成员是否能够给予支持和帮助	根据家庭文化
社会评价	1. 是否有社会舆论的支持和好评； 2. 是否有社会组织的承认和奖励	根据社会文明程度，社会历史进程

人的全面发展包括自我发展（生理、心理发展，生活知识和技能，社会交际，休闲娱乐等）、职业生涯、家庭生活的发展和协调。因而职业生涯成功没有统一的标准，个人、家庭、企业、社会的评价内容与方法也各不相同。

职业生涯是否成功的自我评价是以个人的标准进行评价，评价者就是你自己。职业生涯成功的自我评价根据个人的价值观念及个人知识能力的水平来进行。

家庭评价的主体是你的父母、配偶、子女和其他家庭重要成员。评价内容是他们是否能够理解你的工作、是否能够给予支持。

职业生涯全面评价的原则，也促使我们在职业生涯、个人事务、家庭生活 3 个方面共同发展，从而促进企业发展、社会进步。在以上原则基础上规划的职业生涯一定是适合大学生的理想职业，它有益于个人内在素质的提升及个人的不断进步。可以说，大学生的职业生涯规划是描绘美好未来的开始。

重要提示　职业生涯规划，对个人而言：是科学规划人生，实现人生梦想；对企业而言：是造就企业精英，长期稳定成长。

第二节　职业生涯规划的要点

职业生涯规划在遵循第一节介绍的原则的前提下，还应该包括目的、步骤、目标条件等要素，具体如下。

一、职业规划的目的

职业规划的目的绝不只是协助个人达到及实现个人职业目标。更重要的是帮助个人真正了解自己，并且进一步详细评估内外环境的优势和限制，在"衡外情，量己力"的情形下设计出各自合理可行的职业生涯发展方向，主要表现在以下 4 个方面。

（1）培养大学生积极向上的人生观。

（2）引导大学生树立规划意识，提高生涯规划能力。

（3）促进大学生明确职业目标和职业理想。

（4）增强大学生在就业中的核心竞争力。

二、职业生涯规划的基本步骤

如图 4-1 所示，职业生涯规划要遵循一定的步骤，基本上可以分如下 4 个步骤。

（1）将美好愿望变成目标。

（2）通过可行性研究，分析实现目标的可行性。

（3）设计方案。

（4）制定施工图，达到目标的实施路径。

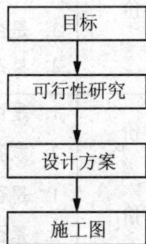

图 4-1　职业生涯规划的基本步骤

三、设定职业生涯目标

没有愿望，人生就没有动力；没有方向和目标，动力就无所释放；没有目标的实现，就永远体会不到成功的喜悦。目标就是未来的现实，是行动的导航灯，如果没有写明目的地的飞行计划，飞机是不会起飞的。职业生涯规划的目标是要通过对以往成长经验的反思，评估自己的价值，主要思考以下 6 个问题。

（1）自己喜欢的工作到底是什么？

（2）自己的专长是什么？

（3）对自己来说，现在所从事工作的重要性是什么？

（4）家庭对自己的重要性是什么？

（5）有哪些各种机会可供选择？

（6）与工作有关的其他考虑是什么？

重要提示　　有效的职业生涯规划，来自于当事人在设定职业生涯前，全方位地分析自身的优势、弱点、机会和威胁。

阅读材料   **蚯蚓的目标**

    蚯蚓是我从小到大的朋友。蚯蚓不是原名，由于他长得黑矮瘦弱，因而得名。我们18岁分开后，我在外为生活四处漂泊奔波；蚯蚓却上了大学，什么事都挺顺当。在这分开的十年里，我们几乎每隔两三年见一次面。每一次我都喜欢问他同一个问题：你将来的目标是什么？而我得到的答案总是不相同。

    下面记录的是蚯蚓每次谈及的目标。

    18岁，高中毕业典礼上：我发誓要当李嘉诚第二！我要当中国首富（好大的口气）。

    20岁，春节老同学团聚会上：我想创立自己的公司，30岁前拥有资产2000万。

    23岁，在某市工厂当技术员，第二职业是炒股：我正在为离开这家工厂而奋斗，因为在这里工作太没前途了。我将全力炒股，3年内用5万元炒到300万元（似乎有点实现的可能）。

    25岁，炒股失意而情场得意，开始准备结婚：我希望一年后能有10万元，让我风风光光地结婚（挺现实的想法）。

    26岁，不太风光的结婚典礼上：我想生一个胖小子，不久的将来当个车间主任就行，别的不想了（是不是结婚都会使人变成熟？）。

    28岁，所在工厂效益下滑，偏偏正是妻子怀胎十月的时候：希望这次下岗名单里千万不要有我的名字。

    资料来源：石太峰.《视野》.2000年第10期《蚯蚓的目标阶梯》.

四、职业生涯规划的条件

    只是了解职业生涯规划的程序内容，并不能帮助我们开创有效的职业生涯，最重要的是要符合以下4项条件。

    （1）有效的职业生涯规划需要对自己及所处环境有充分的了解；

    （2）有效的职业生涯规划需要切合实际的目标，包括个人的价值、兴趣、能力及期望的生活形态；

    （3）有效的职业生涯规划需要执行适当的职业生涯策略；

    （4）有效的职业生涯规划最重要的是要不停地反馈并且修正职业生涯目标，以适应环境的改变。

五、要不断地审视个人资本与不足

    "历史不能假设，过去不能重来"。说明在人生道路上，想要走回头路的代价是很高的。日趋专业的职业分工，也使得职业生涯规划的成本越来越高。因此，需要通过具有前瞻性的职业生涯规划，减少在人生道路上的徘徊犹豫，以免浪费时光。

    环境是多变的，在职业生涯规划的过程中需要时时审视内外环境上的变化，并且调整自己前进的步伐。在21世纪，世界瞬息万变，除了学习新的技能及知识外，更要时时审视自己的生活资本及不足，不断地修正自己的目标，才能立于不败之地。因此，在进行职业生涯规划时要仔细考虑影响职业生涯的每一个因素，主要包括以下 5 个方面。

（1）自身的身心状况。

（2）个体受教育的程度。

（3）家庭经济状况。

（4）性别因素。

（5）所处的社会政治、经济环境。

第三节　职业规划的方法

一份好的职业规划可使人们、尤其是青年充分认识自己，客观分析环境，科学地树立目标，正确地选择职业，运用适当的方法，采取有效的措施，克服职业生涯发展中的险阻，避免人生陷阱，从而获得事业的成功。在进行职业规划时，大学生还要注意选择合适的方法。

一、便捷式生涯规划法

职业生涯规划的方法有很多，以下几种方法是在日常生活中广泛被人们使用的较为便捷的方法，称为便捷式生涯规划法。

1. 自然发生法

最常见的情形是学生在填写高考志愿时，并未仔细考虑自己的性格、志趣，只是考虑自己的考分和各学校、各专业的录取分数，找到差不多相吻合的，就草草地做出了选择。这种选择方法可能比较保险，但是如果所选择的学校、学科专业并不是自己喜欢的，可能一进去就会抱怨，甚至可能会遗憾终生。

2. 目前趋势法

跟随现在市场的趋势，盲目地投入新兴的热门行业，比如目前非常热门的计算机、金融、经济管理类等。这样的选择可能暂时会造成将来就业情况非常乐观的假象，但没有考虑到四年后是否形势会有新的变化。因此在做职业选择时，应该进行动态考虑，而不能一味地随波逐流、追踪热门。

3. 最少努力法

选择最容易的科系或技术，希望能够学得轻松、玩得开心，但又祈求有最好的结果。这样的想法太理想主义，总是希望能够不劳而获。须切记：天上不会掉下馅饼，一分耕耘一分收获。

4. 拜金主义法

盲目选择待遇最好的行业，而忽略了从事该行业给自身心理带来的是快乐还是痛苦，你的兴趣是否与此符合，如果不是的话就会很辛苦，你心理的痛苦会使你得不偿失。

5. 刻板印象法

以性别、年龄、社会地位等刻板印象来选择职业，例如认为女性应该从事一些服务业、秘书等辅助工作；而男性则应该做大事，不必拘泥于小节。这样的观点早已过时，需要根据兴趣爱好、个人能力做出正确选择。

6. 橱窗游走法

到各种工作场所走马观花一番，再选择最顺眼的工作。对各种工作有所了解固然是必须的，但要注意在这一阶段所花费的时间千万不能太长，否则到头来会发现自己没有专项所长，只是对各项都有所了解的"三脚猫"。现在的社会不仅需要全才，更需要有所专长的专才。

7. 假手他人法

由他人替自己决定和选择。他人可能包括父母或家人、朋友或同学、老师或辅导员、权威人士等。

以上 7 种便捷的生涯规划方法，优点是：省时、省力，不用花费太多心思，在短时间内见效快、效率高；缺点是：无法根据个人的能力、特性做出长远的规划，职业生涯将来所面临的风险比较高。

二、职业生涯规划的 5 个 "What" 法

许多职业咨询机构和心理学专家进行职业咨询和职业规划时常常采用的方法就是有关 5 个 "What" 的归零思考的模式：从自己是谁开始，然后依次问下去，共有 5 个问题。

（1）What am I?

（2）What do I want?

（3）What can I do?

（4）What can support me?

（5）What can I be in the end?

通过回答上述 5 个问题，就可以找到它们之间的最高共同点，你就有了自己的职业生涯规划。

第 1 个问题 "我是谁？" 是指应该对自己进行一次深刻的反思，想想自己到底是怎样的一个人，最好把自己的优点和缺点都列出来进行分析。

第 2 个问题 "我想干什么？" 是对自己职业发展的心理趋向的检查。每个人在不同阶段的兴趣和目标并不完全一致，有的甚至是很不相同，但兴趣会随着年龄段增长而逐渐稳定，并最终确定自己的终身理想。

第 3 个问题 "我能干什么？" 是与自己的能力和潜力有关的问题，一个人职业的定位最根本的还要归结于他的能力，而他职业发展空间的大小则取决于自己的潜能。对于一个人潜能的了解应该从对事物的兴趣、做事的判断力以及知识结构是否全面、是否及时更新等几方面着手。

第 4 个问题 "环境支持或允许我干什么？" 这种环境支持在客观方面包括本地的各种状态，比如经济发展、人事政策、企业制度、人事空间等；在人为的主观方面包括同事关系、领导态度等，两个方面要综合起来看。有时，我们在做职业选择时常常忽视主观方面的事情，没有将一切有利于自己发展的因素调动起来，从而影响了自己的职业发展。

明晰了前面 4 个问题，就会从各个问题中找到对实现有关职业目标有利和不利的条件，列出不利条件最少的、自己想做而且又能够做的职业目标，那么对第 5 个问题有关 "自己最终的职业目标是什么？" 自然就有了一个清楚明了的框架。

三、SWOT 分析法

SWOT 分析法最早是由美国旧金山大学的管理学教授在 20 世纪 80 年代初提出来的。SWOT

分析是一种功能强大的分析工具，是检查个人技能、能力、职业、爱好和职业机会的有用工具。在职业选择中通过对所面临的内外环境的分析，对自己的优势（Strength）、劣势（Weakness）、机会（Opportunity）和威胁（Threat）进行分析与定位，对各种机会进行评估，以便选择出最佳方案的一种职业评估和选择方法。SWOT 分析法中所指的优势和劣势主要是基于个人本身特点的分析，而机会和威胁则主要是基于外部的环境因素，包括社会、行业和组织内外部的环境因素的分析，如表 4-2 所示。

表 4-2　SWOT 分析

	优势——S	弱点——W
机会——O	SO 策略	WO 策略
	发现优势，利用机会	利用机会，克服缺点
威胁——T	ST 策略	WT 策略
	利用优势，回避威胁	减少弱点，回避威胁

1. 优势分析

优势分析是分析自己出色的地方，特别是与竞争对手相比的优势方面，主要有以下 3 个方面。

（1）你曾经做过什么？

即你已有的人生经历和体验，如在学校期间担当的职务，曾经参与或组织的多项实践活动，获得过的奖励等。这些可以从侧面反映出一个人的素质状况。在自我分析时，要善于利用过去的经验选择、推断未来的工作方向与机会。

（2）你学习了什么？

在学校期间，你从学习的专业课程中获得过什么？接受过什么培训？自学过什么？有什么独到的想法和专长？专业也许在未来的工作中并不起多大作用，但却在一定程度上决定你的职业方向。

（3）最成功的是什么？

你可能做过很多事情，但最成功的是什么？为何成功，是偶然还是必然？通过分析，可以发现自我性格优越的一面。

2. 劣势分析

劣势分析主要是与竞争对手相比处于劣势的方面，主要包括性格弱点和经验或经历中所欠缺的方面。

（1）性格弱点。

性格弱点如不善交际、感情用事等。一个独立性强的人会很难与他人默契合作，而一个优柔寡断的人很难担当企业管理者的重任。卡耐基曾说，人性的弱点并不可怕，关键要有正确的认识，认真对待，尽量寻找弥补、克服的办法，使自我趋于完善。

（2）经验或经历中所欠缺的方面。

检查自己经验和经历上有哪些缺陷？缺点并不可怕，怕的是自己还没有认识到。

3. 机会分析

机会分析主要是分析有利于职业选择和职业发展的一些机会，包括以下 3 个方面。

（1）对社会大环境的认识与分析。

当前社会政治、经济、科技、文化发展趋势中，有利于所选择的职业发展吗？具体在哪些方面有利？

（2）对自己所选组织或单位的外部环境分析。

组织在本行业中的地位与发展趋势如何？面对的市场怎样？有无职位空缺？需要具备哪些条件？

（3）人际关系分析。

哪些人可能对自己的职业发展进行帮助？作用如何？会持续多久？如何与他们保持联系？

4. 威胁分析

威胁分析主要分析自身存在或潜在危险方面的内容。

单位要重组？走向衰落？新来的上司对自己有敌意？新同事或竞争对手实力增强？领导层发生变化？单位的效益上升还是下降？通过这样步步追问，一幅清晰的职业生涯机会前景图就呈现在你的面前。要注意的是，运用 SWOT 法进行职业生涯机会评估时，要尽可能考虑全面，权衡各种发展机会，然后从中选出最优的发展机会。可以利用下面的 SWOT 分析表格，帮助我们了解个人的优势和劣势，以及自己有哪些生涯发展机会等。

其实人们在准备做任何事情前，都可以进行一下 SWOT 分析，这样有利于心中有数，实现目标。表 4-3 所示为某毕业生在做职业决策时，所运用的 SWOT 分析。

表 4-3　个体职业决策过程的 SWOT 结果的运用

	机会（Opportunity）	威胁（Threat）
外部环境分析（OT） 内部环境分析（SW）	（1）人力资源管理部门逐渐受到企业的重视； （2）入世后，外资企业的进入导致人力资源管理人才需求量的增大； （3）心理学在人力资源管理中的重要性逐渐凸显出来	（1）人力资源管理方向的毕业生； （2）MBA 的兴起； （3）人力资源管理在很多企业中仍然处于刚起步阶段，其运作很不规范； （4）比起学历，我国许多企业更看重工作经验
优势（Strength）： （1）硕士学历，成绩优秀； （2）丰富的学生干部管理经验； （3）大型公司半年实习的经历； （4）具有心理学的知识背景	优势机会策略（SO） （1）继续学习心理学知识，将心理学知识运用到人力资源管理中； （2）发挥担任学生干部的管理特长	威胁策略（ST） （1）强调自身心理学背景的优势； （2）强调大型公司半年的实习经验； （3）强调较强的学习能力和适应力
劣势（Weakness）： （1）师范院校毕业； （2）没有丰富的工作阅历； （3）专业不对口； （4）性格急躁，容易冲动	劣势机会策略（WO） （1）利用较强的学习能力，自学人力资源管理课程，加强英语的学习； （2）继续加强自己在师范院校中所培养的口语交流，文字书写等优势	劣势威胁策略（WT） （1）训练克制自己的冲动个性； （2）结合两个不同的专业，培养宽阔的视野和创新能力； （3）积极寻找重视员工潜能的企业

分析后整体结论：职业发展道路定位在大中型的外资企业人力资源管理部门

四、职业生涯规划的主要内容

一份完整的职业生涯规划，包括密切关联的 10 项内容。

（1）题目。包括姓名、年限、年龄跨度、起止日期。

（2）职业方向及总体目标。

（3）社会环境分析结果。包括政治环境、经济环境、法律环境的分析，还包括职业环境分析。

（4）企业分析结果。包括行业分析、对企业制度、企业文化、领导人、企业产品和服务、发展领域等的分析。

（5）自身条件及潜力测评结果。

（6）角色及其建议。记录对自己职业生涯影响最大的一些人的建议。

（7）目标分解及目标组合。

（8）成功的标准。

（9）差距。即自身现实情况与实现目标之间的差距。

（10）缩小差距的方法及实施方案。

 **阅读材料**   **职业生涯误区**

大学生在制订一个切实可行的职业规划时，首先要克服自己思想上的一些误区。

误区之一：我的目标就是当总裁

雄心壮志固然可贵，但当总裁之前，先要经过一系列岗位锻炼。可能第一个职务目标离总裁很远，但却是有意义的起点。

误区之二：能做好业务就能做好主管

IT 产业的技术人员升任主管后常"挨踢"。因为业务人员和管理人员是两个不同的职业，升任主管后要从头学习管理知识。

误区之三：成功的关键在于运气

等待运气不如抓住机会，抓住机会不如创造机会。很多人坚信成功是由于有好的机会，因此，他们被动地等待命运的安排，而不去主动地计划、经营和努力把握自己的生活，这种人只能守株待兔。

误区之四：依赖企业安排，等待上级提拔

职业生涯规划虽然是企业和个人双方都参与的事，但最终的实现者是个人。因此，你不能将自己的未来交予别人来安排。

误区之五：只有加班工作，才会得到赏识

要知道你的工资是创造财富的报酬，而不是对工作时间延长的奖励。

误区之六：只有改正了缺点，才能得到升迁

有的缺点可能一生也难以改变，不如发挥自己的长处，扬长避短。

误区之七：事无巨细，亲力亲为

应着重处理自己当前急需解决的大事，把部下能做的事交给部下去做，锻炼部下，提高自己。

误区之八：因不喜欢一份工作而跳槽

要分清哪些是自己喜欢的事情，哪些是自己虽然不喜欢但应该做好的事情。有能力做好一件事后再换工作，才有利于职业生涯的进步。

资料来源：程社明.《人生发展与职业生涯规划》. 北京：团结出版社，2003.

第四节 如何进行职业生涯规划

职业生涯规划对每个人来说，都是至关重要的。大学是年轻人价值观形成与知识储备的重要时期，是为未来所从事的工作过渡的一段美好时光，也是做好未来职业规划的最好时期。大学生在职业生涯规划时，要看清现实社会与未来的发展趋势，关注人才需求的动向以及用人单位对人才素质的要求。

一、职业生涯规划的要素

如图 4-2 所示，一般认为职业生涯规划有 5 大要素：知己、知彼、抉择、目标和行动，其中知己、知彼是后 3 大要素的基础。所谓"知己"就是自我认识与自我了解。"知彼"就是熟悉周围的环境，特别是与生涯目标发展有关的工作世界。知己知彼相互关联，确定的个人生涯目标要符合现实，而不是一相情愿；对从事的工作发挥专长，利用了个人的强项；对工作的环境能够适应，而不是感到处处困难，难以生存。这就说明生涯规划不仅做到了"知己"、"知彼"，而且还做出了正确的"抉择"。

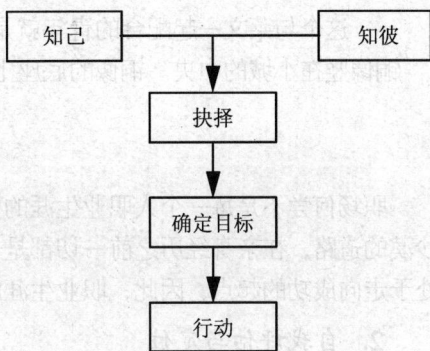

图 4-2　职业生涯要素

二、职业生涯规划的步骤

大学生职业生涯规划要与自己的个性倾向、个性心理特征及个人能力特长等方面相结合。个性倾向包括需求、兴趣、动机、理想、信念和世界观。个性心理特征包括气质与性格。通过职业生涯规划相关的测评，认清自己，明确自身特点，准确定位，充分发挥自己的优势，结合自身特点才能体现人尽其才、才尽其用的要求。

1. 树立职业理想，明确职业方向

职业理想是指人们对未来职业表现出来的一种强烈的追求和向往，使人们对未来职业生活的构想和规划，是指可预想到的、有一定实现可能的最长远的目标。职业目标的确定，是个人理想的具体化和可操作化。职业理想形成后，每个人都会确立明确的职业方向，职业方向直接决定着一个人的职业发展。大学生应尽快确定自己的职业目标，尽早思考打算成为哪方面的人才、打算在哪个领域成才等问题，对这些问题的不同答案，不仅会影响个人的职业目标设计，也会影响个人成功的机会。

阅读材料　　　　　　**新生活是从选定方向开始的**

比塞尔是西撒哈拉沙漠中的一个小村庄。这儿的人从来没有一个人走出过大沙漠，据说不是他们不愿离开这块贫瘠的地方，而是尝试过很多次都没有走出去。英国皇家学院的

院士莱文对这种现象感到很奇怪。他来到这个村子向这儿的每一个人问其原因，每个人的回答都一样：从这儿无论向哪个方向走，最后结果总是转回出发的地方。

为了证实这种说法，他尝试着从比塞尔村向北走，结果三天半就走了出来。莱文非常纳闷，比塞尔人为什么走不出来呢？为了进一步找到原因，莱文雇了一个比塞尔人，让他带路，而莱文自己收起指南针等现代设备，只挂一木棍跟在后面。

十天过去了，他们走了大约 800 英里的路程，第十一天的早晨，他们果然又回到了比塞尔。这一次莱文终于明白了，比塞尔人之所以走不出大漠，是因为他们根本就不认识北斗星。

在一望无际的沙漠里，一个人如果跟着感觉往前走，他会走出许许多多、大小不一的圆圈，最后的足迹十有八九是一把卷尺的形状。比塞尔村处在浩瀚的沙漠中间，方圆上千公里没有一点参照物，若不认识北斗星又没有指南针，想走出沙漠，确实是不可能的。

这个与莱文一起配合的青年就是阿古特尔。阿古特尔因此成为比塞尔的开拓者，他的铜像竖在小城的中央。铜像的底座上刻着一行字：新生活是从选定方向开始的。

资料来源：陈红彦.《读者》.2001 年第 18 期，有删改

职场何尝不是每一个人职业生涯的撒哈拉大沙漠，每个人的职业生涯就像要走出这撒哈拉大沙漠的道路，在亲身经历之前一切都是未知的，成功注定是在大沙漠的另一边。每天的工作都是处于走向成功的起点，因此，职业生涯的发展应首先从选定方向开始。

2. 自我评估与定位

作为个人职业生涯规划的第一大要素——知己，自我评估是个人职业生涯规划的基础，也是能否获得可行的规划方案的前提。有效的个人职业生涯规划要求规划者首先对自己做全面的分析，通过自我分析，正确深刻地认识和了解自己，唯此才能对自己未来的职业生涯做出最佳的抉择。如果忽视了自我评估，你的职业生涯规划就很容易中途夭折。

自我评估的主要内容为与个人相关的所有因素，包括兴趣、个性、性格、能力、特长、学识水平、思维方式、价值观、情商以及潜能等，即弄清楚自己是谁，自己想要做什么，自己能做什么。

大学生如何规划自己的职业生涯往往受学识、爱好、机遇、工作环境等主客观条件的制约，做个人职业生涯规划，必须全面认识自己，了解自己的各种特点，如基本能力、工作风格、兴趣爱好、价值观念等，找到自己最适合做的\最能做出成绩的行业。自我分析的方法通常有橱窗分析法、SWOT 分析法、自我测试法、计算机测试法等，通过不同的测试全面了解自己、认识自己。

3. 职业生涯机会评估

职业生涯机会评估，是大学生职业生涯规划目标定位的前提，是在个人评估和环境分析的基础之上，将两者综合考虑，进一步缩小选择职业的范围，以求最佳路径和效果。

职业生涯机会评估主要是指个人主动分析组织内外部环境因素会对自己的职业生涯发展产生哪些影响，现实中的职业生涯机会在哪里，威胁是什么。任何一个人的职业生涯都必须依附于组织环境的条件和资源，都必然受到一定社会、经济、政治、文化和科技环境的影响。环境提供或决定着每个人职业生涯的发展空间、发展条件、成功机遇和前进的威胁。因此，在具体编制个人职业生涯规划之前必须认真进行环境分析和职业生涯机会的评估，通过对发展战略、人力资源

需求、晋升机会等组织环境状况，以及社会、经济、科技等组织外部环境的分析和认识，搞清环境特点、趋势及其与个人关系，分辨有利因素与不利因素，明确把握住职业生涯发展机会。

阅读材料　　　　　　　企业的"生命周期"

世界上任何事物的发展都存在着生命周期，企业也不例外。企业生命周期如同一双无形的巨手，始终左右着企业发展的轨迹。职业定位的终极目标，就是选择适合自己的行业、企业甚至职位。行业有数量众多的相关企业构成，而职位则由企业来提供，个人进行生涯规划时，必须了解企业的"生命周期"，结合企业发展的不同阶段，选择适合自己的企业。

企业就像一个生命的有机体，有其诞生、成长、壮大、衰退直到死亡的过程。一个企业从其诞生到其死亡的生产经营活动的全部过程就是企业的生命周期。在生命周期的不同阶段，企业的发展战略、经营方针及人力资源开发政策都有着不同的特点。

（1）"开发期"企业——晋升的机会通常较多，短时间可能升到较高位置，但由于企业基础尚不够稳固，势必要承受较大的经营风险。

（2）"成长前期"企业——晋升机会较多，但速度略微缓慢。

（3）"成长后期"企业——制度和体系稳定，短期内难获得晋升或加薪（大企业多属于此阶段）。

（4）"成熟期"企业——晋升的可能性也较小，工作生涯可能很漫长辛苦。

（5）"衰退期"的企业——除非你具有超凡的能力，可以使濒临关门的企业起死回生，否则难以有较大的发展。

同企业类似，行业也有自己的"生命周期"，它和企业应该是密切相关、紧密相连的。了解目标企业、目标行业处于什么发展阶段，是"知彼"的重要环节，将有利于做出科学的职业决策。

资料来源：胡慧平.《中国教育报》.2006年2月22日第8版，有删改

4. 目标和路线选择

职业生涯发展目标指出了大学生个人未来职业发展的方向，是职业生涯的方针和纲领，对大学生个人职业生涯有着重要影响。职业生涯目标的设置应当建立在自我剖析、机会评估和自我定位的基础上，做到符合自身特点、符合组织和社会需求，注意长期和短期相结合，协调统一职业目标、生活目标、家庭目标等。

职业生涯目标的确定包括人生目标、长期目标、中期目标与短期目标，它们分别与人生规划、长期规划、中期规划和短期规划相对应。一般说，我们首先要根据个人的专业、性格、气质和价值观以及社会的发展趋势确定自己的人生目标和长期目标，然后再把人生目标和长期目标进行分化，根据个人的经历和所处的组织环境制定相应的中期目标和短期目标。

通常说来，职业生涯目标规划，应从一生的发展写起，然后分别定出十年计划，五年、三年、一年计划，以及订出一月、一周、一日的计划。但是由于大学生的特殊性，其职业生涯目标的确立较之已经参加工作的人更有难度，因为学生都是刚刚进入高等学府，知识结构尚不完善，观念变动较大，因此我们更需要一个详尽而灵活的生涯目标规划方式。

（1）确定未来的发展目标。

通俗地讲，就是要确定你的一生想干什么、想成为什么样的人、想在哪一个领域成为佼佼者，把这些问题确定之后，你的人生目标也就确定了。这一步对于很多学生来说往往很难，但是这一步也至关重要。因为无论中期计划还是短期计划都必须围绕这一目标进行，没有了长远发展目标，其余的也就无从谈起。大学生应该在自我剖析、机会评估和自我定位的基础上，为自己确立一个确实适合自己的长远目标，树立职业理想。

人的一生受社会、家庭、经济等因素的影响，以一个决定来确定自己一生的路线是不现实的，并且每个人通过进一步的学习、社会阅历的增长，会对自己和环境有更加深刻的认识，在未来也有可能调整长期发展目标。通过综合分析与评估，在一开始就确立一个长期的发展目标，实际上是为自己选择一条路。"条条大路通罗马"，每一种选择有不同的学习方式，而这个选择也将影响学生未来较长一段时间，从这个角度来说，确定未来的发展目标是十分重要的。

（2）制订大学期间的学习计划。

对于大学生来说，长期计划就是指大学期间的计划。对于自己选定的目标，必须确定自己需要学习什么知识，熟悉哪方面的外部环境，接触哪个领域的人，然后制订初步的选课计划，若有可能，还应该安排自己的实习、实践计划。

（3）制订学年和学期计划。

制订切实可行的短期计划，这里的短期计划主要指月、周、日的计划。这一步骤较前面两个部分更为贴近实际。未来发展计划是一种职业理想，大学期间的中长期计划是一个总体思路，而学年和学期计划则务必具体、切实可行，包括实现计划的步骤、方法与时间表等。一个有良好职业素养的人应该切实制定好每一步的细致计划，以保证自己的中期和长期计划能保质保量地完成。表4-4所示为某学生第四学年的学习计划。

表4-4　大学第四学年的学习计划

	知 识 方 面	能 力 方 面
目标	1. 联系美国的研究所，确定毕业后的发展路线。 2. 继续修心理学课程。 3. 实习。 4. 每门课成绩高于90分。 5. 继续写专业论文，与老师共同完成项目的研究。 6. 准备和撰写毕业论文，准备毕业	1. 继续做一些社会兼职，与社会接轨，增长经验。 2. 为大学留一些美好的回忆。 3. 积极参加学院和学校的活动，珍惜最后一年与大学同学在一起的时光。 4. 总结大学四年的得失，制订未来的发展路线
具体措施	1. 上网查阅国外研究所的相关信息，与国外老师联系。 2. 找教授写推荐信。 3. 联系公司实习，做兼职。 4. 课前预习，课堂认真思考，当天完成作业，周末阅读相关书籍（每科2～3本）。 5. 广泛阅读专业书籍（国内外）、社会热点报纸	1. 多与同学老师交流，珍惜大学的最后一年。 2. 参加学院和学校的各类文体活动。写点文字，以此纪念大学生活。 3. 回头看看走过的路，对照计划进行评估。 4. 调整未来发展的道路。 5. 做一些想做但没有做的事情

（4）周期性的总结和计划调整。

根据职业生涯的理论，定期做总结评估和反馈调整是做好职业生涯规划不可或缺的一个环节。学生应该进行周期性的总结和计划调整，重点针对学期计划进行反馈调整。未来的长期计划是以综合考虑各方面的因素做出的决定，具有一定的客观性和科学性，在没有确实发现自己的长期目标有重大偏差的时候，不应该三心二意，随意改变自己的决定，而导致本身就不多的四年学习时间流失殆尽。因此，学生应该尽量将调整的对象放在中短期，改善自己的学习计划和学习方法，使自己的路线与长期目标尽量一致，然后进一步通过评估来分析自身和环境，为未来做出更为科学的打算。

5. 制订行动方案

在确定职业生涯目标后，就要制定相应的行动方案来实现它们，把目标转化成具体的方案和措施。对大学生来说，这一过程最重要的是与职业选择相应的教育和培训计划的制订。主要解决的问题是：对于已经制订的计划，采用什么途径去实现它，如何能做得更好。举例来说，对某方面的专业知识，是选择系统学习，抑或咨询专家，听讲座，还是参加社会实践，方案的制定因人而异，因专业和学科而异，因环境而异，必须具体情况具体分析，切不可照搬教科书。同时，方案还需根据计划的变更和环境的变换适时地做出调整，以保证行动方案与计划相吻合，从而一步一步地实现自己的职业理想。

6. 评估与反馈

在人生的发展阶段，由于社会环境的巨大变化和一些不确定因素的存在，会使我们发现原来制定的职业生涯目标与规划有所偏差，这时需要对职业生涯目标与规划进行评估和做出适当的调整，以更好地符合自身发展和社会发展的需要。职业生涯规划的评估与反馈过程是个人对自己的不断认识过程，也是对社会的不断认识过程，是使职业生涯规划更加有效的有力手段。

大学生在学习、实践的过程中，应该有意识地不断对自己进行评估和总结。这里分为两个方面：一方面是通过评估总结较长时间（通常指 1~2 年）的学习，检验自己的自我定位和职业生涯机会评估是否恰当，人生长期的目标设定是否合适；另一方面是要检验自己的计划和行动方案是否得体。

综合评价的目的是为达到进一步自我认识，自我了解，并且能较为准确地进行自我剖析，以明确自身优势，发现自身不足，调整职业发展目标。大学生职业生涯规划流程如图 4-3 所示。

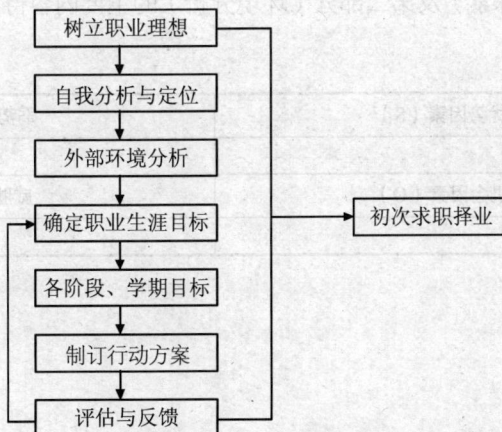

图 4-3 大学生职业生涯规划流程图

> **重要提示** 做好大学生的职业生涯规划，最重要的就是要合理安排时间，在学习知识、人际关系、情感处理、健康身体、休闲生活、自我成长、社会工作以及课外兼职等多个方面有一个具体而科学的时间分配。

思考题

1. 你的职业目标是什么？请用 SWOT 分析自己的职业选择的可行性。

内部	优势（S）	劣势（W）
外部	机会（O）	威胁（T）

2. 影响大学生职业生涯规划的因素主要有哪些？

3. 结合大学生职业规划的原则，谈谈如何制定个性化的职业发展规划。

4. 参考下面职业生涯规划书的样式，结合自身情况，做一份职业生涯规划书。

规划书样本

（一）自我探索（基本情况）

1. 职业兴趣——喜欢干什么？

2. 职业价值观——最看重什么？

3. 职业能力——能够干什么？优势能力是什么？弱势能力是什么？

4. 性格特征——适合干什么？

（二）环境分析

1. 家庭环境分析（经济状况、成长经历、家庭社会地位、社会关系等）

2. 学校环境分析（学校特色、专业学习、实践经验等）

3. 社会环境分析（就业形势、就业政策、竞争对手等）

4. 职业环境分析（行业、职业、企业、地域等）

（三）目标设定

综合第一部分（自我探索）及第二部分（环境分析）的主要内容得出本人职业定位的 SWOT 分析。

内部环境因素	优势因素（S）	弱势因素（W）
外部环境因素	机会因素（O）	威胁因素（T）

结论：

我的最终职业目标：

（四）计划实施（参考）

时间	总目标	分目标	计划内容	策略和措施
大学一年级				
大学二年级				
……				

第 五 章

就业准备

Chapter 5 ————————————————————————————————

　　随着社会主义市场经济的发展，高校毕业生就业制度已改变"统包统分"和"包当干部"的就业模式，建立"市场导向、政府调控、学校推荐、学生与用人单位双向选择"的就业机制。与此相配套，各地区及高校学校相继开办"供需见面"会和"毕业生就业市场"，组织毕业生与一定用人单位进行"双向选择"，通过竞争落实就业单位。为此，面临就业的大学生，必须增强竞争意识，树立正确的择业观念，在就业之前做好多方面的准备。

　　就业准备，是指未就业者为了能从事某种职业或获得某种职位，在一个相当长的时期内所做的准备工作，它是就业的基础和前提，对于大学生来说非常重要。一方面，就业准备是大学生求职、择业的基础。大学生只有进行了必要的就业准备，才有可能产生相应求职、择业行为；做好充分的就业准备还有助于大学生选择一个理想的、合适的职业，实现就业目标。另一方面，就业准备是社会发展的客观需要。随着社会经济的繁荣、科技的进步，社会职业对从业者的身体素质、心理素质、思想素质、科学文化素质等提出了新的要求。这就决定了大学生只有做好充分的就业准备，才能适应社会发展对人才的客观需要，更好地为社会做贡献。

第一节　就业准备的原则及内容

职业选择是大学生在一定职业需要的策动下，根据社会需求所做出的选择行为。为使职业选择不脱离现实，又能满足自己的理想，大学生就业准备除了要树立正确的就业观念，深刻领会国家制定的大学生就业政策外，同时还要注意把握一定的原则和内容。

一、适应社会的原则

大学生虽然以不同的方式憧憬并塑造着自己的未来，但毕竟处于社会大环境当中，因此，在选择职业时，应该把国家利益和社会需要放在首要位置加以考虑，把个人意愿和社会需要结合起来，把个人理想融入祖国和人民的共同理想之中，当个人利益与国家利益发生矛盾时，要顾全大局，服从国家需要。只有把个人利益和国家利益、个人意愿和社会需要紧密结合起来，才能使自己真正融入社会中，成为被社会所需要的人才，从而实现个人的远大理想。

目前，西部大开发、振兴东北地区等老工业基地、推进农村卫生服务体系建设、"大学生志愿服务西部计划"等都是国家大力支持的项目；能源、交通、原材料、通信、国防、航空航天、农林等部门或行业是我国国民经济建设中的发展重点；大力发展第三产业，是我国经济发展的一项战略决策。在未来几年这些势必将成为我国人才需求的主要市场。大学毕业生在选择职业时，应该首先立足于这些国家需要和社会需求的大局。

二、客观评价自己的原则

随着社会主义市场经济的发展，人才的竞争将越来越激烈，我国总体就业形势严峻。城镇新增劳动力以及下岗工人再就业、农民工进城、大学生就业的"三峰叠加"，尤其是高校毕业生总数增加，造成总体的就业形势比较严峻。这就要求大学生必须正确认识自己，并根据社会需要来调整自己的知识结构，不断充实、完善自己，努力为自己创造满足社会需要的条件。

大学生应该现实地分析自己所处的择业环境，尽可能全面、详尽地了解有关的政策和法规、正在实施中的改革措施及发展趋势、劳动人事管理办法及动态、用人数量和标准等。

每个大学生都应该对自己的能力有一个客观、公正的评价和正确的认识，知道自己有什么兴趣、爱好、知识、能力、性格、气质、特点，客观地考虑自己能干什么和不能干什么，只有这样，毕业生才能顺利就业。

三、主动出击的原则

毕业生就业制度的改革，使大学生在择业过程中更能发挥自己的主观能动性，要想得到理想的工作，就必须主动参与，敢于竞争。这就要求我们一方面要主动把握择业契机，多方面收集用人单位的需求信息，大胆地向用人单位推介自己，而不是消极等待学校推荐，等待别人给自己落实工作；另一方面也要根据自己的意愿和社会的需求来主动调整自己的知识结构，充实自己，提高能力，积极创造条件接受社会的选择，提高自己在择业竞争中的优势。

在择业过程中，摆在每个大学生面前的方案都是多方面的。例如，工作地点、单位性质、工作条件、生活待遇等，毕业生在选择时不可能达到事事遂心所愿，正所谓"鱼与熊掌，不可兼得"。

因此，在择业时必须把握好主次，首先满足自己最看重的选项，同时还要从是否有利于个人才能和作用的发挥、自己是否能够胜任单位即将安排的工作出发来进行选择，切不可因一味求全、急功近利、好高骛远而错失良机。

四、发展性原则

大学生在择业时，既要考虑个人的发展，又要考虑社会的发展；既要考虑眼前，又要考虑长远；既要有利于现在的发展，又要有利于将来的发展。因此，大学生一定要结合自己的情况，选择有发展前途的职业和单位，防止短期行为。但同时又要看到，社会是在不断发展变化的，每个大学生所处的生活和工作环境也在不断变化，因而职业目标的选择不应该也不可能一次定终身。所谓"从一而终"，在现代市场经济条件下对个人和社会都没有益处，也是不可取的。

因此，职业选择应处在动态过程中，在暂时没有适合自己的工作单位或岗位的情况下，可以考虑一些条件相近的单位和职业，或选择到基层锻炼，牺牲眼前利益以积累基层工作经验，为将来的进一步调整和发展做好准备。从这个角度讲，大学生大可不必为一时找不到"理想"的接收单位而苦闷，也不必为自己"迫不得已"所做的"不理想"的选择而懊悔。应当摆正心态，以长远发展的眼光看待所处境遇，为下一个机会的到来做好充分的准备。

第二节 就业的思想及心理准备

"成功总是青睐那些有准备的人"，求职过程中，仅有专业知识和技能是远远不够的，只有做好充分而全面的准备工作，才能在求职过程中游刃有余，实现自己的职业理想。

一、思想准备

如果有了充分、正确的思想准备，对于进行就业准备的大学生来说就意味着有了一个良好的开端，往往可以起到事半功倍的效果。大学生可以从以下几个方面来进行思想准备。

1. 客观的自我评价和准确的个人定位

自我评价既是大学生职业规划的前提，也是就业准备的重要内容，所以，大学生应该对自己进行客观、准确、符合实际的自我评价，即对自己的知识水平、个人能力、心理、性格、气质、兴趣、爱好、优缺点、价值取向等进行全面、客观的评价。个人定位是指大学生对自我现状的认识以及对自己今后所从事的工作及工作能力的判断（也可以称为就业期望）。可以说，客观的自我评价是准确的个人定位的基础。

从心理学角度看，人在进行自我评价的过程中，往往存在着刻意回避自我不足的潜意识，从而造成过高的自我评价；另外，我国传统文化氛围里的谦虚意识也可能造成过低的自我评价。过高或过低的自我评价都会造成个人定位的偏差，使大学生的职业历程变得坎坷。

有了客观、公正的自我评价基础，就可以进行相对准确的个人定位，从而明确个人发展的奋斗目标。有了准确的定位，大学生就可以判断出自己是理论知识丰富还是动手能力强；自己是适合从事科研工作，还是更适合从事产品生产销售工作。

大学生的个人定位在很大程度上受到其就业期望值的影响。当前有一部分大学生的就业期望值偏高，他们认为自己是同龄人中的佼佼者，应该有一个灿烂的前程；一心希望留在大城市、政府机关工作，而且收入要高。他们的想法本无可厚非，只是他们可能没有注意到目前中国的高等教育正由精英化过渡到大众化，他们的观念没有跟上时代的变化，结果往往为找不到理想的工作而郁闷和苦恼。可见，对于就业期望值偏高、个人定位不切实际的大学生来说，适当地降低就业期望值、准确地进行个人定位是非常必要的。

2. 树立远大抱负，将个人发展同祖国建设大局结合起来

青年大学生是祖国建设的栋梁，理应以大局为重，响应党的号召，到西部去、到基层去、到祖国和人民最需要的地方去建功立业，将自己的职业发展和未来融入到祖国的发展和建设中去，在为社会主义事业奋斗的同时，实现个人理想，体现自身价值。

3. 应该处理好的几个问题

从长远来看，大学生响应国家号召，将自己所学的知识运用到基层实践中去，既可以开阔眼界、磨炼意志、增长才干，也能为祖国做出贡献，自己也会受益终身。大学生在就业时不可避免地也会遇到以下 3 个问题：①是选择稳定的工作还是选择富有挑战性的工作（要稳定还是要挑战）？②是从事对口的专业还是进入一个全新的领域（要专业还是要转行）？③是为了家庭、情感还是为了工作和事业（要感情还是要事业）？

这些看似简单的问题其实没有一个通用的标准答案。对个人而言，最适合的就是最好的选择，所以，这些问题需要大学生认真思考。

（1）要稳定还是要挑战。

到底是该选择稳定的职业还是富有挑战性的工作呢？因为各人的目标、兴趣不同，选择的答案就不能一概而论。稳定的工作意味着稳定的收入、规律的工作时间、按部就班的晋升和较为固定的人际圈，一般来说，工作压力不太大，时间较为宽松。但是几乎一成不变的环境和工作内容很容易让人厌倦，所以需要更多的耐心。因此，建议具有一定耐心的、希望工作和生活相对稳定的大学生选择此项。从事富有挑战性的工作则意味着职业者需要肩负更多的工作压力和更大的风险、相对紧张的时间安排，需要付出更多的精力，需要相当的心理承受能力。但是，当顺利完成工作后获得的成就感和满足感却也是难以用言语表达的。因此，建议不安于现状、富有想象力且具有相当心理承受力的大学生选择富有挑战性的工作。

（2）要专业还是要转行。

从事与所学专业高度相关的职业，所需投入的成本（指时间、精力、经费）都会较小，而且成功的可能性相对较高。从事与所学专业没有联系的职业，需要职业者投入大量的时间、精力（甚至包括经费）来学习和掌握与本职工作相关的知识和技能，这就形成了职业成功的机会成本。大学生应该结合本人的实际情况，认真考虑这种成本。

（3）要感情还是要事业。

每个人的价值取向是不同的。有的人以事业为重，先立业再成家；有的人以家庭和感情为重，为了家庭或感情可以放弃自己心目中理想的职业目标。即使是同一个人，在他人生的不同阶段，所追求的目标也可能会发生变化，所以，同一人不同时期的选择也不一定相同。

大学生在进行就业准备时，最好能够明确每一个阶段的目标，权衡事业和家庭、工作和生活在各个阶段的位置，权衡为了职业上的发展可以放弃哪些个人生活，或是为了家庭或感情可以放弃哪些职业机会。

4. 必须具备一定的安全意识

进行就业准备的大学生在思想上要有一定的安全意识，在就业的过程中尤其需要注意安全问题。目前，某些地方有少数非法传销组织将目光锁定在大学生身上，他们以招聘员工、进行面试等手段诱骗大学生，非法限制受骗大学生的人身自由。大学生求职过程中一定要提高警惕，防范非法组织利用学生求职心切的心理侵害大学生的合法权益。

二、心理准备

大学生完成学业，从学生身份过渡为社会生活中的职业人身份，是人生中的一次重要转折过程，它不仅表现为一个人的身份转变，其内心世界也会随之发生着种种反应、变化。作为一名即将毕业的大学生，需要了解影响就业的心理因素，自觉加强就业心理准备，努力提高自我的就业心理调适能力，为顺利就业做好准备。

1. 大学生求职心理障碍的主要表现

大学生在求职过程中会产生或轻或重的心理障碍，轻者影响求职过程的判断，重者导致求职的失败，甚至诱发恶性循环，产生精神疾病。因此必须对此加以重视，大学生常见的求职心理障碍有以下几种表现。

（1）焦虑心理和嫉妒心理。

求职心理焦虑是在求职心理压力下所产生的一种不踏实感、失落感、危机感和迷惘感，表现为经常处于烦躁不安和心急如焚的情绪状态。大学毕业生在求职期间普遍存在着不同程度的心理焦虑。面对求职择业过程中的诸多因素和选择，一些大学生常常会感到无所适从，有的人期望值过高，不切合实际；有的人患得患失，优柔寡断；有的人急于求成，盲目浮躁；有的人不善推介自己，畏于面试。

一些大学生在求职时对他人的特长或优越条件既羡慕又敌视，这种情感的内化就是嫉妒心。如在求职时把别人的优越之处视为对自己的威胁，因而感到心理不平衡，甚至是恐惧和愤怒，于是借助说风凉话、讽刺挖苦、造谣中伤等，来求得心理补偿。结果由于嫉妒，疏远了自己与他人的关系，人际关系冷漠，从而使自己处于孤立的境地，精力分散，内心痛苦，使自己无法顺利求职和择业。

（2）自傲心理和自卑心理。

自傲是过高估计自身实力而产生的一种优越感，这种心理在一些大学生身上反映比较突出。他们在求职时好高骛远，自命不凡，挑三拣四，怕吃苦，讲实惠，给用人单位留下浮躁、不踏实的印象，不受用人单位的欢迎。自傲心理使大学生严重脱离实际，以幻想代替现实，使自己的求职目标和现实产生极大的反差。当面对现实时，往往情绪一落千丈，产生孤独、失落、烦躁、抑郁等心理现象。

与自傲相反，自卑心理表现为对自身的能力和素质评价过低。一些大学生对自己缺乏信心，觉得自己事事不如他人，在求职中，不敢充分展示自我，缺乏大胆尝试、积极参与竞争的勇气，从而错失就业良机。过度的自卑，还会产生精神不振、心理扭曲、沮丧、孤寂、脆弱等心理现象，久而久之还可能导致自卑型人格的形成。

（3）从众心理和依赖心理。

一些毕业生在求职时从众攀比。你进了北京，我就非上海不去，你进了金融系统，我不进烟草、电力系统不行。实际上，由于每个人生活环境、家庭背景、个人能力和机遇的不同，其求职目标、职业选择是不具可比性的。而部分大学生在虚荣心的驱使下，对自我缺乏客观分析，盲目攀比，不屑到基层、到艰苦的地方工作。这种攀比心理使得他们迟迟不愿签约，从而失去就业机会。

在求职过程中，大学生从众心理主要表现在，不能客观分析就业形势和就业需要，认为只要是"大家觉得好，肯定错不了"。因此，在没有明确的自我定位、尚未衡量自身条件的前提下，就将所谓的热门单位、热门职业作为自己的求职首选目标，盲目地"赶时髦"，结果往往四处碰壁，而且给自己事业的发展留下不良因素。另外，一些大学生仍存在等靠的依赖心理，在机会面前顾虑重重，不能主动地参与就业市场的竞争，向用人单位展示自我，推销自我，而是寄希望于学校的安排和家长的奔波，有的甚至依赖家长与人洽谈，自己站在一旁若无其事。这样的依赖心理，使大学生丧失了把握机会、创造机会的主动性，使自己在求职竞争中处于劣势。

2. 自我心理调适的方法

大学生要学会调节自己的心态，放松自己紧张的情绪，从容面对求职过程中的种种困难，掌握必要的自我心理调适方法，避免因心理问题导致就业的失败。

（1）自我转化与适度宣泄。

当不良情绪不易控制时，可以采取转移情感和精力到其他活动中的办法，如参加一些轻松愉快和自己感兴趣的活动、学习一些新知识、新技能等，使自己没有时间和精力沉浸在不良情绪中，以求得心理平衡。当因遭受挫折造成焦虑、紧张等不良心境时，可以适当地宣泄情绪进行自我调适，如向亲人、好友倾诉自己的心理感受，甚至痛哭一场，以求得安慰、支持和帮助；也可以通过大运动量的体育活动，寻找畅快淋漓的宣泄感觉，调整心态。

（2）自我慰藉与幽默疗法。

当求职不能如愿时，不要过分苛求自己，可以通过自我安慰来进行自我调适。例如，借"酸葡萄"等理由自我安慰，找一个自己可以接受的理由来承认并接受现实。或者借助幽默的力量，放松紧张心情。可以把自己的不如意在同学、朋友面前自我调侃，幽默一回，摆脱郁闷的心境，将沉重化为轻松，把辛酸化为快乐。

（3）理性控制与积极升华。

当求职择业遇到困难，产生心理困惑时，可以通过理性的分析和思考来摆脱消极情绪，进行自我调适。如找一个宁静的环境，使自己的心理、躯体得到放松和休息，在此基础上，认真分析失败的原因，进一步确立努力方向，将失败的压力化为奋斗的动力，以积极的姿态迎接新的挑战。

总之，面对人生的转折，大学毕业生要做好充分的心理准备，顺应社会发展。只有未雨绸缪，才能临阵不乱，希望每一个大学毕业生，都能找到自己满意的工作并在自己的实际岗位上做出一番成绩。

第三节 就业的知识与能力准备

职场中，有两种类型的大学毕业生最受用人单位青睐。第一种是"通才"，即熟悉、掌握数个专业知识的人才，这样的大学生可以适应数个岗位的工作；第二种是"专才"，即精通某一专业领域的人才，这样的大学生可以培养成为业务骨干。不管是"通才"还是"专才"，他们都有较高的知识和能力。可见对于就业前的大学生，作必要的知识和能力准备是非常重要的。

一、知识准备

大学生就业的知识准备包括专业知识的准备和非专业知识的准备，专业知识准备主要是专业技能的储备，非专业知识的准备主要是指可迁移技能的储备。

1. 专业知识的准备

大学生的专业知识是大学生求职择业的最大资本，知识是用人单位选拔人才的重要因素。一般来说，专业知识优秀的毕业生较容易找到理想的岗位。但是在个别学生中流传着"毕业等于失业"的消极论调，用人单位也发现部分大学生实际工作能力越来越差。部分大学生产生大学里的专业知识并不重要的错觉，工作以后都用不上，所谓"60 分万岁，多一分浪费"正是这种心理的真实体现。实际上，大学毕业生的竞争一年比一年激烈，重视专业知识的学习显得尤为重要。这是因为，专业素养是大学生在就业时拥有的最重要的资本之一，"专才"之所以专，就因为他们的专业知识有相当的深度，而钻研高深的专业知识必须有良好的专业基础，所以大学生应该从进校起就努力学习好基础知识。只有具备了扎实的专业基础知识，才能根据自己的兴趣充实自己，开阔眼界。

2. 非专业知识的准备

非专业知识是对所学专业知识以外的其他知识的统称。非专业知识是构成大学生知识体系不可或缺的一部分，包括公共知识、生活常识、待人接物的礼仪、求职面试的技巧等。非专业知识也是用人单位选拔人才的重要依据。非专业知识涵盖面很广，毕业生要在日常生活中多注意，多积累，加强自身修养，做好非专业知识的储备。

二、能力准备

能力是直接影响活动效率、使活动顺利完成的个性心理特征。大学生需要具备多方面的能力，其中与就业直接相关的有以下 7 个方面。

1. 表达能力

表达能力包括语言表达能力和文字表达能力，这是大学生应该具备的基本能力。作为人与人之间最主要的交流工具，在日常学习、工作和生活中，语言和文字所起的作用无可替代。不论今后从事管理工作还是技术工作，不论在政府机关还是民营企业，不论是用言语还是用文字，清楚、准确地表述是十分必要的。用人单位对大学生表达能力的基本要求是：能用准确、流畅的语言讲述事实，表达观点；能够撰写计划、总结、调查报告、公函等文书。大学生可以通过日常训练、参加专门的培训等方式来提高自己的表达能力。

2. 逻辑思维能力

应聘单位常会考察应聘者的逻辑思维能力。这种考察不是考核逻辑专业知识，而是考核应聘者对各种信息的理解、判断、分析、综合、推理等逻辑思维能力。即使有些大学生不具备相关的专业知识，但仍然可以有较强的日常逻辑思维能力和运用能力。如果大学生具备一定的逻辑专业知识，就能够解答生活和工作中更复杂的问题，会更受用人单位的青睐。

3. 沟通能力

沟通是指信息的传递和理解。沟通的形式多种多样，最主要的方式是语言沟通，包括口头和书面、本地语言和外语以及其他语言符号（如网络语言符号）等。除此之外，包括衣着、表情、神态、姿态、动作、距离在内的非语言方式沟通也是沟通的重要组成部分，一般情况下，非语言沟通也常被称为身体语言沟通。

在人际交往过程中，语言沟通和非语言沟通是并存的，并相互补充、相互印证。一般情况下，两者是一致的。但是，当两者相互矛盾时，人们大多愿意相信非语言沟通传递的信息。比如，某应试者自称专业如何精深，却在被问及专业知识时抓耳挠腮、支支吾吾，这个时候，招聘人员更愿意相信应试者说的不是真实情况。

重要提示　　能够准确、高效地将信息传递给信息的接收方，并能正确理解对方传递的信息，这是对大学生就业必备沟通能力的要求。

4. 决策能力

人的一生往往会碰到各种需要自己当机立断、痛下决心来决断的事情，决策能力就是指对未来行为目标的决断和选择的能力。良好的决策能力可以实现对目标及实现手段的最佳选择，可以少走弯路、少犯错误，以较小的代价取得进步与成功。对于即将毕业的大学生来说，走向社会是人生的一大转折点，显然也是对自己决策能力的一次检验。在未来的工作中，各种问题以及它们的变化进展都需要自己迅速作出反应，及时予以处理，因此训练和培养自己的决策能力是十分重要的。培养决策能力要从日常小事做起，不要事事请别人为自己拿主意，要养成多谋善断的习惯，这样日积月累，以后遇到重大事情时就可以从容应对。

阅读材料　　　　　　　　**常用的决策方法**

第一种，排列组合法。将工作任务分解成数个阶段完成，每一个阶段设计数种解决方案，然后将每个阶段和阶段解决方案进行排列组合，从中选择最优方案实施。此方法比较适合一些可以分阶段完成的任务，但是比较繁琐。

第二种，方面排除法。排除一些不合理的选项，逐步减少方案，最后在剩余的少数方案中选择。如在选择用人单位时，大学生可以从地域、行业、职业、薪酬等方面将不适合、不理想的用人单位排除，从而确定准备进一步联系的用人单位。此方法适合于具有平行性、多属性的任务，方法简单，而且最后结果的满意度较高。

第三种，角色互换法。站在另一个角度（尤其是对立方立场）进行思考。这种方法是对正常决策思维的补充，而且在有对立方（反对者）时能够起到一定的协调作用。比如应聘者站在用人单位的角度审视自己。

第四种，"决策树"法。适用于风险型决策。主要是通过概率估算，对各个方案的后果进行预测，进而选择行动方案。此方法对决策者有较高的要求。

资料来源：钱建国.《大学生职业规划与就业指导》. 北京：人民出版社，2009.

5. 实践能力

大学生的实践能力直接影响到工作能否顺利完成，因此，用人单位一般对大学生的实践能力有较高的要求，那些眼高手低、只有理论没有实践经验的应聘者是不受用人单位欢迎的。大学生应该创造并珍惜每一次实践机会，多看、多听、多练、多思考，培养自己的实践能力。

6. 应变能力

应变能力也可以理解为处理突发事件的能力。紧急情况下，如果事态得不到迅速控制，后果往往不堪设想。这就要求大学生具有一定的应变能力，要临危不乱和快速决断。一般可以采用如下方法应对突发事件。

（1）迅速控制事态源头。

事件的突发性意味着没有过多的时间用于事前准备。要快速介入，稳住事态，防止事态向不好的方向继续发展，尽量将其影响控制在源头处。

（2）打破常规，积极应对。

对于按常规操作难以解决的问题，可以尝试打破常规思维，采取非常规方法进行应对，这样往往能够起到立竿见影的效果。但是，这也要承担一定的风险，应对者应该权衡利弊，快速决断。

（3）处理好善后。

及时总结经验教训，平时多进行一些预防性的准备，对提高应变能力也有所帮助。

7. 创新能力

创新是人类社会进步的根源，也是与时俱进的要求，新时代的大学生应该具备一定的创新能力。从某种意义上来说，具备良好的创新能力，就意味着大学生具有较高的潜在价值和发展空间。

除了表达能力、逻辑思维能力、沟通能力、决策能力、实践能力、应变能力和创新能力以外，大学生就业时还应该具备一定的领导能力、组织协调能力、创造并把握机会的能力。就业中的大学生在进行能力准备时，要注意各方面能力的平衡发展，也要注重个人优势能力的培养。因为用人单位出于节约成本和保持员工稳定性等因素的考虑，不一定会录用各方面都最优秀的人，而会选用最合适的人，所以，大学生们可以有针对性地在某些方面重点准备。

第四节 就业的信息准备

信息在毕业生择业的过程中发挥着至关重要的作用，"知己知彼，百战不殆"，这句名言反映了信息的重要性。信息对于每一位准备就业的大学生都十分重要，掌握了相关信息，就能够在职场上掌握主动，始终立于不败之地。

一、就业信息的收集

高质量的就业信息存在于大量而广泛的信息当中，收集有效的就业信息是大学生求职择业前一项重要的基础性任务。就岗位需求信息而言，不只是指岗位需求数量、岗位性质，还包括岗位对人的整体素质的要求以及单位的隶属关系、单位性质（指全民所有制单位、集体所有制单位、私营、合资或外资企业、政府机关等）、人才结构、发展现状及前景等。

随着大学生就业模式的改变、就业市场的形成与完善，以及就业中介机构、计算机网络的快速发展，新兴的就业信息源、就业信息传播渠道不断涌现，可供利用的渠道、手段日益增多，一般情况下，大学生应该选择的主要途径有以下几种。

1. 校内就业主管部门

当前，就业形势日趋严峻，各高校都专门设立了专职从事毕业生就业工作的机构。例如，毕业生就业指导中心、就业工作处或办公室，这些机构既同毕业生就业所涉及的上级主管部门、人才交流机构保持着密切联系，又是用人单位选择毕业生时所依赖的窗口。这些部门所提供的信息，就政策方面而言，无论是全国性的、地方性的或是行业性的，一般都来自政府部门；就岗位信息而言，主要是用人单位根据高校学科专业设置，向上级人事部门申报的用人计划，其中还包括一些国家下达的指令性就业指标计划等。其准确性、权威性、可信度非一般就业渠道可比，而且通过这个渠道获取的信息，专业对口性强、成功率高，是毕业生最主要的信息源。

2. 各级毕业生就业管理机构

各级毕业生就业管理机构是从总体上规划学生就业去向，进行全国性和区域性信息交流和人才配置的政府机构，它们既是就业政策的制定者，又是就业政策的执行者，具有很高的权威性，同时它们也为毕业生提供各种服务，尤其是政策咨询服务。

3. 毕业生就业市场

从目前来看，毕业生就业市场还是一种临时性的人才交流市场，有部门办的、地方办的、高校或校际联办的。一般来说，毕业生就业市场的需求信息是经过严格审核的，它拥有的信息量大，专业对口性也比较强，同时毕业生在就业市场还可以与用人单位直接洽谈，相互了解。现在有不少毕业生是通过这种渠道落实工作单位的。

4. 新闻传播媒体

当今的社会已经进入了"信息时代"，电视、电信业得到了快速发展，广播电台、电视台、报刊、杂志等媒体因其具有速度快、涉及面广、信息及时等特点，逐步成为大学生获取就业信息的重要渠道。各用人单位和组织也都希望通过媒体来介绍企业现状、发展前景及人才需求信息，新闻媒体因而成为巨大的信息源。反映我国大学生就业的新闻传播媒体主要包括报纸、杂志、广播电台开办的人才专栏，如《中国大学生就业》杂志、《就业时报》、《中国教育报》的"招生考试就业"专版等。有些高校利用校报或专门印制《就业指导报》等发布有关就业信息。另外，新闻媒体发布的一些工程项目信息，也隐含着大量职业供给信息。

5. 亲朋好友、家人及其他社会关系

个人的接触面总是有限的，拓宽社交范围可得到许多有价值的信息。亲朋好友、家人及其他社会关系是最直接的社交范围。他们分布在社会的各个领域、各条战线，通过他们了解和收集社会需求信息则针对性更强，信息的可信度和效度都会比较高。

6. 社会实习、实践活动

大学生寒暑期的社会实践活动单位、毕业实习单位等一般都是专业对口单位，在过去交往的过程中，毕业生不仅能使自己所学的知识直接用于管理、生产或其他社会服务，而且还可以更为直接地了解服务单位的用工情况，同时，用人单位对自己也有了一定的了解，假如单位有意招人而你又积极主动，应该说这是一个绝好的机会。

7. 计算机网络

通过互联网获得就业信息是毕业生在信息时代收集信息的一种高效、快捷、便利的途径，而且随着人才市场化、信息化运作的进程不断加快，网络的普及程度不断提高，网上求职、网上招聘已经成为一种时尚。目前，几乎所有的省、市和高校都建立起了毕业生就业信息网站，毕业生可以从中查询到职业需求信息，又可以将个人求职材料诸如专业、特长、个人情况、在校的学习成绩与毕业成绩等输入网络系统，供用人单位在招聘时参考选择。

8. 登求职广告

通过在媒体上刊登求职广告、在网络上设计个人主页等方式，充分、系统地介绍自己的能力和专业特长，全方位地展示自我，以便于用人单位与自己联系。

二、就业信息的使用

在毕业生手中掌握的大量信息中，由于就业信息的来源和获取的渠道不同，内容必然虚实兼有，有的甚至互有矛盾，有的虚假不真实。因此，对收集到的信息进行去粗取精、去伪存真地整理、筛选，理应成为使用信息的必要前提。

1. 就业信息的筛选

对于收集到的信息，应根据个人的情况，有针对性地进行排列、整理和分析，以保证就业信息的准确性、科学性和有效性。

（1）要进行科学的分析和取舍。对所获得的一切就业信息进行分析鉴别，科学取舍。分析就业信息包括3层含义：①要鉴别真伪，做可信度分析。一般来讲，学校毕业生就业主管部门提供的信息可信度比较高，通过其他渠道收集到的信息，因为受时间性或广泛性影响，还需要进一步核实，才能判断其可信程度。②要进行效度分析，即对信息的可用性进行鉴别，看这条信息是否与自己的兴趣、特长、专业、爱好甚至收入、工作环境、地域等相符，更要注意单位对生源地、性别、学习成绩、个人素质的要求，以及当地户籍政策等。③信息的内涵分析，包括用人单位的性质、要求以及限定条件等。通过分析，对就业信息进行去粗取精，剔除过时无用的信息，保留与自己的兴趣或专长有关的部分。

（2）要分清主次。在对就业信息进行取舍的同时，还要把信息按与自己相关的程度进行排序，重点信息选出、标明，并注意保存，一般信息供参考。如果主次不分，就会在很多并不重要的信息上浪费过多的时间和精力，也许会因此错过择业的良好时机。只有把握重点、赢得时间，才可能抢占先机。

（3）要进行深入的了解。对于重要信息，要寻根究底，收集相关资料，仔细了解信息的具体内容，如某一职业岗位的历史、现状、前景、要求条件等。对待遇、进修培训、晋级晋升等信息要通过合适的方式侧面了解。了解得越深，分析得越透，就越能准确找到适合自己的目标。

2. 就业信息的运用

这是收集信息、分析筛选信息目的所在。对就业信息的运用包括自己动用和交流给别人运用两个方面。

（1）自己运用信息。对信息筛选的主要依据是适合自己，无论信息的准确性、及时性、有效性多么高，只要不适合自己，那么它对自己来说就失去了价值。作为大学毕业生来讲，在择业时，要将自己的情况与就业信息进行认真的对比衡量，而不能好高骛远、人云亦云、迷失自我，更不能图虚荣、爱面子，而要量力而行，量能择业，量才定位。一旦自己决定运用这条就业信息，就应该及时地调整自己的知识结构，尽量弥补自己的不足，以适应所选岗位的要求。

（2）相互交流信息。有些信息对自己不一定有用，但对他人可能十分有用，遇到这种情况，千万不要抓住不放、封锁信息，而应主动输出，这对他人不仅是种帮助，同时也增加了与他人交流信息的机会。从这种真诚的交流中，你也许会从别人手中获得对自己有益的信息。

第五节　就业的自荐准备

大学毕业生通过与用人单位"双向选择"来确定就业去向，这实际上就是毕业生和用人单位相互认识、相互了解、相互认可、相互选择的过程。对毕业生来讲，就是在了解、认识对方的同时，让用人单位认识自己、了解自己、选择自己，从而实现自身的就业愿望。为了达到这一目的，就需要利用各种途径和方法正确地宣传自己、展示自己、推销自己，自我推荐（自荐）或推荐（他荐）无疑是"双向选择"的基础。

一、自荐材料的准备

自荐在很大程度上决定自己是否能够获得进一步面试的机会，这就要求大学毕业生在选择求职信息、决定应聘之前，一定要做好必要的资料准备。而求职材料一般包括毕业生推荐表、简历、自荐信以及一些辅助材料。

1. 准备求职材料一般应遵循的原则

准备求职材料的直接目的就是为了引起使用人单位对自己的兴趣，并最终被录用。用人单位出于节约人力和时间的考虑，大多数情况下，不采用直接面试的形式，而是通过某种方式收集求职材料，对这些材料进行初步的比较、筛选后，再通知部分求职者参加面试。由于用人单位最初是通过求职材料来了解求职者的，因此，求职材料的质量，对用人单位决定是否与求职者进一步接触起着至关重要的作用。

毕业生就生推荐表、简历、自荐信都需要认真地准备，一般要遵循以下几个原则。

（1）内容翔实，格式规范。

求职材料是对大学生活的一个全面总结，既要全面反映自身的基本情况，又要反映自己的特长、爱好。不仅要突出自己的优点、成绩，也要说明自身存在的问题和缺点。不仅要说明自己对目标岗位感兴趣的原因，还要表达自己努力工作的决心。内容应全面，应力求言简意赅，突出重点。切忌长篇累牍、废话连篇。尤其要注意的是内容翔实，切忌为了赢得用人单位的好感而弄虚作假，那样只会画蛇添足、弄巧成拙。

（2）富有个性，针对性强。

由于不同的用人单位对求职者要求不尽相同，求职材料的准备也要根据不同的单位有所差异。如果你想去应聘"三资"企事业的职位，那么最好要准备双份中英文对照的材料。如果想去少数民族地区择业，能用民族文字撰写求职材料效果则会更佳。如果你是去应聘广告设计类职位，那么你的求职材料最好能体现出你的个性和创意。

（3）设计美观，杜绝错误。

准备求职推荐材料的目的之一就是要吸引招聘单位，引起对方的兴趣。因此，整份材料无论是手写还是电脑打印都要注重大方、整洁和美观。要使用优质纸张，统一进行设计排版，让人看上去觉得舒服。但最重要的一点是要杜绝错误，无论是语法错误、错别字、标点符号错误或是印刷错误，都应尽量避免。因为任何一个小小的错误都会给人以不认真、不负责的印象。

2. 就业推荐表的准备

就业推荐表是学校为毕业生统一设计、印制的求职材料，一般由3部分组成。

（1）毕业生本人的情况介绍（附学校教务部门提供学习成绩）。

（2）毕业生所在院系的推荐意见。

（3）毕业生所在学校就业主管部门的推荐意见。

用人单位往往对该表比较重视，在发给学生录用通知或正式签约前一般要先见到该表的原件。该表一般要求手写，毕业生在填写该表时要认真仔细，字迹端正，内容翔实。切不可马虎潦草，更不能弄虚作假。

3. 简历的编写和制作

简历是一份资料，是个人生活、学习、工作、经历、成绩的概括集锦。简历的格式相对固定，信息量全面而且集中，是用人单位分析、比较、筛选和录用应聘者的主要依据。通过简历，用人单位对毕业生的经历、受教育程度、兴趣、特长和爱好等情况留下一个初步印象。个人简历的真正目的就是让用人单位全面了解自己，从而为自己创造面试的机会。个人简历一般很少单独寄出，它总是和自荐信以及其他材料一起呈送给用人单位。

（1）个人简历的格式。

一般常用的简历有两种格式。一种是按年月顺序列出自己的学习工作经历，另一种是根据需要有选择地列出自己的学习、工作经历，充分表达自己的技能、品德。但对于刚从大学毕业生的求职者来说，采用第一种格式较好。

（2）个人简历的主要内容。

个人简历的第一部分应列出自己的姓名、性别、年龄、学校、院系及专业、获得何种学位及概括自己的愿望和工作目的等。第二部分可简述自己学习、工作经历，包括所学主要课程及学习成绩、在学校和班级所担任的职务、在校期间所获得的各种奖励和荣誉、业余爱好和特长、适宜从事的工作、联系方式（地址、邮编、电话等）。这样，个人简历的主要内容就基本齐备了。

（3）如何写好个人简历。

个人简历也就是自己学习生活的简短集锦。它是用来证明你适合担当所申请的那份工作的，因此，应尽量用简历来表现自己的长处。个人简历有一两页即可，不要太长。表达应适度，要富有个性。简历的格式应便于阅读，有吸引力，并使人对自己和自己的目标有良好印象。如果自己感到有些字眼需要特别引起人们的注意，可在这些字上加着重号、下画线或加深字体以示提醒。当然，简历的用语也要得体，书写也要工整清楚，也可用效果良好的复印。通常，求职者将照片贴在简历的右上角，可以为用人单位提供更为直观的印象。

以下是某高校一名工程管理专业毕业生的中文简历，它以表格的形式制作，非常清晰，使用人单位一目了然。

姓名	×××	性别	男	出生年月	1982.02	照片
籍贯	×××	民族	汉	政治面貌	中共党员	
主修	工程管理		辅修	计算机及其应用		
专长	社会交际、组织管理；文案策划、文学创作。					
教育	1997—2000××第一中学 2001—2005××大学工程管理专业（本科）					
主要社会工作	2001.09 – 2002.07　班长、管理学院社团部部长 2002.09 – 2004.11　《团讯》责任编辑、校学生社团联合会主席 2004.11 –　《大学生就业指导报》主编					
社会实践经历	2002.07.14—07.22　青岛"7元钱生存7天"异地生存体验，中央2台予以报道； 2003.07.07—07.17　曾参与组织并带队赴新疆喀什作"党员大学生三个代表社会实践服务团"实践服务活动； 2004.07.05—07.13　大学生"沂蒙情协会"暑期社会实践 2004.07.15—09.05　××集团化工工地实践（从事施工日常管理）； 在校期间，先后策划组织了我校首届、第二届、第三届学生社团文化节。					
获奖情况	2002年11月　××大学××集团奖学金，省级社会实践优秀学生奖； 2003年10月　××大学一等奖学金　三好学生、优秀团员、省级优秀社团干部； 2004年11月　××大学二等奖学金　三好学生、优秀团员等荣誉称号； 连年获得校优秀社团干部标兵称号。					
外语及计算机能力	大学英语国家四级； 能熟练进行英语听、说、读、写，初步掌握一定的翻译能力； 计算机国家二级； 能熟练应用Word，Office等软件进行办公应用，具备初步的编程能力。					

4. 自荐信的编写和制作

自荐信实质上就是简短的自我介绍信，它是求职材料的一部分。

（1）自荐信的格式。

自荐信的格式和一般书信大致相同，即称呼、正文、结尾、落款。开头要写明用人单位人事部门领导，如"××单位负责同志：你好！"等字样，结尾写上"祝工作顺利"等祝愿的话，并表示热切希望有一个面试的机会，最后写明自己的单位、通讯地址、联系方式、姓名和时间。

（2）自荐信的内容。

自荐信的主要内容应包括自己具有用人单位所需要的条件、才能、对工作的态度。具体地讲大致有以下几个方面：①简单地自我介绍，包括姓名、性别、出生年月、政治面貌、学历、毕业院校、所学专业、特长爱好、主要优缺点等；②简述自己对该单位感兴趣的原因；③说明自己期望能在该单位供职。

（3）如何写好自荐信。

成功的自荐信首先应该突出自己善于团结协作，透露出谦逊、刻苦和努力，措辞要得当，表达要清晰，要自信而不要自大。其次，着眼现实，有针对性，动笔之前最好对单位的情况有所了解，以免脱离实际说外行话。第三，实事求是，言之有物，自己的优点要突出，缺点也不要隐瞒，万不可夸夸其谈，弄虚作假。当然，对缺点的论述要适度，点到为止，关键是认识上要深刻，改正的愿望要强烈。第四，富有个性，不落俗套。如果能谈一谈行业前景展望、市场分析或建设性意见都会收到更好的效果。在这方面没有什么成规，需要自己动脑筋发挥。第五，言简意赅，字迹工整。废话连篇的自荐信会浪费读者的时间，引起反感。写出草稿后要反复推敲，意思是否表达清楚，用语是否得当，文法及标点是否准确无误。为了保证简明扼要，字数应有所限制。草稿拟定后，应抄写工整清楚。若有条件则应该将自荐信打印出来，效果会更好些。

以下是××大学管理学院工程管理专业一名毕业生的中文自荐信。

自 荐 信

尊敬的×××先生：

您好！感谢您能在百忙之中阅读这份自荐材料。

我叫×××，××大学工程管理专业 2005 届本科毕业生，怀着对××集团公司的美好向往和对自己未来的无限憧憬，呈上此信。

大学生涯中，本人一直注重学习专业知识、广泛接受新事物、不断提高自身综合素质和自身竞争力；自主性强，善于处理工作与学习的关系，一直担任学生干部。由于表现积极、成绩突出，多次获得省级、校级各种奖励，于 2005 年 1 月加入中国共产党。

一、有较强的团队精神和集体荣誉感

在大学期间先后担任班长、管理学院社团部部长、校社团联合会主席等多个职务，工作认真负责，始终把集体荣誉放在首位；激情工作、冷静思索，愿意和同事们真诚交流、精诚合作。

二、有一定的策划组织和协调管理经验

致力于校大学生社团工作四年，勇于实践、开拓创新，策划组织了我校首届、第二届、第三届学生社团文化节；多次策划并积极主动参加各类志愿者服务、环境保护等社会公益活动；历年协调 50 多个校级社团开展各类文艺体育活动；积累了一定的组织管理经验。2004 年 12 月，被评为省级优秀社团干部。

三、有扎实的文字功底和文字工作能力

在《团讯》（校团委机关报）经过两年的成长，从一名记者做到责任编辑，参与出版报纸 40 余期；2003 年 11 月担任《大学生就业指导报》（校就业工作机关报）主编至今，主持出版报纸 25 期，积累了丰富的文字工作经验。喜欢文学和创作，所写的文章多次在校内外刊物发表。几年来，起草了大量应用文件，积淀了 20 余万字小说集一部、散文数篇，曾荣获首届驻济高校文学社团征文特等奖。

四、有丰富的学生社会实践经历

积极参与开辟学生社会实践基地，多次策划组织暑期社会实践。2002 年暑假，在青岛市参加了受中央电视台、《齐鲁晚报》等十几家省级媒体关注的"七元钱生存七天"异地生存体验，所写实践报告获得省级奖励；2003 年暑假，带队党员大学生"三个代表"赴××暑期社会实践服务团，被评为"团中央重点团队"。

当然，本人更有缺点和不足，需要您的指正和培养。坚信您的选择是我成功的开始！

祝您工作顺利，愿××集团永远发达！

自荐人：×××

二〇〇五年三月

除了自荐信和个人简历之外，为了加深用人单位对自己的印象，有时需要进一步提供其他材料，主要包括本人在大学期间所获得的各类荣誉证书以及成果证明材料等。传统的做法是将各类证书复印装订，但现在来看，将所有的证书清晰地缩印在一张纸上，效果会更好。

其他材料的使用方法，要根据自荐的方式而有所不同。如参加面试或亲自上门去推荐自己，材料可以准备充分一些，凡能反映自己各方面能力的材料尽可能准备齐全，而且最好带原件。若采取寄送求职材料的方式，则应该选最具有代表性的材料，而且要根据各单位的不同情况有针对性地取舍，并且最好寄复印件，以防邮寄时丢失造成损失。

二、自荐方式与技巧

1. 自荐的种类

自荐的方式有很多种，综合来讲有口头自荐、书面自荐和广告自荐、电话自荐、网络自荐等。

（1）口头自荐。

这种自荐方式，要求求职者必须亲临用人单位或招聘现场。其优点是直接面对招聘人员，便于展示自己的风度和才华，容易给用人单位留下深刻印象，如果表现出色，可能会被用人单位现场录用。其缺点是涉及面有限，尤其对路途遥远的单位更难实现。对个人来讲，如果自己谈吐自如、反应敏捷，此种自荐方式更能发挥自己的优势。对用人单位来说，新闻、外贸、外事、旅游、教育等部门也更青睐此种考察方式。

（2）书面自荐。

书面自荐即通过求职材料的形式向用人单位推销自己。求职材料可以通过邮局寄送，也可当面呈递。在校期间学习成绩优秀、又有较好文笔和漂亮书法的毕业生多采取此方式。这种方式覆盖面较宽，可以扩大自荐范围，不受限制。科研、出版、金融单位和工矿企业等注重实际的用人单位也乐于接受此类自荐方式。此种自荐方式有助于展示自己严谨、认真的工作态度。

（3）广告自荐。

这是近年来出现的一种新的借助于报刊、电视等新闻传播媒介进行自我推销的自荐形式。这种自荐方式覆盖面宽，可以扩大自荐范围，研究生和一些有特殊专长的毕业生往往乐于采用此种自荐方式。

（4）电话自荐。

电话自荐是指通过电话这种方便、快捷的通信工具来实现推荐自己的一种求职方式。这种求职方式一般适用于看到用人单位发布的招聘广告之后，根据其提供的联系电话和联系人，咨询人才招聘事宜。另外，也有的求职者根据自己的判断，确定应聘目标单位，然后通过电话了解该单位人才需求情况，从而实现自荐目的。电话求职遵循的原则是"正确、简洁、恭敬"。具体要求有以下几点。

① 尊称和礼貌用语要贯穿通话过程始终。

② 电话自荐的时机应建立在对目标单位较为了解的基础上。

③ 打电话的时间应尽量选在上午 9 至 10 点为好，忌在刚上班或下午 4 点以后。

④ 注意语音略高、语速略快原则，但要确保吐字清晰、平稳，以对方听清楚为原则。

⑤ 要言简意赅，通话时间不宜过长。

⑥ 通话之前要做到对通话内容了然于胸。

（5）网络自荐。

在信息社会里，网络给人们的工作、生活带来了全新的变革。随着网络技术的不断完善和就业形势的日趋严峻，网上求职、网上招聘已经成为一项基础工作，大学生在网上实现自荐，已经成为一种时尚。各大高校的就业工作部门也都有了一项新的任务：建设就业工作网站，实现毕业生就业工作的信息化运作。网络自荐方便快捷，成本低，同时还可以更直观地向用人单位展示自己的计算机操作技术，比其他求职者又多了一种竞争手段和就业渠道。

2. 掌握自荐技巧

（1）选择恰当的自荐方式。

选择恰当的自荐方式，在求职择业过程中无疑会是十分重要的。就每一个求职择业的大学生而言，究竟采用哪种自荐方式，应当从实际情况出发。例如，善于语言表达且有一口流利标准普通话的求职者，采用口头自荐似乎更能打动人心；倘若能写一笔隽秀的字或漂亮的文章，则选择书面自荐更能显示出求职者的魅力。当然，选择哪种自荐方式主要还要看用人单位的需要，对招聘播音员、节目主持人的用人单位来说，口头自荐显然更受重视；文秘职员的用人单位，则可能会让求职者先呈递书面的求职材料；而对于那些应聘远程、跨省、跨国公司的求职者，采用网络求职则更明智。此外，求职材料的递送方式也应当注意。在就业竞争激烈的情况下，邮寄的求职材料可能不易引起用人单位的注意和重视。求职者亲自登门至用人单位或在招聘现场当面呈递求职材料，则易于加深用人单位对自己的印象，从而增强求职者成功的系数。

（2）灵活掌握自我介绍的方法和技巧。

自荐离不开向应聘单位进行必要自我介绍，灵活掌握自我介绍的一些基本技巧，显然有助于顺利打开求职的大门。自我介绍时，应遵循以下几个原则。

① 积极主动原则。自荐是求职者的主动行为，任何消极等待都是不可取的。自荐信、个人简历等求职材料的呈交、寄送要及时。在了解到需求信息时，更不能迟疑，否则就可能坐失良机。为使用人单位更全面地了解自己的情况，事先应做好各种求职材料的准备，不等对方索要，主动呈交；不等对方提问，要主动向对方介绍；不消极等待回音，主动询问。这样，往往会给人一种"态度积极、求职心切、愿望强烈、胸有成竹、志在必得"的感觉。

② 重点突出原则。在介绍自己时，应重点突出自己的能力和知识，本人基本情况和家庭情况简单介绍即可。对于自己的专长、经验、能力、兴趣等，要详细介绍。为了取得对方的信任，有时还应举例说明。比如，大学期间发表过的论文，获得的奖励，承担的社会工作或某些工作经验、社会阅历等。要突出自己的优势和闪光点，因为与众不同的东西，可能就是你的魅力所在。平铺直叙，过分谦虚，有碍于用人单位对自己进行客观全面的了解和正确评价，则容易把自己埋没在庞大的求职大军之中。

③ 真实全面原则。闪光点是要突出，但介绍自己各方面的情况时一定要实事求是，优势不羞谈，缺点不掩饰，是一说一，是二说二，客观全面，不能吹嘘或夸大。尤其是在介绍自己以往学习、工作上所取得的成果时，一定要恰如其分，否则，将适得其反。同时，自我介绍材料要全面、完整，切忌丢三落四，个人基本情况、社会关系、工作简历、学习成绩、业务特长及爱好，缺少其中任何一项都会给人一种不全面的感觉。自荐信、推荐表、个人简历、证明材料一应俱全，

才能给人以系统全面的整体印象。

④ 有的放矢原则。即针对用人单位的具体要求，强调自己的社会经验和专业所长，这样才能使招聘者相信你就是最理想的应聘者。比如用人单位招聘文秘人员，你介绍自己如何具有公关能力，就不如介绍自己的文、史、哲知识及写作才能；用人单位招聘科研人员，你展示自己的语言才能，就不如展现学业成绩和科研成果来得实在；用人单位招聘管理人员，你的学生干部经历及组织管理才能可能会更受重视。强调针对性的同时，也不能抹杀相关知识才能的作用。专业特长加上广泛的知识面和兴趣爱好往往会更受用人单位的青睐。

三、推荐的方式及内容

推荐的方式主要有学校推荐、老师推荐、亲朋好友推荐 3 种。实际上，这 3 种推荐方式，所用的基本情况、支撑材料都来自毕业生本人；用人单位初步确定人选后，面试阶段也是毕业生本人参加，所以都是间接的自荐方式。

1. 学校推荐

多年来，学校在向社会输送毕业生的过程中，与用人单位建立起了密切合作、相互信任的工作关系，再加上学校对毕业生的全面情况比较了解，而且以组织负责的形式向用人单位推荐，对用人单位具有较大的可靠性和权威性，所以较容易得到用人单位的认可。

2. 老师推荐

大学教师因掌握着较为前沿的科学文化知识，因此与社会各个阶层有着科研、教学等种种关联，他们当中的一些骨干教师与对口单位的领导或业务骨干有着较为密切的联系，或已在某个行业中具有较高的学术威望。因此，他们的推荐容易引起用人单位的重视和信任。

3. 亲朋好友推荐

随着社会的发展，人与人之间的交往日渐增多，通过父母、亲戚、朋友、师兄师姐等关系联系用人单位，可以有效地扩大求职范围，提高就业命中率。

上面介绍的几种自荐或推荐方式并不是孤立存在的，在现实的求职活动中往往要综合应用才会达到自我推荐的目的。一般来说，适当的口头自荐再加上书面自荐和学校老师的推荐，效果会好一些。

阅读材料　　　　**招聘企业挑选简历 6 大标准**

在我们的职场中，简历就好比是一个企业和个人牵线搭桥的红娘，能否顺利地找到自己心仪的工作，那就得看这个红娘的能力有几分了。在我自己长期从事人力资源招聘工作过程中总结了以下几点建议，希望能帮助在职场中求职屡遭败阵的求职者，特别是应届毕业生。

1. 过长的简历毫无作用

简历的长度和厚度：招聘者平均在每份简历上花费 1.4 分钟。一般会阅读 1 页半材料。过长的简历毫无作用，而且不容易突出重点。在简历后附上一大堆证明材料的做法并没有增加录取机会，但没有发现负面的影响。就按照我个人的一贯招聘经验，首先看的是工作经验这一项，其次看个人评价和所获培训等，因此在简历的后面附上一沓毕业证书等复印件就根本用不到，这些一般在初试通过后才要求提供。

2. 传统信件的投递效果会更佳

投递的方式：通过 E-mail 和网站递交的电子版简历，得到的关注比通过邮件要少。平均会减少 23 秒左右。此外，我们发现会有约 5%的电子简历会由于网络或其他问题没有被招聘者看到。因此，我们建议仍然通过传统的邮件方式，除非雇主明确表示出偏向性。

3. 硬性指标要过硬

选择方法：约有 20%的雇主承认他们会使用一些级别较低的助理人员来处理简历，这些人员会有一些硬性的选择标准。另有 45%的雇主认为他们进行初选时，也基本只看这些硬性指标。

常见的标准，以雇主使用的频繁程度为序：①六级英语证书；②户口；③专业背景；④学校名声；⑤在校成绩。值得注意的是：这些标准不一定会在招聘要求中注明，但自己心里一定要有数，相关的信息一定要全。

4. 外企重视英语和学校

关注要点：中国的公司和外资企业的关注点有一定区别。总的来讲，外企更重视英语和学校名声，中国公司看重专业和户口。越是热门的公司，其往往对在校成绩更关注。建议大学生制作不同的简历来突出不同的要点。

5. 总体印象重要所学课程次要

简历内容：只有 23%的人能在半小时后大体描述它所看过的简历上学生具体活动和职位。他们只有一个对学生性格的总体印象。所以：是学生会副主席还是部长并不重要，关键是你不要给人留下一个书呆子的印象。但如果说谎，也容易出局。

很多简历上会列出自己的学习课程，只有 4%的公司会仔细阅读。专家建议：你可以列出，但必须是重要的，而且不要超过一行。

6. 简历表达好，增加录取机会

表达能力：我们发现符合要求的表达非常重要。同一个人的简历，经过专家修改，可以增加 43%的录取机会。简历的常见问题是：表达不简洁，用词带过多感情色彩，英语表达不规范，过长无重心，格式不规范等。

资料来源：吴毅斐. 天津日报网 http://past.tianjindaily.com.cn

思考题

一、自己动手做一份简历

如何制作简历，在简历中你应该列示什么项目，而哪些项目无须出现在简历上？包括你如何找到自己经历中的亮点来映衬你的简历以及如何选取自己相关经历来证明你所具备的核心优势，请按照下面的指导，做一份简历。

1. 选择简历项目

你准备在简历中写哪些内容？请在选中的项目后面画"○"（见表 5-1），并思考为什么要选择这些项目，然后比较你和其他同学的选择，讨论为什么会有不同。

表 5-1　简历项目

简 历 项 目	是 否 选 择	简 历 项 目	是 否 选 择
性　别		实习公司名称	
籍　贯		实习职位	
身　高		具体的工作内容	
体　重		取得的成果	
民　族		在公司获得的奖励	
政治面貌		获得工作的原因	
固定电话		介绍实习公司	
手　机		社团名称	
电子邮件		社团工作头衔	
住　址		社团工作内容	
邮政编码		社团工作成果	
照　片		发表的论文	
求职目标		参与的项目	
自我评价		参加的学术会议	
毕业学校		发表的著作	
专　业		英语四、六级	
班级排名		外语口语	
学 分 绩		计算机等级考试	
入学成绩		TOFEL、GRE、ITIS	
奖 学 金		兴趣爱好	

2．突出核心优势。在所有经历中，选择两个核心优势

核心优势一：_____

核心优势二：_____

跟身边的同学交流，询问他们对你的优势的看法，他们的意见是否与自己的选择相同？如果有不同，讨论意见不同的原因。

3．组织优势的证据

确定需要表现的核心优势之后，组织可以向公司证明这些优势的证据，证据可以是自己的实习经历，在工作中承担的责任，取得的成果，或者是公开发表的文章，获得的奖励。

证明优势一的证据：

①_____

②_____

③_____

证明优势二的证据：

①_____

②_____

③_____

4. 为简历选择一个漂亮的格式

××大学
姓　　名： 籍　　贯： 出生年月： 电　　话： 电子邮件： 通信地址： 邮　　编：
教育背景 　　2001 年 9 月～2004 年 7 月　　××大学××学院××××专业 　　　　学分××，专业排名第×， 　　2003 年　　　获得××××奖励 　　2002 年　　　获得××××奖励 　　2001 年　　　获得××××奖励
社会实践 　　200×. ×　　　××××公司××××职位 　　200×. ×　　　××××公司××××职位
社团活动 　　200×. ×　　　××××协会××××职位 　　200×. ×　　　××××协会××××职位
专业研究 　　200×. ×　　　　　　　参加《××××》 　　200×. ×　　　　　　　发表《××××》

二、你选择 offer 的指标是什么？

每个人都有自己的不同的选择 offer 的标准，如何做出选择，必须遵照每个人自己心底深处的声音来判断，所谓："没有最好的选择，只有最适合的选择"也正是这个道理，你选择 offer 的指标是什么？

每个人选择 offer 时都会有自己的考虑，你的考虑是什么？请在你认为重要的指标后画○（见表 5-2）。也可以根据自己的情况重新设定指标。

表 5-2

选择 offer 的指标		你的选择
工作本身	所在行业的未来发展	
	公司的经营状况	
	企业类型	
	未来的职业发展	
	薪酬福利	
	工作地点	
	工作内容	
	人际关系复杂度	
	公司形象	
自己的因素	对公司产品的好恶	
	身边人对公司的评价	
	与亲人的距离	
其他因素	是否解决户口档案问题	
	录取的人数	

　　选择之后，为每个指标确定权重，权重的意思就是这个指标相对与其他指标的重要程度，所有指标的权重总和为 100，如果只选择了三个指标，权重可能是 30:30:40 或者 10:30:60 等。

　　在表 5-3 中，为你选中的指标分配权重，当需要对一个 offer 进行抉择时，可以对每个指标进行打分（总分为 10），所得到的分数乘以权重就是这个指标的分数，汇总所有指标的分数就是你对这个 offer 的评价。

表 5-3　权重分配

你所选择的指标	为指标分配的权重	给指标的评分	指标的得分
指标 1	10	8	80
指标 2	15	6	90
指标 3	8	9	72
指标 4	30	3	90
指标 5	20	5	100
指标 6	7	8	56
指标 7	10	10	100
对这个 offer 的总体评价			588

　　事先设定一个可以接受的评价值，如果评价结果高于设定的值，那么这个 offer 就是可以接受的。面临多个 offer 选择时，得分最高的就是自己想要的。

第 六 章

面试与笔试

Chapter 6 ——————

    面试和笔试是人才供求过程中两个重要阶段，随着社会的进步和发展，人才招聘的方法、程序和步骤越来越规范，面试和笔试的内容将会更加丰富，形式将会更加多样，在人才供求过程中的作用将会得到进一步发挥和体现。

第一节　面试的种类和准备

面试是一种经过招聘单位设计的，以谈话为主、观察为辅了解应聘者素质和相关信息为目的的测试方法。面试不仅考核一个人的业务水平，而且可以面对面地观察求职者的口才和应变能力等多方面的素质，所以多数用人单位对这种方式更感兴趣。

一、面试概述

面试不同于日常的观察、考察，也不同于一般的口试和面谈。求职者在面试前要做好充分的准备工作，知己知彼才能百战不殆。

1. 面试的含义

面试是毕业生在找工作时所要面临的一个重要环节，是用人单位在规定的时间和空间内通过当面交流来考核应试者的一种招聘测试。通过面试，用人单位不仅可以直接了解应试者的面貌和举止，而且可以了解应试者的总体素质和各方面的才能。同样，对于毕业生来讲，面试是一种综合性极强，集多种知识、能力于一体的多方面考核方式，是对自己多年的学习、实践成果的一次检验。面试时的表现往往影响到应试者和用人单位能否成功建立聘用关系。然而，在高校毕业生求职面试的实践中，往往有一些素质不错的毕业生，由于缺乏面试技巧和必要的准备，过不了面试关。因此，学习和掌握面试技巧，做好充分准备，对于应对面试这一难关是非常重要的。

2. 面试的特点

（1）面试以谈话和交流为主要手段。

谈话是面试过程中的一项非常重要的手段。在面试过程中，主考官精心设计谈话题目，应试者应当恰当、顺畅地回答主考官提出的问题。在面试过程中，主考官会运用自己的感官，特别是视觉和听觉，观察应试者的非语言行为，进而通过人的表象层面推断其深层心理。

（2）面试交流具有直接互动性。

面试过程中，主考官和应试者面对面交流，双方的接触、观察直接互动，信息交流和反馈也相互作用，因此，应试者的语言及行为表现与主考官的评判直接相连。面试的这种直接互动性提高了主考官与应试者之间相互沟通的效果与面试的真实性。

（3）面试内容具有灵活性。

面试的内容具有灵活性，一方面，由于不同的职位对人有不同的要求，面试可以根据职位特点灵活地采用不同方式去考查应试者；另一方面，面试内容应根据应试者表现灵活把握。虽然面试内容需经主考官事先拟定，以便有的放矢，但在面试过程中又要因具体情况而异，灵活调整；既能让应试者充分展示自己的才华，又要达到用人单位自己的意图。

（4）面试是一个双向沟通的过程。

面试是主考官和应试者之间的一个双向沟通的过程。在面试过程中，应试者不是一个完全被动的角色。主考官可以通过谈话和观察来评价应试者，应试者也应通过主考官的行为来判断其价值判断标准、态度偏好、对自己表现的满意度等，来调节自己在面试行为中的表现。同时，应试者也可以借此机会了解自己想要知道的信息，以此决定是否可以接受这一工作。

二、面试的形式

无论在国企面试还是在外企面试，面试所采取的形式一般是如表 6-1 所示的一种或几种形式的组合。

表 6-1　面试的形式

面试形式		企业类型			
面试进程	面试形式	国有企业	外资企业	公务员	民营企业
第一轮面试（淘汰性面试，一般由初级 HR 担任面试官，主要是确认简历内容，选择合适的应聘者推荐给上级）	一对一		√		√
	一对多	√	√	√	√
	小组讨论	√	√		
	辩论赛		√		
	口头演讲		√	√	
	团队游戏		√		
	群面	√	√		
第二轮面试（选拔性面试，由 HR 主管或用人部门主管担任面试官，考察学生的能力是否符合工作需要，初步做出录用与否的决定，供上级作最后的判断）	一对一	√	√		√
	一对多	√		√	
	小组讨论	√	√		
	辩论赛		√		
	口头演讲		√		
	团队游戏	√	√		
	共进晚餐		√		
第三轮面试（决定性面试，由最高层领导担任面试官，考察学生个性和价值取向。正式做出录取与否的决定）	一对一	√	外企一般只进行两轮面试。淘汰性一面和为期一天的评估中心（AssessmentCenter）	√	√
	一对多			√	
	小组讨论	√			
	共进晚餐	√			

这个表只是给大家一个概括的印象，大体知道不同类型企业面试的形式。可以看得出来，国有企业面试环节比较多，一般在三次或三次以上，但也有例外的情况，比如中国人寿就只有一次一对多的面试；外资企业的面试程序相对规范，面试的类型比较多，难度也更高；公务员面试形式比较固定，多数为一对多或者多对一的面试，通常面试一至两次；民营企业由于申请人数不像前 3 种那么多，面试多采取一对一或一对多的形式，比较简单。

三、面试前的准备

俗话说：不打无准备之仗。面试前的准备相当必要，大致有以下几个方面。

1. 深入了解用人单位

古人说：知己知彼，百战不殆。面试和打仗有着同样的道理，因此，在面试前了解用人单位的情况非常重要。一般来说，毕业生可通过用人单位的宣传资料、网站、报纸、杂志、广告宣传手册和新闻媒体的报道等渠道来了解用人单位的性质、规模、特色、组织机构、金融状况、发展前景、企业信誉等情况，了解用人单位对员工的工作要求、职责以及给予员工的报酬、培训等情况，了解用人单位招聘职位的性质、工作内容、所需知识和技能等。若事先对这些情况一无所知或知之甚少，则在面试时容易处于被动境地，也容易对用人单位招聘人员造成你不关心我单位的不良印象，从而影响面试成绩。

2. 充分准备材料

参加面试要带好个人简历、自荐信、成绩单以及有关证书等材料。例如，各类获奖证书，外语、计算机、职业技能等级证书。如果应聘外资企业，最好将自荐信、个人简历等材料准备为中英文对照格式。即使曾经发过求职信和个人简历，也应该再带上一份材料，以备用人单位查看。

3. 面试训练准备

刚毕业的大学生缺乏求职面试经验，在面试前有必要进行一些面试技巧训练，面试技巧的训练包括学习聆听、敏捷反应、沉着应对、说话具有条理性、得体的举止、面试礼仪等。大学毕业生可以通过学校就业指导课或讲座来学习、查阅有关面试的指导书籍、模拟面试等途径进行训练。

4. 面试状态的调整

（1）调整心情。

面试时一定要精神饱满，在参加面试前要适当放松，洗澡、理发，搞好个人卫生，调节自己的生活规律，保证充分的休息时间，以饱满的精神状态面对主考人员。

（2）准备好面试服装和物品。

准备好面试的服装、公文包、皮鞋及笔、记事本，甚至准备好第二天的早餐等。

（3）独自前往。

在各类面试及咨询中，一定不要让自己的父母或亲戚朋友陪同，要独自前往。这样可以避免用人单位怀疑个人的独立能力和自信心。

（4）遵守约定的时间。

参加面试，最好比约定时间提前到达面试地点（一般提前 10 分钟到达），以稳定自己的情绪和做好面试准备。到达用人单位后礼貌对待前台接待，在规定的地方等候，不可随意走动。如果有意外情况，最好能够在面试前通知用人单位，告之自己不能准时到达面试地点。

阅读材料　　　　　　**面试前要做 10 件事**

要得到任何一个职位，必须经过面试这一关，短短几十分钟的面试也许就决定着你的职业生涯，当你接到企业的面试通知电话后，应该做什么呢？

1. 接到面试通知电话时一定要问清楚应聘的公司名称、职位、面试地点（包括乘车或开车的路线）、时间等基本信息，最好顺便问一下公司的网址、通知人的姓名和面试官的职位等信息。最后，别忘了道声谢。这里提醒大家，尽量按要求的时间去面试，因为很多企业都是统一面试，如果错过机会可能就错失了。

2. 了解公司背景，包括企业所属行业、产品、项目、发展沿革、组织结构、企业文化、薪酬水平、员工稳定性、发生的关键事件等，了解越全面、深入，面试的成功率就越高，同时，也有助于对企业的判断（人才和企业是双向选择的关系）。

3. 应聘职位情况包括应聘职位的职位名称、工作内容和任职要求等，这一点非常重要，同一个职位名称，各家企业的要求是不尽相同的，了解越多，面试的针对性就更强。

4. 在亲友和人脉圈（包括猎头）当中搜索一下有没有熟悉、了解这家企业的，他们的感受或了解无疑具有非常重要的参考价值。

5. 这里要说明的是，去招聘会或网上投简历时，最好有个记录，包括应聘的企业和职位、哪份简历投的，哪些企业招聘会上做过简单面试，面试官是谁，面试内容是什么，提过多少待遇要求等。在接到面试通知时，马上查看一下。

6. 如果是应聘高管职位，最好能了解一下老板的相关背景和个性风格等（一般情况下，老板肯定是面试高管的最后一关）。笔者在面试猎头职位候选人时，就有很多候选人询问老板的年龄、性别、籍贯、风格，甚至成长背景等情况。

7. 学习一些实用的面试技巧。关键要在3~5分钟内如何做自我介绍、如何尽可能展现自己的优势和实力，给面试官一个选择你的理由。对一些常见的面试问题要有应对的准备。最好能做个模拟面试演练，在亲友中找个在企业做经理或 HR 的做个现场评判，提提建议，以便发现问题，及时调整。

8. 每家企业有不同的企业文化和对人才的软性倾向，有强调沟通协调力的、有强调执行力的，也有强调团队协作或职业感的等，虽然每个人的风格已经基本定型，但面试时不妨适当做有针对性的表现。

9. 估算一下路途时间，一定要留出富裕时间，绝对不要迟到，也不要太早到达，最好是提前5~10分钟进场。如因堵车等原因不能准时到达，也要电话说明情况，请求谅解。

10. 一定要充满自信，记住自信不一定成功，但不自信一定失败。心态上要平和一些，积极一些，成熟一些，不要紧张（只有放松才能把自己的东西发挥出来），让人感到你既有才干，又敬业厚道就行，毕竟谁也不会喜欢虽然有才但却不让人放心的人。

资料来源：《资深猎头：面试前要做十四件事》. 新华网 http://news.xinhuanet.com

四、面试的难点与应对方法

尽管应聘面试前做了大量的准备工作，但是还会有可能出现一些意想不到的情况，若处理不好会直接影响面试的结果。这里介绍几种常见情况，以利于毕业生有针对性地加以准备。

1. 精神紧张及克服的办法

几乎95%以上的毕业生在接受调查时都承认自己在面试时精神紧张，精神紧张已经成为大学毕业生面试时需要战胜的最大敌人。在陌生的环境，被陌生的人提问，表现如何事关自己今后一段时间的发展前途，这种情况下产生紧张的情绪是正常的。适度的紧张可以促使毕业生更加集中注意力投入面试，但紧张过度则对面试极为有害，不仅使应试人注意力不集中，甚至可能将事先准备的内容忘得干干净净，头脑一片空白。以下两种方法可以帮助面试者克服紧张情绪。

（1）做好准备，从容镇定。

预计到自己临场可能会紧张，应事先请有关教师或同学充当主试人，举办模拟面试，找出可能存在的问题与不足，增强自信心。

不要将一次面试的得失看得太重要，要知道，虽然你自己紧张，你的竞争对手也不轻松，甚至可能不如你。同等条件下，谁克服了紧张情绪，大方、镇定、从容地回答每一个提问，谁就会取得胜利。

（2）不要急着回答问题。

主试人问完问题后，应试人可以考虑5~10分钟后再作回答。对某些一时难以回答的问题，可用比较委婉的语气避开，这也是一种诚实机智的表现。

回答问题时语速不可太快，否则容易使思维与表达脱节，也容易表达不清。这些情况会增加紧张情绪，导致面试难以取得应有的效果。应切记面试时讲话要不急不慢、逻辑严密、条理清楚。

2. 遇到不清楚的问题及解决办法

如果应试者不知如何回答主试人提出的问题，可以婉转地问主试人是否指向某一方面，但不可胡乱猜测，信口开河。如果真是一点也不清楚怎么去回答，就应实事求是地告诉主试人，这个方面的知识未接触过。作为主试人，他可以理解你的回答，因为世界上没有人什么都懂，况且，这样的问题该不该提出来还是个疑问。

3. 讲错了话及改正的办法

人在紧张时很容易说错话。若讲错的话无关大局，无伤大雅，就不要太在意，继续专心应付下一个提问，而不必耿耿于怀，提心吊胆，不能因一个小错误而影响了大局。若应试人感觉说错的话比较重要，则应该及时道歉，并表达出你心中本来要讲的意思。对主试人而言，他可能更欣赏你坦诚的态度，或许你会因此而博得了主试人对你的好感。

4. 几位主试人同时提问怎么回答

遇到几位主试人同时提问，一些经验不足的应试者会胡乱地选择其中问题之一或部分加以回答，结果自然不能让所有主试人都满意。在这种情况下，既要逐一回答，又要显得有礼貌。你可以说：对不起，请让我回答甲领导的提问，然后再谈乙领导的问题，可以吗？回答哪位领导问题在先，哪位在后，一般应先回答主考官的问题。当然，你也可以按发问的先后次序回答。回答问题时，应试人的目光主要和发问的主试人进行交流，但也要适当顾及其他领导，让他们觉得，你是和所有主试人在交流。同时，还应逐一观察提问者的反应和面试室内的气氛，以便随时调整谈话的策略和方式。

总之，面试时不论遇到什么情况，应试人都应沉着冷静，镇定自若地加以处理，千万不能惊惶失措。只要认真对待，定能化险为夷。或许这就是你获得主试人欣赏的契机。

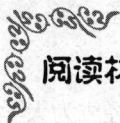

阅读材料　　　　　成功面试三法则你知道吗？

面试是踏入职场的第一步，成功与否决定你以后的发展道路。

法则一：你是找工作不是发传单

现在很多毕业生找工作时，总是抱怨复印简历需要花费大量的金钱，而且大多还是石沉大海。如果你只是想找个工作，或许可以把自己的简历像传单一样发给每个过往招聘的单位；如果是想找到好的工作，那么建议最好是有选择地投简历。这样省钱也省精力。而且也容易以好的精神面貌出现在主考官面前。

法则二：你是去面试不是去聚会

去面试时，你的仪表很重要。有的女孩子打扮得很漂亮，只是那种漂亮有些不合时宜，舌头上都打了好些的小洞洞。也有人化着浓妆，说话装腔作势，本来可以好好回答的问题，非要拿腔拿调，这些在面试时都是比较忌讳的。上班族的服饰，不被人关注就是最大的亮点。得体是一个公司职员起码应该做到的。

法则三：你是求发展而不是去乞讨

在当今这个竞争激烈的社会，工作大多时候是为了生存，只有在生存的基础上才可以谈发展。当对方问你理想月薪时，千万别说够吃够喝够租房就行，这样的概念实在是很笼统，也不要头脑发热说个过高的数。而是说出你的真实想法，如果你想月薪在 3000 元左右，那么你不妨说 2500 元到 3500 元。让彼此都有一个选择的空间。

面试考察的是一个人的综合能力和素质，而不是某一方面的才能。面试时，不要以一个卑微的身份去乞求一份工作。

在结束面试离开时，要对主考官们说谢谢，要报以最真诚的微笑。

资料来源：辽宁省就业网 http://www.jyw.gov.cn

第二节　面试礼仪

穿着和举止打扮可反映出一个人的修养和生活风格，仪表往往能决定招聘者对应聘者的第一印象。

一、面试仪表

面试是比较正式的接触，求职者应该懂得仪表的重要性，他直接影响主考官对求职者印象的好坏，进而决定是否录用。

1. 服装服饰

服饰能够反映出一个人的文化水平、修养和气质，它是一种重要的体态语言。从某种程度上来讲，外表装束更能反映一个人的心态。

应试者参加面试时应做到着装整洁、大方、符合职业形象。要做到服饰得体，仪表整洁。服饰搭配协调，比较适合大学毕业生的面试需要。在应聘不同岗位时，衣着应与之搭配。根据所应聘的工作性质和类型，确定自己的穿着，这是一个较稳妥的做法。不同的职业对人的要求是有差异的，而这种差异同样体现在穿着上。尽管没有成文的规定来划定对某种职业的穿着标准，但人们的心理上确实存在着各种各样的模式化的思维。观察一下就可发现，从事不同职业的人一般有着不同的穿着特点。因此，求职者的穿着最好是与所求工作的性质和环境相一致。例如，应聘车间里搞安装之类的具体操作岗位，应穿朴素一点；去广告公司应聘，则不应穿古板落俗的衣服。若从事比较活泼的行业，如营销，则上衣与搭配的裙子或长裤未必要同色，也可以有些图案。

应试者的衣着服饰要注意以下几个方面。

（1）女同学忌讳上衣与裙子都花花绿绿的，避开大红、橙色或粉红、紫色等颜色。

（2）男生穿深色西装，领带、衬衣袖口要注意清洁。

（3）尽量减少佩戴首饰。

2. 化妆与发型

化妆与发型也很重要。面试前，应整理仪容，头发清洗干净，梳理整齐，不要染怪色头发。男同学不要留小胡子，不要留长发。女同学不要浓妆艳抹，不要用浓烈的香水，女性应聘适宜化淡妆。

二、面试举止

举止是无声的语言，主要通过人的表情、姿势、动作等表现出来，它是一个人是否具有修养的表现。

面试时应注意以下几方面。

1. 敲门进入面试室

轮到你面试时，应在面试室外轻轻敲门（面试室的门一般是关着的），得到许可后方可进入面试室。注意敲门不可用力太大，也不可未进门先将头伸进来张望一下再进门，更不可大大咧咧地直接推门而入。进门后，应轻轻地转过身去关上门。

2. 主动与主考官打招呼

可点头微笑，也可问候（如上午好、下午好、各位领导好等），要有礼貌地告诉主考官自己是谁，做到举止大方，谈吐高雅，态度热情。需要注意的是，面试时不要与主考人握手，除非主考人员主动伸手与你握手。

3. 回答问题时精神集中

面试时回答问题要集中精神，力求给对方以诚恳、沉稳自信的印象。老老实实讲出自己能做什么，不能做什么，切忌含糊其辞。根据听者的反应适时调整自己的语言表达方式，冷静地保持不卑不亢的风度。

在语言方面，毕业生谈话的内容和说话的方式同等重要。只要讲话条理清楚，并通过表情、语调、声音等诸方面的配合，传达出自己真诚、乐观、热情、大方的态度，就会收到良好的效果。

4. 微笑待人

微笑是一个无言的答语，它表示欣赏对方的盛情，表示领略，表示歉意，也表示赞同。微笑是自信的象征，是心理健康的表示或标志，微笑待人是礼貌之花，是友谊之桥。

初次见面，微微一笑可以解除精神和肉体的紧张，给人以亲切自然的感觉。

面对消极防御和排斥他人的主试人，微微一笑可以使他解除戒备心理，使双方的心理距离迅速缩短，所以，求职时面带微笑会提高成功率。

5. 面试时的姿势

站有站相，坐有坐姿，进入面试室落座后的姿势也非常重要。正确的坐姿是，全身放松，两腿自然并拢，手放在膝上，挺直腰板，身体微向前倾，既不可坐得太浅，也不能坐得太深。坐浅了容易使自己紧张，导致注意力不集中，坐深了斜倚在靠背上给人以懒散感。正确的坐姿，让人看见后会感觉到应试人精神振奋，朝气蓬勃。注意不要有小动作，如下意识地看手表（让主考人觉得你对面试或提问有些不耐烦）；或坐着时双腿叉开，摇晃不停；或大腿跷二腿，不住地抖动；或讲话时摇头晃脑；或用手掩口；或用手不住地挠后脑勺；或不停地玩弄随身携带的小物件等。这些小动作会使主试人分神，并很有可能引起他们的反感。

重要提示 　　坐的规范要求：上体正直，头部端正，双目平视；两肩齐平，下颌微收，双手自然搭放。

---

6. 认真地倾听并注意目光的交流

面试时与主试人员保持视线的接触，是交流的需要，也是起码的礼貌，更是应试人自信的一个表现。面试时若回避对方目光，会被主考人认为你或许太胆怯，心中无底；或许太傲气，不将主试人放在眼中。正常状态下，应试者应将大部分时间望着向自己发问的那位主试人，但不要一直将目光盯着对方的眼睛，这会让人觉得你太咄咄逼人，会被认为向主试人挑战，正确的方法是把目光放在对方额头或鼻梁上方，保持目光的自然轻松、柔和，传达出你的真实思想，这样会让对方觉得你是在聚精会神地和他交流。

7. 微笑告辞

当主试人示意面试结束时，应微笑起立，感谢用人单位给予你面试的机会，然后道再见，没有必要握手（除非主试人员主动伸出手来）。如果你进入面试室时有人接待或引导你，离开时也应一并向其致谢、告辞。

8. 面试的后续礼仪

面试结束一两天之内，根据需要可以向面试人员和其他人员写封感谢信，但不是必需的。内容包括：简短重申你的优点和你对应聘职位十分感兴趣，你能为用人单位做出的具体贡献以及希望早点能听到用人单位的回音。感谢信最好在面试结束后 24 小时内发出。哪怕你预感可能落选了，寄一封短信说明你即使没有成功但也很高兴有面试机会。这样做不仅仅是出于礼貌，而且还能使接见者在其用人单位出现另一个置位空缺时想到你，为自己创造一个潜在的就业机会。

例如，面试后的感谢信可以参照如下格式书写。

尊敬的××先生：

感谢您昨天为我的面试花费的时间和精力。我觉得和您的谈话很愉快，并且了解到很多关于贵公司的情况，包括公司的历史、管理形式以及公司宗旨。正像我已经谈到过的那样，我的专业知识、经验和成绩对公司是很有用的，尤其是我的刻苦钻研能力。我还在公司、您本人和我之间发现了思想方法和价值取向上的许多共同点。我对贵公司的前途十分有信心，希望有机会和你们一起为公司的发展努力工作。

再一次感谢您，并希望有机会与您再谈。

学生：×××
年　月　日

重要提示　　求职礼仪并不仅仅是穿什么衣服，化什么样的妆，也不仅仅是会说几句客套话，而是要有发自内心地对他人的尊重和关注，并要使他人感受到受尊重和被关注。

---

9. 准确体会面试官的意图

面试过程中面试官每问一个问题，一定是有自己的意图的，不可能信手拈来，一般来讲，面试官问到的问题会如表 6-2 所示。

表6-2　面试问题分析

问题的类型	代表性问题	问问题的意图	回答的方法
询问过去的经历	你能用两分钟做一个简单的自我介绍吗	他概述和表达的能力怎么样？是不是准备好了背给我听	简洁，突出自己的核心优势
	过去最成功的事情是什么	他是个成功的学生吗？对成功的评价方法是不是和我们一致	慎重选择，符合公司文化
自我评价	你怎么认为你对我们有价值呢	他愿意脚踏实地地工作吗	表示从基层做起的愿望，而不是战略规划
	最大的优点是什么	他的能力和我们的岗位是不是匹配呢	选择符合岗位需要的优点
处理矛盾	你通常如何处理别人的批评	他善于排除人际关系的困扰吗	坦诚接受并努力改正缺点
	你不愿意跟哪类人交往	他是个合群的人吗	争取跟所有人沟通，对事不对人
考察知识	营销的4P是哪些	看看他基本的知识是不是扎实	尽可能使用完整、标准的定义，适当举例
	为什么人民币坚持不贬值	他对热点问题关注吗？有没有自己的想法	能够把握最新的动向，提出自己的想法
分析问题的思路	请谈谈大学的作用	他能不能从宏观上把握问题？思维结构完整系统吗	思路清晰完整，从结构上入手，而不是细节
	全国每年卖多少支牙膏	他能想出几个方法来？他的思路缜密吗	想出两种以上的方法，方法不能有漏洞
未来的打算	你的职业生涯目标是什么	他对未来有什么规划？符合我们公司的情况吗	一步一个脚印在公司里慢慢成长
	有创业的打算吗	他是不是富有开拓精神？他准备在我们公司干多久	谈自己对创业的看法，表示暂时没有打算

第三节　笔　试

在招聘的过程中，笔试也是很重要的一个环节。笔试主要适用于应试人数较多、需要考核的知识面较广或需要重点考核文字能力的情况。大企业、大单位大批量用人，国家机关选聘公务员，往往采用此种考核形式。

一、笔试的准备

了解笔试的相关知识和技巧，可以帮助应聘者从容应对笔试，取得好成绩。笔试的准备主要包括身心准备和知识准备两部分。

1. 身心准备

一般来讲，进行笔试的身心准备时应注意以下几方面。

（1）平时认真学习，扩大知识面。

良好的笔试成绩来自于平时的努力学习。在学校期间应努力学习，掌握专业知识和技能，不能指望临时抱佛脚，靠猜题押宝取胜。大学的学习不仅仅是专业课，更多的在于四年如一日的各方面知识的学习与积累，并注意多方面了解社会信息。课堂学习只占大学学习的一部分，大学期间还要学会如何学习。有了平时的知识积累，笔试时无论用人单位从哪方面进行知识考查，应试者都会信心十足，应对自如。

（2）笔试前进行必要的复习。

复习已学过的知识是准备笔试的重要方式。有些已学过的知识可能已经淡忘，经过简单的复习，有助于恢复记忆。从考试的准备角度讲，知识可以分为靠记忆掌握的知识和靠不断应用来掌握的知识，用人单位比较重视考核应试者对所学知识的应用能力。一般说来笔试都有个大体的范围，可围绕这个范围翻阅一些有关的图书资料，并注意运用知识解决实际的问题。

（3）保持良好的身心状态。

参加笔试需要良好的心理素质。求职笔试虽然不同于高考，但却是用人单位挑选招聘人选的重要参考。临考前，一要正确评价自己，树立自信心，调整好心理状态；二要保持充足的睡眠。可以参加一些文体活动，从而使高度紧张的大脑得到放松休息，以充沛的精力去参加考试。

2. 知识准备

进行笔试的知识准备时应注意以下几个方面。

（1）学以致用，理论联系实际。

求职笔试多是考查学生综合运用所学知识解决实际问题的能力。因此，应试者平时应注意培养运用所学的知识分析、解决问题的能力和实际动手能力。

（2）提纲挈领，系统掌握。

把与招聘职位相关的各方面知识进行认真梳理，以便全面把握。注意提纲挈领，掌握重点，提高效率。

（3）多读多练，提高阅读能力。

复习时广泛阅读相关知识，扩大知识面，提高阅读能力，以备应试时能应付自如地回答各类问题。

（4）敏锐思考，提高快速答题能力。

笔试不仅考查知识的储备，更要求答题的速度。招聘考试中的题量较大，应试者还应该培养自己快速阅读、快速思维、快速答题的能力。

二、笔试的种类

根据考核的方向和内容不同，笔试可以分为专业考试、心理测试、技能测验、命题写作、公务员考试等不同类型。

1. 专业考试

这种考试主要是为了检验应试者专业知识水平和相关的实际能力。一般的用人单位看毕业生的成绩单就可以大致了解其知识水平，但有一些专业性要求比较高的用人单位，需要通过笔试的方式对求职的毕业生的专业水平进行考核，这种考核方式已被愈来愈多的热门用人单位所采用。例如，外贸外资企业招聘职员要考外语水平，金融单位要考金融专业知识，公检法机关录用干部要考法律常识等。

2. 心理测试

心理测试一般是要求被试者完成事先编制好的标准化问卷，根据完成质量来判定其心理水平或个性差异的方法。一些用人单位常常以此来测试应试者的态度、兴趣、动机、智力、个性等心理素质，有些用人单位还用以考察应试者的观察能力、综合分析能力、思维反应能力等。

3. 技能测验

技能测验实际是考查毕业生动手能力和实践能力，包括毕业生熟练操作和使用计算机、英语会话和阅读能力，以及在财会、法律、驾驶等方面的能力。

4. 命题写作

用人单位通过论文或公文写作考查应试者文字表达能力及分析归纳能力。比如限时写出一份会议通知、请示报告或某项工作总结，也可能提出一个论点，让应试者予以论证或辨析等。

5. 国家公务员考试

公务员的录用考试一般分两步进行。第一步是全国或全省统一的资格考试，考试的内容综合性较强，包括综合知识和行政能力倾向测试等，题目量很大，全凭毕业生的反应能力。公务员的统一考试就如一张入场券，是去某一个机关成为一名公务员的必备资格。第二步是达到了规定分数线的毕业生，可参加用人单位的面试，一般由单位组织相关人员与毕业生进行面谈。

三、笔试的方法和技巧

笔试的主要内容首先是基础知识和专业知识，其次是与招聘单位相关的某些知识。参加笔试时主要应注意以下几点。

1. 增强自信心

缺乏自信心往往会导致笔试怯场。客观冷静地对自己进行正确评估，就能克服自卑心理，增强自信心。应聘笔试同高考不同，高考是一锤定音，而参加笔试则可以会有多次机会，因此没有必要过分紧张，而是要适当放松心情，调整好精神状态去应试。

2. 做好针对性准备

笔试内容具有不确定性的特点，因此没有办法进行深入复习，但考试前可以训练一下自己的答题速度，还可以站在用人单位的角度来思考可能的考核内容。如有条件，还可以提前熟悉一下考场环境，有利于消除应试时的紧张心理，同时还应了解考场注意事项，尽量按要求做。除携带必备的证件外，一些考试必备的考试证件和文具（钢笔、橡皮等）也要准备齐全。

3. 要掌握科学的答卷方法

拿到试卷后，首先应通览一遍，了解题目的多少和难易程度，以便掌握答题的进度，合理安排答题时间；然后按照先易后难的原则安排答题顺序，审题要认真；不要被难题所困而耽误时间，最后要尽可能留出时间对易错的地方进行复查，注意不要漏题；答题时行距和字迹不要太小，卷面字迹要力求认真清晰。因为笔试不同于其他专业考试，有时招聘单位并不仅仅在意应试者考分的高低，认真的态度、细致的作风，新颖的观点也会大大增加被录用的可能性。

四、国家公务员录用考试

国家机关公务员考试包括笔试和面试两部分。其中笔试内容可以分为：行政职业能力倾向测试、综合知识、公文写作及新增加的心理素质测验4部分。

1. 行政职业能力倾向测试及应试技巧

行政职业能力倾向测试（Administrative Aptitude Test，AAT）主要是考查考生适应职位要求的一般素质与能力。职业能力倾向测试被广泛应用于各种领域的人才选拔配置活动中，它可以有效地测量人的某种潜能，从而预测人在一定职业领域中成功的可能性，或者筛除在该职业活动领域中没有成功可能的个体。

行政职业能力倾向测试具有涉及面广、数量多、答题时间紧的特点，这主要是由行政职业能力倾向测试的内容决定的。

行政职业能力测试的内容分为5大部分，即知觉速度与准确性测试、数量关系测试、资料分析测试、言语理解与表达测试、判断推理测试。

（1）知觉速度与准确性测试是测察应试者对事物的细微特征进行快速、准确地识别和判断能力的一种测试。知觉速度与准确性测试属于速度测试。

（2）数量关系测试主要测查应试者对数量关系的理解与计算能力的一种测验。数量关系测试所涉及的知识和所用材料基本上属于小学数学知识范围内。

（3）资料分析测试主要测查应试者对各种资料（主要是统计资料，包括图表和文字资料）进行准确理解、转换与综合分析能力的一种测验。

（4）言语理解与表达测试主要考查应试者对言语的理解与运用能力的一种测试形式，主要有选词填空、语句表达和阅读理解3种题型。

（5）判断推理测试主要是对应试者逻辑推理判断能力的一种测试形式，主要有事件排序、常识判断、图形推理和演绎推理4种题型。因此，这一部分在整个测试中占有重要位置。

解答此类试题时一般不需复习，但可以熟悉各种题型和答题技巧，进行一些强化训练。答题时注意时间的分配，在准确的基础上求速度，答不完全部题目是正常的，不必为难题困住而减少答题数量。认真审题，快速准确理解题意，找出关键点。对答案之间进行比较找出区别。事先掌握一些数学运算的技巧，注意文字知识的积累，加强统计图表方面基础知识的学习。

2. 公文写作及应试技巧

（1）公文概述。

公文是国家机构与其他社会组织在公务活动中为行使职权、实施管理而制作的具有法定效用和规范体式的文件。公文的功能主要是贯彻党和国家方针、政策、发布行政法规和规章、实行行政措施、指示和答复问题、布置和商洽工作、报告情况、交流经验等。公文必须反映和处理公务，这是公文与私人文书的本质区别。

（2）公文的结构与格式。

公文的结构指公文的组织构造，具有规范性和相对确定性。国家有关机关对公文的基本构成做出了规范性要求：基本组成部分为一切公文所具备，其他组成部分可视具体情况决定取舍。

公文的基本组成部分有：标题、正文、作者、日期、印章或签署、主题词。公文的其他组成部分有：文头、发文字号、签发人、保密等级、紧急程度、主送机关、附件及其标记、抄送机关、注释、印发说明等。

公文格式是组成公文的各部分文字符号在载体上排列的规定，它规范了载体的规格尺寸、载体区域划分、公文各组成部分排列次序与编排式样、文字符号的形体及尺寸等。具体要求可参见国家公务员录用考试公共科目综合知识部分。

（3）公文写作的基本要求。

① 符合党和国家的路线、方针、政策和法律、法规以及有关规定。

② 实事求是、讲求实效。

③ 主题明确、结构完整、格式规范。

④ 用语庄重严谨、简明通顺、平实得体。

（4）公文写作程序。

① 公文写作前的准备：明确行文的目的要求，确定主题，选择文种；调查研究收集材料，选择表达方式。

② 撰拟文稿：安排结构，拟写提纲；书写文稿。

③ 审核修改。

④ 定稿签发。

3. 综合知识

（1）考试范围。

综合知识的考试范围包括：马克思主义哲学、建设有中国特色社会主义理论、社会主义市场经济理论与政策、法律、行政管理、中国国情与国策、公文处理与写作、行政职业能力倾向测试。

（2）考试目标。

综合知识主要测试作为机关工作人员应具备的知识，考核应试者是否掌握工作中需要的时事政治、中国近现代史常识、自然科学常识及国家公务员制度知识等方面的知识及基本应用能力，综合知识考试具有知识性与应用性相结合的特点。

4. 心理素质测试

心理素质是一个人整体素质的重要组成部分，心理素质测试是国家公务员录用考试新开设的科目。国家公务员录用考试中的心理素质测试是根据招考职位的工作需要而设计的，它可以从人的个性、行为特征等方面，评价被测试者适应公务员职位工作要求的程度，它是选拔国家公务员不可或缺的内容。

思考题

体验完整的面试流程

下面的求职体验的设计是针对前面提到的内容的巩固，对照表格，检验一下自己是否能够做到。在你做到的地方画"○"。

1. 面试前的准备

面试前的准备		自我判断
大　类	具体的内容	
了解公司和行业	访问公司的网站，了解公司历史、文化、用人理念	
	在网络上搜集前辈的面试经验，了解面试的形式和内容	
	找到在公司或同行业工作的前辈	
	搜集行业发展报告等，了解行业发展趋势	
自己的准备	思考是否需要重新准备自我介绍	
	针对面试官可能提的问题准备好答案	
	准备好两个向面试官提的问题	
	一套干净、整洁的套装，皮鞋	
	面试前一天适量的运动	
	洗澡、理发，做好个人卫生	
	陌生的地方提前一天踩点	
	准备面试物品：两份简历、笔记本、钢笔	

2. 面试中的细节

面试中的细节		自我判断
大　类	具体的内容	
精神面貌	保持微笑	
	坚定有力地与面试官握手	
	抬头挺胸，坐姿沉稳	
	没有小动作	
	与同去面试的同学互相认识	
与面试官的沟通	保持与面试官的眼神沟通	
	引导面试官的思维	
	回答问题之前先揣摩面试官的意图	
	对每个问题有自己完整的思考路径	
	能够化解面试官设置的问题陷阱	
争取加分的项目	面试官对你提出的问题很满意	
	拿到了面试官的名片	
	礼貌地对待公司的所有人员	

3. 面试后的善后

面试后的善后		自我判断
大　类	具体的内容	
感谢面试官	如果必要，给面试官发一封感谢信	
	继续保持与 HR 的联系	
总结经验教训	填写面试备忘录	
	针对面试的问题寻找提高的办法	
	每天努力一点点改正缺点	
	与同学沟通交流面试的体验	
	及时调整心态，投入新的战斗	

第 七 章

就业权益与保障

　　大学生在择业过程中如何正确行使自己的权利、合理有效地保护自己的利益，如何同用人单位签订就业协议、劳动合同，这些都是大学生极为关注的问题。本章主要介绍大学生就业协议、劳动合同的签订，通过学习相关的法律，切实维护自身在求职过程中的权益，确保就业的安全与稳定。

第一节 就业权益

大学生的就业权益主要体现在大学生与用人单位见面进行双向选择、签订就业协议、就业报到等环节中。

一、大学生就业权益的主要内容

根据目前大学生就业政策和有关法律、法规的规定，大学生在求职就业过程中主要享有以下几方面的权益。

1. 接受就业指导权

学生有权从学校接受就业指导。《中华人民共和国高等教育法》第五十九条规定，"高等学校应当为毕业生、结业生提供就业指导和服务国家鼓励高等学校毕业生到边远艰苦地区工作。"由此可以看出，接受就业指导和服务是大学生的一项重要权益。各高校应成立专门的大学生就业指导服务机构，配备专员对大学生进行就业指导与服务，包括向毕业生宣传国家关于毕业生就业的有关方针、政策；对毕业生进行求职技巧的指导；引导毕业生根据国家、社会需要，结合个人实际情况进行择业，使毕业生通过接受就业指导，准确定位，合理择业。

2. 被推荐权

高等学校在就业工作中的一个重要职责就是向用人单位推荐毕业生。历年工作经验证明，学校的推荐往往在较大程度上影响到用人单位对毕业生的取舍。

被推荐权包括以下 3 个方面内容。

（1）如实推荐，即高校在对毕业生进行推荐时，应实事求是，根据毕业生本人的实际情况向用人单位进行介绍、推荐，不能故意贬低或随意抬高对毕业生在校表现的评价。

（2）公正推荐，学校对毕业生进行推荐应做到公平、公正，应给每一位毕业生以就业推荐的机会，不能厚此薄彼。公正推荐是学校的基本责任，也是毕业生享有的最基本的权益。

（3）择优推荐，学校根据毕业生的在校表现，在公正、公开的基础上，还应择优推荐，用人单位录用毕业生也应坚持择优标准。真正体现优生优分，学以致用、人尽其才。这样才能调动广大毕业生和在校生学习的积极性。

3. 选择权

根据国家有关规定，实行招生并轨改革后的高校毕业生，可以在国家就业方针、政策指导下自主择业，即毕业生只要符合国家的就业方针、政策，就可以结合自身情况自主与用人单位协商，要求学校予以推荐，直至签订就业协议，学校、其他单位和个人均不得干涉。任何将个人意志强加给毕业生，强令毕业生到某单位的行为是侵犯毕业生选择权行为。

4. 公平待遇权

用人单位录用毕业生的过程中，也应公平、公正，一视同仁。但由于各项配套措施滞后，完全开放公平的就业市场尚未真正形成，用人单位录用毕业生还不同程度存在不公平、不公正的现象，如女生就业难仍然是困扰女毕业生就业的一大问题，招聘过程中其他不公正的条件时常出现。

5. 违约及补偿权

毕业生、用人单位、学校三方签订协议后，任何一方不得擅自毁约。如用人单位无故要求解约，毕业生有权要求对方严格履行就业协议，否则用人单位应对毕业生承担违约责任，支付违约金，毕业生有权利要求用人单位进行补偿。

二、个人权益的自我保护

毕业生求职就业过程中个人权益的自我保护应做到以下几点。

1. 了解有关政策和法律规定，增强法律意识

毕业生应了解目前国家关于毕业生就业的有关方针、政策和规范以及它们之间的关系，熟悉毕业生在就业过程中的权利和义务，这是毕业生权益自我保护的前提。如果在就业过程中因为所谓的公司规定或部门规定与国家政策法规有抵触，侵犯了自己的权益，则可以依据法规办事，维护自己的合法权益。

2. 自觉遵守就业规范

毕业生应自觉遵循有关就业规范，接受其制约，保证自己的就业行为不违反就业规范，不侵犯其他毕业生的合法权益。毕业生如有下列情形之一，由学校报地方主管毕业生调配部门批准，不再负责其就业。

（1）不顾国家需要，坚持个人无理要求，经多方教育仍拒不改正。

（2）自派遣之日起，无正当理由超过三个月不去就业单位报到的。

（3）报到后拒不服从安排或提出无理要求被用人单位退回的。

（4）其他违反毕业生就业规定的。

3. 预防侵害自身合法权益行为的发生

大学生在就业求职过程中应本着"诚实、信用、平等"的原则，以自身实力参与竞争。同时，要有风险意识，对于有些用人单位招聘人员时，使用夸大待遇条件等欺骗手段的做法要有提防戒备心理，预防侵害自身合法权益行为的发生。

4. 用法律手段维护自身合法权益

由于高校大学生就业市场尚不成熟，有关法律、法规和制度尚不健全，加之社会风气和人们旧观念、旧思想的影响，在就业过程中不可避免会出现一些不公平现象，侵害了大学生的正当权益。在自身权益受到侵害时，大学生有权向用人单位上级主管部门提出申诉，也可提交给当地的劳动争议仲裁机构进行调解和仲裁，或直接向人民法院提起诉讼。

第二节　就业法律保障

《全国普通高等学校毕业生就业协议书》（以下简称《毕业生就业协议书》）是明确毕业生、用人单位和学校三方在毕业生就业中权利和义务的书面表现形式。《毕业生就业协议书》一般由国家教育部或各省、市、自治区就业主管部门统一制表，由学校发放，毕业生签字，用人单位和学校盖章。学校将其作为毕业生就业派遣计划的依据，毕业生则据此办理报到、接转档案、户口等关系。

一、《毕业生就业协议书》概述

就业协议书是为了明确毕业生、用人单位、学校三方在大学生就业中的权利和义务的法律文

书，三方主要内容如图 7-1 所示。

（第一联 甲方留存）

六、甲方录（聘）用乙方工作期间，甲方按国家法律、法规，政策规定为乙方缴纳社会保险（包括养老、医疗、失业、工伤、生育等保险），提供相关的福利，以及符合国家规定的劳动安全卫生条件和劳动防护用品。

七、甲方对乙方体检的特殊要求，应在个人工作日内签订就业协议。

八、由甲乙双方在 10 个工作日内将本协议的第四联报乙方所在地就业主管部门审核备案；由乙方在 10 个工作日内将入毕业生就业工作部门审核。

九、乙方在签订就业协议时所提供的自荐材料作为本协议的附件。自荐材料亦作为本协议的附件。

十、乙方所提供的自荐材料内容严重失实，乙方应对此负责。

十一、符合下列情况之一，经书面告知对方后，本协议可单方解除：1、甲方所提供的自荐材料内容严重失实；2、乙方被录用后经国家公务员或参加地方志愿者而及地志愿服务项目；3、乙方报到时被录用单位无故拒录；4、乙方被判处以上刑罚或政府有关部门取消毕业资格；5、法律、法规，政策规定的其他情况。

十二、甲乙双方应全面履行协议，若一方违约，另一方可依法追究其违约责任，并要求未来未赔偿相关损失。

十三、甲乙双方协商一致，可以变更协议中约定的条款或解除协议。

十四、甲乙双方履行本协议发生争议，由甲、乙双方协商解决，或提请就业主管部门、就业主管部门、地方政府毕业生就业主管部门，经协商调解处理。也可直接向人民法院提起诉讼。

十五、本协议未尽事宜，国家有规定的，按国家规定执行；国家没有规定的，由甲乙双方协商，从其约定，双方另有约定的附加条款为准。

十六、本协议一式四份，甲方、乙方、学校毕业生就业主管部门，登记部门调解机构各执一份。

十七、本协议自甲乙双方签字之日起生效。双方另有约定的附加条款（如无，则填无）：

甲方（公章）：　　　　　　年　月　日

乙方（签名）：　　　　　　年　月　日

☆特别提示：①请用人单位和毕业生签订本协议后及时访问江苏省高校毕业生就业网站联盟（www.91job.gov.cn）反馈就业情况。②用人单位组织机构代码可访问中国国家组织机构代码中心网站（www.nacao.org.cn）查询。③用人单位行业分类可访问江苏省高校毕业生就业网络联盟查询。

江苏省教育厅印制

毕业生就业协议书

编号：

甲方	用人单位名称		组织机构代码		单位隶属	邮政编码
	联系人	联系电话				
	通讯地址					
	单位规模（员工人数）	□10人以下 □10-49人 □50-99人 □100-499人 □500人以上	注册资金（万元）			
	单位性质	□机关 □部队 □国家基层项目 □地方基层项目 □城镇社区 □科研设计单位 □高等教育单位 □中初等教育单位 □其他事业单位 □煤炭行业单位 □医疗卫生单位 □科研助理 □国有企业 □三资企业 □其他企业				
	行业分类	□农、林、牧、渔业 □采矿业 □制造业 □电力、燃气及水的生产和供应业 □建筑业 □交通运输、仓储和邮政业 □信息传输、计算机服务和软件业 □批发和零售业 □金融业 □房地产业 □租赁和商务服务业 □科学研究、技术服务和地质勘查业 □水利、环境和公共设施管理业 □居民服务和其他服务业 □教育 □卫生、社会保障和社会福利业 □文化、体育和娱乐业 □公共管理和社会组织 □国际组织				
	档案接收	单位名称		邮政编码		
		详细地址				
乙方	姓名	性别	学号	生源地		
	毕业学校	学校代码	学历			
	专业名称	电子邮箱				
	通讯地址	邮政编码	联系电话			
	家庭地址	邮政编码	联系电话			

甲乙双方按照国家毕业生就业政策及其相关规定，遵守诚实、信用的原则，在平等自愿、协商一致的基础上，依法达成如下协议：

一、甲方同意录（聘）用乙方。

二、乙方同意毕业后到甲方单位工作。

三、乙方同意毕业后到甲方所需的有关手续、工作岗位，乙方予以积极配合。

四、甲方录（聘）用乙方工作期限为　　年，工作岗位为　　，工种为　　。

五、甲方录（聘）用乙方工作期间，乙方月（年）实际工资收入不低于　　元（该项收入不得低于当地政府规定的最低工资标准）。

图 7-1 毕业生就业协议书

1. 毕业生就业协议的主要特征

《全国普通高等学校毕业生就业工作暂行规定》第二十四条规定，"毕业生、用人单位和高等学校应当签订毕业生就业协议书"。

就业协议是毕业生跟用人单位签约，走上工作岗位的第一步，毕业生通过与用人单位的双向选择，达成一致意见后，用人单位要先与毕业生签订就业协议，然后再签订劳动合同，通过这种形式来确定劳动关系，明确各自的权利与义务。

从法律上讲，就业协议性质上是一种民事合同，主要有以下特征。

（1）毕业生就业协议书是双方当事人的民事法律行为。

毕业生就业是通过投寄推荐表给用人单位，介绍本人情况，约定毕业后到单位工作，在相互协商基础上，双方达成一致意见而签署就业协议书的民事法律行为过程。

（2）毕业生就业协议书是双方当事人在平等互利基础上的民事法律行为。

毕业生可以自由地选择经济效益好、发展潜力大、能够发挥自身特长的用人单位；用人单位也可以根据本单位的实际需要，选择优秀毕业生到单位工作，不存在只有一方当事人签订就业协议书的情况。

（3）毕业生就业协议书是双方当事人设立各自权利义务的民事法律行为。

毕业生就业协议书主要规定工作期限、工作岗位、工资报酬、劳动待遇、就业协议终止的条件、违反协议的责任等，明确毕业生到单位工作的权力、单位对毕业生的管理权。

2.《毕业生就业协议书》签订程序

毕业生持学校下发的推荐表，参与双向选择活动。单位确定后，毕业生凭借推荐表回执或单位接收函换取《毕业生就业协议书》，协议一律以原件为准，复印件无效。签订毕业生三方协议书的基本程序如下。

（1）毕业生获得用人单位的书面接收函。

（2）毕业生到所在学校领取一式四份的《毕业生就业协议书》。

（3）毕业生与用人单位签署就业协议，并在就业协议书上签名盖章，用人单位应在协议书上注明可以接收毕业生档案的名称和地址，并由可接收毕业生档案的用人单位上级主管部门或人才部门盖章。

（4）毕业生到所在学校签署就业协议。

（5）学校签署完就业协议书以后，学校、用人单位、毕业生本人、地方主管部门各留一份就业协议，毕业生本人把用人单位应持的一份就业协议书转交用人单位。

3.《毕业生就业协议书》的解除

单方解除。单方解除包括单方擅自解除和单方依法或依协议解除。单方擅自解除协议属违约行为，解约方应对另一方承担违约责任。单方依法或依协议解除，是指一方解除就业协议有法律上或协议上的依据，如毕业生未取得毕业资格，用人单位有权单方解除就业协议；毕业生考取研究生后，用人单位依协议规定可解除就业协议；此类单方解除就业协议情况，解除方无须对另一方承担法律责任。

4.《毕业生就业协议书》的违约及违约责任

《毕业生就业协议书》一经毕业生、用人单位签署即具有法律效力，任何一方不得擅自解除，否则违约方应向权利受损方支付协议条款所规定的违约金。从实际情况来看，就业违约多为毕业生违约。

毕业生违约，除本人应承担违约责任，支付违约金外，往往还会造成其他不良的后果，主要表现在以下 3 个方面。

（1）就用人单位而言，往往为招聘做了大量的准备工作，而毕业生就业工作时间相对比较集中，一旦毕业生因某种原因违约，势必造成前期准备工作的资源浪费，并使用人单位的这一岗位空缺，同时还会影响用人单位另行选择其他毕业生。

（2）就学校而言，用人单位往往将毕业生违约行为认为是学校的行为，从而对学校的推荐工作产生怀疑，甚至影响学校和用人单位的长期合作关系。从历年毕业生违约情况来看，一旦某高校的毕业生违约给用人单位造成损失，则该用人单位在几年之内都不愿再到此高校来挑选毕业生。面对激烈的就业竞争，用人单位的有效需求就是毕业生择业成功的前提，如此下去，必定影响今后学校的毕业生就业工作。

（3）就其他毕业生而言，用人单位到校挑选毕业生，一旦与某毕业生签订就业协议，就不可能再录用其他毕业生。若日后该毕业生违约，有些当初希望到该用人单位工作的其他毕业生由于录用时间等原因，也无法补缺，造成就业信息的浪费，耽误其他毕业生就业的机会。因此，毕业生在就业过程应慎重选择，认真履约。

阅读材料　　　　毕业生报到时用人单位拒绝接收怎么办？

当遇到用人单位拒绝接收时，毕业生应主动向用人单位说明情况，不要与对方争吵，更不要贸然返校，应及时与学校取得联系，由学校分清责任，按有关规定妥善处理。

若属因学校工作失误造成，应由学校负责提出调整意见报批。由于用人单位发生重大变化（如撤并、破产、倒闭等），不能接收的，应及时与学校协商，合理调整。若是用人单位对毕业生提出难以达到的又不符合政策规定的过高要求，则不能作为退人理由。属于毕业生本人身体有病而提出退回的，若是学生在校期间就有传染病史、精神病史，用人单位不知道，待毕业生报到时才被发现的，应允许提出退回；若是报到后才患病的，应按在职人员病假的有关规定处理。

资料来源：中国教育在线 http://www.edu.cn

二、《毕业生就业协议书》的法律性质

《毕业生就业协议书》是毕业生与用人单位签订的第一份法律文本，具有合同的某些法律属性，同工作后签订的劳动合同又具有明显的不同。

1.《毕业生就业协议书》具有合同的属性

《中华人民共和国合同法》第二条、第三条明确规定："合同是平等主体的自然人、法人、其他组织之间设立、变更、终止民事权利义务关系的协议。合同当事人的法律地位平等，一方不得将自己的意志强加给另一方。"毕业生所签订的《毕业生就业协议书》是否属于合同呢？通过分析可以发现，首先，《毕业生就业协议书》的主体是毕业生（自然人）和用人单位（法人或其他组织），他们在签订就业协议时的法律地位是平等的；其次，《毕业生就业协议书》是双方意思表

示一致后达成的，任何一方都不得将自己的意志强加给另一方；再次，《毕业生就业协议书》所涉及的权利义务均属于我国民事法律调整的范围，因此可以说《毕业生就业协议书》具有合同的属性。

目前，仍有很多企业包括一些国有大型企业，在接收毕业生时，用与毕业生签订《毕业生就业协议书》来代替《劳动合同》。用人单位与毕业生签订《毕业生就业协议书》的依据是 1989 年 3 月 2 日教育部颁布的《高等学校毕业生分配制度改革方案》第十四条"高等学校毕业生实行定期服务制度。服务期一般为五年，随着人事、劳动制度的改革，具体服务年限和办法也可以由用人单位与毕业生根据实际情况商定"，该《方案》中关于"定期服务制度"仅有的这一条款，并没有规定毕业生违反定期服务的赔偿责任。1995 年我国颁布实施《劳动法》以后，企业实行劳动合同制，用人单位与员工的劳动关系应当由《劳动法》与劳动合同来调整，作为高校毕业生就业工作程序，《毕业生就业协议书》是一定要签的。毕业生到企业工作后，与企业还应签订《劳动合同》。

2. 《毕业生就业协议书》不能取代《劳动合同》

《毕业生就业协议书》作为确定劳动关系的依据，从本质上讲属于广义上的合同，具有劳动合同的部分特征，主要根据如下。

（1）签订《毕业生就业协议书》是毕业生、用人单位双方在平等互利的基础上进行的民事法律行为，其目的在于构建双方的劳动法律关系。在毕业生的就业选择中，毕业生可以自愿地选择用人单位，用人单位也可以根据自身业务发展的需要选择合适的优秀的毕业生到本单位工作，从而为单位谋求更大的利益和发展。其他的任何人或单位、组织若无法定的事由不得对毕业生和用人单位的就业协议加以干涉。

（2）《劳动合同》表明劳动者和用人单位间确立了劳动关系，而毕业生和用人单位确定的就业劳动关系的依据是《毕业生就业协议书》。

（3）签订《毕业生就业协议书》是用人单位和毕业生双方当事人设立各自权利义务的民事法律行为，它是一种双方承诺的毕业生就业书面合同。由于就业协议是确立毕业生就业关系的一种协议，凡用人单位与毕业生之间的就业争议、纠纷都应遵循就业协议中的有关规定设法解决。

虽然说《毕业生就业协议书》具有《劳动合同》的部分特征，但不能等同于《劳动合同》。《毕业生就业协议书》仅是一份简单的文本文件，很多诸如工作岗位、工作条件等劳动合同必备条款并不在其中直接体现，因此，单凭就业协议，毕业生就业后的劳动权利无法得到全面的具体保障。

从法律角度看，虽然《毕业生就业协议书》与《劳动合同》二者一经签订都具备法律效力，无论是毕业生还是用人单位都应当履行约定，但事实上《毕业生就业协议书》仅是毕业生与用人单位双方进一步确立劳动关系的前提。从内容上看，就业协议中所规定的条款大多是框架性内容，毕业生与用人单位的有关劳动权利和义务的具体内容还有待于双方在《劳动合同》中详细约定。因此，如果毕业生在报到后与用人单位始终未能签订《劳动合同》，双方一旦发生纠纷，由于举证不能等方面的原因，法律最终也很难保护其合法权益不受侵害。根据《劳动合同条例》的有关规定，《劳动合同》是劳动者与用人单位确立劳动关系、明确双方权利和义务的协议，应当以书面形式订立。在应当订立《劳动合同》的情况下，如果用人单位以种种借口不与毕业生订立《劳动合同》，毕业生完全可以拿起法律武器保护自己的合法权利。

3. 签订《毕业生就业协议书》的法律责任

每位毕业生只能与一家用人单位签订《毕业生就业协议书》。《毕业生就业协议书》明确规定了学校、用人单位及毕业生三方的权利、义务与责任，一经签订即视为生效合同，不能随意更改。如由于特殊原因，毕业生单方面毁约，必须在规定时间内征得原签约单位的同意，经学校毕业生就业工作部门批准，方可办理改派手续。

就业协议书是学校派遣毕业生的依据。毕业生如果没有签署《毕业生就业协议书》，而只是与单位签了《劳动合同》，那么毕业生的档案、户口等人事关系都无法直接从学校转到用人单位，所以，毕业生应按照学校的就业工作程序签署《毕业生就业协议书》。

三、劳动合同

毕业生到用人单位报到后一般都要签订劳动合同。劳动合同是用人单位与劳动者之间权利与义务的明确约定。一份合法有效的劳动合同应该是用人单位与劳动者之间的"双赢"。具体而言，有以下 3 层含义。

（1）劳动合同的主体是劳动者与用人单位，劳动者应是年满 16 周岁的公民。

某些特殊行业（如文艺、体育和特种工艺单位）需要招收未满 16 周岁的人员，需经劳动行政部门的审批。对于年满 16 周岁未满 18 周岁的未成年工，国家对其进行特殊保护，如不得安排从事矿山井下、有毒有害、国家规定的第四级体力劳动强度的劳动和其他禁忌从事的劳动。除了必须达到法定的最低劳动年龄外，还必须具备用人单位根据工作需要规定的其他素质要求和身体条件，只有这样，才能成为劳动合同要求的一方当事人——劳动者。作为劳动合同另一方当事人的用人单位，必须是企业、个体经济组织、民办非企业单位、国家机关、事业单位和社会团体。

（2）劳动合同的内容是劳动者与用人单位双方的权利和义务。

劳动者成为用人单位的成员，要承担一定工种、岗位或职务的工作，完成劳动任务，并遵守用人单位的劳动规章制度；用人单位为劳动者提供法律规定或双方约定的劳动条件，按一定标准并结合劳动的数量和质量付给劳动者报酬，保障劳动者享有法定的或约定的各项政治经济权利和其他福利待遇。

（3）合同的目的是为了确立劳动者与用人单位之间的劳动关系。

劳动关系是指人们在社会生产劳动过程中所发生和形成的关系，它是生产关系的重要组成部分。劳动合同是确立劳动关系的法律形式，合同一经劳动者与用人单位协商订立，经过法律规定和确认，即具有法律上的约束力，任何一方，包括用人单位和劳动者，都必须按照劳动合同的规定行使权利和履行义务，否则必须承担相应的法律责任。

1. 劳动合同的签订原则

《中华人民共和国劳动合同法》（以下简称《劳动合同法》）第三条第一款规定，"订立劳动合同，应当遵循合法、公平、平等自愿、协商一致、诚实信用的原则"，具体来说有以下几项原则。

（1）合法原则。

合法原则是指订立劳动合同必须遵守国家的法律法规的规定。它包括 3 方面的内容：①订立劳动合同的主体必须合法，作为用人单位，必须是依法成立的企业、事业单位、国家机关、社会团体和个体经济组织等用人单位；作为劳动者，必须是具有劳动权利能力和劳动能力的自然人；②劳动合同的内容必须合法，劳动合同的所有条款都不能违反国家法律、法规的规定，不得分割国家利益和社会公共利益；③劳动合同订立的形式和程序必须合法。

（2）公平原则。

公平原则是指劳动合同当事人要公平地确定合同权利义务，使双方的权利义务安排大致相当，合同当事人不得利用自己的优势地位或对方的不利地位，而订立有失公平的合同。合同的公平原则要求合同双方当事人之间的权利义务要基本平衡，即双方当事人之间给付与对待给付之间要具有等值性。如果合同内容有失公平，当事人一方有权请求劳动争议仲裁机构或者人民法院确认不公平的合同无效。

（3）平等自愿、协商一致原则。

平等是指当事人双方在签订劳动合同时的法律地位平等，没有任何隶属、服从关系，用人单位与劳动者是以平等的身份订立劳动合同。自愿是指订立劳动合同完全出于当事人自己的意志，任何一方不得将自己的意志强加给对方，也不允许第三者干涉劳动合同的订立。协商一致是指合同的双方当事人对合同的各项条款，只有在双方充分表达自己意志基础上，经过平等协商，取得一致意见的情况下，劳动合同才能成立。凡是违反平等自愿、协商一致原则签订的劳动合同，不仅不具有法律效力，而且还应承担一定法律责任。

（4）诚实信用原则。

诚实信用原则是指劳动合同当事人在订立劳动合同时要诚实，不得有欺诈行为。欺诈行为是指一方当事人故意实施某种欺骗他人而使他人陷入错误的行为。例如，用人单位或劳动者为了达到签订劳动合同目的，故意告知对方虚假的情况等。双方当事人在签订劳动合同时，要真实地向对方当事人陈述与劳动合同有关的情况，恪守信用，讲求信用。

2. 毕业生应该了解《劳动合同法》的6个问题

（1）《劳动合同法》规范和保护的主体范围。

大学毕业生有各种各样的求职愿望，有的希望进入公务员队伍，有的希望进入事业单位和社会团体，也有的想进入企业或者自己创业。在这种情况下，大学毕业生在学习和掌握《劳动合同法》时，首先要了解《劳动合同法》的适用范围。

新《劳动合同法》适当扩大了适用范围：①将民办非企业纳入到《劳动合同法》的调整范围。民办非企业单位是企业、事业单位、社会团体和其他社会力量以及公民个人利用非国有资产举办的，从事非营利性社会服务活动的社会组织。如民办学校、民办医院、民办图书馆、民办博物馆、民办科技馆等。②对事业单位与实行聘用制的人员是否适用作了灵活规定，即法律、行政法规或者国务院另有规定的，依照其规定；未作规定的，依照《劳动合同法》的规定执行。③规定国家机关、事业单位、社会团体和其建立劳动关系的劳动者，也就是除公务员和参照公务员法管理的人员，以及事业单位中实行聘用制的工作人员外，依照《劳动合同法》执行。④对劳务派遣用工作了专门的规定。

如果大学毕业生选择了《劳动合同法》适用范围内的组织（用人单位）就业，就会受到《劳动合同法》的规范和保护。

（2）劳动者的知情权。

在求职就业过程中，不少大学生都曾遇到过这种情况，一些用人单位故意隐瞒真实的工作信息，或者将工作条件和劳动报酬说得天花乱坠，到实际工作时完全不是这么回事，这往往使毕业生大失所望，给其职业生涯带来负面影响。

《劳动合同法》第八条规定，"用人单位招用劳动者时，应当如实告知劳动者工作内容、工作条件、工作地点、职业危害、安全生产状况、劳动报酬，以及劳动者要求了解的其他情况"。也就是说，在应聘时，大学毕业生有权了解用人单位的基本情况、自己的工作内容和劳动报酬等；此外，用人单位还应当根据劳动者的要求，及时向其反馈是否录用的情况。

（3）劳动者个人隐私保护。

为了尊重公民的基本权利，保护劳动者的隐私权，《劳动合同法》第八条明确规定："用人单位有权了解劳动者与劳动合同直接相关的基本情况，劳动者应当如实说明"，换句话说，不属于"与劳动合同直接相关的基本情况"，用人单位都无权过问，劳动者也有权拒绝作答。

2008年1月1日起开始施行的《就业服务与就业管理规定》第十六条也规定，用人单位在招用人员时，除国家规定的不适合妇女从事的工种或者岗位外，不得以性别为由拒绝录用妇女或者提高对妇女的录用标准。用人单位录用女职工，不得在劳动合同中规定限制女职工结婚、生育的内容。

（4）用人单位不得要求求职者提供担保或向其收取财物。

少数用人单位为谋取钱财，采用招聘途径，通过向求职者收取招聘费、培训费、押金或服装费等，获取不当得利。一些毕业生求职时会遇到这种情况，参加面试时，公司告知要参加培训，考试合格后方能录用，培训费自付；或者用人单位称会给予毕业生职位，但须缴纳抵押金，而当劳动者提出辞职时，用人单位却拒绝退还抵押金。

《劳动合同法》加大了对扣押劳动者的居民身份证和收取押金等行为的处罚力度，其第九条规定："用人单位招用劳动者，不得扣押劳动者的居民身份证和其他证件，不得要求劳动者提供担保或者以其他名义向劳动者收取财物"。第八十四条规定："扣押劳动者居民身份证等证件的，由劳动行政部门责令限期退还劳动者本人，并依照有关法律规定给予处罚。用人单位违反本法规定，以担保或者其他名义向劳动者收取财物的，由劳动行政部门责令限期退还劳动者本人，并以每人五百元以上两千元以下的标准处以罚款；给劳动者造成损害的，应当承担赔偿责任"。

（5）建立劳动关系应当注意的问题。

工作中用人单位不与劳动者签订书面劳动合同的情况较为普遍，劳动者的权益极易受到侵害，《劳动合同法》强调，"建立劳动关系，应当订立书面劳动合同"。大学毕业生求职就业要特别注意这一环节，《劳动合同法》强调了用人单位在订立书面劳动合同方面的义务，并将这些义务具体化。相关内容如下：①劳动合同应当在建立劳动关系的一个月内订立；②用人单位自用工之日起超过一个月不满一年未与劳动者订立书面劳动合同的，应当向劳动者每月支付两倍的工资；③用人单位自用工之日起满一年不与劳动者订立书面劳动合同的，视为用人单位与劳动者已订立无固定期限劳动合同；④用人单位未在用工的同时订立书面劳动合同，与劳动者约定的劳动报酬不明确的，新招用的劳动者的劳动报酬按照集体合同规定的标准执行；没有集体合同或者集体合同未规定的，实行同工同酬；⑤劳动合同由用人单位与劳动者协商一致，并经用人单位与劳动者在劳动合同文本上签字或者盖章生效。劳动合同文本由用人单位和劳动者各执一份。如果用人单位提供的劳动合同文本未载明必备条款，或者用人单位未将劳动合同文本交付劳动者的，由劳动行政部门责令改正；给劳动者造成损害的，应当承担赔偿责任。

（6）用人单位在哪些情况下可以约定违约金。

用人单位利用其优势地位，常常预先在劳动合同中设定高额违约金，限制劳动者在职业上的自由流动，也侵害了劳动者的择业自主权，并由此引发大量劳动争议。新《劳动合同法》对违约金条款给予了严格的限制，明确规定只有两类劳动者可以在劳动合同中约定违约金。一是用人单位为劳动者提供专项培训费用，对其进行专业技术培训的，可以与该劳动者订立协议，约定服务期，如果劳动者违反服务期约定的，应当按照约定向用人单位支付违约金，但违约金的数额不得超过用人单位提供的培训费用。二是对负有保守商业秘密和知识产权义务的高级管理人员、高级技术人员和其他负有保密义务的人员，用人单位可以与之约定竞业限制，如劳动者违反竞业限制的约定，应当按照约定支付违约金。除这两类劳动者外，用人单位不得与劳动者约定由劳动者承担高额违约金。

阅读材料　　　　　　大学生就业维权有 4 招

1. 协议不能代替合同

高校应届毕业生就业时会与学校和用人单位签订一个三方协议，这是由学校作为见证，毕业生与用人单位签订的一份意向性协议，它具有法律效力，但它不能替代劳动合同。

毕业生到用人单位上班以后一定要求再签订一份劳动合同。从法律上讲，任何用人单位要求劳动者为其付出劳动（确立劳动关系）的话，都必须签订正式的劳动合同，如果不签订的话是违法行为，会被劳动监察部门罚款。

2. 违约金要约定上限

三方协议中的违约金必须经由毕业生与用人单位协商之后约定，并且违约金的数额必须符合用人单位所在地的相关规定。现在国内大部分地区都没有明确规定违约金的上限，这种情况下都以双方协商金额为准。毕业生与用人单位还可以互相约定违约金，以应对用人单位违约的情况，从而维护自身的权益。

由于三方协议具备权利和义务的双方是劳动者和用人单位，学生如果要毁约的话，除非学生与学校有特殊的约定，那么一般情况下学校是不能够向学生收取违约金的。

3. 口头承诺应写进备注

由于缺乏社会经验和法律知识，很多毕业生因为急于就业而相信用人单位的一些口头承诺，常常在到岗以后与单位发生纠纷，现实中 90% 以上的毕业生就业三方协议中的备注栏全是空白。毕业生们一定注意充分利用好就业协议的备注栏，尽量将单位的承诺，如休假、住房补贴、解决户口、保险等各项承诺明确写入备注栏，切实保障自己的合法权益。

4. 试用期不超过半年

有些用人单位利用一些大学生对法律的无知，对其进行遥遥无期的试用，而按照《劳动法》的规定，劳动合同约定的试用期不超过六个月。

劳动合同期限在六个月以下的，试用期不得超过十五日；劳动合同期限在六个月以上一年以下的，试行期不得超过三十日；劳动合同期限在一年以上两年以下的，试用期不得超过六十日；劳动合同期限在两年以上的，试用期也不得超过六个月。

资料来源：《重庆晚报》. 有删减

3. 如何签订劳动合同

《中华人民共和国劳动法》（以下简称《劳动法》）规定："劳动合同应当以书面形式订立。"但目前仍有某些用人单位逃避约束，使用各种借口不与劳动者签订书面劳动合同。对此，有关专家对劳动者提出两条建议：与其"任其宰割"，不如趁早远离这样的单位；已形成事实劳动关系的，劳动者可依法向劳动保障行政部门举报。

根据我国《劳动法》第十九条规定，劳动合同应当具备以下条款。

（1）劳动合同期限。

劳动合同期限是指当事人双方所订立的劳动合同起始和终止时间，也就是劳动关系具有法律效力的日期。劳动合同的期限分为固定期限、无固定期限和以完成一定的工作为期限，采取哪一种类型主要由双方当事人商定。

（2）工作内容。

工作内容是针对劳动者而言的，是对劳动者设立的义务条款。工作内容包括劳动者从事劳动的工种、岗位、生产或工作应达到的数量、质量指标，或应完成的任务等。

（3）劳动保护和劳动条件。

这是针对用人单位而言的，是对用人单位的义务规定的条款。劳动保护和劳动条件应当符合国家有关规定，具体明确，包括劳动安全和劳动卫生方面的设施、设备和防护措施等。

（4）劳动报酬。

劳动报酬是劳动者劳动的成果返还和履行劳动义务后必须享受的劳动权利，包括工资、奖金、津贴等。劳动合同中规定的劳动报酬必须符合国家法律、法规和政策的规定。例如，工资不得低于规定的最低工资标准；工资支付形式和支付期限不得违反法律、法规。

（5）劳动纪律。

劳动纪律一般包括上下班纪律，工作时间纪律等。劳动合同一般不详细列出劳动纪律的内容，只是表明劳动者同意接受用人单位依法制定的劳动纪律。

（6）合同终止的条件。

合同终止条件是指关于劳动合同在法定终止条件之外的哪些条件下可以或应当终止的条款。

我国《劳动法》第二十三条规定：劳动合同期满或者当事人约定的劳动合同终止条件出现，劳动合同即行终止。

（7）违反劳动合同的责任。

违反劳动合同应当承担的责任，是指当事人一方或双方，由于自己的过错造成劳动合同不能履行或不能完全履行，按照法律、法规和劳动合同的规定而承担的行政、经济责任或司法制裁。

此外，还有特殊法定必备条款，即法律要求某种或某几种劳动合同必须具备的条款。有的劳动合同由于自身的特殊性，立法中特别要求其除了规定一般法定必备条款外，还必须规定一定的特有条款。

根据原劳动部《关于贯彻执行〈中华人民共和国劳动法〉若干问题的意见》第24条规定："用人单位在与劳动者订立劳动合同时，不得以任何形式向劳动者收取定金、保证金（物）或抵押金（物）。对违反以上规定的，应按照劳动部、公安部、全国总工会《关于加强外商投资企业和私营企业劳动切实保障职工合法权益的通知》（劳部发〔1994〕118号）和劳动部办公厅《对"关于国有企业和集体所有制企业能否参照执行劳部发〔1994〕118号文件中的有关规定的请示"的复函》（劳部发〔1994〕256号）的规定，由公安部门和劳动行政部门责令用人单位立刻退还给劳动者本人。"另需指出的是，社会保险在我国属法定保险，因而未被列入合同必备条款。

第三节　违约责任与劳动争议

大学毕业生在择业过程中，与用人单位签订就业协议书、劳动合同等法律文本后，如何维护自己的合法权利，发生争议如何处理，都是大学生普遍关心的问题。本节主要内容是论述大学生就业协议、劳动合同的争议解决办法。

一、就业协议争议解决办法

目前，关于大学毕业生就业协议争议问题时有发生，国家和各省还没有明确的就业法律规定。在实践中通常引起就业协议争议的主体是毕业生和用人单位。解决就业协议争议的主要办法有以下几种。

（1）毕业生与用人单位协商解决。这种办法适用于因毕业生的原因引起的就业协议争议，毕业生出面向用人单位赔礼道歉，说明情况，赢得用人单位的理解和谅解，经双方协商达成新的意向。

（2）由学校出面或由当地省级毕业生就业主管部门与用人单位进行调解。这种办法大多适合于因用人单位引起的就业协议争议，由学校或行政部门介入，针对纠纷予以调解，取得双方的基本满意。

（3）对协商调解不成的，毕业生可直接向人民法院起诉，由人民法院依法裁决。

二、劳动争议处理的法律规定

《劳动法》指的劳动争议，指中国境内的企业与职工之间的下列劳动争议：一是因企业开除、除名、辞退职工和职工辞职、自动离职发生的争议；二是因执行国家有关工资、保险、福利、培训、劳动保护的规定发生的争议；三是因履行劳动合同发生的争议；四是法律、法规规定应当依照"企业劳动争议处理条例"处理的其他劳动争议。

劳动争议发生后，当事人可向本单位劳动争议调解委员会申请调解；调解不成，当事人一方要求仲裁的，可向当地的劳动争议仲裁委员会申请仲裁。当事人一方也可在 60 日内直接向劳动争议仲裁委员会申请仲裁。对仲裁裁决不服的，可以向人民法院提起诉讼。如果超过了法定期限60 日内，专家建议，当事人仍可向仲裁委员会申请仲裁，仲裁委员会作出"驳回"的裁决后，再凭这个"驳回"，向人民法院提起诉讼。

处理劳动争议一般说要明确以下问题。

1. 确定劳动争议发生之日

《关于贯彻执行〈中华人民共和国劳动法〉若干问题的意见》（以下简称《意见》）第85条对《劳动法》第82条中的"劳动争议之日"作了规定，即"劳动争议之日是指当事人知道或者应当知道其权利被侵害之日"，如何理解该条款"劳动争议发生之日"的真实内涵，直接关系到劳动者的合法权益能否得到法律的保护。

劳动争议是指劳动关系当事人即用人单位与劳动者之间，因实现劳动权利、履行劳动义务而发生的纠纷，又称劳动纠纷。如果劳动者权益被实际侵害，但劳动者不知或一段时间后才知晓，则"劳动争议之日是指当事人知道或者应当知道其权利被侵害之日"，显然明示了这样几点，一是权利被侵害之日与劳动争议之日是不同的概念，权利被侵害并不意味着劳动争议的事实发生或一定发生；二是先有权利被侵害之日，而后才存在劳动争议发生之日；三是权利被实际侵害不能推论或视为"当事人知道或者应当知道"。将劳动争议发生之日理解为权利被侵害之日，或者将权利被侵害之日视为当事人知道或者应当知道权利被侵害之日，都是违背劳动法的立法精神的。

2. 劳动争议处理的程序

《劳动法》第七十七条规定："用人单位与劳动者发生劳动争议，当事人可以依法申请调解、仲裁、提起诉讼，也可以协商解决"，由此可见劳动争议处理程序分为 4 个阶段。

（1）协商。

劳动争议发生后，当事人应首先进行协商，协商一致后，双方可达成和解协议，但和解协议无必须履行的法律效力，而是由双方当事人自觉履行。协商不是处理劳动争议的必经程序，当事人不愿协商或协商不成，可以向本单位劳动争议调解委员会申请调解或向劳动争议仲裁委员会申请仲裁。

（2）调解。

劳动争议发生后，当事人双方愿意调解的，可以书面或口头形式向调解委员会申请调解，调解委员会接到调解申请后，可依据自愿、合法原则进行调解。调解委员会调解劳动争议，应当自当事人申请调解之日起 30 日内结束；到期未结束的，视为调解不成，当事人可以向当地劳动争议仲裁委员会申请仲裁。经调解达成协议的，制作调解书，双方当事人自觉履行。

调解不是劳动争议解决的必经程序，调解协议也无必须履行的法律效力。当事人不愿调解或调解不成，可直接向劳动争议仲裁委员会申请仲裁。

从当事人向企业劳动争议调解委员会提出申请调解之日起，仲裁申诉时效中止，中止期间最长不得超过 30 日。结束调解之日起，当事人的仲裁申诉时效继续计算。调解超过 30 日的，仲裁申诉时效从 30 日之后的第一天继续计算。

（3）仲裁。

劳动争议发生后，当事人任何一方都可直接向劳动争议仲裁委员会申请仲裁。提出仲裁要求的一方应当自劳动争议发生之日起 60 日内向劳动争议仲裁委员会提出书面申请。劳动争议仲裁委员会接到仲裁申请后，应当在 7 日内作出是否受理的决定。受理后，应当在收到仲裁申请的 60 日内作出仲裁裁决。仲裁委员会可依法进行调解，经调解达成协议的，制作仲裁调解书。仲裁调解书具有法律效力，自送达之日起具有法律约束力，当事人必须自觉履行，一方当事人不履行的，另一方当事人可向人民法院申请强制执行。

当事人申请仲裁的时效为 60 日，当事人应当从知道或应当知道其权利被侵害之日起 60 日内，以书面形式向仲裁委员会提出申请仲裁。当事人因不可抗力或者其他正当理由超过这一规定的申请仲裁时效的，仲裁委员会应当受理，时效起点是从劳动争议发生之日起计算。

当事人对劳动争议仲裁委员会做出的仲裁裁决不服的，可在收到仲裁裁决书的 15 日内向人民法院提起诉讼。逾期不起诉，仲裁裁决即发生法律效力，当事人必须自觉履行，一方当事人不履行的，另一方当事人可向人民法院申请强制执行。

职工一方在 30 人以上的集体劳动争议适用特别程序。仲裁委员会处理职工一方人数在 30 人以上的集体劳动争议案件，应当组成特别仲裁庭进行仲裁。特别仲裁庭由 3 名以上仲裁员单数组成。

（4）诉讼。

诉讼程序是处理劳动争议的最后一道程序。以我国《劳动法》及《劳动部办公厅关于处理劳动争议案件若干政策性问题的复函》规定，当事人对仲裁裁决不服的，自收到裁决书之日起 15 日内，可以向人民法院起诉；期满不起诉的，裁决书即发生法律效力，即未经仲裁的劳动争议，法院将拒绝受理。

劳动争议案件由人民法院民事审判庭审理。依据《中华人民共和国民事诉讼法》（以下简称《民事诉讼法》）的规定，人民法院适用普通程序审理的民事案件，应当在立案之日起 6 个月内审结。有特殊情况需要延长的，由本院院长批准，可以延长 6 个月；还需要延长的，报请上级人民法院批准。依据《民事诉讼法》当事人若不服地方人民法院第一审判决的，有权在判决书送达之日起 15 日内向上一级人民法院提起上诉。当事人不服地方人民法院第一审裁定的，有权在裁定书送达之日起 10 日内向上一级人民法院提起上诉。

3. 劳动争议案件的管辖

劳动争议案件由用人单位所在地或者劳动合同履行地的基层人民法院管辖。劳动合同履行地不明确的，由用人单位所在地的基层人民法院管辖。

思考题

1. 大学生就业权益的主要内容有哪些？
2. 大学生签约后违约要承担什么责任？如何处理劳动争议？
3. 如何防范求职中的不安全因素？
4. 就业协议与劳动合同有什么区别与联系？
5. 根据下面提供的某市劳动合同范本，熟悉劳动合同的内容，思考签订劳动合同应该注意的问题。

××市劳动合同范本

甲方＿＿＿＿＿＿＿＿＿＿＿　乙方＿＿＿＿＿＿＿＿＿＿＿

法定代表人＿＿＿＿＿＿＿＿　文化程度＿＿＿＿＿＿＿＿＿

或委托代理人＿＿＿＿＿＿＿　性别＿＿＿＿＿＿＿＿＿＿＿

邮政编码＿＿＿＿＿＿＿＿＿＿　出生日期＿＿＿年＿＿月＿＿日

甲方地址＿＿＿＿＿＿＿＿＿＿　居民身份证号码＿＿＿＿＿＿

　　　　　　　　　　　　　　　家庭住址＿＿＿＿＿＿＿＿＿

　　　　　　　　　　　　　　　所属街道办事处＿＿＿＿＿＿

根据《中华人民共和国劳动法》，甲乙双方经平等协商同意，自愿签订本合同，共同遵守本合同所列条款。

一、劳动合同期限

第一条　本合同期限类型为＿＿＿期限合同。本合同生效日期＿＿＿年＿＿＿月＿＿＿日，其中试用期＿＿＿个月。本合同＿＿＿＿＿＿＿＿＿＿终止。

二、工作内容

第二条　乙方同意根据甲方工作需要，担任＿＿＿＿＿＿＿＿＿＿岗位（工种）工作。

第三条　乙方应按照甲方的合法要求，按时完成规定的工作数量，达到规定的质量标准。

三、劳动保护和劳动条件

第四条　甲方安排乙方执行＿＿＿＿＿＿＿＿＿＿工作制。

执行定时工作制的，甲方安排乙方每日工作时间不超过八小时，平均每周不超过四十四小时。甲方保证乙方每周至少休息一日，甲方由于工作需要，经与工会和己方协商后可以延长工作时间，一般每日不得超过一小时，因特殊原因需要延长工作时间的，在保障乙方身体健康的条件下延长工作时间每日不得超过三小时，每月不得超过三十六小时。执行综合计算工时工作制的，平均日和平均周工作时间不超过法定标准工作时间。执行不定时工作制的，在保证完成甲方工作任务的情况下，工作和休息休假乙方自行安排。

第五条 甲方安排乙方加班的，应安排乙方同等时间补休或依法支付加班工资；加点的，甲方应支付加点工资。

第六条 甲方为乙方提供必要的劳动条件和劳动工具，建立建全生产工艺流程，制定操作规程、工作规范和劳动安全卫生制度及其标准。

甲方应按照国家或北京市有关规定组织安排乙方进行健康检查。

第七条 甲方负责对乙方进行政治思想、职业道德、业务技术、劳动安全卫生及有关规章制度的教育和培训。

四、劳动报酬

第八条 甲方的工资应遵循按劳分配原则。

第九条 执行定时工作制或综合计算工时工作的的乙方为甲方工作，甲方每月＿＿日以货币形式支付乙方工资，工资不低于＿＿元，其中试用期间工资为＿＿元。

执行不定时工作制的工资支付按＿＿＿＿＿＿执行。

第十条 由于甲方生产任务不足，使乙方下岗待工的，甲方保证乙方的月生活费不低于＿＿元。

五、保险福利待遇

第十一条 甲乙双方应按国家和北京市社会保险的有关规定缴纳职工养老、失业和大病医疗统筹及其他社会保险费用。甲方应为乙方填写《职工养老保险手册》。双方解除、终止劳动合同后，《职工养老保险手册》按有关规定转移。

第十二条 乙方患病或非因工负伤，其病假工资、疾病救济费和医疗待遇按照＿＿＿＿执行。

第十三条 乙方患职业病或因工负伤的工资和医疗保险待遇按国家和北京市有关规定执行。

第十四条 甲方为乙方提供以下福利待遇＿＿＿＿＿＿＿＿＿＿＿＿＿＿＿。

六、劳动纪律

第十五条 乙方应遵守甲方依法制定的规章制度；严格遵守劳动安全卫生、生产工艺、操作规程和工作规范；爱护甲方的财产，遵守职业道德；积极参加甲方组织的培训，提高思想觉悟和职业技能。

第十六条 乙方违反劳动纪律，甲方可依据本单位规章制度，给予纪律处分，直至解除本合同。

七、劳动合同的变更、解除、终止、续订

第十七条 订立本合同所依据的法律、行政法规、规章发生变化，本合同应变更相关内容。

第十八条 订立本合同所依据的客观情况发生重大变化，致使本合同无法履行的，经甲乙双方协商同意，可以变更本合同相关内容。

第十九条 经甲乙双方协商一致，本合同可以解除。

第二十条 乙方有下列情形之一，甲方可以解除本合同：

1. 在试用期间，被证明不符合录用条件的；
2. 严重违反劳动纪律或甲方规章制度的；
3. 严重失职、营私舞弊，对甲方利益造成重大损害的；
4. 被依法追究刑事责任的。

第二十一条 下列情形之一，甲方可以解除本合同，但应提前三十日以书面形式通知乙方：

1. 乙方患病或非因工负伤，医疗期满后，不能从事原工作也不能从事由甲方另行安排的工作的；

2. 乙方不能胜任工作，经过培训或者调整工作岗位，仍不能胜任工作的；

3. 双方不能依据本合同第十八条规定就变更合同达成协议的。

第二十二条　甲方濒临破产进行法定整顿期间或者生产经营发生严重困难，经向工会或者全体职工说明情况，听取工会或者职工的意见，并向劳动行政部门报告后，可以解除本合同。

第二十三条　乙方有下列情形之一，甲方不得依据本合同第二十一条、第二十二条终止、解除本合同：

1. 患病或非因工负伤、在规定的医疗期内的；

2. 女职工在孕期、产期、哺乳期内的；

3. 义务兵复员退伍和建设征地农转工人员初次参加工作未满三年的；

4. 义务服兵役期间的。

第二十四条　乙方患职业病或因工负伤，医疗终结，经市、区、县劳动鉴定委员会确认完全或部分丧失劳动能力的，按_____办理，不得依据本合同第二十一条、第二十二条解除劳动合同。

第二十五条　乙方解除本合同，应当提前三十日以书面形式通知甲方。

第二十六条　有下列情形之一，乙方可以随时通知甲方解除本合同：

1. 在试用期内的；

2. 甲方以暴力、威胁或者非法限制人身自由的手段强迫劳动的；

3. 甲方不能按照本合同规定支付劳动报酬或者提供劳动条件的。

第二十七条　本合同期限届满，甲乙双方经协商同意，可以续订劳动合同。

第二十八条　订立无固定期限劳动合同的，乙方离休、退休、退职及死亡或本合同约定的解除条件出现，本合同终止。

八、经济补偿与赔偿

第二十九条　下列情形之一，甲方违反和解除乙方劳动合同的，应按下列标准支付乙方经济补偿金：

1. 甲方克扣或者无故拖欠乙方工资的，以及拒不支付乙方延长工作时间工资报酬的，除在规定的时间内全额支付乙方工资报酬外，还需加发相当于工资报酬百分之二十五的经济补偿金；

2. 甲方支付乙方的工资报酬低于本市最低工资标准的，要在补足低于标准部分的同时，另外支付相当于低于部分百分之二十五的经济补偿金。

第三十条　下列情形之一，甲方应根据乙方在甲方工作年限，每满一年发给相当于乙方解除本合同前十二个月平均工资一个月的经济补偿金，最多不超过十二个月：

1. 经与乙方协商一致，甲方解除本合同的；

2. 乙方不能胜任工作，经过培训或者调整工作岗位，仍不能胜任工作，由甲方解除本合同的。

第三十一条　下列情形之一，甲方应根据乙方在甲方工作年限，每满一年发给相当于本单位上年月平均工资一个月的经济补偿金：

1. 乙方患病或者非因工负伤，经劳动鉴定委员会确认不能从事原工作，也不能从事由甲方另行安排的工作而解除本合同的；

2. 劳动合同订立时所依据的客观情况发生重大变化，致使本合同无法履行，经当事人协商不能就变更劳动合同达成协议，由甲方解除劳动合同的；

3. 甲方濒临破产进行法定整顿期间或者生产经营状况发生严重困难，必须裁减人员的。

以上三种情况，如果乙方被解除本合同前十二个月的月平均工资高于本单位上年月平均工资的，按本人月平均工资计发。

第三十二条 甲方解除本合同后，未按规定给予乙方经济补偿的，除全额发给经济补偿金外，还须按该经济补偿金数额的百分之五十支付额外经济补偿金。

第三十三条 支付乙方经济补偿时，乙方在甲方工作时间不满一年的按一年的标准发给经济补偿金。

第三十四条 乙方患病或者非因工负伤，经劳动鉴定委员会确认不能从事原工作，也不能从事由甲方另行安排的工作而解除本合同的，甲方还应发给乙方不低于企业上年月人均工资六个月的医疗补助费，患重病和绝症的还应增加医疗补助费，患重病的增加部分不低于医疗补助费的百分之五十，患绝症的增加部分不低于医疗补助费的百分之一百。

第三十五条 甲方违反本合同约定的条件解除劳动合同或由于甲方原因订立的无效劳动合同，给乙方造成损害的，应按损失程度承担赔偿责任。

第三十六条 乙方违反本合同约定的条件解除劳动合同或违反本合同约定的保守商业秘密事项，对甲方造成经济损失的，应按损失的程度依法承担赔偿责任。

第三十七条 乙方解除本合同的，凡由甲方出资培训和招接收的人员，应向甲方偿付培训费和招接收费。其标准为：_____。

九、劳动争议处理

第三十八条 因履行本合同发生的劳动争议，当事人可以向本单位劳动争议调解委员会申请调解；调解不成，当事人一方要求仲裁的，应当自劳动争议发生之日起六十日内向_____劳动争议仲裁委员会申请仲裁。当事人一方也可以直接向劳动争议仲裁委员会申请仲裁。对裁决不服的，可以向人民法院提起诉讼。

十、其他

第三十九条 甲方以下规章制度_____作为本合同的附件。

第四十条 本合同未尽事宜或与今后国家、北京市有关规定相悖的，按有关规定执行。

第四十一条 本合同一式两份，甲乙双方各执一份。

甲方（盖章）　　　　　　　　　　　　　　　　乙方（签章）

法定代表人

或委托代理人（签章）　　　　　签订日期：　　年　月　日

鉴证机关（盖章）　　　　　　　　　　　　　鉴证员（签章）

　　　　　　　　　　　　　　　　　　　　鉴证日期：　　年　月　日

第 八 章

职业适应与职业发展

　　大学生完成学业，选择了理想或较理想的职业或单位，开始步入社会，无疑是人生的一大转折，也是一种典型的社会角色转换。如何尽快适应这一转折，完成职业适应与发展，是摆在每一个大学生面前的十分重要的现实问题。

第一节 角色转换与角色认知

作为一名大学生，在经历了十几年的求学拼搏，即将告别校园、走向社会，在全新的社会舞台上展示才华，实现自己的人生理想和社会价值之际，无不踌躇满志。如何顺利地在新的环境中、在新的工作岗位上不断积极上进，干出一番事业；如何更充分地认识自我和积极适应职业环境，从而尽快完成从学生角色到职业角色的转换，建立和谐的人际关系，迈好人生发展的关键一步，是每个毕业生关注的焦点。

一、角色认知

大学毕业生从学校步入社会，从学生转变为社会职业人员，要完成学生角色向社会角色的转变。顺利完成转变，尽可能缩短转变过程的时间，是适应职业环境的关键。大学生对学生角色的行为规范十分熟悉，但对社会职业人员的角色要求却比较陌生。两者相比有许多不同，而且后者的要求更高。不同之处主要表现在社会活动方式、社会责任、独立性要求等方面。因此，每一个即将就业的大学生，必须对这种社会角色的转变有较清楚地了解和认识，以便在校期间就有针对性地做好准备。

1. 学生角色

大学阶段是人生中增长知识、发展智力、求学成才的关键阶段。社会活动方式主要是接受教师对知识的传递，努力学习以专业知识为主的多方面知识，培养以专业能力为主的各种能力。因此，这是一个接受教育、储备知识、培养能力的重要阶段。学生对社会的责任，通常体现在学习的过程。教师教育学生要以社会为己任，家长引导孩子要增长才干，以适应日后社会的竞争，但此时社会责任的体现具有潜在性、后续性。另外，人的独立性归根结底是经济的独立，只有通过劳动取得了报酬，才可能承担起社会责任和家庭责任，此时的"人"才能称其为真正的"社会人"。由于大学生以学习为主，经济上主要依靠家庭，始终处于被人扶助的环境之中，所以可以这样界定学生角色：在社会教育环境中依赖非自身劳动收入的资助，学习知识，培养能力，全面提高自身素质和完善自身的知识结构，努力使自己成长为社会合格的人才。

2. 职业角色

职业角色的个性表现非常具体，彼此差异明显，但是千差万别的职业角色却有其共性：职业角色扮演者具有自己的社会职位和一定职权；相应的职业规范；一定的基础知识和业务能力；履行一定的义务；经济独立。社会对职业人员的要求是要运用知识和能力，向社会提供劳动、创造价值。职业人员的社会责任体现在工作对象中，工作质量的高低不再是个人范畴，其对社会产生的影响是直接的，因此要从社会的角度加以评判，并对社会责任有着更高的要求。由此，可以这样定义职业角色；在某一职位上，以特定的身份，依靠自身知识和能力并按照一定的规范具体地展开工作，在行使职权、履行义务为社会做出贡献的同时取得相应的报酬。

二、角色转变的意义

根据社会心理学的角色理论，大学毕业生从学生角色到职业角色的转变，必然伴随着角色冲突、角色学习和角色协调等一系列过程。因此，大学生在毕业前夕，应该对择业素质、自我评价、职业能力等进行深入细致地了解和调查分析，对自身合理定位，找出不足，提高心理承受能力，加强角色认知，做好上岗前的各项准备，顺利地实现角色转变。

1. 有利于大学生根据职业素质要求完善自身知识结构，确立择业目标

过去有些大学生考入大学后，完成既定目标便忽略了职业目标设计与规划，丧失学习的主动性和目标性；还有相当一部分大学生在临近择业时，一味地奔波于多个企业之间求职，寻求理想的就业单位，即注重择业的结果，而忽视平时的就业准备，即择业的基础。通过角色认知，有助于大学生强化"学业是择业的基础和前提"的意识，要想在就业竞争中获胜，就必须努力提高竞争的"实力"。因此，可以指导大学生勤奋学习，全面提高自身综合素质，注重各种能力的培养和提高。如今，学校校园中所出现的"考驾照热"、"计算机热"、"辅修课热"、"英语考级热"等，都是大学生为适应角色转变、实现人生理想所做出的积极努力。

2. 有利于大学生尽快适应职业生活

完成大学学业，走上工作岗位，依靠自身的职业劳动维持生存，实现人生价值，这是大学毕业生人生征途上的一个重大转折。在这个人生转折过程中，谁能够主动地、尽快地从学生角色进入职业角色，实现角色转变，谁就能够在事业之初掌握首先发展权。目前，在大学毕业生最后一个学期，毕业实习、就业实习、工作实习三者并重，毕业生要合理规划，争取在这个学期就尽快进入职业适应期，提前完成角色转变。

3. 有利于大学生在激烈的人才竞争中脱颖而出

21 世纪经济领域的竞争归根结底是科技的竞争、人才的竞争，谁拥有高科技和高级人才谁就将在激烈的竞争中立于不败之地。大学毕业生作为高校培养的高级人才是用人单位争夺的焦点，但作为高等教育大众化阶段的毕业生人才面临着人才市场的竞争加剧、用人单位在选择大学毕业生空间和自由度非常大的压力，竞争是无情的，适者生存、优胜劣汰是不以人的意志为转移的客观规律。大学生初次进入从业大军中必然面临着来自各方面的挑战和竞争，只有尽快进入职业角色，尽快熟悉业务，才能在激烈的人才竞争中稳操胜券，脱颖而出。

4. 可以为将来的成才和创业夯实基础

从学生角色到职业角色的转变，实质上是从继承知识和储备知识向创造性地运用知识和创造知识的转变过程。一个企业发展的关键在于技术创新，而人才的本质特征就是创造性或创新性。能否主动地、较快地、顺利地实现角色转变，通过创新性劳动最大的创造经济效益和社会效益，反映出毕业生的素质和能力的高低。以积极的态度，主动适应岗位需要，投身于职业实践之中，不断积累知识和经验，调整和完善自身的知识和能力结构，将会为自己将来成才和创业打下扎实的基础。

三、角色转变的原则

角色转变具有周期长、过程艰苦的特点，需要边学习、边适应、边调整，需要坚持不懈地努力，在角色转变的过程中需要注意以下几点原则。

1. 强化职业角色意识，培养职业兴趣

生活在社会中的人，都扮演着不同的社会角色，这个社会角色具体规范了个人行为。对于刚刚走上工作岗位的毕业生来说，强化角色意识，充分认识角色职责、任务与工作要求，及时、准确地进入职业角色，是一项最基本的要求。职业角色的责任，是以特定的身份去履行自己的职责，

运用自己所掌握的知识、本领、技能去为社会服务，完成某项工作；社会赋予职业角色的规范，提供的行为模式，因职业的不同而不同，从业者除了应遵守一般社会规范之外，还必须遵守角色职业道德规范；社会赋予职业角色的权利则是依法行使职权，积极工作，并在履行义务的同时取得相应的报酬。

爱岗敬业是学生角色向职业角色转变的基础。大学毕业生走上工作岗位之后，应当尽快地从学生学习生活的模式中解脱出来，不仅要认识学生角色与职业角色的差异，更重要的是应该遵守职业角色规范，正确行使职业的权利，忠实履行职业角色的义务，使自己的言行与职业角色的内在要求相适应，全身心地投入到工作岗位中去。如果患得患失、心不在焉，经过几个月甚至一年的适应还不能完成角色转变，将会直接影响到职业兴趣和工作业绩。"甘于吃苦"、"甘于吃亏"是角色转变的重要条件，只有"甘于吃苦"，才能实事求是地分析和对待角色转变中遇到的种种困难，并自觉地加以克服；只有"甘于吃亏"，才能积累丰富的社会经验和营造和谐的人际关系，促进职业层次的发展。

2. 提高社会责任意识，强化职业素质

角色规范是社会赋予角色的行为模式，也是社会评价角色的尺度和标准。求学期间，社会对大学生的评价主要看其学习是否勤奋，品行是否端正，成绩是否优良，而这些通常都被看作是个人的事。但是，大学毕业生走上工作岗位以后，其工作或服务的质量、效率、贡献等，不再被简单地看作是个人的事，而是从其承担的社会责任来加以评判。

例如，国家公务员应具备以下几个方面的职业素质。

（1）较高的思想政治素质。

（2）良好的职业道德修养，主要包括：全心全意为人民服务；实事求是，秉公执政；勤政廉洁，禁绝奢华；严以律己，宽以待人。

（3）较强的业务能力，主要包括：调查研究能力；政策和计划能力；综合协调能力；语言文字表达能力，精通公文的撰拟与办理规则。

（4）健康的身心素质。其服务态度的好差和业务能力的高低，不仅关系到个人仕途的发展，更关系到党和国家政策的贯彻和落实、关系到党的执政能力的整体提高。

因此，大学毕业生走上工作岗位以后，必须时刻意识到自己所从事的工作与社会发展的关系，明确自己对社会所承担的责任，按照职业角色规范的要求，不断提高自身的职业素质，加强自身的职业道德建设，努力履行自己应履行自己应尽的社会义务。

3. 增强独立自主意识，勤于思考和研究

我国现行的高等教育体制决定了几乎全部的大学生依赖家庭资助和家长关怀照顾、依靠学校的教育和管理及社会多方面的精心呵护完成大学学业，是在长期处于接受外界给予的方式下成长的，所以，缺乏自主意识和独立生活能力是大学生普遍存在的问题。而大学毕业生成为职业工作人员之后，要把自己学习掌握的知识和能力，通过提供劳动或服务的方式回报社会，则需要提高自己的自主意识和创造能力。同时，从学生生活转入职业生涯以后，通过劳动获得了职业收入，经济上也具有自立的能力。大学毕业生从业后，社会竞争的压力、支撑家庭的压力、个人生存与发展的压力向其提出增强自主意识和自立能力的要求。因此，增强自主意识，提高自立能力、独立工作能力和创业能力，乃是大学毕业生实现角色转变的客观要求和重要条件。勤于观察思考，善于发现问题是角色转变的有力保障。大学毕业生进入职业角色，只有善于观察问题，才能发现问题；只有运用自身掌握的知识去努力解决问题，才能掌握大量的第一手资料；只有分析研究职业对象的内部规律，也才能培养自己的独立见解，逐步具备独立开展工作的能力，更好地承担角色责任。

4. 提高心理调适能力，跨越心理误区

大学生在角色转变的过程中，往往会面临着新旧角色的冲突。有些人由于受到社会因素、家庭因素尤其是自身认知能力、人格心理发展意志品质以及情绪感等因素的影响，不能正确认识角色转变的实质，或者在角色转变过程中不能持之以恒，导致自己的心理与职业角色的社会地位、作用和要求不相适应，于是在从学生角色到职业角色的转变过程中出现以下心理困扰。

（1）依恋心理。

一些毕业生在角色转变过程中容易出现依恋学生角色，出现怀旧心理。十多年的读书生涯，是大学生对学生角色形成一种相对固定的习惯。因此，在职业生涯开始之初，许多人常常会自觉或者不自觉地把自己置身于学生角色中，在生活上依赖父母，学习上依赖老师，工作上依赖领导，行动上依赖书本，以学生角色的社会义务和社会规范来要求自己、对待工作，以学生角色的习惯方式来待人接物，以学生角色的思维方式来观察、分析事物和处理问题。

（2）畏惧心理。

面对新环境，一些大学生在刚走进新的工作环境时，不知道工作应该从何处着手，该如何处理复杂的人际关系，在工作中胆怯畏惧缩手缩脚，裹足不前，怕承担责任，怕艰苦，怕出事故，怕闹笑话，怕造成不良的影响，于是"作茧自缚"、"画地为牢"，缺乏年轻人的闯劲和活力。

大学生群体中，每个学生都既是年轻群体中的佼佼者，又是非常普通的社会一员，大家彼此平等相待，相互认同，没有管理者和被管理者之分，更没有领导意义上的上下级之分。一旦走出校园，走入社会，面临的将是"资历丰厚、等级森严"的群体和对新环境的陌生，这就形成了一种心理上的紧缩感，往往不知所措，而一些性格内向的人又会产生自卑感。

（3）自傲心理。

大学毕业生接受比较正规的高等教育，只能算是拥有先进知识的人，还算不上人才，只有运用知识、创造知识，将其转化为生产力，这时的毕业生才能算是比较高层次的人才。但有些毕业生却因仅拥有先进知识就看不起基层工作和基层工作人员，甚至认为一个堂堂的大学毕业生干一些琐碎的不起眼的工作是大材小用，有失身份和尊严，结果是大事做不来，小事又不做，甚至目空一切，以为自己最正确，用批判的眼光看待社会、单位和周围的一切，把自己游离于单位或群体之外。

一些人在角色转变的过程中受社会的影响，表现出不踏实的浮躁作风、不稳定的情绪情感和盲目的攀比心理，缺乏对工作性质、职责任务和工作技艺的深刻认识和理解；或缺乏韧劲和毅力，对交给的本职工作不能坚持和深入；或不安心本职，见异思迁，这山望那山高等。近年来，毕业生要求改派的人数增多，其中一些人在很短时间内就离职或就职很长时间后还不能稳定情绪，一味埋怨单位不给自己提供充分的发展空间或优厚的待遇，不讲奉献只讲索取。事实上，如果不能静下心来踏踏实实地学习，适应工作，不管什么样的单位都不适合。

（4）失衡心理。

一些人往往过于争强好胜，缺乏承受挫折的能力，或产生嫉妒情绪，见别人干得好，不是见贤思齐，向其学习，而是冷嘲热讽，诋毁别人；或产生失望情绪，用悲观、灰暗的眼光看待世界和人生，遇到不顺心的事就唉声叹气，情绪低落，甚至悲观绝望。

上述这些心理问题，如果得不到正确有效地调适和矫正，就会严重阻碍毕业生的角色转变，直接影响毕业生个人的成长和工作。因此，注意调整、控制、改善自身的心理卫生状况，乃是毕业生实现角色转变的一种有效办法。

四、角色转变的两个阶段

大学毕业生从学生角色到职业角色的转换过程大致可分为毕业前夕和试用期两个阶段，每个阶段有不同的要求和任务，伴随着不同的角色冲突。不过，可以通过角色协调使得角色冲突尽可能地降至最低限度。协调新旧角色冲突的有效方法是角色学习，即通过观念培训，以提高角色扮演能力，使角色得以成功转换。

1. 毕业前夕的角色转变

根据国家教育部规定，从每年 11 月 20 日开始，用人单位就可以进入高校开始应届毕业生招聘活动，一直到第二年 7 月毕业生离校，前后共有半年多的时间毕业生可以用来做好择业前准备、应聘、面试、笔试、工作实习等工作。因此，从开始择业到毕业离校这段时间，是有针对性地学习知识、培养能力进而转换角色的最佳时期，是毕业生转换角色的重要阶段。在这段时间内，除了按照学校正常教学计划完成课程的学习、实习实践和毕业论文外，要提前做好角色转变的准备工作。

（1）通过成功择业了解职业角色的内涵。毕业生积极做好择业基础准备、系统接受就业指导、全面了解社会需求、合理确定自我职业定位、勇于参与市场竞争，通过与用人单位"双向选择"的过程，可以加强对用人单位的了解，进而通过签订就业协议书来确定自己的角色。毕业生在与用人单位接触的过程中，能够比较全面地了解到用人单位的基本情况，结合自身的综合情况，不断调整职业期望值，实事求是地确定自己未来的职业。这是从学生角色向职业角色转变的第一步，这为大学生的职业角色确定了一个基调，对角色的转换将产生深远的影响。

（2）通过实习预先进入职业角色。在大学生毕业前最后一个学期，根据学校的教学、实践安排，毕业实习、就业实习、工作实习三者并重，已成功择业的毕业生要主动地将毕业实习、就业实习融入到工作实习中，提前进入职业角色，有效促进角色转变的进程。在这期间，应进行如下学习和训练。

调整和完善职业知识和能力结构。学习与未来工作岗位有密切联系的专业知识和专业技能，同时，通过学习和训练，还可以加深对未来职业岗位的认同，培养职业兴趣。

进行非智力因素技能训练。大学毕业生智力上的相差并不太大，而非智力方面的技能却是影响毕业生择业、就业和创业的重要因素。培养踏实、谦虚的情绪，诚恳而不谦卑，自尊而不居傲，不急不躁；提高自信心，敢于表现自己，主要是书面表达能力和口头表达能力的提高；锻炼意志力，知难而进，迎难而上，不懈地努力；提高观察力和思考力，只有善于观察才能发现问题，才能真正掌握职业对象的内部规律，只有勤于思考才能在工作中有自己的见解，才能使自己的职业技能得到训练，也才能逐步具备独立开展工作的能力，更好地承担职业角色。

提高心理调适能力，积极应对逆境。精湛的职业技能对职业成功固然重要，充分的心理准备更是不可缺少的，特别是要有"受挫"的心理准备。一般来说，大学毕业生并非都能大展宏图、立功创业，即使在工作中也不会总是一帆风顺的，如果心理准备不足，就会产生过激情绪，导致能力低下，走入事业低谷。因此，在校期间要提前调整心态，积极参加就业指导和心理辅导，充分做好心理上的"受挫准备"。

2．试用期内的角色转变

大学生参加工作后马上进入试用期，之后转为劳动合同期，有人形象地将试用期称为"磨合期"。初到工作岗位，生活和学习环境与大学相比，都有很大的区别。高校里学习和生活条件比较优越，空闲时间和自由支配时间比较多，节奏也比较缓和，压力较小；而每一个职业岗位都有具体的岗位规范和要求，每一个从业者要强制性接受，并按照其要求严格履行岗位职责，实现具体的工作目标，节奏快、压力大，有些工作岗位环境还相当艰苦。从大学学习环境到职业环境的变化，往往会加剧角色冲突，为此，大学毕业生应该加强试用期内的角色学习，使角色转变顺利实现。

大学生要在较短的时间完成角色转变，获得同事的认同和领导的肯定，应当注意以下几个方面。

（1）要树立良好的第一印象。仪表是职业形象的基本外在特征，端庄的仪表会给人良好的第一印象。初到工作单位，要注意穿着打扮，衣服不一定讲究高档、时髦，追求名牌，但要符合自己的经济状况和现实身份。发型要定期修理，注意个人卫生，始终保持积极向上的良好印象。在随后的职业生活中，可以参考职业的要求不断修正自己的外在形象。

（2）要注意知识的转化。拥有知识并不意味着拥有一切，可以至高无上。大学毕业生一定要谦虚、随和，在尊重同事、尊重经验的同时，适时适度地展现自己的知识。例如，可以利用工作上的协作机会，谦虚诚恳地提出自己的见解，共同商讨，共同解决问题；也可以利用人际交往机会，适度地展现自我，让同事了解你的为人和性格，缩短人际交往的距离，建立和谐的人际关系，创造良好的成才氛围。

（3）要强化工作责任意识。大学毕业生踌躇满志，志谋大业，但工作之初，一般不会被委以重任，而是先从基层干起、从底层干起，从小事做起，这符合人才成长的基本规律。因此，不管工作的轻重，分工的高低，大学生都要以满腔的热情、高度的事业心和责任感认真对待，在平凡的工作中积累和锻炼丰富的经验和随机应变的能力。大学毕业生不要片面认为自己被大材小用，对一些工作不愿意干，甚至开始闹情绪。其实，这是缺乏责任意识的表现。

（4）要养成实事求是的工作作风。大学毕业生对待工作的态度是认真谨慎的，但在很多时候，工作中还是难免出现失误。工作失误并不可怕，可怕的是不能正确地认识失误，不能实事求是地去承认错误。如果工作中一旦出现失误，就要认真地分析原因，总结经验教训，找准失误点；同时要敢于向领导和同事承认，开展批评与自我批评，并勇于承担责任，以获得领导和同事的理解；另外，要虚心学习、请教、总结经验教训，防止避免类似失误再次发生。

（5）要重视岗前培训。岗前培训对于刚刚走上工作岗位大学生的角色转变是非常重要的和必要的。它不仅仅是让新员工了解单位的基本情况，熟悉规章制度和工作程序，更重要的是通过岗前培训来树立集体主义观念，培养人际协调能力和奉献精神。从某种意义上讲，岗前培训可以直接反映出新员工素质的高低，因此单位都非常重视，并依此择优录用，分配岗位。毕业生一定要以认真的态度把握好这样一次充实自己、表现自己和提升自己的良机。事实证明，很多毕业生就是因为在岗前培训期间才显露才华，表现出色而被委以重任。

第二节　适应职业生活，建立和谐人际关系

大学毕业生走上社会，首先要面对如何适应职业生活，按照"人岗适配"的原则，在竞争中求生存、求发展，最大限度实现个人价值，并为社会作出贡献，因此，认识职业适应的规律，掌

握职业适应的基本要求，主动地、尽快地适应职业生活，对毕业生的成才和发展具有十分重要的意义。

一、职业适应及其规律

很多毕业生刚刚走上工作岗位时，不知道该怎么做事，不知道除了知识还应该学些什么。掌握职业适应及其规律，能使毕业生尽快摆脱不知所措的状态。

1. 职业适应

职业适应是指个体在职业认知和职业实践的基础上，不断调整和改善自己的观念、态度、习惯、行为和智能结构等，以适应职业实践的发展和变化。适应的实质，就是个体由自然人向社会人的转化。大学毕业生告别学生时代，从走进职业生涯到适应职业生活，要经过对职业实践、职业规范、职业环境、职业文化等的观察、认知、领悟、模仿、认同、内化等一系列的学习和实践过程，才能达到对职业的能动的适应。初入职业行列的毕业生，由于对职业角色的认知和理解不深，很容易发生角色偏差或角色错位。因此，学习职业角色的权利和义务，掌握职业角色规范，遵守职业角色的行为模式，增强对职业角色的认同感和归属感是非常必要的。

2. 职业适应的规律

毕业生在就业初期，能否适应职业环境，尽快融入企业文化，将直接影响工作业绩和事业优先发展权。因此，掌握适应期的一般规律，有助于顺利开展工作，有助于个人的成长和成才，实现自己的理想。实践表明，毕业生只要主动地探索、遵循这些规律，是完全能够顺利渡过就业适应期的。

职业适应从内容上讲，主要包括如下几个方面的适应。

（1）"角色"适应。"角色"适应就是对工作岗位的主动适应，即对职业的地位、性质、职责的适应，最大创造"人岗适配"的经济效益和社会效益。由于大学生毕业后随即走上工作岗位，学生角色向社会角色的改变也顺应而变，由此不少大学毕业生在就业初期，便碰到"角色"适应这个问题。有的人不能及时地转变思想观念和行为习惯，不能及时地调整自己的奋斗目标和人生期望值，不能用职业的行为规范要求自己，不会运用所掌握的知识和才能来完成岗位效益，因而就不能很好地履行岗位职责，难以适应职业的规范要求。

（2）心理适应。心理适应是指毕业生的大脑对职业的各种信息引起的各种心理过程，如感觉、知觉、情绪、情感、意志、性格等都有一个适应过程。其中，情感上的适应更为重要。情感是人对外界事物的心理反应。生活环境和生存环境的变化，也促使毕业生必须调节自己的情感与之相适应，要对从事的岗位保持一种稳定的工作热情和适度的期望值。部分毕业生在就业初期，都不同程度地存在依赖、从众、恋旧、畏惧、攀比、浮躁、空虚、迷惘、苦闷、自卑等不良心理。此时，如果不及时调整和矫正这些不良心理，必然影响工作以及个人的成才和发展。

（3）生理适应。生理适应是指毕业生对工作时间和节奏、劳动强度和紧张程度的适应，其中包括身体各种感觉器官与运动器官的适应过程。环境的变化，主要表现为"时空"概念和生活方式、工作方式的变化。不同职业的工作节奏、劳动强度和工作压力是不一样的，比如说外科主治医师长时间在手术台边工作，对身体素质要求非常高；中小学教师工作节奏快，作息时间严格，劳动强度大，生活紧张等。在从业初期，毕业生打破原有的长期的生活习惯，养成一种紧张、有序、时效的工作和生活习惯，难免出现身体疲倦、头晕脑胀、心力交瘁的感觉，这种不适应是常有的。但是，随着时间的推移，并且注意科学运筹时间，注意劳逸结合，适当加强身体锻炼，讲究工作、生活规律，生理上的"不适应"会很快消失。

（4）群体适应。群体适应是指毕业生在新的协作集体中的适应过程。社会群体是人们通过一定的社会关系结合起来进行共同活动的集体。大学生本身也构成一定形式的"社会群体"，它是以同学关系建立起来的。这个群体呈现出相对的单一性和不稳定性。毕业生到职业岗位后，加入新的"社会群体"，人员对象和人际关系发生了新的变化。以往身为学生，交往对象主要是同学与老师。工作后，交往对象扩展到有各种经历、各种年龄、各种层次的人，同领导和同事的交往与在大学阶段的交往不同，这就需要毕业生注意协调好各种人际关系，以适应新群体的要求。

（5）智能适应。智能适应是指毕业生根据职业岗位所要求的知识和能力结构，来调整改善自身的知识和能力结构，使之适应职业岗位要求的过程。智能一般分为以下 9 种类型：事实的智能；解析的智能；语文的智能；空间的智能；艺术的智能；应用的智能；身体的智能；预感的智能；交际的智能。大学生在大学期间所构建的知识结构和能力结构，能否与职业岗位相适应，必须经过实践的检验。同时，毕业生要把自己的知识和能力转化为生产力，还需要经过主观的努力。更重要的是，在知识经济时代，知识更新的速度越来越快，职业实践的发展和变化更加迫切地要求毕业生不断地调整、改善自己的知识结构和能力结构，以不断适应科技发展和职业实践发展的需要。

3. 职业适应的 3 个阶段

职业适应从时间上讲，一般经历如下 3 个阶段。

（1）陌生阶段，或不适应阶段。

（2）思考调整阶段，即边工作边思考一些问题，边调整自己的思想、心态、知识与能力结构，摸索适应职业生活的方法；

（3）协调与适应阶段，即对职业岗位基本适应的阶段。大学毕业生走上工作岗位以后，应努力缩短前两个阶段，尽快进入第 3 阶段。

当然，职业适应只能是相对的，而不是绝对的。因为，科学技术是不断发展的，职业实践也是不断发展的，旧的问题解决了，新的问题又会涌现，因此，人们对职业生活就有一个不断适应的过程，即：调整、适应、再调整、再适应，如此循环往复以至无穷，这就是职业适应的一般规律。

二、职业适应的基本要求

从业之初，从相对简单的学生角色转变为复杂的社会职业角色，理想与现实之间的差距比较大，面临一些困难和挑战，产生一些矛盾和不适应，这原本是在情理之中的，也是正常的。但是，要完成从学生角色到职业角色的转换，就要充分认识和认真对待这些矛盾和冲突。只要大胆面对现实，立足岗位，树立新的意识；顽强应对困难，努力学习，不断提高和完善自我；准确把握机会，适时调整方向，就一定能够顺利实现角色的适应。

1. 面对现实，正确认识自我，合理定位

大学毕业生走上社会，成为一个社会的真正从业者，开始职业生涯的探索。随之而来的是要面对全新的生活理念，陌生的工作环境，更高的规范要求，如不能在尽短的时间内正视现实并正确认识自我，将这些客观因素转化成自身文化素养，及时完成人的社会化过程，就很难被新环境、新群体所认同、所吸纳。当然，需要注意的是既不要陷于畏缩和自卑的误区，也不要陷于自负或自傲的误区。大学生在校期间积累了一定的理论知识，但大部分来自于书本，普遍缺乏实践锻炼，

刚开始工作不能熟练技术和业务是正常现象，没有必要对自己的弱点进行掩饰，相反应当打破大学生是"天之骄子"造成的心理压力，放下思想包袱，面对现实，重新定位，敢于实践，善于请教，才能把理论知识和实际工作有机地结合起来，最终赢得领导和同事的认可。

2. 主动了解岗位环境，敬业爱岗，安心工作

对新单位的了解，包括对单位的历史、现状及有关的政策、规章制度、人事制度等的了解。对"公司章程"、"工作纪律"、"服务规则"、"奖励办法"等一系列规章制度的了解也是进入新单位的非常重要的一个步骤。对单位的各项规章制度的了解清楚与否，直接影响你今后的工作。由此，你就会弄清楚什么是应该做的，什么是不应该做的，什么是必须遵守的。

熟悉你的工作。首先，你需要了解你的工作内容。其次，了解单位将怎样评价你的工作，对员工的工作进行评价的标准有两种，正式的和非正式的。正式标准一般是可衡量的，它的形式如产量或生产率、销售量的增加以及利润等，往往数量目标和质量目标并重；非正式标准较难描述，它全由上司来决定。典型的例子有：穿着方式；你对工作是否感兴趣；你与工作群体是否能打成一片等。

作为一个新手，要想尽快适应工作的要求，除了要有投身实践的信心和勇气之外，还必须充分了解和熟悉工作环境、工作对象的特点和规律，并主动地收集本专业的传统和现状、本单位的历史沿革和发展前景等相关信息，从而对所从事的工作有较全面的认识和把握。安心本职工作是敬业爱岗的前提，如果工作不能静下心来，"这山望着那山高"、"身在曹营心在汉"，就根本无法掌握基本工作技能，这对个人的发展是不利的，对社会也是不负责的。

3. 勤奋学习，虚心求教，提高工作能力

勤奋学习，虚心求教，提高工作能力是角色转变的重要手段。勤奋和虚心是每个成功人士的必由之路，工作中的懒惰和傲慢为领导和同事所不齿，勤奋和虚心则备受赞扬。大学毕业生已经具备了获得职业技能的基础条件，即比较扎实的基础知识和专业知识。但是社会角色的适应过程是一个自我不断学习、不断完善的循序渐进的过程。初到工作岗位，自身的知识量不一定足够大，知识结构不一定合理。因此，大学生要根据职业的特点、性质、工作程序及其相互关系，不断学习新知识，增强自身素质和能力，提高工作技能和业务水平。同时，随着科学的发展和技术的进步，新的知识和技能不断出现，很多知识和能力需要在工作实践中去学习、锻炼和提高。虚心向有经验的技术人员、领导、师傅和同事学习，学习他们观察问题、分析问题和解决问题的方法，不断丰富自己的专业知识，提高自己的专业技能，在工作中才会有自己独特的见解，才能逐步具备独立开展工作的能力；反之，放不下架子、自以为是的人，是很难学到真本领的。

4. 勇挑工作重担，善于团结协作，乐于无私奉献

勇挑重担，善于协作，乐于无私奉献是完成角色转变的重要标志。大学毕业生走上工作岗位以后，应当从一开始就严格要求自己，树立高度的主人翁的意识，增强社会责任感，培养无私奉献的精神，任劳任怨，不计较个人的得失，努力承担岗位责任，主动适应工作环境，促使自己更好、更快地完成角色转变。若是党、团员，更要自觉用党、团员标准严格要求自己，增强组织观念，在工作中勇挑重担，发挥模范带头作用。同时，人是社会的人，社会的发展与进步离不开人们的密切协作。实践证明，在人的社会联系高度密切的今天，一项大型工程的开展，一项科研项目的完成，一个生产过程的组织与管理，单靠某个人的力量显然是不够的，必须十几个、几十个甚至成百上千个人的共同劳动，互相配合，互相协作才能完成。这就要求每一个成员都要有互相

协作的团队意识，从整体利益出发，个人利益服从集体，顾全大局。

5. 准确把握自己，慎重再择业

对社会职业的选择，大学生要根据自己的专业、特长、兴趣等，寻找适合自己的工作，以免走不必要的弯路。但是，因为自身能力、机遇，或者工作单位等方面的变化，一些毕业生就业后需要重新选择职业。这要求毕业生准确把握自己，具体情况具体分析。一方面，要珍惜第一次职业的选择，认真地、实事求是地分析自己对职业不满意的原因。如果因为自己的眼光太高，那么就应当自觉地调整自己，热爱自己的职业，从点滴做起，踏踏实实地工作；如果因为自己能力不够，那么就虚心学习，不断提高自己的素质，单单抱怨单位是没有道理的；另一方面，如果确实因为客观的原因，经过自己的努力和调整仍难以适应现有的社会职业，可以谨慎地调整自己，重新选择职业。

从另一方面讲，随着人力资源市场的丰富和人才市场的快速发展，人才的流动是个人发展的要求，也是社会发展的需要。职业流动不仅得到大学生们的认同和支持，而且现代社会的发展，正在加快社会的发展，正在加快社会职业的流动。这些变化，打破了"从一而终"的就业观念，代之以职业流动和"适时跳槽"等观念的确立。因此，大学生既要干一行爱一行，也要准确地把握机遇，谨慎地调整自己的岗位，以更好地发挥自己的聪明才智。

三、建立和谐的人际关系

人在社会活动的一切领域都不可避免地会发生个体之间的相互作用和联系，这种在社会活动过程中所形成的建立在个人情感基础上的相互联系就是人际关系。事实上，人际关系渗透到了所有的社会关系中，人际关系是无处不在，它对于人的各个方面的发展都具有重要的意义。

1. 建立和谐的人际关系的作用及意义

人际关系通常有3个特点：个体性、直接性、情感性。

（1）个体性。即人际关系表现在具体个人的互动过程中，其主要表现为对方是不是自己愿意接近的对象，或者自己是不是对方喜欢的目标。

（2）直接性。人际关系是在人们面对面交往过程中形成的。人们对这种直接性的人际关系是可以切切实实地感受到的。心灵上的距离越近，就会感到心情舒畅、愉快；反之，就会感到抑郁和孤独。

（3）情感性。人际关系的基础是人们彼此之间的情感活动，感情色彩是人际关系最主要的特点。概括地讲，人际间的情感倾向有两类：即互相吸引和接近的情感与互相反对和排斥的情感，与此相对应的就是和谐的人际关系与不和谐的人际关系。在和谐的人际关系中，个体总是特别希望与对方合作或者结合；而在不和谐的人际关系中，对方往往是个不能被接受、难以容忍的对象。

刚走上工作岗位的大学毕业生在谈到工作体会时，最多的话题就是如何正确处理人际交往中的关系，建立和谐的人际关系；制约和促进个人成长成才的关键因素之一也是正确处理人际关系的能力如何。要知道，学校里同学之间、同学与老师之间是一种极易友好相处的、近乎不涉及利益竞争的关系，而职业岗位上由于职业规范要求、业务特点，要跟很多人发生各种各样的关系，尤其是与同事之间、领导之间、客户之间的交往频繁，不可避免地存在着行业竞争、利益竞争、权力竞争等，很多方面的因素而使得人际关系变得比较难处却又十分重要。市场经济是一把"双刃剑"，为社会带来正效应时也带来了一些虚假的、丑陋的、罪恶的负效应，大学毕业生要纠正自己的一些不合实际的观念，同时要对负效应进行理性认知，进行抵制和批判。学会处理好人际关系是积极适应社会、提高团结精神和合作意识、为自己创造良好的外部工作环境的必需。建立和谐的人际关系可以使人工作顺心，提高效率；使人生活愉快，心理健康；可以增进团结，有利于集体，有利于事业发展。因此，良好、和谐的人际关系对于大学生的职业发展和自身发展都有非常重要的意义。

2. 如何建立和谐的人际关系

科学发展观强调"以人为本"，而社会又是人的社会，因此建造和谐社会的主题之一就是人的和谐发展，而人的和谐发展离不开和谐的人际关系。社会的发展与时代进步，促使人们的交流进一步扩大，联系进一步密切，社会召唤着人与人之间的相容与合作，这为建立和谐的人际关系提供了一个良好的社会氛围。大学毕业生初到工作岗位，就要充分利用这些有利条件，以自身的努力处理好与同事之间的合作关系、与领导之间的上下级关系、与客户之间的业务关系。

建立和谐的人际关系既要遵循一般人际关系的原则，也要看到不同企业、组织文化在人际关系上所体现的不同特点，要主动地适应环境，而不是让环境来适应自己。大学毕业生处理人际关系要摒弃两种片面的观念：一是"唯人际关系论"，把人际关系看作是决定人行为本质的东西，从而脱离了自身生活学习的环境，脱离了生产关系和社会关系，抽象地、绝对地研究人际关系，甚至将"和谐的人际关系"作为自身发展的唯一筹码；二是"无人际关系论"，忽视人际关系的地位和作用，认为搞人际关系是社会上的不良风气，是当领导、搞管理的人才需要，自己是和工作、和技术打交道，只要干好本职工作就行了，别人爱怎么着就怎么着。这两种观念都是不可取的。

那么大学毕业生如何加强人际交往，建立和谐的人际关系？建立和谐人际关系的应遵循如下几项原则。

① 主动原则。打破自我封闭，主动与别人交往。展示真实的自我，促进相互了解，在工作中主动、热情与同事交往，让别人产生亲近感。

② 尊重原则。一要自尊，二要尊重本单位领导、同事、下级以及工作交往中任何人。尊重别人的人格，听取意见要真诚、谈话交流有礼貌、意见分歧要有涵养。

③ 谦虚原则。谦虚谨慎、戒骄戒躁是做人的原则，狂妄自大、目中无人、夸夸其谈最容易引起别人的反感。即使你水平的确比别人高，也要保持谦虚的态度。

④ 协作原则。强调全局观念，强化团队意识，融入集体，在工作中服从领导、团结同事，相互协调、密切合作。

⑤ 宽容原则。襟怀坦荡，不嫉妒别人，"容人不如己，容人高于己"，既保持上进心，又保持平衡心。对别人的成绩、升迁要真心赞扬，认真学习。

⑥ 自我批评原则。受到批评时勇于承认自己的错误、敢于承担责任，诚恳接受批评，总结教训、及时改正。

根据上述原则，大学毕业生建立和谐人际关系需要从以下几个方面做起。

（1）端正工作态度，提高自身业务素质，扎扎实实做好本职工作。

"态度决定一切"，与你的经验、才智相比，恐怕最先让与你共事的人对你产生好或坏的印象是你的工作态度。你是否热爱你的本职工作，你是否对你的工作认真，你是否兢兢业业，你是否吃苦耐劳，是别人观察你的焦点。劳动是人谋生的第一手段，你的工作态度如何将决定你的人生态度。因此一个不热爱本职工作的人，也绝不会给别人留下好感。"热情优于智慧"，许多企业招聘时优先录用那些热爱工作的人，因此刚刚走上工作岗位的大学生，首先应当爱岗敬业，努力钻研业务知识，提高自己的业务能力，以求尽快地适应工作环境，认清工作性质，熟悉工作程序，做出工作成绩。这是赢得同事赞誉和领导信任的基本条件，也是建立和谐的人际关系的基本前提。毕业生还需要注意的是，在职业岗位上要谦虚扎实，不要自以为文化水平高，学历高，看不起别人，放不下架子，不从基层学起，不向实践学习，结果学不致用，践不力行，反而被别人看不起。这样相互轻视，互不相容就必然导致人际关系的紧张与不和谐。

（2）加强职业道德建设，提高职业素养，塑造良好的人格魅力。

大学毕业生走上社会后，在职业活动中要在大学期间接受良好的"师德"熏陶和系统的思想品德教育的基础上，认真结合岗位的职业道德原则和规范，进行自我锻炼和自我改造，以达到良好的道德品质和境界。其目的在于使大学毕业生结合自己的职业特点，把职业道德的基本原则与规范，自觉地转化为个人内心的要求和坚定的信念，逐步养成良好的职业行为习惯，提高自身的职业素养，成为具有高尚职业道德的受社会欢迎的职业工作者。由此可见，具有良好的职业素养和良好的人格魅力是建立和谐人际关系的催化剂。大学毕业生需要从以下几个方面注意提高自身的职业素养和人格魅力。

① 诚实守信。诚实守信是做人的基本准则，"人而无信，不知其可"，要做到言行一致，说到做到，不欺诈、不虚假，说话办事实事求是，遵守诺言，讲求信用。对领导和同事要讲求忠诚；对客户信守契约，反对欺诈。这样即使在交往中发生一些误会和矛盾，也会相互谅解。

② 谦虚谨慎、尊重他人。初到一个新环境，从零开始，其中所有的人都应当是你的老师，不管其职务尊卑、收入多少、年龄大小和文化高低，要尊重他们的人格和情感，尊重他们的劳动，虚心请教，才能赢得他人的尊重。这样也容易建立和谐的人际关系。

③ 平等待人、不卑不亢。不要以貌取人、以己待人，把同事分成三六九等；不要领导至上、群众至下；不要有用近交、无用远交。这些是极其有害的。

④ 乐于助人而不损人利己。一个人每前进一步，都离不开别人的帮助和支持。在同事有困难时应当热情相助，而不能袖手旁观，更不能幸灾乐祸、损人利己。患难见真情，只有热情帮助他人的人才会得到别人的帮助，才会赢得别人的认可和赞扬。

⑤ 宽以待人，严以律己。对人宽容大度，多一些理解和谅解，而不斤斤计较。比如，在工作中出现失误或者过错时，要勇于剖析自己，主动承担责任；当同事做错了事或者造成损失时，要善意地指出，热情地帮助。只要坚持以严格的规范要求自己，以宽厚的态度对待别人，就能营造一种和谐的人际关系氛围。

（3）积极主动建立新的社交圈子，心胸宽阔，与人和谐相处。

一些大学毕业生从校园跨入工作单位后，往往有一个阶段的孤独感时期，昔日好友各奔东西，原有人际圈被打破，面对陌生环境，出现第二次心理断乳期，他们在寻找一种新的归宿感。环境对一个新来者或多或少地存在排斥感，尤其是单位里的老同事。如果新来者不积极主动接触老同事，一段时期内很难融入新环境。性格开朗者会很快再调整适应新环境，而性格内向者就需要大胆突破性格束缚，先攻为上，主动向他们伸出友谊之手，主动向他们表示你的友好态度。记住，人际关系专家提出忠告："采取'别人都是喜欢我的'这一基本态度，其效果将会发现事实真是这样。采取'别人都想和我作朋友'这一基本态度，经验也会验证这个想法是对的。"人们之间的喜欢经常表现出相互的特性，即人们喜欢的往往是那些喜欢自己的人。因此，要想让别人喜欢你，首先你要喜欢别人。

（4）尊重上级，服从安排。

据有关专家分析，一位下级是否有良好的工作环境，是否有不断提升的机会，是否有健康的心理，乃至是否成才，都同与上级相处得如何有密切关系。人们常说"世有伯乐，然后有千里马。"千里马尚须经伯乐发现，在现实生活中一位下属要在工作中取得成绩，不断进步，除了自身的不断努力外，就必须得到上级的关心和支持。因而处理好与上级的关系，是非常重要的。首先你要了解你的领导，了解他的工作作风、习惯、爱好等，如果你的工作作风与领导不一致时，必须修正自己，以适应上级的工作作风与习惯，你不可能让上级适应你的工作作风与习惯；其次要尊重你的上级，对领导的尊重以及在此基础上的服从，是一个下级应遵守的行为准则，也是建立良好的上下级关系的前提条件，没有哪一位上级喜欢一个目无尊长、不服从命令的下级。

作为下级的大学毕业生，要与领导建立一种和谐的关系，就要尊重领导，自觉服从工作的安排，力争圆满完成领导交办的任务。对于确实难以完成的任务，或者领导的不足，要维护领导的威信，不要当众拒绝领导的安排，而要事后向领导单独解释。这样就会得到领导的肯定，处理好与领导的关系。

不过，与你的上级相处，这本是双向的，不是单向的，不是凭你一个人的主观愿望就能解决得了的问题。你的努力是一方面，上级接不接纳又是另一方面。在与上级关系中，应该说你是处于被动地位，也许经过许多努力你仍然无法与上级建立一种和谐的人际关系，你不必沮丧，记住这个建议"假如上级对你不满，而且无法得到谅解，最好申请调离，没有必要再在对自己有百害而无一利的是非之地"。

四、积极促进职业发展

大学毕业生走上社会，开始职业生活，在完成自身的角色转变、逐步适应职业规范和要求、对自己的职业生涯进行科学规划之后，踌躇满志地准备在工作中干出一番成就，实现个人的人生价值，在实际工作中需要注意以下几个方面的问题。

1. 树立终生学习观念

随着社会的快速发展，产业结构的调整和知识更新速度加快，职业变化也日新月异：旧的职业岗位逐渐消失、新的职业岗位不断产生；现有职业对从业者要求的不断提高等。大学毕业生要想不被职业淘汰，就必须树立终生教育的观念，在工作中不断地学习，接受继续教育，吸收新知识，掌握新技术，保持和增强自身的优势，努力适应社会发展的需要。同时，大学生们已经意识到，大学教育固然重要，但它仅是终身教育的一个阶段，大学毕业生以后的延伸教育和重新学习，对于选择和重新选择职业岗位，取得职业成就，具有非常重要的作用。

2. 保持高度的工作热情

爱默生说："有史以来，没有任何一件伟大的事业不是因为热忱而成功的"，松下幸之助认为："热情优于智慧"，保持高度的工作热情，全身心地投入到岗位工作中是大学毕业生事业成功的基础。做到这一点，既要有情感的投入，也要有信念的强力支持，还得有艺术技巧。

（1）在价值观上，要视劳动是人谋生的手段、职业是实现人生理想的手段。

（2）不断调整工作心态和心境，爱岗敬业，学有所长、干有所专；将压力变为自己在工作中不断进取的动力。

（3）勤于学习、善于思考，深入挖掘工作潜能，保持对工作创新的热情。

（4）在工作中学会扬长避短，不能因为工作中出现困难而止步不前。

3. 学会科学有效地工作

每个人的工作都有很多内容，要使工作有条不紊，就必须学会科学工作。

（1）有计划性。要按照轻重缓急作周密的安排，制订自己分步发展的工作计划。

（2）有组织性。要合理安排好工作时间，使其紧张有序，繁而不琐，张弛有度。

（3）有效率性。规划好工作进度，提高工作效率，创造优异的工作业绩。整天忙忙碌碌但不出成果，并不是一个有效工作者。纠正"只有加班工作，才会得到赏识"的错误观念。

（4）有技巧性。要通过不断的探索和总结，深入了解工作的特点和规律，并在把握规律的基础上采用一定的方法和技巧，达到事半功倍的效果，切忌蛮干。

（5）养成良好的职业习惯。习惯是影响成功的要素之一，应利用习惯来增加工作效率。良好的工作习惯包括：准时——不浪费光阴；恒心——工作始终如一；果断——不错失良机；主动——不怠慢懒惰；迅捷——快捷而有力；勤奋——不断加强学习。

4. 树立良好的职业形象

良好的职业形象具有以下特征：一是良好的职业机制。职业的运行机制主要包括职业的性质和社会地位、职业的体制和运营方式、职业道德规范和行为准则以及从业人员的选择和培养等。二是职业从业者的外在美。在没有详细了解的前提下，从业者的外在表现如服饰、发型、言语、举止等，往往给人一种很深的内在印象。外在美是树立良好职业形象的先决条件。三是职业从业者的内在美。与外在美相比，内在美的境界最高，更能够持久地树立良好的职业形象。和顺的态度、谦逊的作风和诚实守信的为人，是内在美的主要表现。

（1）良好的职业形象。良好的职业形象是职业成功的重要条件，对处于社会特殊层次、特定地位的大学毕业生来讲，具有不可低估的作用和意义。

（2）仪表端庄。仪表是职业形象的基本外在特征，端庄的仪表会给人良好的印象。要注意穿着打扮符合所从事职业的要求和现实身份，始终保持积极向上的良好印象。

（3）举止大方。在同事面前举止文明，落落大方，实事求是，切忌高傲自大、夸大其辞，冒失莽撞。对一些新问题、新情况，要虚心向老同志、老师傅请教，学习他们的好方法、好经验。谦虚的品格会给人留下良好的第一印象，会使你在业务上和其他各方面更快地成长。

（4）诚实守信。自觉遵守单位的作息时间和其他规章制度，讲求信用，培养不失约、不失信的诚实守信的美德。

5. 杜绝工作顺境中的不良情绪

在职业生涯中当个人特点与职业环境相吻合时，工作就会取得顺利进展。此时切忌沾沾自喜、妄自菲薄、夜郎自大，应该认真审视自己仍然存在的潜在的不足，并抱着积极的态度努力挖掘改造。需要注意的问题有以下几点。

（1）自以为是，目中无人。听不进别人善意的劝告，总以为自己是正确的。

（2）喜好奉承。一时得道，就喜好奉承，听不得不同意见，势必将迷失航向。

（3）高枕无忧。人无远虑，必有近忧。

（4）缺乏同情心。无视处在逆境中同事所遇到的困难，不热情相助。时过境迁，一报还一报。

（5）疏于自律。放松对自身职业道德的修养，忽视职业规范和要求，最终酿成大错。

（6）满足现状，不思进取。把一时的顺利看成一生的顺利，消磨意志。遇到逆境必自乱。

6. 学会逆境中崛起

顺境和逆境是辩证的关系，是一个互逆的动态过程。人的一生不可能是一帆风顺的，逆境往往对人的锻炼更大。大学毕业生应当学会在逆境时振作自己，奋力拼搏，并积极寻找新的突破口。

（1）要保持一颗平常心。这样才能正确的分析问题、处理问题。切不可造成一种偏激或灰心丧气的心态，这对走出困境是十分不利的。

（2）重新审视自我。造成不利处境，必有各方面原因，最主要来自于自身，不要一味迁就别人。重新审视自我，科学分析，找出问题的原因和解决方案。不要在一个问题上犯两次错误。

（3）客观地看待"跳槽"。当你发觉目前的工作与你个人设计不符，又发现有更好的机会和途径能尽快实现你的事业目标时；或者凭个人主观努力根本无法摆脱现有的困境时，跳槽是明智的选择。"跳槽"时要避免的问题：单纯追逐利益；一时尴尬的人际关系；盲目随大流。

7. 审时度势，敢于自主创业

自主创业就是大学毕业生不再向社会寻求工作，而是自己创立公司、开办企业等个人色彩较浓、个体性行为较强的创业活动。自主创业不仅解决了自己的职业发展问题，也为社会创造了更多的职业岗位。

自主创业不仅要求毕业生能结合专业特长，根据市场前景和社会需要搞出自己的创新成果，而且要直接面向市场，面向社会，把研究成果转化为产业，创造出客观的经济效益。它也包括那些发现新市场商机，抓住机遇创办自己的经济实体，以商业经营创造出社会价值行为。自主创业是大学毕业生由知识的拥有者变成直接为社会创造价值、做出贡献的创业者。

大学毕业生在经过一段职业锻炼后，选择自主创业，实现职业新的发展，必须注意以下问题：在自主创业目标确定上首先要考虑自己所学的专业和自己的知识结构；深入调研市场，选择社会需要且具备发展潜力的行业；量力而行；创业目标要切合实际，主要是指要切合社会需要实际，切合已经具备的和能够争取到的创业条件的实际，切合创业者自身能力和兴趣的实际。这三个方面如果有某一个方面产生了脱离实际的问题，都有可能导致创业行为的受挫或创业目标的落空。这是因为任何创业目标的实现，都是需要有其必要的先决条件，那种不考虑创业所必需的先决条件，仅凭着主观想象而确定的创业目标，不仅难以指导创业实践，难以带来创业的成功，而且还会将创业引入歧途。

思考题

1. 大学毕业生初入职场，面临的主要任务是什么？实现角色转变有什么重要意义？
2. 进入职场后，大学毕业生如何建立良好的人际关系？如何积极进行职业适应？
3. 大学生角色与职业角色有哪些区别？
4. 大学生初入职场，影响职业适应的因素主要有哪些？
5. 根据角色转换规律，大学生应该如何重塑自我，主动适应社会？

第 九 章

创业概述

创业时代，呼唤有创业准备的大学生。大学生要投身于创业的时代洪流中，必须树立正确的创业理念和观念，了解创业的相关基本知识。

第一节 创 业 导 引

当前，大学生自主创业正在蓬勃发展。经济发展为大学生提供了创业平台，知识经济时代又为大学生提供了创业机遇，融资环境的不断改善越来越有利于大学生创业，国家和各级政府制定的政策法规为大学生的创业提供了法律保障。准备创业的大学生必须要了解有关创业的基本知识。

一、创业的内涵

关于创业的概念目前还没有定论。一般而言，创业的定义主要有 3 种表述。

1. 笼统的定义

在《现代汉语词典》中，"创业"的解释为"创办事业"，由"创"、"业"两个字组成。创，就是创制、创造；业，就是事业、职业、行业、学业等。

杰夫里·提蒙斯认为："创业是一种思考、推理和行为方式，它为机会所驱动，需要在方法上全盘考虑并拥有和谐的领导能力。创业必须要贡献出时间、付出努力，承担相应的风险，并获得相应的回报"。

2. 狭义的创业概念

狭义的创业是指个人或团体依法登记设立企业，以营利为目的，从事有偿的商业活动。大学生创业从狭义的角度来看，是指大学生利用自己的知识、才能和技术，以自筹资金、技术入股、寻求合作等方式开办企业，从而为自己和社会上更多的人创造财富和就业机会的过程。

3. 广义的创业概念

广义的创业是指完整的创造新事业的过程，并不仅仅指创办一个企业。凡是为了"创办企业"这个最终目标而做出的任何努力都叫创业。不同的学者，也提出了不同的见解，概括起来有以下几种学派。

（1）风险学派。风险学派的代表人物，法国经济学家康替龙认为创业者要承担以固定价格买入商品并以不确定的价格将其卖出的风险。创业者的报酬就是卖出价与买入价之差。如果创业者准确地洞察、把握了市场机会，则赚取利润，反之则承担风险。

（2）领导学派。领导学派从创业者在企业组织中的领导职能来研究创业活动和创业者的行为。法国经济学家萨伊认为，创业就是要把生产要素组合起来，把它们带到一起，创业者就是生产过程的协调者和领导者。

（3）创新学派。熊彼特赋予创业者以创新者的形象，认为创业者的职能就是实现生产要素新的组合，创业是实现创新的过程，而创新则是创业的本质和手段。

（4）认知学派。强调从创业者的心理特性，特别是认知特性角度来研究创业，并强调创业者的认知、想象力等主观因素。

（5）社会学派。该学派不认为创业是个性或个人背景的产物，相反，它强调从外部社会来研究创业现象和创业问题。有些学者探讨了宏观的社会环境和社会网络对于企业创业的影响。

（6）管理学派。目标管理的创始人德鲁克认为，任何敢于面对决策的人，都可能通过学习成为一个创业者并具有创业精神，创业是一种行为，而不是个人性格特征。

（7）战略学派。把创业过程视为开始创业或者现有企业成长过程中的战略管理过程。

（8）机会学派。强调从"存在有利可图的机会"和"存在有进取心的个人"两者结合的角度去研究创业。

二、创业的类型

1. 根据创业动机不同的分类

根据创业动机不同，创业分为生存型创业和机会型创业。生存型创业是指创业者对当前的现状不满，并受到了一些非创业者特征的因素的推动而从事创业的行为，可用"逼上梁山"来概括；机会型创业是指创业者在新创一个企业的想法以及开始一个新企业活动的吸引下，由于创业者自身的个人特质和商业机会本身的吸引而产生的创业行为，可用"自动自发"来概括。

在金融、保险、房地产等商业服务业，创业的主导形式是机会型创业，而零售、汽车、租赁、个人服务、保健、教育服务、社会服务和娱乐业，生存型创业相对多一些。

2. 根据创业者情况的分类

一般可以分成 3 种类型。第一种类型为生存型创业者。这一类型的创业者，占中国创业者总数的 90%。第二种类型可称为变现型创业者，就是过去在党、政、军、行政、事业单位掌握一定权力，或者在国企、民营企业当经理人期间聚拢了大量资源的人。第三种类型为主动型创业者，又可以分为两种，一种是盲动型创业者，另一种是冷静型创业者。

此外，我们还可以将创业活动区分为个体创业和公司创业。个体创业主要指与原有组织实体不相关的个体或团队的创业行为；而公司创业主要是指由已有组织发起的组织创造、更新与创新的活动，如表 9-1 所示。

表 9-1　个体创业与公司创业的主要差异点

个 体 创 业	公 司 创 业
创业者承担风险	公司承担风险
创业者拥有商业概念	公司拥有概念特别是与商业概念有关的知识产权
创业者拥有全部或大部分事业	创业者或许拥有公司的权益，但可能只是很小的部分
理论而言，对创业者的潜在回报是无限	回报是有限的
个体的失误可能意味着生涯失败	公司具有更多的容错空间
受外部环境波动的影响较大	受外部环境波动的影响较小
创业者具有相对独立性	公司内部的创业者更受受团队的牵扯
在过程、实验和方向上的改变具有灵活性	公司内部的规则、程序和官僚体系会阻碍策略调整
决策迅速	决策周期长
缺乏安全网	有一系列安全网
低保障	高保障

三、创业的过程

我们可以把创业企业按时间顺序划分为 6 个阶段，每个阶段都有不同的中心任务。

1. 创意期

创意期的企业离实体企业有较大的距离，不论是创业机会还是商业模式或者团队构成都还停留在创意的萌芽状态。未来什么时候企业能够创立起来，这时候创业者还不能回答。创业者跨越创意阶段的标志是创业方向和目标市场的大致确定。此时，创业者在寻找创业方向和目标市场的过程中，一定要不断积累知识与能力，通过课余时间兼职、参加社团、参加创业培训，不断积累创业经验。

2. 种子期

这一时期创业者已经初步选定适合的创业机会。为了使创业机会能够成为现实，创业者需要寻找合适的合作伙伴，吸收必要的有形及无形资源，构建可能的商业模式。此时，企业尚未建立，更不涉及组织结构问题，只是几个志同道合的创业伙伴走到一起组成创业团队，进行相关技术的研究开发和前期的准备活动。这一阶段，创业者要特别注意创业机会，是否技术上已经成熟并拥有优势，市场前景如何，选择创业机会一定要慎重、果断，并编写创业计划书。

3. 启动期

启动期属于企业的正式创立阶段。企业的创业机会基本明确，企业已经有了一个处于初级阶段的产品，可以初步投入市场，企业也组建成功，拥有一个分工较为明确的管理队伍，组织结构初步成形。在企业搭建之后，创业者就要规划必要的竞争策略来应对市场压力。这一阶段的关键是要做好资金、人员的安排，选择好合作者，制订适合企业的管理制度和市场策略，度过脆弱期，确保企业进入稳步成长阶段。

4. 发展期

一般企业经过 1 年左右的初创期后，生存问题基本解决，进入了发展期，发展期一般需要 3～5 年。随着企业的发展，团队成员对企业的未来更加充满信心。但同时创业者也将面临迅速增长的管理事务，创业者需要考虑将组织制度规范化。这一阶段创业者的主要挑战是企业的下一步如何发展，创业者需要开始有意识地从公司战略的层面思考企业发展目标，同时就商业模式也需要进一步调整，如果管理团队的能力无法满足战略需要，则需要吸收新的团队成员。在此阶段，特别注意要快速完成资本的原始积累，形成自己的主攻方向，实行粗中有细的管理模式，企业骨干必须保证精干等。

5. 快速发展期

在经过 3～5 年的发展期后，企业开始进入快速发展期，在这一阶段，企业将会初步确定发展目标和公司战略。以新的战略为基点，企业可能需要发展新的商业模式，创业者可能希望组建自己的销售队伍，扩大生产线，进一步开拓市场。这一阶段，企业逐步形成经济规模，产品开始达到一定的市场占有率。在快速发展期，创业者不仅立足于原有的创业机会，也试图开发相关产品和相关项目。这一阶段的企业所拥有的资源较为丰富，运营程度比之前发展阶段大大降低，企业的管理制度基本到位，且可能成为风险投资热衷的投资对象。这一阶段，创业者要更加关注专业化，即使要多元化发展，也应该是与主营业务相关的多元化；要扩大企业规模，对产品和服务进行延伸；降级开支，减少浪费；优化资金募集方式；细化分工；做好知识产权的保护等。

6. 成熟期

企业在成功发展 5～10 年后开始步入成熟期，企业核心产品已在市场上占有较大份额，盈利额剧增。成熟期的企业组织结构日趋完善，甚至出现组织创新的惰性和障碍。经营中存在的潜在风险和管理者可能的失当举措使得企业已呈现衰退的端倪。对于企业来讲，在这阶段筹集资金的最佳方法之一是通过发行股票上市。成功上市得到的资金一方面可为企业发展增添后劲，使企业拓宽运作范围和规模，另一方面也可为风险投资的退出创造条件。此阶段，创业者要不断开发新产品、新服务、新市场，注重年轻干部的培养和选择继任者等。

阅读材料　　　　　　**企业拿什么留住所需要的员工**

一般企业人才流动率为 10%～15%，而著名的电子商务运营商——阿里巴巴员工的跳槽率仅为 3.3%。阿里巴巴是靠什么留住员工的呢？

阿里巴巴最看重员工的价值观以及其与阿里巴巴文化的契合度。它对人才的评判标准有四项：一是讲诚信，二是有学习能力，三是要有适应变化的能力，四是要乐观上进。

他们认为员工工作的目的不仅是获得一份满意的薪水和良好的工作环境，更重要的是能够快乐地工作。阿里巴巴每年至少要把五分之一的精力和财力用在改善员工办公环境和员工培养上。阿里巴巴善于给员工带来梦想，并不断实现这些梦想。员工通过期权实现了分享财富的梦想，阿里巴巴能够做到决策的透明化，员工可以跨区域、跨部门流动，阿里巴巴营造一个带给员工创意和快乐的地方。阿里巴巴还非常注重员工的培训，开设了"阿里课堂"、"阿里夜校"、"管理培训"等很多培训，他们认为学习是最好的投资，培训是最大的福利，通过培训介绍公司、宣扬价值观、培养团队合作意识，也将公司的企业文化内化到员工的内心。

阿里巴巴靠企业文化和管理制度而吸引人才，留住人才，对创业企业和创业者来说是一个很大的启示，企业在发展过程中必须培育出有吸引力和凝聚力的企业文化和管理制度。

四、大学生开展自主创业的意义

党的十七大报告明确提出，要实施扩大就业的发展战略，促进以创业带动就业，把鼓励创业、支持创业摆到就业工作更加突出的位置上。大学生自主创业是创业中非常重要的一部分。

虽然在现实生活中，大学生创业存在诸多不足，如创业热情高涨、实践少，自主创业科技含量低、成功率低，抗挫折能力不够，缺乏创业所需的综合知识和能力素质及创业教育不足等，但是我们不能否认，自主创业，不仅对大学毕业生自身发展和成长具有重大意义，而且对社会发展和国家繁荣具有重大现实意义和深远的历史意义。中国的 TEA 指数（创业活动指数）如图 9-1 所示。

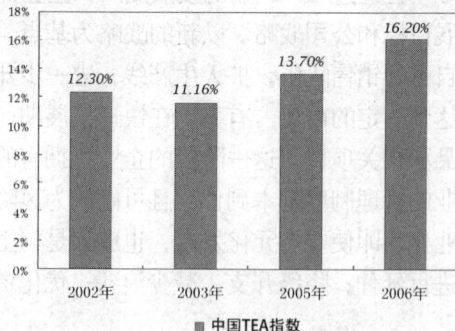

图 9-1　中国的 TEA 指数

1. 自主创业有助于社会生产力的发展

创业者是现代生产力的催生者，创业活动是技术创新并实现产业化的主要形式。目前，我国的科技创新成果很多，但仅有 6%～8%的产业转化率，即使是北京中关村这样一个人才密度远高于美国硅谷的地方，科技成果转化率也仅有 20%；而发达国家的科技成果转化率达到 50%，美国硅谷科技成果转化率高达 60%～90%。因此，鼓励和支持高等专业技术人才投身于自主创业的大潮中，有利于实现科技成果转化、促进社会生产力发展、建设创新型国家、实现建设小康社会的目标。此外，创业活动能有效地推动行业的发展，美国硅谷的发展证明了这一点。

2. 自主创业有助于实现经济高速增长

创业活动与社会经济之间是相辅相成的，一般而言，经济发达地区，也是创业活动活跃的地区。推进创业活动，也就推动了经济的发展。据统计，创业的一代于 1980 年以后创造了现在美国 95% 的财富。虽然目前我国大学生创业的项目大多是一些中小企业，但这是一支不可估量的新兴力量。虽然我国大学生创业所占 GDP 份额不高，但可以想象，不久的将来，随着更多的大学生加入到自主创业的行列，我国自主创业的企业不管从数量还是质量上都将会有一个质的飞跃。

3. 自主创业有助于创造新的就业机会

根据国外经验，在就业过程中，就业人数在 500 人以上的大中型企业贡献率较小，就业人数在 1～19 人的小企业对就业创造的贡献最大。大学生自主创业，有利于缓解国家的就业压力，为更多的毕业生提供新的就业岗位，能从根本上解决毕业生就业难的问题。因为，一人创业成功，可以带动至少 10 人就业，而且，自主创业还增加了中小企业的数量，开创新的产业领域，为经济发展注入了动力。

据统计，目前我国中小企业占全国企业总数的 99%，已超过 800 万家，提供了大约 75% 的城镇就业机会，是解决就业问题的主力军。大学毕业生就是利用自己的知识、才能和技术，以自筹资金、技术入股、寻求合作等方式创立新的就业岗位，为自己、为社会、为更多的人创造就业机会。

4. 自主创业有助于实现自我价值

创业是青年就业的最有效方式，也是实现自我价值的有效途径。大学生通过自主创业，可以把兴趣与职业紧密结合，实现人生价值。创业者在创业中会面临许许多多这样和那样的困难与挫折，历经千辛万苦才能取得成功。因此，创业过程是一个人意志锤炼的过程，是学习提高、锻炼和自身发展的过程。创业成功，不仅个人可以获得利益的回报，实现自我价值，而且还可以回报社会、为国家的繁荣做出贡献。

5. 自主创业有助于促进我国高等教育理念与人才培养模式改革

推进大学生创业是对我国的传统教育方式的一种挑战。传统办学的指导思想、培养目标与社会对人才的需求目标不匹配。因此，要从创业对人才素质的要求和建设创新型国家的需求出发，转变育人观念，对高等教育进行系统改革和创新，包括教育思想、人才培养模式的转变，以及教学内容、教育方法、课程设置及考试制度等方面的改革。同时，通过开展创业教育，开发大学生的创业意识，提升大学生的创业基本素质，培养大学生的创业精神，提高大学生的创业能力。

6. 自主创业是时代赋予大学生的历史使命

大学生自主创业者，既是企业发展、技术创新的直接运作者，又是企业发展、技术创新的激励者、协调者和组织管理者。大学生自主创业有助于为国家造就一批年轻的企业管理人才，创业者将是我国未来经济发展的主力军，而大学生则是我国现在和未来创业的主体力量之一。

第二节　创业者素质与能力

任何一个企业的成功在很大程度上取决于企业者个人的性格、技能水平和经济状况。在决定创办一个企业之前，你必须真实地审视自己，以判断自己是否是适合创办企业的那种人，目前是否具有创办企业的基本条件。

创业是一项复杂的活动，不仅要求创业者具备广泛的知识、丰富的经验，更要求创业者本身具备一些特点和品质。有创业潜质的大学生也要明确在创业过程中个人素质、能力对创业成败的重要影响。要想成为一个成功的创业者，在创业准备期，必须对照这些品质不断地完善自己、锻炼自己。

创业基本素质包括创业意识、创业心理品质、创业能力和创业知识结构四大要素，如图 9-2 所示。在这 4 个要素中，任何一个要素发生变化或残缺不全，都会影响其他要素的形成和发展，影响其他要素的功能和作用的发挥，乃至影响创业的成功。曾有一些创业者，一开始事业辉煌、轰轰烈烈，但后来倒闭破产，乃至身败名裂，究其原因，主要是个人创业素质的不完备，或在某一个要素上出现了严重的质变。

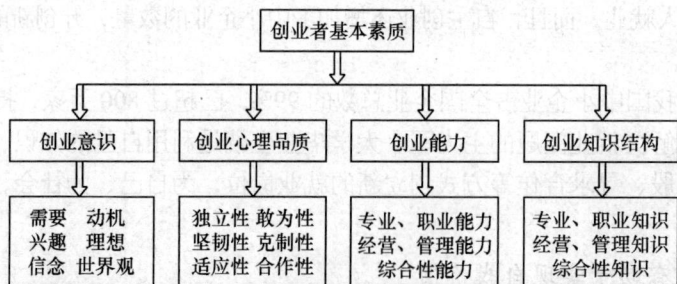

```
                    ┌──────────────┐
                    │  创业者基本素质  │
                    └──────────────┘
        ┌──────────┬──────────┼──────────┬──────────┐
        ▼          ▼          ▼          ▼
   ┌────────┐ ┌────────┐ ┌────────┐ ┌────────────┐
   │ 创业意识 │ │创业心理品质│ │ 创业能力 │ │ 创业知识结构 │
   └────────┘ └────────┘ └────────┘ └────────────┘
        ▼          ▼          ▼          ▼
   ┌────────┐ ┌────────┐ ┌──────────┐ ┌──────────┐
   │需要 动机│ │独立性 敢为性│ │专业、职业能力│ │专业、职业知识│
   │兴趣 理想│ │坚韧性 克制性│ │经营、管理能力│ │经营、管理知识│
   │信念 世界观│ │适应性 合作性│ │综合性能力  │ │综合性知识  │
   └────────┘ └────────┘ └──────────┘ └──────────┘
```

图 9-2　创业者基本素质

一、创业意识的培养

创业意识是指在创业过程中对人起着动力作用的个性倾向，包括需要、动机、兴趣、思想、信念和世界观等心理成分。创业意识支配着创业者的态度和行为，规定着态度和行为的方向、力度，具有强大的选择性和能动性，是创业素质的重要组成部分。创业需要是创业活动的最初诱因和动力，当需要上升为动机时，标志着创业活动即将开始。创业兴趣激发创业者的潜力和坚强意志，创业理想是创业者对未来的奋斗目标的追求，在对目标的追求中形成信念，信念是创业者的精神支柱，是创业意识的最高层次。当前不少大学生不明白创业的真谛，因此必须要树立正确的创业意识。要认识到创业是一种精神，是一种意识，更是一种素质，明确创业目标，努力使自己具备创造梦想、发现机遇的意识，凝聚梦想、不懈追求的意识，学习新知、进取提升的意识，突破陈规、创新创造的意识，敢于担当、直面挑战的意识，居安思危、自省自警的意识。

二、创业者的心理品质

心理品质是指创业者的心理条件，包括自我意识、性格、气质、情感等心理构成的要素。作为创业者，应该充满自信，性格刚强、果敢和开朗，感情应该更富有理性色彩。成功的创业者大多是不以物喜、不以己悲。面对成功和胜利，不沾沾自喜、得意忘形；在碰到困难时，不灰心丧气、消极悲观。

三、创业者的知识结构

建立合理的知识结构，是创业的必要条件。创业者要想成功创业，必须具备相应的专业知识，尤其是以新技术、新发明为基础的创业更是以专业知识为基础，没有专业知识大学生创业就失去了优势。纵观近几年在高科技领域创业取得成功的创业者，无一不具有深厚的专业知识。创业企业需要管理，创业者要想创业成功，必须学习管理知识并能学有所用，以便成为优秀的管理者。同时，创业者还必须具备法律知识和市场营销等其他专业知识。

四、创业者的能力结构

对创业者而言，知识是基础，能力是关键。大学生创业者必须培养和提高自我的综合能力。特别是要注意锻炼自己的学习能力、应变能力、用人能力、沟通交流能力和组织策划、管理、自我控制等能力。

五、创业面临的挑战

创办企业意味着要去从事经营活动，这与受雇于别人拿工资的情况是完全不同的。可以说，创办企业是人生的一大步骤，它会改变你的生活。你要创办企业，就得全力以赴，做大量艰辛的工作，只有这样才能使你的企业获得成功。当然，一旦你获得成功，你为之付出的努力会使你获得经济收益，并感到满足。

人们出于多种原因创办企业，有些人是为了体现自身价值而创办企业，有些人则是为了改变生存方式而创办企业；还有些人可能是因为下岗和事业等原因而决定创业。不管因何种原因而创业，创业既有好处，也有烦恼和困难，如表9-2所示。

表9-2　创业的好处与可能面临的困难、烦恼

创业好处	可能的烦恼和困难
更好地掌握自己的命运	拿自己的积蓄去冒风险
不听命于他人	不分昼夜地长时间工作，无法度假，生病也得不到休息
按自己的节奏工作	失去稳定的工资收入，为发工资和债务担忧，甚至拿不到自己的那份工资
因出色的工作而赢得尊重、威望和利润	不得不做自己不喜欢的事情，如清洁、归档、采购等
感受创造以及为社区和国家做贡献的乐趣	无暇与家人和朋友待在一起

阅读材料　　　大学生个人创业需具备的7个条件

创业是一个梦想，大学生创业必须具备7个条件。

1. 有充足的资源（Resources）。大学生创业者要具备足够的经验，充足的流动资金、时间、精神和毅力。

2. 具有可行性的想法（Ideas）。创业项目最重要的是要可行，要有市场和成长性。

3. 适当的基本技能（Skills）。要具备创办企业和管理企业的各项能力。

4. 相关知识（Knowledge）。大学生创业者不能仅有创业的理想，更需要具备创业所需要的各种知识。

5. 才智（Intelligence）。创业者要能够善于把握时机，善于决策，善于识人用人。

6. 人际关系网（Network）。充分挖掘人脉资源，赢得尽可能多的人的支持。

7. 明确的目标（Goal）。

如果将 7 个条件的首个英语字母串在一起，恰好是"RISKING"（冒险）一词，这也反映出了创业的风险特征。

阅读材料　　　　　**大学生创业需要什么技能**

技能一：管理技能，包括目标管理技能、财务管理技能、信息管理技能、团队管理技能和项目管理技能。

技能二：专业技能，这是大学生创业的一条特色之路，打算创业的大学生，如果资金不够雄厚，就一定要多注意技术创新，多计划开发具有独立知识产权的产品，吸引投资商手中的资金。

技能三：社交技能，对大学生创业者来说，积累人脉，扩大社交圈，通过朋友掌握更多信息、寻求更大发展，日益成为成功创业的捷径。

技能四：擅长规划的技能，没有任何创业经验的大学生，首先应该学会撰写创业计划书，并按照创业计划书的要求审视创业计划的可行性。

测试自己的创业素质、能力

1. 基本素质自测

下列各题均有四个选项，答案：A. 是（记4分）；B. 多数（记3分）；C. 很少（记2分）；D.从不（记1分）。请在符合你实际情况的小括号内填上 A、B、C、D。

（1）在急需做出决策的时候，你是否在想："再让我考虑一下吧？"（　　　）

（2）你是否为自己的优柔寡断找借口说："是得好好慎重考虑，怎能轻易下结论呢？"（　　　）

（3）你是否为避免冒犯某个或某几个有相当实力的客户而有意回避一些关键性的问题甚至表现得曲意逢迎呢？（　　　）

（4）你是否已经有了很多写报告用的参考资料，但仍责令下属部门继续提供？（　　　）

（5）你处理往来函件时，是否读完就扔进文件框，不采取任何措施？（　　　）

（6）你是否无论遇到什么紧急任务，都先处理琐碎的日常事物？（　　　）

（7）你非得在巨大的压力下才肯承担重任吗？（　　　）

（8）你是否无力抵御或预防妨碍你完成重要任务的干扰与危机？（　　　）

（9）你在决定重要的行动计划时常忽视其后果吗？（　　　）

（10）当你需要做出可能不得人心的决策时，是否找借口逃避而不敢面对？（　　　）

（11）你是否总是在快下班时才发现有要紧事没办，只好晚上回家加班？（　　　）

（12）你是否因不愿承担艰苦任务而寻找各种借口？（　　　）

（13）你是否常来不及躲避或预防困难情形的发生？（　　　）

（14）你是否总是拐弯抹角地宣布可能得罪他人的决定？（　　　）

（15）你喜欢让别人替你做自己不愿做的事吗？（　　　）

诊断结果如下。

- 50～60 分：你的个人素质与创业者相差甚远。

- 40～49 分：你不算勤勉，应彻底改变拖沓、效率低的缺点，否则创业只是一句空话。

- 30～39 分：大多数情况下充满自信，但有时犹豫不决，不过没关系，有时候犹豫是成熟、稳重和深思熟虑的表现。

- 15～29 分：你是一个高效率的决策者和管理者，更是一个成功的创业者，具有良好的心理素质和坚忍不拔的毅力。

2. 个性特征测验

从下列 32 组句子中，选择最能够反映你个人观点的句子（A 或 B）。

（1）A. 工作一定要完成。

　　　B. 我喜欢与优秀的朋友在一起，这样我能够获得他们对我的工作的见解和建议。

（2）A. 当我的责任增加时，我会感到更加快乐。

　　　B. 我习惯把什么事情都事先安排好。

（3）A. 我决不做任何可能使自己受损失的事情。

　　　B. 对于如何赚钱的理解是进入商业的第一步。

（4）A. 不管是多好的事情，如果这件事情的失败可能使我遭致嘲笑，我就不会冒险去做。

　　　B. 除了工作之外，我还记挂别人的安康。

（5）A. 我会为自己开创的任何事业而努力。

　　　B. 我只会做那些使我开心并有安全感的事。

（6）A. 如果我失败了，别人会嘲笑我。

　　　B. 尽管我对自己很有信心，我也还是需要别人的建议。

（7）A. 在遇到困难时，我要去找到解决的方法。

　　　B. 如果在新开创的事业中失败，我会继续目前的工作。

（8）A. 如果我觉得一个想法是好主意，我就会去实践这个想法。

　　　B. 我能够比现在做得更好。

（9）A. 工作时，我会注意维系良好的人际关系。

　　　B. 不管发生什么事，都是我从经历中学习的机会。

（10）A. 即使我的努力失败了，我也能从中学到东西。

　　　B. 我喜欢舒适的生活。

（11）A. 我只会投资比赛或彩票，总有一天幸运会落在我头上的。

　　　B. 如果我在工作中失利，我会努力找出原因。

（12）A. 我会把我的员工当作朋友，并对他们一视同仁。

　　　B. 如果能有更好的工作，我就会离开现在的工作。

（13）A. 在实施一个新的想法之前，我会慎重考虑。

　　　B. 如果对别人有好处，我吃点亏也没关系。

（14）A. 只有当我拥有资本时，我才能够发展一个事业。

B. 我希望能够自己做出重要决定。

（15）A. 当别人的好意和信任被背叛时，我不会坐视不理。

B. 如果事情没有按照我的想法发展，我会寻求其他的替代机会。

（16）A. 我可以犯错误。

B. 我非常喜欢与朋友谈天。

（17）A. 我希望我的钱能够安全地存在银行里。

B. 我完全信任我的工作，同时我也了解它的优劣。

（18）A. 我希望我能够拥有很多钱从而过上舒适的生活。

B. 在做决定时我希望能够得到别人的帮助。

（19）A. 人们首先应该照顾好自己的亲人和朋友。

B. 我喜欢解决难题。

（20）A. 即便可能使自己受损害，我也不会做让别人不开心的事情。

B. 钱是事业发展的必需品。

（21）A. 我希望我的事业能够很快发展起来，这样我就不会遇到经济紧张的困境。

B. 我要清醒地认识到，不能因为不成功就去责备自己。

（22）A. 我应该能够独立地按照自己的想法去做事。

B. 只有为自己的未来积累了一大笔钱后我才会幸福。

（23）A. 如果我失败了，那主要会是别人的错。

B. 我只会做那些让我感觉舒服且令我满意的事情。

（24）A. 在开始一份工作之前，我会认真考虑它是否会对我的声誉有不利的影响。

B. 我希望自己能和别人一样，也买得起昂贵的东西。

（25）A. 我希望我能够有舒适的房子住。

B. 我会从失败中汲取教训。

（26）A. 在做任何工作之前，我都要考虑它的长期影响。

B. 我希望每件事情都能按照我的想法进行。

（27）A. 金钱能够带来舒适，所以我的主要目标在于赚钱。

B. 我喜欢在能够经常见到我的朋友们的地方工作。

（28）A. 我了解自己正在做的事，我不怕受到别人的批评。

B. 如果我失败了，我会觉得自己非常差劲。

（29）A. 我知道碰到困难是常有的事，我应该去做一些好的新工作。

B. 在开始新工作之前，我会听取朋友们的建议。

（30）A. 我的所有经历都会激励我前进。

B. 我希望我能有很多钱。

（31）A. 我喜欢每天从容不迫，万事顺利，没有任何烦恼。

B. 如果我失败了，我会努力找出失败的原因。

（32）A. 我不喜欢别人干涉我做事。

B. 为了赚钱我可以做任何事情。

个性特征测验评分如下。

测试包括 32 组句子，在每组中选择 "A" 或 "B"，根据下表将每题所得分数相加。

每题分数如下。

（1）A=1	（9）A=1	（17）A=0	（25）A=1
B=2	B=2	B=2	B=2
（2）A=2	（10）A=2	（18）A=1	（26）A=1
B=1	B=1	B=0	B=1
（3）A=0	（11）A=0	（19）A=1	（27）A=1
B=1	B=2	B=2	B=1
（4）A=0	（12）A=1	（20）A=1	（28）A=2
B=1	B=1	B=1	B=0
（5）A=2	（13）A=2	（21）A=1	（29）A=1
B=1	B=0	B=0	B=1
（6）A=0	（14）A=1	（22）A=1	（30）A=2
B=2	B=1	B=1	B=1
（7）A=2	（15）A=1	（23）A=0	（31）A=1
B=0	B=1	B=2	B=1
（8）A=1	（16）A=2	（24）A=1	（32）A=1
B=2	B=1	B=1	B=0

将所选选项记录在答题纸上，再根据上表得出最终分数。

- 0～25：不具创业性。
- 26～36：中立。
- 37～47：具有一定的创业性。
- 48 以上：非常具备创业性。

阅读材料　　　　大学生不适合创业的类型

　　社会心理学家认为并不是所有的人都具备创业素质，以下 10 种人不适于创业。

　　一是缺少职业意识的人。职业意识是人们对所从事职业的认同感，它可以最大限度地激发人的活力和创造力，是敬业的前提。如职业运动员、职业演员等，他们具有较强的职业意识，而有些工薪人员却对所从事的工作缺少职业意识，满足于机械地完成自己分内的工作，缺少进取心、主动性，这与激烈竞争的环境不相宜。

　　二是优越感过强的人。自恃才高，我行我素，难以与集体融合。

　　三是唯上是从、只会说"是"的人。这种人缺乏独立性、主动性和创造性。若当了经理，也只能因循守旧，难以开展开拓性的工作，对公司发展不利。

　　四是偷懒的人。这种人被称做"工资小偷"。他们付出的劳动和工资不相符合，只会发牢骚、闲聊，每天晃来晃去浪费时间，影响他人工作。

　　五是片面和傲慢的人。有的人只注意别人的缺点，看不到别人的优点；有的人总喜欢贬低别人，抬高自己，总以为自己是最强者，人格方面存在很大的缺陷。

　　六是僵化死板的人。做事缺少灵活性，对任何事都只凭经验教条来处理，不肯灵活应对，习惯于将惯例当成金科玉律。

七是感情用事的人。处理任何事情都要理智，感情用事者往往以感情代替原则，想如何干就如何干，不能用理智自控。

八是"多嘴多舌"与"固执己见"的人。多嘴多舌的人，不管什么事，他们都要插上几句话；"固执己见"的人，从不倾听别人的意见。

九是胆小怕事、毫无主见的人。这种人宁可因循守旧也不敢尝试革新，遇事推诿，不肯负责，狭隘自私、庸碌无为。

十是患得患失却又容易自满自足的人。稍有收获，欣喜若狂；稍受挫折，一蹶不振，情绪大起大落，很不稳定。

当然，世上万物绝非一成不变的，性格也是可以改造的，一个人完全可以在实践中逐步克服性格缺陷，战胜性格弊端，改变性格类型，不断丰富和完善自我。假若身上有上述10种性格缺陷中的某些，但已经踏上创业之路、当上老板或负责人的人，一定要学会重用人才，借助他人智慧来弥补个人不足，才可能避免创业的失败。

第三节 创 业 教 育

创业时代呼唤大学生创业，然而我国高等教育在强调创新教育、就业教育的同时，却忽视了对大学生的创业教育，以至于高校毕业生中自主创业人数比例远远低于发达国家，这显然是有悖于时代发展的。因此，大力加强对我国大学生的创业教育势在必行。

一、创业教育的由来

创业教育（Enterprise Education）是 20 世纪 80 年代后期西方国家提出的一种新的教育理念，其基本内涵是开发和提高学生的创业素质，即培养学生的事业心、进取心、开拓精神、创新精神，以及进行从事某项事业、企业、商业规划活动的能力，被称为学生的"第三本护照"（另外两本"护照"是学历证书和专业技能证书）。广义上的创业教育是指以创新能力为核心的大学生综合素质培养；狭义上是指以创业基本素质与具体创业技能培训为主的创业教育。

美国是最早实行创业教育的国家，其创业教育始于 20 世纪 70 年代。美国政府对于创业教育给予了高度重视，并专门设立了国家创业教学基金。许多社会机构也提供资金或经费资助高校创业竞赛和创业项目，奖励创业优秀学生，开发创业教育课程等。此外，一些研究创业教育的社会组织也大力支持或促进创业教育课程建设、教材开发、教学研讨、信息交流等工作。因此，在过去的 20 多年里，创业学已成为美国大学，尤其是商学院发展最快的学科。

到目前为止，美国已有 1600 多所高等院校开设了创业学领域课程，其中许多大学还开设了创业学或创业研究专业，逐渐形成一个较为完善的学科体系。这 1600 多所大学和学院要求所有教学科目都应体现创业思想，并十分重视培训和不断提升教师的创业教育素质，大学生的创业精神与创业能力的培养也成为评价高等教育质量的指标之一。美国大学生创业教育的不断发展，促使许多年轻大学生走上了自主创业的道路。

来自于麻省理工大学的数据显示，1990 年以来，麻省理工大学毕业生和教师平均每年创建150 个新公司。创业带动了美国经济的飞跃，当今美国95%的财富都是由 20 世纪 80 年代创业一代创造的，许多著名的高科技公司由此产生，并涌现出一大批创业者的典范，如英特尔公司的摩尔、微软公司的盖茨、惠普公司的休利特、戴尔公司的戴尔、雅虎公司的杨致远等，他们中的大部分是在离校后不久甚至在学校里就开始创办自己的企业的，其成功与他们所受到的创业教育和良好的创业氛围有着必然联系。通过创业，他们不仅实现了自己的梦想，而且创造了数以万计的就业岗位，并带动了美国经济的腾飞。

除美国外，英国、法国、德国、日本、韩国、印度、澳大利亚等国也十分重视对大学生的创业教育。如英国政府投入大量资金，在剑桥大学和麻省理工大学之间建立起一种教育研究的合作伙伴关系，鼓励创业，从而创造出剑桥大学科技园这一创业奇迹；日本在课程设置上把创业教育列入必修课，以培养学生决定创业选择所必需的能力和态度，以及将来的创业生活所必备的基本技能和交际能力；印度则提出"自我就业教育"的概念，鼓励学生毕业后自谋出路。创业教育的发展使得这些国家的大学毕业生自主创业者所占比重日益增加，这不仅大大缓解了高等教育大众化带来的大学生就业压力，而且给国家经济发展注入了新的动力。

二、国内大学生创业教育的现状

1999 年 1 月，我国政府针对大学创业教育公布了《面向二十一世纪教育振兴行动计划》，计划明确指出：实施"高校高新技术产业化工程"，带动国家高新技术产业的发展，为培育新的经济增长点做贡献。利用高校自身优势为科研攻关和各行业的结构调整与改造服务，加强产学合作和成果转让；兴建高新技术产业化基地或科技园区等"孵化器"，并明文规定"加强对教师和学生的创业教育，鼓励他们自主创办高新技术企业"。

为了响应国家推进创业教育的号召，2002 年 4 月，在确定 9 所创业试点高校的基础上，教育部高教司在北京航空航天大学召开了由国内 9 所著名高校参加的"创业教育"试点工作座谈会，就高校创业教育的实施问题进行了初步探讨。会议代表一致认为实施创业教育、广泛开展大学生创业活动将成为我国高校今后教学与教育改革的重要任务之一，也将是社会主义市场经济条件下教育改革和发展的必然趋势。2002 年 8 月，教育部高教司又委托北京航空航天大学举办了高等学校创业教育研讨会，全国共有 37 所院校和省教育厅的六十余名与会代表参加了此次会议。会议围绕创业教育的实施展开了探讨，充分表明了我国对创业教育的重视。当前，我国正处于大学生创业活跃期，创业教育发展过程中也体现出来一些特点。

我国大学生创业教育的特点如下。

1. 我国创业教育认识迟、差距大

当我国创业教育还是一个陌生的名词时，在世界各地，创业教育已经发挥了巨大的作用。印度早在 1966 年就提出了"自我就业教育"的理念，鼓励学生毕业后自谋出路，并为此而教育和培养他们。在欧洲，创业教育发展趋势强劲，许多大学开设创业学课程，许多大学从事创业学研究，还有一些大学的教师和学生加入到创业实践中，分享新创企业的利润和快乐。在美国，20 世纪 80 年代初在大学就开设了创业学课程，创业教育在美国快速发展已成为知识经济的直接驱动力。

2. 我国创业教育起步晚，但已受到重视

直到《面向二十一世纪教育振兴行动计划》中提出"加强对教师和学生的创业教育"，我国的创业教育才正式起步。据统计，我国只有 5% 的大学生走上创业之路，美国大学毕业生中走向

创业的有 25%，日本有 15%。相比之下，我国创业教育与国外的差距是巨大的。相对于 20 世纪 70 年代就开始起步的西方发达国家，我国的大学生创业教育无疑开始得相对较晚，但值得庆幸的是，随着大学生创业活动的兴起，教育部和各高校均开始重视创业教育。

3. 我国创业教育尚未形成制度化的体系

从课程设置来看，目前我国高校还没有形成制度化的创业教育课程体系，但教育内容中已经出现了许多创业教育的因素，如科创协会的活动、商业计划比赛、挑战杯等。另外，还存在一些相关的讲座、选修课程等；然而，表现在课堂上的创业课程是零碎的，缺乏作为一门学科应有的严谨性和系统性。

4. 我国创业教育科研和师资力量严重不足

我国创业教育科研和教材建设在高等教育领域和职业教育领域初见端倪，教师多是在书本上"自学成才"，缺乏实践经验；不仅质量上亟待提高，数量上差距更大。在基础教育领域创业教育师资问题更为严重。

5. 我国创业教育政策法规建设有待进一步规范和完善

创业教育是一项涉及面广、政策性强的事业，涉及教育、科技、人事、计划、财政、税务、金融、外事等诸多部门，应由政府或授权某部门做好统筹和协调工作，制定出统一、权威的指导、扶持、优惠、激励的政策和法规。要注意政策的连续性、协调性、规范性，修改和清除不利于创业教育、不利于创业实践的政策法规，逐步建立起良好的法律、法规环境，以推动我国创业教育的发展。

目前，教育部创业教育试点院校共有 9 所，即清华大学、北京航空航天大学、中国人民大学、上海交通大学、南京财经大学、武汉大学、西安交通大学、西北工业大学和黑龙江大学，这些大学基本上都设有一定的组织机构，如清华大学、北京航空航天大学都独立设立了创业教育研究中心，为推进创业教育的发展奠定了组织基础，其他高校应加快类似组织的建设。

三、我国大学生创业教育的主要模式

当前的创业教育实践活动大致可以分为 3 种模式。

（1）以中国人民大学为代表的"以学生整体能力、素质提高为重点的创业教育"。这类创业教育的特点是将创业教育融入素质教育之中，强调创业教育"重在培养学生创业意识，构建创业所需知识结构，完善学生综合素质"，将"第一课堂"与"第二课堂"相结合开展创业教育。

（2）以北京航空航天大学为代表的"以提高学生的创业知识、创业技能为侧重点的创业教育"。其特点是商业化运作，设置专门机构，开设创业教育的课程，建立大学生创业园，教授学生如何创业，并为学生创业提供资金资助以及咨询服务。

（3）以上海交通大学为代表的"综合式创业教育"。一方面，将创新教育作为创业教育的基础，在专业知识的传授过程中注重学生基本素质的培养；另一方面，为学生提供创业（创办公司）所需资金和必要的技术咨询。

创业教育在我国的发展大致可以分为两个阶段：第一阶段是高校自主探索阶段，从 1997 年至 2002 年 4 月。在这一阶段中许多高校都做了有益的自发性探索，如清华大学、复旦大学、华东师范大学和北京航空航天大学等。第二阶段是创业教育得到教育部重视后开始的创业教育试点阶段，从 2002 年 4 月教育部确定 9 所创业试点院校开始至今。这一阶段创业教育在我国的发展进入政府引导下的多元化发展时期，试点院校分别通过各自不同的方式对创业教育的开展进行了实践性探索。

思考题

1. 分析不同创业类型对创业者素质的要求有什么不同？
2. 你清楚企业发展不同阶段的重点工作是什么吗？
3. 如果要成为一名合格的创业者，你应该做什么准备？
4. 如何看待大学生自主创业？

第 十 章

创业谋划

创业者要成功迈出创业的第一步，必须要做好精心的谋划。要在分析内外部环境的基础上把握创业机会，合理选择企业类型、商业模式和创业模式、创业地点，同时搭建合理的团队，制订翔实的创业计划书。

第一节 创业机会

创业者必须正确认识内外部环境对创业的影响，在对内外部环境的分析与自身资源的比较中拓展创业思路、精心准备创业备选项目、识别创业商机，做好企业的战略管理。

一、创业环境分析

创业外部环境分为宏观环境和具体环境，宏观环境分析包括政治法律与政策因素分析、经济因素分析、社会文化因素分析和技术与教育因素分析等四方面的分析，简称 PEST 分析；具体环境分析则包括地区环境分析和行业环境分析。创业内部环境分析主要是对企业内部各种创业要素和资源的综合分析。

1. 宏观 PEST 分析

PEST 分析是指宏观环境的分析，P 是政治（Political），E 是经济（Economic），S 是社会（Social），T 是技术（Technological）。通过 4 个因素的分析从总体上把握宏观环境。四大因素的主要考察项目如下。

（1）政治法律环境（Political Factors）主要包括政治制度与体制、政局、政府的态度、政府制定的法律、法规。

（2）经济环境（Economic Factors）主要分析 GDP、利率水平、财政货币政策、通货膨胀、失业率水平、居民可支配收入水平、汇率、能源供给成本、市场机制、市场需求等。

（3）社会文化环境（Sociocultural Fators）主要包括人口规模、年龄结构、人口分布、种族结构以及收入分布等因素。

（4）技术环境（Technological Factors）不仅包括发明，而且还包括与企业市场有关的新技术、新工艺、新材料的出现和发展趋势以及应用背景。

就创业者来说，要认真学习了解国家的法律、法规和经济政策，要特别注意国家鼓励大学生创业的优惠政策，特别是国家税收、金融、用地价格、工资水平、服务成本等方面的优惠政策；创业者要力争选择国家扶植的项目，捕捉经济发展方向、经济运行趋势，以利于企业的长远发展。

2. 创业地区环境分析

所谓地区环境是指每一个企业设立所在的具体区域。分析地区环境，关键是在于思考创业企业相对于本区域其他企业的规模、影响程度和自身的发展前景等。创业企业一般规模比较小，宏观环境的变化对其影响仅局限在一定范围，而地区的小环境创业企业影响更直接、更敏感。创业企业要重点考虑以下几个因素。

（1）创业者对该地区的熟悉程度。

（2）拟创立的企业在该地区会产生怎样的影响。

（3）哪些有影响的地区成员将支持或反对你要创办的企业。

（4）创业者在该地区有无特别的人际关系。

（5）采取什么措施取得地区的支持，使创业机会最大化。

就创业者来说，要通过调查走访、问卷调查等方式了解创业地区环境。评价地区环境关键是看地区对创业的支持程度、行政管理环境、风俗习惯、熟悉程度等，同时还要特别考察地区的交通环境、市政环境、物业环境、能源环境、社会治安环境、市场成熟度、市场容量、原材料供应及产业链配套等。

阅读材料   中国最适合创业的城市

2007 年 11 月 26 日，《财富》公布的"商务城市排行榜"中，最适合创业的城市，依次是上海、深圳、北京、广州、苏州、杭州、成都、宁波、大连和青岛。

3. 创业的行业环境分析

行业是指提供同一类产品（或服务）或提供具有可替代性产品（或服务）的企业群。创业行业分析主要关注两个问题：一是行业内的竞争程度及变化趋势；二是行业所处的生命周期。

就创业者来说，要学会通过数据分析了解行业环境。要特别关注行业的竞争程度和发展趋势，在进行行业环境评价时，要特别注意以下几个方面的考量：市场规模、竞争范围、市场增长率、竞争者的数量及其规模、顾客的数量及规模、行业纵向一体化发展状况、行业进入或撤出的难易程度、技术发展变化情况、同业竞争者产品或服务的性质与差异、规模经济状况、资本利用率作用、行业是否形成了较强的学习与经验曲线、对资本数量的要求、行业的赢利水平等。

4. 创业的内部环境分析

创业的内部环境分析包括内部资源分析、能力分析以及核心能力分析。

（1）内部资源分析。在创业阶段，主要分析拥有的财力、物力、人力及市场资源、环境资源、技术资源。还要特别注意企业的知识产权、技术资源、信誉资源、文化资源等无形资源。

（2）企业能力分析。对创业企业来说，主要是分析企业的未来能力：企业获得外部资源的能力，企业的生产能力（可从加工工艺和流程、生产设备设施等方面的计划安排、仓储、员工、产品或服务质量等方面进行分析），企业的营销能力（包括市场定位能力、营销组合的有效性及营销管理能力等），科研与开发能力（包括科研队伍的现状和变化趋势、高等院校或科研单位合作的基础、条件等）。

（3）企业核心能力分析。核心能力是指企业拥有的有价值、稀有、难以模仿及不可替代的能力。它是创业企业生存和发展最根本的要素和企业获得持久竞争力的源泉。企业为了实现内部资源的最优配置而打造的核心竞争力，包括生产作业管理、供应管理、技术创新、市场营销管理、财务管理及人力资源管理等；企业为了做好资本运营提高核心竞争力包括兼并、收购、分立、上市、联营及破产等。

5. 创业内外环境的综合分析——SWOT 分析

SWOT 分析方法是一种综合分析企业内部资源和外部条件的分析方法，即基于企业自身的实力，对比竞争对手，并分析企业外部环境的变化可能给企业带来的机会与挑战，找出企业的优势、劣势及核心竞争力之所在，进而制订企业最佳战略。其中，S 代表 Strength（优势），W 代表 Weakness（弱势），O 代表 Opportunity（机会），T 代表 Threat（威胁），其中，S、W 是内部因素，O、T 是外部因素。

优势是指企业超出其竞争对手的能力，或企业能提高公司竞争力的东西，可以是技术技能优势、有形资产优势、无形资产优势、人力资源优势、组织体系优势、竞争能力优势等。

劣势是指企业缺少或做得不好的东西，如缺乏具有竞争意义的技能技术、缺乏有竞争力的有形资产、无形资产、人力资源和组织资产等关键领域的竞争力正在丧失等。

潜在的机会是影响企业战略的重大因素。创业者应确认每一个机会，评价每一个机会的成长和利润空间。

在公司的外部环境中，总是存在某些对公司的赢利能力和市场地位构成威胁的因素，应采取相应的战略行动来抵消或减轻他们产生的影响。外部威胁可能是：出现了强大的竞争对手、替代品抢占市场份额、主要产品市场增长率下降、汇率和外贸政策的不利变动、客户或供应商的谈判能力的不断提高、市场需求减少等。

二、捕捉创业机会

创业机会是一种在实体企业或者实际的商业行动的支持下未来可能赢利的机会。

1. 创业机会的类型

创业机会的划分可以从市场和产品两个角度进行。

（1）市场层面的分类结果。

面向现有市场的创业机会。通过创新来开发市场，如戴尔计算机公司，面对个人计算机市场的激烈竞争，开创了全新的计算机经营模式，绕过分销商中间环节，直接面向客户，因此取得了巨大成功，成为了经典案例。

面向空白市场的创业机会。这一市场可能是夹缝市场，尚未被现有的大型企业所关注，如经营得当可创造可观的价值。

面向全新市场的创业机会。创业者要特别注意市场是否具备较高的成长性，也要特别警惕尾随而来的追随者。

（2）产品（或服务）层面的分类结果。

提供现有产品的创业机会。市场需求没有得到有效满足，那么这种创业机会具备一定的可行性。例如，很多生存型创业选择开餐厅或简单的服务性企业，这些企业实际上在提供产品方面没有太多创新，但是只要企业选址得当，企业仍有发展空间。

提供改进产品的创业机会。产品改进程度越大，可能的收益就越大，对创业者的经营能力要求也就越高。

提供全新产品的创业机会。全新产品的经营风险非常大，因此产品的推出时间、创业者的自身准备都会影响创业成功与否。例如，我国第一家互联网服务公司——瀛海威早在 1995 年就已经创办，因为生不逢时，不具备发展的资源条件，很快就失败了，而之后的搜狐、新浪、网易等发展了起来。

2. 创业机会的来源

创业机会的来源包括影响现有市场的几个因素，一是市场供给变化对市场造成的影响，二是市场需求的变化同样带来巨大的商机。对创业机会来源的分析主要从改变消费者购买行为的影响因素入手，包括以下几个方面。

（1）不断变化的市场环境因素。

市场环境变化引起市场结构和市场需求的变化，这一变化过程中必然会出现大量的创业机会。市场环境因素的变化包括城市化加速、人口思想观念的变化、政府政策的变化、人口结构的变化、居民收入水平提高、全球化趋势、产业结构的变化、消费结构的升级等。

（2）新的成长性产业的出现。

新兴产业的出现必然提供很多创业机会，也可能存在很大的风险。因此判断新产业所带来的创业机会是否可行，仍需要将视角进一步细化，分析行业内部的结构以及创业机会的具体特征。

（3）新的商业模式的形成。

创业模式可以来自创业者的工作经历、行业经验、对竞争对手缺陷和不足的考察（未被满足的顾客需求、产品品质上的瑕疵、作业程序上的不经济等）商业模式是否可行，还需结合实际情况进一步考察。

阅读材料

管理大师德鲁克主张可以通过系统研究分析，来发掘可供创业的新点子，具体做法大致可归纳为以下 7 种方式。

1. 分析特殊事件以发掘创业机会。
2. 分析矛盾现象以发掘创业机会。
3. 分析作业程序以发掘创业机会。
4. 分析产业与市场结构变迁的趋势以发掘创业机会。
5. 分析人口统计资料的变化趋势以发掘创业机会。
6. 通过价值观与认知的变化以发掘创业机会。
7. 通过新知识的产生以发掘创业机会。

虽然大量的创业机会可以通过系统研究来发掘，不过最好的点子还是来自于创业者长期观察与生活体验。创业者在心中对创业构想不断地思索酝酿、反复钻研，一直到创业者感觉时间到了，就会迎来新的机遇。

（4）消费者的新价值。

创业的根本目的是满足顾客需求，创业机会的基本价值就是能否为消费者带来新的价值。寻找创业机会的根本途径是善于发现和体会他人在需求方面需要解决的问题，从消费者的价值角度挖掘创业机会。

3. 创业机会评估

在创业初期，创业者能以比较客观的方式进行科学评估，可以减少创业的盲目性，创业的成功率也会大幅度提升。创业机会评估的原则可分为市场评估准则和效益评估原则。

市场评估准则如下。

（1）市场定位：一个好项目市场定位必须十分准确，而且市场要有成长性。

（2）市场结构：分析市场的进入障碍，供货商、顾客、经销商的谈判力量，替代性竞争产品的威胁及市场内部竞争的激烈程度，以便于判断能否进入这个目标市场。

（3）市场规模：即市场容量，一般而言市场规模大竞争激烈程度会相对比较低，进入障碍也比较低；成熟的市场，没有多少成长空间，宜应避开。

（4）市场渗透力：是指通过降价促销、加大广告投放力度、增加行销据点等方法而使消费者增加购买数量的方式。渗透力低说明市场已经很成熟，没有多少空间。对市场渗透力的评估是评价创业机会的重要因素。

（5）市场占有率：一般而言，要成为市场的领导者，最少需要拥有 20% 以上的市场占有率，如果低于 5% 的市场占有率，则说明新企业的市场竞争力不高。尤其是处在赢家通吃的高科技产业，新企业必须拥有成为市场前几名的能力，才具有投资价值。

（6）产品的投资结构：通过对产品成本结构的科学分析，可以对新企业的发展前景进行预测，对获利情况进行推算，从而判断某个产品是否蕴涵商机。

效益评估原则如下。

（1）合理的税后净利：至少能够创造 15% 的税后净利，可以看作存在创业机会，如果低于 5%，那就没有选择的价值。

（2）达到损益平衡所需的时间：通常应该是在两年内，如果 3 年内不能达到，基本断定不是一个值得投入的创业机会。

（3）投资回报率：合理的投资回报率应该在 25% 以上，15% 以下的投资回报率，是不值得考虑的。

（4）资本需求：要尽量选择资金需求量较低的创业机会，以降低创业风险。知识密集的创业机会资金需求量低，投资回报率较高，这也是当前大学生创业选择进入 IT 行业的比较多的原因。

（5）毛利率：毛利率高的创业机会风险相对较低，也比较容易取得损益平衡。一般而言，理想的毛利率是 40%，低于 20% 时，这个项目就不应予以考虑。

（6）策略性价值：即企业经营策略的转换而创造的价值，如企业的营销外包，成为策略性价值增长的主要方式之一。

（7）资本市场活力：活跃的资本市场比较容易创造增值效果。

（8）退出机制与策略：它也是一项评估创业机会的重要指标。一个具有吸引力的创业机会应该要为所有的投资者考虑退出机制及退出的策略规划。如大学生在加盟创业时，对该加盟企业的退出机制必须有所关注，以尽量减少创业风险。

4. 创业项目选择

挖掘创业机会是选择创业项目的基础，创业项目的正确选择是成功创业的第一步，尤其是那些需要吸引风险投资的创业项目，项目是否具有足够的吸引力就更加重要。创业项目的选择原则如下。

（1）选择自己熟悉的项目。
（2）选择自己喜欢的项目。
（3）选择自己能做的项目。
（4）选择有市场潜力的项目。
（5）选择经济效益好的项目。
（6）选择竞争优势强的项目。
（7）选择风险比较小的项目。
好的创业项目的标准如下。
（1）市场上有购买力和购买需求的消费者有未被满足的消费欲望。
（2）经过一段时间的经营后，可以收回投资。
（3）提供的产品和服务比市场上同类型的产品和服务能给消费者带来更多价值。
（4）创业者本身具有运作该项目应该具有的资源和能力。

新创业者不宜进入的行业和项目如下。

（1）竞争已经结构化的行业：领导者、挑战者、追随者层次明确，这类行业不宜进入，除非拥有独到的优势。

（2）竞争已泛化的行业，如价格、式样、质量、服务、品牌等全方位竞争。

（3）纵向一体化程度较高的产业和项目。

（4）投资额巨大的项目，如保险、航空运输、道路建设项目、机场建设项目等。

（5）该行业存在较大程度的规模经济的现象。

此外，产品的差别化和产品的信誉已经形成，顾客的转换成本较高，销售渠道已被现有企业掌握，原有的企业可能会有打击行为或有联合打击新加入者历史的行业等也不宜进入或慎重进入。

对创业项目进行评估和筛选并不是一件简单的事情，但是确实在降低创业风险和减少失败方面起到了重要作用。

第二节　创业选择

创业者在把握环境、识别商机的基础上，认真筛选出的创业机会和项目，必须依托一定的商业模式，企业才能得以运转，因此有必要了解创业企业的类型、商业模式和创业模式等，便于创业者根据自身条件和项目的特点作出正确的选择，闯出一片真正适合自己的新天地。

一、创业企业的类型

根据创业资金的不同来源或主创人员的不同构成，主要可以分为独立创业、家族创业、合伙创业、团队创业和增员创业5种不同的创业类型。如何选择合适的创业类型，做到扬长避短，是每一个创业者都不可回避的重要问题。

1．独立创业

独立创业主要有个体工商户、私营企业和自由职业3种基本形式。个体工商户是生产资料归个人所有，雇工在8人以下，创业者个人参加劳动，多见于修理、服务、餐饮、商业等行业。私营企业指资产属私人所有，雇工在8人以上的营利性组织，它的劳动主体是雇佣劳动者，追逐的目标是私人利润。自由职业是专指有特长的人从事的一种职业，如艺术家、律师、翻译等。

独立创业的优势是利益驱动力强、工作效率高、营运成本低、具有较大的灵活性，劣势是经营规模小、经营方式单一、决策随意性大、创业者处于孤军奋战的境地。独立创业作为创业活动的基本形态之一，不是任何一个创业者都能适用。它要求创业者具备一定的投资能力、极强的独立性、坚忍不拔的顽强斗志和强健的体魄等。

2．家族创业

当今世界，家族企业是最普遍和最主要的企业组织形式之一，美国约有90%的企业为家族企业，英国70%的企业为家族企业。家族创业主要包括夫妻创业、父子创业、兄弟创业等。

家族创业具有成员关系伦理化、企业关系非确定性、创业动机非功利性等特点。优势是在于以感情的力量团结人、鼓励人，不需雇佣大量的骨干员工、创业骨干队伍稳定等。局限性是成员之间缺乏明确的责任、权利和义务的明文约定，容易各行其是，容易造成企业成员角色被家庭成员角色所代替，影响企业正常运转等。家族创业比较适合于小企业、农村环境创业、中老年人创业和异地创业。

3. 合伙创业

合伙创业是指两个以上的创业者通过订立合伙协议，共同出资、合伙经营、共享收益、共担风险，并对合伙企业债务承担无限连带责任的创业模式。根据合伙人出资的形式和承担的责任分为普通合伙和有限合伙；根据合伙人身份的特点分为个人合伙和法人合伙。

合伙创业的优势是资金较为充足、可以发挥集体的智慧，容易形成内部的监督机制，容易承担市场压力和风险。局限性是由于每个人承担风险的能力和心态不同，容易影响企业的发展决策，容易产生矛盾等。有协作意识、信义品格和宽容精神的创业者适合合伙创业。

4. 团队创业

团队创业，也称集团创业或法人创业，团队创业的成功率要高于个人创业。一个由研发、技术、市场、融资等各方面组成的、优势互补的创业团队是创业成功的法宝。适用人群包括海归人士、科技人员、在校大学生、在职人员等，团队创业主要以公司的形态出现，分为有限责任公司和股份有限公司。

团队创业具有创业主体团队化、投资主体多元化、经营管理科学化、组织形式现代化的特点。它的优点是具有最大的规模效应，可以承担较大的市场压力与风险，投资多元化，使企业避免了艰苦的原始积累阶段，可以发挥团队优势等。局限性是容易造成依赖思想，企业经营费用开支较大，有时会抵消规模效益等。

5. 增员创业

增员创业是以团队规模取胜的一种借力创业的模式，主要包括直销和寿险营销两大类。

二、商业模式

不同类型的企业有不同的商业模式，同一类型的企业也有不同的商业模式，甚至同一行业同一类型的企业也可能有着不同的商业模式。在全球化浪潮冲击、技术变革加快及商业环境变得更加不确定的时代，决定企业成败最重要的因素，不是技术，而是它的商业模式。从某种程度上讲，商业模式是企业独特的鲜明特色，是企业核心竞争力的坚实基础，是企业长远发展的最有效的保障。

1. 商业模式的内涵与特征

商业模式是一个比较宽泛的概念，与其有关的说法很多，如运营模式、盈利模式、B2B 模式等。一般认为，商业模式是企业整合资源和能力，进行战略规划，以充分开发创业机会，并且实现利润目标的内在逻辑，通俗地说，就是企业如何赚钱。商业模式并非简单的企业盈利方法或过程，而是一个整体和系统。如 Amazon 仅用短短几年就发展为世界上最大的图书零售商，给传统书店带来严峻挑战，新型商业模式显示出强大的生命力与竞争力。

商业模式体现在创业机会核心特征层面，即市场特征和产品特征的特定组合，这一组合是创业企业竞争优势的根本源泉，也是商业模式的构成基础。商业模式体现在创业机会的外围特征上，特别是创业团队和创业资源两个要素如何有效整合，来共同维系创业机会核心特征的有效开发。新创企业能否成长为成熟的、有市场影响力的企业，必须要有适当的成长战略，依据企业现有的市场特征、产品特征、创业团队、创业资源状况制订成长规划及市场竞争战略，因此战略也是商业模式的构成成分。

具体来说，商业模式内涵包括以下要素。

- 价值主张：即公司通过其产品和服务所能向消费者提供的价值。价值主张确认了公司对消费者的实用意义。
- 消费者目标群体：即公司所瞄准的消费者群体。这些群体具有某些共性，从而使公司能够（针对这些共性）创造价值。定义消费者群体的过程也被称为市场划分。
- 分销渠道：即公司用来接触消费者的各种途径。这里阐述了公司如何开拓市场。它涉及公司的市场和分销策略。
- 客户关系：即公司同其消费者群体之间所建立的联系。我们所说的客户关系管理即与此相关。
- 价值配置：即资源和活动的配置。
- 核心能力：即公司执行其商业模式所需的能力和资格。
- 合作伙伴网络：即公司同其他公司之间为有效地提供价值并实现其商业化而形成的合作关系网络。
- 成本结构：即所使用的工具和方法的货币描述。
- 收入模型：即公司通过各种收入流来创造财富的途径。

2. 成功商业模式的特征

成功的商业模式具有 3 个特征。

第一，成功的商业模式要能提供独特价值。创业者通过确立自己的独特性，来保证市场占有率。有时候这个独特的价值可能是新的思想；而更多的时候，它往往是产品和服务独特性的组合。这种组合要么可以向客户提供额外的价值；要么使得客户能用更低的价格获得同样的利益，或者用同样的价格获得更多的利益。例如，如家酒店连锁公司全力拓展其独创的经济型连锁酒店，常年入住率在 90%以上，与传统的酒店经营模式迥然不同，从而取得了成功。

第二，商业模式是难以模仿的。企业通过确立自己的与众不同，如对客户的悉心照顾、无与伦比的实施能力等，来提高行业的进入门槛。比如，直销模式（仅凭"直销"一点，还不能称其为一个商业模式），人人都知道其如何运作，也都知道戴尔公司是直销的标杆，但很难复制戴尔的模式，原因在于"直销"的背后，是一整套完整的、极难复制的资源和生产流程。难以模仿意味着企业的经营模式是可持续的，可维持企业较快的成长速度。

第三，成功的商业模式是脚踏实地的。企业要做到量入为出、收支平衡。这个看似不言而喻的道理，要想年复一年、日复一日地做到，却并不容易。现实当中的很多企业，不管是传统企业还是新型企业，对于自己的钱从何处赚来，为什么客户看中自己企业的产品和服务，乃至有多少客户实际上不能为企业带来利润，反而在侵蚀企业的收入等关键问题，都不甚了解。

3. 商业模式与创新

赢利的问题，是每个公司都需要考虑的第一问题，也是大家都感兴趣的话题。赢利之道，很容易理解，也就是赢利的方法，赢利的思路。那么，我们的企业经营之路该怎么走？鲁迅先生说得好："世上本没有路，走的人多了，也便成了路。"在企业成长壮大中，鲁迅先生的警句给予我们力量，鼓励我们一定要积极努力，勇于探索，开辟道路。

![阅读材料]

阅读材料

埃森哲公司在管理咨询方面处于全球领先的位置,它总结了 6 种再造商业模式的途径。

1. 通过量变扩展现有商业模式。以原有商业模式为根本将业务引向新的领域、增加客户数量、调整价格、增加产品线和服务种类等。这些都属于通过量变,在原有商业模式基础上增加回报。

2. 对已有商业模式的独特性进行更新。这种方式注重更新的是企业向客户提供的价值,借以抵抗价格战带来的竞争压力。

3. 将成功模式复制到新领域。用现成手法向新市场推出新产品,在新条件下复制自己的商业模式。

4. 兼并以增加新模式。通过购买或出售业务来重新为自己的商业模式定位。

5. 突破现有能力来增加新的商业模式。利用它在一个商业模式中发展起来的能力、知识和关系,创造出一系列成功的商业模式。

6. 从本质上改变商业模式。这种情况在 IT 行业尤其多见,国外公司如 IBM 和 HP、国内公司如联想、神州数码就是如此。它们从卖 PC、造 PC,到系统集成、电子商务,不断改变着商业模式。

在所有的创新之中,商业模式创新属于企业最本源的创新。商业模式必须根据客户的需求变化、融资方式的变化以及市场竞争形势的演变等多方面因素及时做出调整和创新。

三、创业模式

选择适合自己的创业模式,是创业成功的关键。创业模式方法很多,准确判断自身的优势和劣势,选择最适合自己的创业方式,很多不利因素是可以化解的。常见的创业模式有以下几种。

(1)白手起家。典型的白手起家型创业是从无到有,先学习经验,进行资本的原始积累,待条件成熟后,就可以从小规模的企业开始做起。这种方式是最艰苦的,成功率也较低,创业者必须具备超强的耐受力。该类模式要想取得成功需要 3 个条件:积累广泛的社会关系、找到好的项目或产品、创业者具备良好的信誉和人品并具备吃苦耐劳的精神。

(2)收购现有企业。这类模式是目前最常见的创业方式之一,但是在购买他人的既有企业之前,收购人必须先评估收购企业的风险及优缺点,是一种节省时间和成本的好方法,比如接手专卖小生意、接收亏损企业等。当然也可能带来一些负面影响,如负债高、资金缺乏、商誉不佳、设备陈旧等,当然,也可以选择性地购买现有企业的一部分,如客户名单、商誉等。

(3)依附创业。依附创业模式包括争取经销权(做代理)、做指定供应商(如配套与贴牌生产)、内部创业(如另辟企业体系供员工内部创业的华为)、特许经营(加盟创业)、网络创业、直销、寿险营销等。其中,加盟创业成功比例较高,调查资料显示,在相同的经营领域,个人创业成功率低于 20%,而加盟创业的成功功率则高达 80%~90%;最新潮的创业方式就是网络创业,主要有两种方式,网上开店与网上加盟,比较适合于技术人员、大学生和上班族,调查显示,78% 的网上创业者年龄在 18~30 岁。

（4）在家创业。在家创业也称 SOHO，在家创业，准确地说是独立工作，不隶属于任何组织。该类模式的优势在于时间自由安排，既能赚钱又能照顾家庭。如退休教师在家设立家教中心，几个大学生合伙从事玩具的邮购业务等。

（5）兼职创业。兼职者要根据自己的实际情况衡量孰轻孰重，摆正兼职与正职的关系，选择合适的兼职。

四、选择合适的经营地点

创业项目和模式选定之后，接下来最重要的是选址的问题了，地点的选择是决定成败的一大要素，尤其是以门市为主的零售、餐饮等，显得尤为重要。影响创业企业选址的主要因素有市场因素、商圈因素、物业因素、地区因素、个人因素和价格因素等。提供不同的产品或服务，应该选择不同的区域和经营地点，如生活日用品，以方便购买为原则，价高耐用的选择性消费品，应选择的店铺密集的商业区等。

阅读材料　　　　　　　**草根选址的十个原则**

1. 围绕竞争者

在你的竞争者店址附近的一定区域内选址。进入某区域前，先调查该区域内的竞争者，以竞争者店址为中心，向四周扩散式选址，当然所选店址必须有足够的市场容量。

2. 跟随主营内容互补者

有些业态在经营、服务内容上是互补的，你就可以把店开在它旁边，为顾客带来完整的"一条龙"服务。

3. 搭车式选址

跟业务有密切联系的公司结成战略合作伙伴关系，如国内某 SPA 和某知名连锁酒店合作，双方约定该连锁酒店每家都以较低价格出租一定的面积用来开设 SPA。如此，不仅方便了酒店的客人，也给 SPA 带来了极大的便利，一方面一劳永逸地解决了选址问题，另一方面大大降低了成本。

4. 扫街式选址

自己亲自或派人实地考察以寻找可用店址。在扫街前须制订一个详细、科学的路线图，准备好工具。在现场考察时，一旦发现公开的店址租售信息，要立即联系了解基本情况，如果该址符合基本条件，还要拍摄店内外的各种照片。扫街选址结束后，一定要做个完整的记录总结，对所有的备选店址分别评估、谈判，直至最终签约。由于好的店址通常全有许多竞争者在抢，因此你可以同时看房和谈判，保证第一时间得到好店址。

5. 通过房地产中介

房地产中介一般都掌握着丰富的关系网和资源，要善于借助其资源，也要谨慎辨别，以免受骗。尽量多找几家主攻商铺的中介，权衡比较各中介的实力与资信，确定准备合作的几家。

6. 发广告

确定媒介，编制寻租或寻售广告文件，时刻保持联系方式畅通，详细记录每个反馈信息。

7. 利用供应商

他们可能同时为多个竞争者提供商品或服务，掌握同类型店的很多店址，熟悉每个店址的经营状况，能帮助你做出更准确的判断。

8. 人际关系网

把要选址的信息告诉你的"关系户"，"关系户"可以是你的亲朋好友、旧熟新识。

9. 与房地产开发商合作

房地产开发商对商业选址有着深刻的研究（住宅开发商也会涉及底层商铺开发的问题），同时也掌握着大量的可选地址，和他们合作很不错。

10. 搜寻免费地址源信息

互联网、店外张贴、报纸广告等，各种媒介都有可能提供关于店址的信息，因此你一定要善于发现并利用这些信息，尤其是那些免费或以极低的成本就可轻松获得的店址信息。

第三节 创 业 团 队

创业，需要组建一个相互协作、有稳定组织结构的群体，使其成为一个既有统一意志、又能分工协作、具有较强凝聚力和战斗力的团队。美国学者对 104 个高技术企业的一项研究表明，在这些年销售额达到或超过 500 万美元的高速成长公司中，83.3%是由团队创立的。

一、创业团队的概念与要素

创业团队是指在创业初期，由一群才能互补、责任共担、角色分工，愿为共同的创业目标奋斗的人组成的特殊群体。

创业团队需要具备 5 个重要的要素，称为 5P。

（1）目标（Purpose）。创业团队应该有一个既定的共同目标，没有目标，这个团队就没有存在的价值。目标在创业企业的管理中以创业企业愿景和战略的形式体现。

（2）人（People）。一个创业团队中，人力资源是所有创业资源中最活跃、最重要的资源，应充分调动创业者的各种资源和能力，将人力资源进一步转化为人力资本。创业者之所以寻求团队合作，其目的就在于弥补创业目标与自身能力间的差距。只有当团队成员相互间在知识、技能、经验等方面实现互补时，才有可能通过相互协作发挥出"1+1>2"的协同效应。因此在人员选择方面，要充分考虑人员的知识、技能和经验。

（3）定位（Place）。创业团队的定位包含两层意思。一是创业团队的定位，包括创业团队在企业中处于什么位置，由谁选择和决定团队的成员，创业团队最终应对谁负责，创业团队采取什么方式激励下属等。二是个体的定位，包括成员在创业团队中扮演什么角色，是制订计划还是具体实施或评估，是大家共同出资，委派某个人参与管理，还是大家共同参与管理，或是共同出资，聘请第三方（职业经理人）管理。

（4）权限（Power）。创业团队中领导人的权力大小与团队的发展阶段和创业实体所在行业相关。在创业团队发展的初期，领导权相对比较集中，创业团队越熟悉，领导者拥有的权力相应越小。

（5）计划（Plan）。计划有两层含义。一是目标最终的实现，需要一系列具体的行动方案，可以把计划理解成达到目标的具体工作程序。二是按计划进行可以保证创业团队工作进展顺利，只有按计划执行操作，创业团队才会一步一步地贴近目标并最终实现目标。

二、创业团队的类型

创业团队分为"核心式"创业团队、"圆桌式"创业团队和虚拟"核心式"创业团队。

1. "核心式"创业团队

团队中一般有一个核心人物充当领队的角色。这种团队在形成之前，一般是核心人物有了创业的想法，然后根据自己的设想组建创业团队。

这种团队有以下几个明显的特点。

（1）组织结构紧密，向心力强，主导人物在组织中对其他个体影响巨大。

（2）决策程序相对简单，组织效率较高。

（3）容易形成权力过分集中的局面，从而使决策失误的风险加大。

（4）当组织内发生冲突时，因为核心主导人物的特殊权威，使其他团队成员在冲突发生时往往处于被动地位，在冲突较为严重时，一般会选择离开团队，因而对组织的影响较大。

2. "圆桌式"创业团队

这种创业团队的成员一般在创业之前就有亲密的关系，比如同学、亲友、同事、朋友等。一般都是在交往过程中，就创业达成了共识以后，开始进行创业。在创业团队组成时，没有明确的核心人物，大家根据各自的特点进行自发的组织角色定位。因此，在创业初期，各位成员基本上扮演的是协作者或伙伴角色。

这种团队有以下几个明显的特点。

（1）团队没有明显核心，整体结构较为松散。

（2）一般采用集体决策的方式，通过大量的沟通和讨论达成一致意见，决策效率相对较低。

（3）由于团队成员在团队中的地位相似，因此容易在组织中形成多头领导的局面。

（4）当团队成员之间发生冲突时，一般都采取平等协商、积极解决的态度消除冲突，团队成员不会轻易离开。但是一旦团队成员间的冲突升级，某些成员撤出团队，就容易导致整个团队的涣散。

3. 虚拟"核心式"创业团队

这种创业团队是由"圆桌式"创业团队转化而来，可以说是前两种的中间形态。在团队中，团队成员协商确定一名核心成员，因此，核心人物是整个团队的代言人，而不是主导型人物，其在团队中的行为必须充分考虑其他团队成员的意见，权威性低于"核心式"创业团队中的核心主导人物。

三、创业团队的组建

1. 组建创业团队的基本原则

创业者组建创业团队时，需注意以下几个原则。

（1）目标明确合理原则。目标必须明确、合理、切实可行，这样才能使团队成员清楚地认识到共同的奋斗方向，才能真正达到激励的目的。

（2）互补原则。创业者之所以寻求团队合作，其目的就在于弥补创业目标与自身能力间差距。只有当团队成员相互间在知识、技能、经验等方面实现互补时，才有可能通过相互协作发挥出

"1+1>2" 的协同效应，因此团队成员是要做到诚实守信、志同道合、取长补短、分工协作、权责明确。

（3）精简高效原则。为了减少创业期的运作成本、最大比例地分享成果，创业团队人员构成应在保证企业能高效运作的前提下尽量精简。

（4）动态开放原则。创业过程是一个充满了不确定性的过程，团队中可能因为能力、观念等多种原因不断有人在离开，同时也有人在要求加入。因此，在组建创业团队时，应注意保持团队的动态性和开放性，使真正完美匹配的人员能被吸纳到创业团队中来。

2. 创业团队的组建的步骤

组建成功的创业团队，主要有以下几个步骤。

（1）识别创业机会，明确创业目标。识别创业机会是整合团队的起点，创业机会的市场层面特征拥有优势，就需要更多的市场开拓方面的人才；如果产品层面拥有更多的优势，需要更多的技术人才。创业团队的总目标就是要通过完成创业阶段的技术、市场、规划、组织、管理等各项工作使企业从无到有、从起步到成熟，总目标确定之后，为了推动团队最终实现创业目标，再将总目标加以分解，设定若干可行的、阶段性的子目标。

（2）制订创业计划。在确定了一个个阶段性子目标以及总目标之后，紧接着就要研究如何实现这些目标，这就需要制订周密的创业计划。创业计划是在对创业目标进行具体分解的基础上，以团队为整体来考虑的计划，创业计划确定了在不同的创业阶段需要完成的阶段性任务，通过逐步实现这些阶段性目标来最终实现创业目标。

（3）寻找创业伙伴。招募合适的人员也是创业团队组建最关键的一步。关于创业团队成员的招募，主要应考虑两个方面：一是考虑互补性，即考虑其能否与其他成员在能力或技术上形成互补。这种互补性形成既有助于强化团队成员间彼此的合作，又能保证整个团队的战斗力，更好地发挥团队的作用。一般而言，创业团队至少需要管理、技术和营销3个方面的人才。只有这3个方面的人才形成良好的沟通协作关系后，创业团队才可能实现稳定高效；二是考虑适度规模，适度的团队规模是保证团队高效运转的重要条件。团队成员太少则无法实现团队的功能和优势，而过多又可能会产生交流的障碍，团队很可能会分裂成许多较小的团体，进而大大削弱团队的凝聚力。一般认为，创业团队的规模控制为 2～12 人最佳。

（4）职权划分。为了保证团队成员执行创业计划、顺利开展各项工作，必须预先在团队内部进行职权的划分。创业团队的职权划分就是根据执行创业计划的需要，具体确定每个团队成员所要担负的职责以及相应所享有的权限。团队成员间职权的划分必须明确，既要避免职权的重叠和交叉，也要避免无人承担造成工作上的疏漏。此外，由于还处于创业过程中，面临的创业环境又是动态复杂的，不断会出现新的问题，团队成员可能不断出现更换，因此创业团队成员的职权也应根据需要不断地进行调整。

（5）构建创业团队制度体系。创业团队制度体系体现了创业团队对成员的控制和激励能力，主要包括了团队的各种约束制度和各种激励制度。一方面，创业团队通过各种约束制度（主要包括纪律条例、组织条例、财务条例、保密条例等）指导其成员避免做出不利于团队发展的行为，实现对其的行为进行有效的约束、保证团队的稳定秩序。另一方面，创业团队要实现高效运作需要有效的激励机制（主要包括利益分配方案、奖惩制度、考核标准、激励措施等），使团队成员能够看到随着创业目标的实现，其自身利益将会得到怎样的改变，从而达到充分调动成员的积极性、最大限度发挥团队成员作用的目的。要实现有效的激励首先就必须把成员的收益模式界定清楚，尤其是关于股权、奖惩等与团队成员利益密切相关的事宜。需要注意的是，创业团队的制度体系应以规范化的书面形式确定下来，以免带来不必要的混乱。

（6）团队的调整融合。完美组合的创业团队并非创业一开始就能建立起来的，很多时候团队是在企业创立一定时间之后随着企业的发展逐步形成的。随着团队的运作，团队组建时在人员匹配、制度设计、职权划分等方面的不合理之处会逐渐暴露出来，这时就需要对团队进行调整融合。由于问题的暴露需要一个过程，因此团队调整融合也应是一个动态持续的过程。如图10-1所示，在完成了前面的工作步骤之后，团队调整融合工作专门针对运行中出现的问题不断地对前面的步骤进行调整直至满足实践需要为止。在进行团队调整融合的过程中，最为重要的是要保证团队成员间经常进行有效的沟通与协调，培养强化团队精神，提升团队士气。

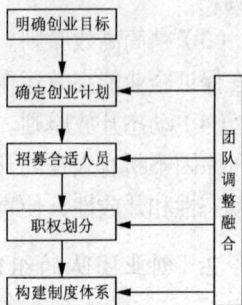

图10-1　创业团队组建程序图

阅读材料　　　　唐僧团队带给我们的启示

一个理想的团队就应该有唐僧团队的4种角色：德者、能者、智者、劳者。德者领导团队，能者攻克难关，智者出谋划策，劳者执行有力。总的来看，唐僧团队最大的好处就是互补性，虽然历经九九八十一磨难，但最后修成了正果。

德者居上。唐僧具备有三大领导素质：首先，目标明确，善定愿景。其次，手握紧箍，以权制人。没有权威，也就无法成为领导。再次，以情感人，以德化人。领导一定要学会进行情感投资，要多与下属交流、沟通，关心团队成员的衣食住行，塑造一种家庭的氛围。

能者居前。孙悟空可称得上是老板最喜欢的职业经理人。孙悟空有个性、有想法、执行力很强，也很敬业、重感情，懂得知恩图报，是个非常优秀的人才。

智者在侧。之所以说猪八戒是个智者，完全是站在当今社会的角度。现代社会，员工的压力都很大，如何做一个快乐的人，就要用到猪八戒的人生哲学了。当然，猪八戒的人生哲学，只是我们在遇到挫折失败时候的一种自我解脱，不能成为自己的主流价值观。

劳者居其下。沙和尚是个很好的管家。他经常站在孙悟空的一面说服唐僧，但当孙悟空有了不敬的言语，他又马上跳出来斥责孙悟空，护卫师傅，可谓是忠心耿耿，企业对于这样的人，一定要给予恰当的位置。沙和尚忠心耿耿，他是唐僧最信任的人，是老板的心腹，但属于那种有忠诚度但能力欠缺的人才，老板喜欢用，但如果重用、大用，就会出问题。

总的来说，唐僧团队之所以取得辉煌成绩，关键在于这个团队的成员能够优势互补，目标统一，每个人都能发挥自己的作用，形成坚强的团队。

第四节　创业计划

对于创业者来说，必须对创业机会、创业团队、创业资源、商业模式等方面有了综合的认识后，才可能制订一份良好的创业计划书。创业计划书是商业模式在书面上的体现，一份好的创业计划书是获得贷款和投资的关键。

一、创业计划书摘要

创业计划书摘要一般包括公司介绍、主要产品和业务范围、市场概貌、营销策略、销售计划、生产管理计划、管理者及其组织、财务计划、资金需求状况等。

在介绍企业时，首先，要说明创办新企业的思路，新思想的形成过程以及企业的目标和发展战略。其次，要交代企业现状、过去的背景和企业的经营范围。在这一部分中，要对企业以往的情况进行客观的评述。中肯的分析往往更能赢得信任，从而使人容易认同企业的商业计划。最后，还要介绍创业者自己的背景、经历、经验和特长等。

在计划摘要中，还必须回答以下问题。

（1）企业所处的行业，企业经营的性质和范围。

（2）企业主要产品的内容。

（3）企业的市场在哪里，谁是企业的顾客，他们有哪些需求。

（4）企业的合伙人、投资人是谁。

（5）企业的竞争对手是谁，竞争对手对企业的发展有何影响。

（6）摘要尽量简明、生动，特别要详细地说明自身的不同之处以及企业获取成功的市场因素。

二、产品（服务）介绍

在进行投资项目评估时，投资人最关心的问题之一就是风险企业的产品、技术或服务是否具有独特性，能否占领市场。因此，产品介绍是商业计划中必不可少的一项内容。产品介绍应提供所有与企业产品或服务有关的细节，包括企业所实施的所有调查。

在产品（服务）介绍部分，企业家要对产品（服务）作出详细的说明。说明要准确，也要通俗易懂，尽可能少用专业技术术语，使不是专业人员的投资者也能明白。一般地讲，产品介绍都要附上产品原型、照片或其他介绍。

有了产品之后，创业者第二步要做的就是组成一支有战斗力的管理队伍。企业管理的好坏，直接决定了企业经营风险的大小，而高素质的管理人员和良好的组织结构则是管理好企业的重要保证。因此，风险投资家会特别注重对管理队伍的评估。

在创业计划书中，必须对主要管理人员加以阐明，介绍他们所具有的能力，他们在本企业中的职务和责任，他们过去的详细经历及背景。此外，还要对公司结构做简要介绍。

三、市场预测及分析

在创业计划书中，市场预测应包括市场现状综述、竞争厂商概览、目标顾客和目标市场、本企业产品的市场地位、市场细分和特征等。

市场预测首先要对需求进行预测。市场是否存在需求？需求程度如何？市场规模有多大？需求发展的未来趋向及其状态如何？影响需求有哪些因素？

另外，市场预测还要对市场竞争的情况进行深入分析。竞争对手是谁？他们的产品是如何使用的？竞争对手的产品与本企业的产品相比有哪些相同点和不同点？竞争对手所采用的营销策略是什么？要明确每个竞争者的销售额、毛利润、收入以及市场份额，然后再讨论本企业相对于每个竞争对手所具有的竞争优势。

在创业计划书中，企业家还应阐明竞争者给本企业带来的风险及本企业所采取的对策。投资风险被描述得越详细，交代得越清楚，就越容易赢得投资者的信任。

四、营销策略

营销是企业经营中最富挑战性的环节，影响营销策略的主要因素如下。

（1）消费者的特点。

（2）产品的特性。

（3）企业自身的状况。

（4）市场环境方面的因素。

在创业计划书中，营销策略应当包括以下内容。

（1）市场机构和营销渠道的选择。

（2）营销队伍和管理。

（3）促销计划和广告策略。

（4）价格决策。

五、生产制造计划

生产制造计划应包括产品制造和技术设备现状、新产品投产计划、技术提升和设备更新的要求、质量控制和质量改进计划。

在寻求资金的过程中，为了增大企业在投资前的评估价值，应尽量使生产制造计划更加详细、可靠。一般地讲，生产制造计划应回答几个问题：企业生产制造所需的厂房、设备情况如何；怎样保证新产品在进入规模生产时的稳定性和可靠性；设备的引进和安装情况；谁是供应商；生产线的设计与产品组装是怎样的；供货者的前置期和资源的需求量；生产周期标准的制订以及生产作业计划的编制；物料需求计划及其保证措施；质量控制的方法等。

六、财务规划

一份好的财务规划对评估风险企业所需的资金数量，获得资金支持是十分关键的。如果财务规划准备得不好，就会给投资者以企业管理者缺乏经验的印象，不但会降低风险企业的评估价值，同时也会增加企业的经营风险。

企业的财务规划应保证和商业计划的假设相一致。事实上，财务规划和企业的生产计划、人力资源计划、营销计划等都是密不可分的。财务规划一般包括财务计划的条件假设、预计的资产负债表、预计的损益表、现金收支分析、资金的来源和使用。

阅读材料　　　　　**"挑战杯"中国大学生创业计划竞赛**

20 世纪 80 年代在美国高校兴起了创业计划竞赛，它借助风险投资运作模式，参赛者完成一份完整的创业计划书，以获得风险资本的投资。创业计划竞赛不仅催生了闻名世界的"硅谷"，而且在大学的创业氛围中诞生了不少高科技公司，使创业计划竞赛近几年内风靡全球高校。

　　我国的"挑战杯"大学生系列科技学术竞赛由团中央、中国科协、教育部、全国学联共同主办，分课外学术科技作品竞赛和创业计划竞赛两类，每两年举办一届，已被公认为中国大学生的"科技奥林匹克圣会"。1999 年、2000 年、2002 年、2004 年、2006 年、2008 年、2010 年在清华大学、上海交通大学、浙江大学、厦门大学、山东大学、四川大学、吉林大学分别成功举办了第一届～第七届"挑战杯"中国大学生创业计划竞赛。创业计划竞赛使大学校园创新意识、创业能力的教育与培训工作得到了进一步发展，成为共青团、学生会组织参与素质教育的新载体，成为学生科技活动的新形式。

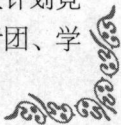

思考题

1. 结合本章内容，分析一下适合你自己的创业机会。
2. 成功的商业模式有哪些特征？
3. 组建创业团队的原则和程序是什么？

第十一章

创业融资

　　资金是企业经济活动的第一推动力和持续的能量来源，因此融资问题对新创企业来说显得尤为重要。大学生们要想凭借自己的技术或创意获得应有回报，就必须解决好融资问题。本章所指创业融资是创业筹备阶段和企业草创阶段的融资，融资的具体方式可以分为债券融资、股权融资、政府基金等。大学生创业者只要认真掌握其技巧，就可解除资金上的后顾之忧，在商海之中纵横驰骋。

第一节　创业融资的产生原因及条件

创业大学生必须清醒地认识到，融资对创业企业的重要性。要清楚创业不同阶段融资需求产生的原因以及进行融资所必须具备的基本条件。

一、创业融资的产生原因

融资，就是一个企业根据自身的生产经营状况、资金拥有状况以及未来经营发展的需要，通过一定的渠道筹集资金，以保证企业正常生产与经营管理活动需要的经济行为。简单地说，融资是企业筹措生产经营活动中所需资金的行为。

创业者应该根据企业在成立前后的资本需求特征，结合创业计划以及企业发展战略，合理确定资本结构以及资本需求数量。创业融资解决的都是创业者在企业成立前后最迫切需要解决的问题，在融资之前应做细致的规划，至少首先要明确融资的原因和内容有哪些，如表11-1所示。

表11-1　创业融资的原因

产 生 时 间	产 生 原 因	主 要 内 容
企业成立前	注册资本	设立企业的注册资本
	发起设立	办理相关权利证书、审批、登记、营业执照、公关等
	办公条件	租赁、装修办公场所，购置办公资料，如电脑
企业成立后	现 金 流	在销售活动产生现金之前，购买存货、招聘员工、员工培训、员工薪资、市场推广、建立品牌等
	生产设备设施	购置、维护生产设备设施，其购买成本往往超出自己能提供的能力，如机床
	产品开发周期	前期的开发、生产成本也往往超出自己所能提供的能力，如研发期漫长的某专有技术的开发

阅读材料

是什么使企业需要如此之多的资金？它们又将如何解决目前面临的资金困境？

位于中关村西屋国际的北京易工社科技发展有限公司负责人在接受记者采访时感慨：做科技型企业比想象的要难多了。"我们都想坚持，不想看到一个好的项目倒下去。"该负责人介绍，公司项目参加美国马里兰大学创业计划书大赛获得第二名。"但是要把这个项目继续下去，公司至少还需要1000万元。而去年在创业计划书大赛上获得的1.5万美元是仅有的一点'额外收入'。未来，公司将会尝试各种办法增加资金来源。"

博易智软（北京）技术有限公司副总裁苏钟慧则表示，只要能融到钱，公司什么方式都不拒绝。苏忠慧表示，这样做的原因也是不想看到一个好的项目倒下。由于企业发展尚未形成规模，有技术但是还没有拓展开市场，因此博易智软（北京）技术有限公司OEM的商业模式利润很低，维持生存尚且很难，就更不用提发展壮大了。"如果企业要走出去打开市场，一方面需要投入资金加大研发，进一步完善产品，另一方面也需要宣传、参展，打开知名度，这些都需要资金。"负责人胡燕武也表示："800 万元研制出七八种纳米高频脉冲光空气净化消毒器，不能束之高阁，产品需要更新换代，市场需要推广。"

作为一个重要的融资渠道，政府采购和政府资助被大多数企业排在融资方式的首位。"政府的资助是最安全的，然而，政府的资助无论是数额还是对象，都是最少的。"这令很多企业都很无奈。

二、创业融资的基本条件

（1）项目本身已经经过政府部门批准立项。

（2）项目可行性研究报告和项目设计预算已经政府有关部门审查批准。

（3）引进国外技术、设备、专利等已经政府经贸部门批准，并办妥了相关手续。

（4）项目产品的技术、设备先进适用，配套完整，有明确的技术保证，生产规模合理。

（5）项目产品经预测有良好的市场前景和发展潜力，赢利能力较强，有较好的经济效益和社会效益。

（6）项目投资的成本以及各项费用预测较为合理，生产所需的原材料有稳定的来源，并已经签订供货合同或意向书。

（7）项目建设地点及建设用地已经落实，生产所需的水、电、通信等配套设施已经落实，与项目有关的其他建设条件也落实到位。

第二节　债券融资

债券融资就是以一定的条件，向资金供给者借钱，到期偿还本金和利息的融资方式。债券就是不卖自己的股权，投资人不是你的合伙人或者股东，只借出钱、收本息。债券融资包括向政府借贷、向银行借贷、向亲朋好友借贷、向民间借贷和向社会公众发行债券等。

1. 向家庭亲戚朋友借款

新创企业早期所需的资金具有高度的不确定性，且需求量较少，对银行和其他金融机构来说缺乏规模经济性，因此在这个阶段，除了创业者本人，家庭和朋友借款就是最为常见的资金来源。由于他们与创业者之间的亲情关系，也由于他们易于接触，彼此的了解有助于克服不熟悉的投资者所面临的不确定性。

创业者应当全面考虑投资的正面和负面影响及其风险性，以公事公办的态度将家人或朋友的贷款与其他投资者的资金同等对待，任何贷款都要明确规定利率以及本息的偿还计划，对所有融资的细节都需达成协议，如资金的用途、资金的数额和期限、企业破产的处理措施等，并最后形成一份所有相关条款的正规协议。创业者还要注意，每一个家庭成员或朋友的注资都应建立在自愿的基础上，在接受他们的资金之前，创业者应仔细考虑公司破产可能带来的艰难局面。

重要提示　大学生创业依靠自力更生的融资方式最简单、最方便，然而，由于大学生没有固定的工作和收入来源，单靠打工赚来的钱是很有限的。

2. 银行贷款

银行贷款被誉为创业融资的"蓄水池"，由于银行财力雄厚，而且大多具有政府背景，因此在创业者中很有"群众基础"。从目前的情况看，银行贷款有以下 5 种。

（1）担保贷款。担保贷款是指以担保人的信用为担保而发放的贷款。随着国内中小企业信用担保体系的建立完善，各地现均有专业化的信用担保机构，如果创业者缺乏合格的抵押物品，就可向担保公司申请。

（2）质押贷款。质押贷款是指以借款人或第三人的动产或权利作为质物发放的贷款。创业者可用自己甚至亲朋好友（需要本人书面同意）未到期的存单、国债、国库券及人寿保险单等作为质物，从银行获取有价证券面值 80%～90% 的贷款。质押贷款与抵押贷款相比，质押转移了借款人或第三方提供的财产的占有现状，移交银行占有。

（3）抵押贷款。抵押贷款是指按照担保法规定的抵押方式，以借款人或第三人的财产作为抵押物发放的贷款。办理抵押贷款时应由银行保管抵押物的有关产权证明，贷款金额一般不超过抵押物评估价的 70%，最高限额为 30 万元。

（4）贴现贷款。贴现贷款是指借款人在急需资金时，以未到期的票据向银行申请贴现而融通资金的贷款方式。贴现贷款具有流动性高、安全性大、自偿性强、用途确定、信用关系简单等特点。贴现贷款与质押贷款的区别是：贴现为银行购买借款人的未到期票据。

（5）信用贷款。信用贷款是指银行仅凭对借款人资信的信任而发放的贷款。借款人无须向银行提供抵押物或担保。相对抵押贷款而言，信用贷款方式更加便捷和人性化，没有抵押，手续便捷，借款人的门槛也比较低，你只要工作稳定，缴费记录等良好就能贷款了。信用贷款目前国内还不多，不过应该是今后的发展趋势。现在银行对于信用卡持卡人已经有很多信用记录。

3. 大学生创业贷款

（1）大学生创业贷款的概念。创业贷款是指具有一定生产经营能力或已经从事生产经营活动的个人，因创业或再创业提出资金需求申请，经银行认可有效担保后而发放的一种专项贷款。符合条件的借款人，根据个人的资源状况和偿还能力，获得一定额度的贷款支持。

（2）大学生创业贷款优惠政策。

① 大学毕业生在毕业后两年内自主创业，到创业实体所在地的工商部门办理营业执照，注册资金（本）在 50 万元以下的，允许分期到位，首期到位资金不低于注册资本的 10%（出资额不低于 3 万元），1 年内实缴注册资本追加到 50% 以上，余款可在 3 年内分期到位。

② 商业银行、股份制银行、城市商业银行和有条件的城市信用社为自主创业的毕业生提供小额贷款，并简化程序，提供开户和结算便利，贷款额度在 5 万元左右。贷款期限最长为两年，到期确定需延长的，可申请延期一次。贷款利息按照中国人民银行公布的贷款利率确定，担保最高限额为担保基金的 5 倍，期限与贷款期限相同。

以上优惠政策是国家针对所有自主创业的大学生所制定的，各地政府为了扶持当地大学生创业，也出台了相关的政策法规，而且更加细化，更贴近实际。

（3）大学生创业贷款要求。

① 申请者年满 18 周岁，具有合法、有效身份证明和贷款行所在地合法居住证明，有固定的住所或营业场所。

② 申请者持有工商行政管理机关核发的营业执照及相关行业的经营许可证，从事正当的生产经营活动，有稳定的收入和还本付息的能力。

③ 申请者投资项目已有一定的自有资金。

④ 贷款用途符合国家有关法律和银行信贷政策规定，不允许用于股本权益性投资。

⑤ 在银行开立结算账户，营业收入经过银行结算。

（4）大学生创业贷款申请资料。

① 申请者及配偶身份证件（包括居民身份证、户口簿或其他有效居住证原件）和婚姻状况证明。

② 申请者个人或家庭收入及财产状况等还款能力证明文件。

③ 申请者营业执照及相关行业的经营许可证，贷款用途中的相关协议、合同或其他资料。

④ 申请者担保材料：抵押品或质押品的权属凭证和清单，有权处分人同意抵（质）押的证明，银行认可的评估部门出具的抵（质）押物估价报告。

（5）大学生创业贷款申请流程。

① 先到当地劳动保障部门领取《就业失业登记证》等相关必要证件并准备好创业项目的相关资料。

② 然后到当地劳动保障部门申请贷款支持，劳动部门审核通过后就可以将该项目推荐到相关银行。

③ 银行在审查完担保条件并实地进行项目考察后就可以发放贷款了。如果手续齐全，整个贷款流程大约需要 1 个月时间。如果创业项目可行性高、前景好，你也可以申请商业性创业贷款。

大学生创业贷款申请流程如图 11-1 所示。

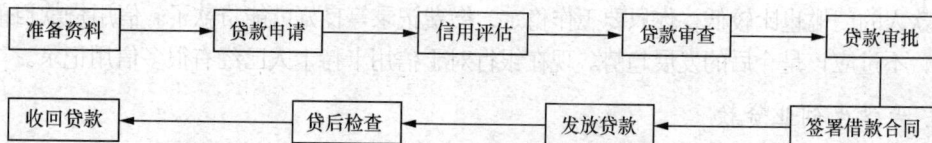

图 11-1 大学生贷款申请流程

重要提示　　大学生贷款要提交的内容有注册营业执照、项目报告、毕业证明、公司股东状况、创业培训证明、创业担保证明、法人资料。

阅读材料

相对来说，国有商业银行的贷款利率要低一些，但手续要求比较严格。如果你的贷款手续完备，为了节省筹资成本，则可以采用个人"询价招标"的方式，对各银行的贷款利率以及其他额外收费情况进行比较，从中选择一家成本低的银行办理抵、质或担保贷款。

银行贷款一般分为短期贷款和中长期贷款，贷款期限越长，利率越高，如果创业者资金使用需求的时间不是太长，应尽量选择短期贷款。比如原打算办理两年期贷款的，可以一年一贷，这样可以节省利息支出。

另外，创业融资也要关注利率的走势情况。如果利率趋势走高，应抢在加息之前办理贷款；如果利率走势趋降，在资金需求不急的情况下则应暂缓办理贷款，等降息后再适时办理。用好政策可享受政府低息待遇。

创业贷款是近年来银行推出的一项新业务，凡是具有一定生产经营能力或已经从事生产经营活动的个人，因创业或再创业需要，均可以向开办此项业务的银行申请专项创业贷款。创业贷款期限一般为一年，最长不超过 3 年，按照有关规定：创业贷款的利率不得向上浮动，并可按银行规定的同档次利率下浮 20%。

创业过程中，如果因效益提高、货款回笼以及淡季经营、压缩投入等原因致使经营资金出现闲置，可以向贷款银行提出变更款方式和年限的申请，直至部分或全部提前偿还贷款。

第三节　股　权　融　资

股权融资包括创者自己出资、争取国家财政投资、与其他企业合资、吸引投资基金投资及公开向社会募集发行股票等。自己出资是股权融资的最初阶段，发行股票是最高阶段。股权融资分为创业资本融资和"天使"基金。

1. 创业资本融资

（1）创业资本的含义。

创业资本在我国又被称为"风险资本"或"风险投资"，是由创业资本家（或其他出资人和机构）出资，投入到拟创立的新企业或刚刚诞生还处于起步阶段的新创企业，既赋予极大希望得到高回报又承担高风险的一种权益资本。创业资本投资的本质内涵是向创业项目或新创企业提供资本支持，并通过资本经营服务培育和辅导创业者创业，在完成创业过程后就退出投资，以获得高额的资本增值，并在这一过程中承担巨大的投资风险。

（2）创业资本的特点。

① 高度风险性。由于风险投资主要的投资对象是刚刚起步或尚未起步的高科技创业企业。这些企业往往各方面的资源都比较匮乏，市场上的客户认可程度很低，管理团队的企业经营经验也较少，因此投资的失败率非常高。

② 超额回报率。与高度的投资风险相伴随的是其超额的回报。例如，梅菲尔德基金为科学数据系统公司（Scientific Data Systems）所投资的 350 万美元最终获得了近 10 亿美元的收益。风险投资在注入资金之后，往往与创业者签订一系列的投资条款，以方便于在企业成长之后回收投资。从国外的经验来看，上市是实现投资成功的一个标志，此时，风险投资可以在金融市场上出售自己的股份，实现风险投资的高额回报。

③ 权益性投资。这是风险投资的首要特征。风险投资更看重投资对象的发展前景和投资增值状况，以便在未来通过上市或出售取得高额回报。权益性投资的特点决定了风险投资其他方面的特征。

④ 投资中长期性。风险投资的流动性较小，由于其长期性，在实际投资的时候，一种常见的投资方式是分期投资。

⑤ 投资者积极参与。风险投资往往拥有企业的部分控制权，部分风险投资在投资的时候还会要求在董事会中的席位以及一些特定的否决权。为降低投资风险，风险投资在向企业注入资金的同时，必然介入该企业的经营管理，参与战略决策，在必要时甚至解雇企业的管理者，以使得企业更好地发展。

⑥ 投资专业化。由于风险投资的高度风险性和长期性，为了降低投资失败率，风险投资往往更愿意向自身熟悉的产业投资，就是说，风险投资者一般对所投资的产业具备很高的专业水准。在投资之后介入企业运作时，风险投资也可以提供专业化的增值服务，对于企业的战略支持也具备针对性。

（3）获得创业资本的融资技巧。

创业投资的获得除取决于创业企业的素质外，还需要一定的融资技巧。获取创业资本支持的过程就是展示创业企业投资价值和发展创业企业家融资技巧的过程。

① 了解风险投资者的所思所想。任何一家投资公司都不会选择那些不具备成功条件的企业去投资，风险投资者将努力寻求基本素质高的创业者。创业者的"诚信正直、有成就、活力充沛、天资过人、学识渊博、领导素质、创新能力"这7种素质对风险投资者很有吸引力。

② 考虑风险投资者的偏好。风险投资者容易偏好具有领先优势的公司。如果风险企业有一项受保护的先进技术或产品，那么该企业就会引起创业资本投资公司更大的兴趣。这是因为高技术行业本身就有很高的利润，而领先的或受保护的高技术产品更可以使风险企业很容易地进入市场，并在激烈的市场竞争中立于不败之地。因此，这些企业常常可以筹集到足够的资金以渡过难关。

③ 地域与技术领域因素。一般的风险投资公司都有一定的投资领域，既包括地理区域，也包括技术领域。从地理区域而言，风险投资所投资的企业大多分布在公司所在地的附近区域或集中在某一选定区域，这主要是为了便于沟通和控制，节约成本。从技术领域而言，风险投资通常只对自己所熟悉行业的企业或自己所了解技术领域的企业进行投资。

④ 公司规模。大多数风险投资更偏爱成长性高的小公司，这是因为小公司技术创新效率高，有更多的活力，更能适应市场的变化；同时，小公司的规模小，需要的资金量也小，创业资本投资公司所冒的风险有限。从另一方面讲，小公司的规模小，其发展的余地也更大，因而同样的投资额可以获得更多的收益。另外，通过创建一个公司而不是仅仅做一次投资交易，可以帮助某些风险投资家实现他们的理想。

⑤ 文件准备。在准备和创业投资人洽谈融资事宜之前，应该准备4份主要文件，提前递交《创业计划书》，并争取得到创业投资人外延网络（Network）的推荐，这通常是使本企业的《创业计划书》得到认真考虑的重要一步。在大多数情况下，能够承担这种推荐任务的可以是律师、会计师或其他网络成员，因为创业投资人最容易相信这些人对业务的判断能力。这4份文件是《投资建议书》、《业务计划书》、《尽职调查报告》、《营销材料》。

⑥ 应对技巧。创业者还应该掌握必要的应对技巧。引资谈判通常需要通过若干次会议才能完成。在大部分会议上，创业投资人和创业者就创业者先前递交的《创业计划书》进行探讨和分析。这里有两点需要注意：一是要尽可能让创业投资人认识、了解本企业的产品或服务，如果能提供一种产品的样品或成品的话，这种认识和了解就会变得更加直观并且印象深刻；二是要始终把注意力放在《创业计划书》。有时候会议往往会延续数小时之久，这时创业者有可能会变得非常健谈，从而自觉不自觉地就可能会谈到一些关于未来的宏伟计划，并提到某些在《创业计划书》中并未提及的产品。这一点千万要避免，因为这样的谈话会使创业投资人以为你是一个幻想者或是一个急于求成的人。

⑦ 掌握"六要"和"六不要"行为准则。

• "六要"准则：要对本企业和本企业的产品或服务持肯定态度并充满热情；要明确自己的交易底限，如果认为必要甚至可以放弃会谈；要记住和创业投资人建立一种长期合作关系；要对尚能接受的交易进行协商和讨价还价；要提前做一些了解如何应对创业投资人提问的功课；要了解创业投资人以前投资过的项目及其目前投资组合的构成。

● "六不要"准则：不要逃避创业投资人的提问；回答创业投资人的问题不要模棱两可；不要对创业投资人隐瞒重要问题；不要希望或要求创业投资人立刻就是否投资做出决定；在交易定价问题上不要过于僵化；不要带律师去参加会议。

⑧ 耐心和毅力。由于寻求资金的人很多，风险投资也需要一个筛选的过程。有人引荐非常有效，只要有这样的资源，就要尽量利用。如果风险企业能够得到某个创业资本投资公司信任的律师、会计师、行业内"权威"或其曾投资企业的推荐，那么他获得投资的机会就会提高很多。因此，在寻找并接触风险投资的过程中，创业者还要有一种坚忍顽强的精神。

⑨ 创业投资人的典型提问一般包括产品、竞争、市场、销售、生产、供应、人员、财务等方面。在约见创业投资基金经理之前，创业者最好提前就问题清单做好应答准备，做到心中有数。

重要提示　在创业的早期阶段，主要以自有资本、亲朋借贷、创业基金、风险投资几种形式；随着创业的发展，股权融资、债券融资以及银行贷款等融资渠道和方式使资本结构越发复杂越发细化，这也有利于化解融资风险。

阅读材料　　　　如何与风险投资谈"恋爱"

风险投资者看企业的"姿色"往往是从项目的创业计划书开始。

"化妆"：给自己以自信

在向风险投资"抛媚眼"前，请先把自己打扮得靓丽迷人、健康无害才行，否则对方一定敬而远之。

1. 调适心态

风险投资是世界上最昂贵的融资渠道之一，它要求的回报高达百分之几百，而一旦企业达不到他们的目标，就会无情地动用手中的股权干预企业管理，寻求并购，甚至赶走创业者，如新浪的王志东。对此，你有心理准备吗？

另外，他们除了要企业的获利潜力还要得到企业股份，越是中前期引入的风险投资，你需要付出的股权也越多，资金的成本就越高。

2. "健康体检"

检测自己创造商业模式的能力。经历了互联网泡沫的洗礼后，风险投资已经更加成熟了，仅凭一个好点子、好技术希望获得风险投资的想法已经过时，因为真正决定企业价值的是企业家创造商业模式的能力，并不是这样一个点子。

A8 就是这样一个例子。它在网络音乐方面，顺应 SP 发展方向，成为中国的音乐门户，不仅作为 SP 提供服务，也作为 CP 提供内容，而且还有很多的原创内容。风险投资对于这样一个拥有完整产业链的企业自然十分关注。

3. "淡妆粉底"

准备好一份专业、简明扼要的创业计划书。它应该包括详细的市场规模和市场份额分析；清晰明确的商业模式介绍；集技术、管理、市场、财务等方面人才的团队建设；良好的现金流预测和实事求是的财务计划；并有可操作性较强的实施方案。

阅读材料　　　　　　　**"征婚"：使对方看到你**

资本是有性格的，"征婚"成功的关键在于吸引志趣相投的风险投资，让它知道你。要想让风险投资看到你，则需要采取有针对性的措施，有些可以通过参加各种类型的风险投资研讨会，面对面地交流，找到风险投资的关注点，就更容易拿到风险投资。

"相亲"：让风险投资爱上你

已经有风险投资"上了钩"，标志着关键的时刻就要到了。此时，如何恰到好处地展示"内涵"就比外貌更重要了。

1. 突出价值点

对于自身良好的价值把握，不仅有助于保护自身的利益，也可以切实地得到投资人的尊重。特别要注重企业无形资产的价值评估，核心技术在得到权威部门的鉴定后，要请专业评估机构评估，实事求是地把企业的价值挖掘出来。在此基础上，要客观直接地提出你所需要的融资金额，在谈判前确定欲吸纳资金比例与可出让股份比例，希望的境外或境内架构等。

2. 强调团队特色

创始人的履历对引进风险资本是很重要的。创始人如果是一个非常成功的经理，同时又试图创立各种不同的生意，这就证明了他不仅具有管理企业的经验，同时还有企业家的精神。他既能够自己有所发明，同时又能承受个人破产的心理创伤，因而他无疑能够集中去做成一件事，这与风险投资家们投"人"的理念是相吻合的。奇虎网能在创业后短短200天内融得2000万美元巨资，与其创始人齐向东曾是3721总经理，他的原来老板周鸿祎是天使投资人有着莫大的关系。

3. 展现未来前景

在市场与产品方面，风险投资公司通常要求企业能在世界范围内或者大的区域内最终拥有足够大的市场，这样它才会认真考虑其投资的可能性。

2. 天使融资

（1）天使融资的含义。天使融资（Angel Investment）是自由投资者或非正式风险投资机构对原创项目构思或小型初创企业进行的一次性的前期投资。天使融资并非单独的融资渠道，而是风险投资家族中的一员，与常规意义上的风险投资相比，既有相同点又有不同点。

（2）天使融资的特点。

① 通常只提供"第一轮"融资。"天使"只是利用了自己的积蓄，显然不足以支持较大规模的资金需要，只有那些处于最初发展阶段的创业计划能够得到他们的青睐。

② 天使融资方式带有强烈的感情色彩。创业者说服"天使"的过程常常需要一定的感情基础，或者是志同道合的朋友，或者是有亲戚关系，或者是得到了熟悉人士的介绍等，例如，尼葛洛·庞蒂对"搜狐"的投资便基于他对张朝阳本人的高度欣赏。

③ "天使"往往自己本身曾经是创业者，而且常常是某一行业的专家，可以为创业企业提供极为宝贵的咨询顾问意见。

④ 融资程序简单迅捷，但融资额有限。由于"天使"只是代表自己进行投资，投资行为带有偶然性和随意性，没有复杂而烦琐的投资决策程序，投资决策主要基于对人的投资，因此投资

决策是非常快的。

⑤ "天使"在对待投资项目上较为短视。因为使用自己的资金进行投资，对投资回报的期望较高，而且抗风险的能力不如那些能够通过投资组合分散风险的大型投资公司，所以"天使"对亏损的忍耐力不强，目光较为短视。

（3）寻找、说服"天使"降落人间。

① 能作为"天使"的人员。

可使用以下方法找到"天使"融资的"天使"。

• 直接去找自己心目中的"天使"。创业者往往都有一些崇拜的企业家或成功企业，他们在创业者所属的行业内具有很高的声望和实力。创业者在适当的情况下可以直接上门，去说服这些行业内的权威。例如，张朝阳就直接找到了尼葛洛·庞蒂。

• 参加"天使"的聚会。风险投资"天使"们常常会有一些经常性的聚会，以交流投资心得、寻找投资项目和探索合作机会。创业者如果知道有关活动的消息，可以直接前去参加并提交自己的创业计划书或做一些有关的项目展示。

• 根据"天使"名录按图索骥。国外的风险投资机构或协会（如 AVCA——美国全国风险投资协会，BVCA——英国风险投资协会）都出版有风险投资机构的名录，其中往往单独出版一本汇集风险投资家名录的小册子。里面收录了大量的"天使"名单，创业者如果要到国外融资，可以按图索骥，一个一个地联系。

• 利用中介。创业者可以通过自己的财务顾问、法律顾问或者有关的金融咨询机构，获得联系"天使"的渠道。大致而言也是需要准备好一份高质量的创业计划书，进行简练而生动的幻灯演示，发挥说服的技巧和演说的能力，展示自己的职业素质和创业精神等。

② 了解"天使"降落人间的要求。

要想获得天使投资的青睐，创业者还要了解天使投资者对投资项目的评判标准，主要有以下几点。

• 有足够的吸引力。

• 有独特技术。

• 具有成本优势。

• 创造新市场。

• 能迅速占领市场份额。

• 财务状况稳定，能获得 5~10 倍于原投资额的潜在投资回报率。

• 具有赢利经历。

• 创造利润。

• 具有良好的创业管理团队。

• 有个明确的投资退出渠道等。

阅读材料

　　天使投资者的存在已经很长时间了，基本是一些富人之间的松散网络。但近几年来，他们开始发起"天使团体"，类似于 20 世纪 90 年代股市大牛市期间工薪阶层中普遍存在的投资俱乐部，只是档次更高一些。这些天使投资集团往往起名为"印第安纳天使网"，或者"纽约州中部天使们"等，大多数都推出了自己的网站，但很少有全职员工，甚至还出现了一个行业团体：天使资本协会。协会的目的是增进公众对天使投资的了解（天使投资者们往往抱怨风险资本家的知名度更高），帮助上百个"天使团体"会员改善投资决策。

天使投资团体和网络越来越常见，他们是会培养出新一代的 Google 和 Genentech，还是状如你我的芸芸众生呢？没人知道。不过天使投资团体有望投资的项目数量各个地区都不同。

天使投资者的投资第一定律是，第一笔投资总是失败的。对收益的渴望往往让投资者中断了认真的商业决策过程。不过，天使投资者作为一个整体，他们的业绩到底是好是坏，无人得知。这未免让我们大吃一惊。这个领域有很多逸闻趣事，比如说 1998 年 Sun 电子计算机公司开给 Google 共同创始人的 20 万美元支票后来演变成金 3 亿美元的故事。这些传奇故事和晚间新闻上中了彩票大奖的故事效果差不多，这也说明天使投资生机无限。

第四节　政府扶持资金

"科技型中小企业技术创新基金"（简称创新基金）被誉为创业企业的"奖金"，它奖给那些"品学兼优"的创业企业，使其可以得到"无偿"的资金帮助。很多创业企业以能得到创新基金的支持为莫大的荣耀，因为它意味着对自身的肯定和褒扬，意味着企业在向别人推介自己的时候，可以拿出有力的证明。

创业企业利用股票和公司债券筹资要受到现行制度的种种限制，商业银行贷款利息高，且条件苛刻，这些都使得科技型中小企业资金来源非常狭窄，严重地制约了科技型中小企业的发展。因此从政府角度来说，设立这样一个基金，可以为这类科技型中小企业开辟新的融资渠道，提供更有力的支持。

一、申请创新基金的条件

企业可成功申请创新基金，通常具备下述条件中的一项或几项：属于科技型中小企业；具有自主创新、技术含量高、市场前景好的研究开发项目，如软件、生物、医药等；是科技成果的转化项目，特别是"863"计划、攻关计划的产业化项目；利用高新科技改造传统产业的项目；具有传统优势，加入 WTO 后能带来更多市场机遇的项目；具有一定技术含量，在国际市场上有较强竞争力，以出口为导向的项目；科研院所转制，特别是原国务院各部门的研究所转制为企业的项目；科技人员，特别是海外留学人员回国创办的科技型中小企业的项目，孵化器里的初创项目；有良好的、符合要求的申报材料。

二、政府基金包括的内容

国家、有关部委、各省市都设立了大学生创业基金。国家各部、委设立的扶持资金有科技部的"863"计划、火炬计划、中小企业科技创新基金等；商业部的外资发展基金、中小企业国际市场开拓资金项目计划；财政部的利用高新技术更新改造项目贴息基金、国家重点新产品补助；国家发展和改革委员会的产业技术进步资金资助计划、节能产品贴息项目计划；信息产业部的电子信息产业发展基金等。除此以外，各级地方政府为了促进当地科技、外贸以及经济的发展，从地方财政拿钱设立专项的资金计划，支持中小企业。政府的资源是中小企业发展的重要启动力量，创业企业应学会寻找政策，争取用足、用好这些资源。

三、如何争取政府基金

只要符合国家和地方的产业政策，都可以申请并获得中央或地方财政资金的扶持。主要经过下面几个步骤。

（1）作为一个企业的决策者或经营管理的主要负责人，不仅要抓技术开发，抓产品市场，还要抓融资。学会与政府打交道。

（2）认真学习政府的有关产业政策和扶持政策，了解哪些产业是政府扶持的对象、有什么具体的规定，自己企业是不是符合申请条件，不够条件怎样创造条件，申请需要什么材料和程序等。

（3）做好申请前的准备工作。通过详细分析、评估本企业拥有的核心技术、生产市场方面的优势、劣势、发展潜力、财务状况，把本企业的内在价值充分挖掘出来，这就是通常我们所说的价值发现。

（4）按照规定的程序提交申请材料。申请材料必须准备充分，把企业的内在价值尽可能地反映出来；同时，要主动与有关政府主管部门的人员接触、沟通，使他们对企业基本情况，特别是管理团队有一个比较深的了解。在争取政府的资源这方面。必要的公共关系和信用关系必须建立起来，要使政府了解到企业在行业里技术水平是领先的、财务状况是良好的、企业运作是正常的、市场前景是广阔的、管理团队是过硬的。

阅读材料　　　　　　　　**上海"天使"基金成果辉煌**

上海市大学生科技创业基金，又称"天使"基金，于 2005 年 3 月批准设立，由上海市教委、科委联合牵头，全市每年财政拨款 5 000 万元，由高校、区县进行资金配套，同时吸引社会捐款并委托上海市科技投资公司进行财务管理。上海高校和科研院所的应届毕业生都可以在受理点提出资助申请，外地留在上海创业的高校毕业生、上海户籍在外地高校就读后回沪创业的毕业生都可以提出申请。基金管理部门将对项目申请者进行项目孵化，资助 5 万元以内的资金；孵化结束后，进行审核和专家评估，合格的项目进入创办企业阶段，以直接投资形式进行资助，原则上每个项目的资助金额在 30 万元以内。在两年不到的时间里，"天使"基金"孵育"了 164 家大学生创业企业，其中 30 余家能做到收支平衡或略有赢利，提供了就业岗位 809 个，产生发明及专利 80 余项，132 个项目滚起来的资金"雪球"接近亿元。上海申传电气有限公司，一家普通的大学生自创企业，短短 6 个月的时间里总资产就增长了 12 倍。由此可见，天使基金成果辉煌。

第五节　创业企业融资的十大问题

融资的过程对于创业者来讲，实质上是推销你的公司，推销你的产品和梦想的过程。成功的企业家之所以会成功，一个重要的原因就是他懂得怎样向经验最丰富的投资商推销他的第一商品

——初创的企业，从而获得资金的支持。

正因为如此，在这种推销和争取投资的过程中，出现了以下十大问题，这是每一个初创业者必须要了解和避免的。

1．廉价出售你的技术或创意

许多创业者急于得到启动或周转资金，往往在融资时急于求成。给小钱，让大股份，轻易地贱卖技术或创意，在"只要能获得启动资金就行"这种思想的指导下，有不少核心技术的拥有者随随便便地把自己的技术或创意廉价出售了。

2．花别人的钱，圆自己的梦

创业不仅是创业者实现理想的过程，更是使投资者（股东）的投资保值增值的过程。创业者和投资者是一个事物的两个方面，只有通过企业这个载体发展的过程，才能达到双赢的目标。

"花投资者的钱，圆自己的梦"的问题，说到底是信用问题、品质问题，持这种思想的人不会成为一个成功的创业者。只有能为股东创造价值的企业家，才能得到更多的融资机会和成长机会。因此，创业者不仅要提升自身的技术能力，还需要加强道德修养，培养和具备企业家的诚实、守信的道德风范。

3．没有完善的融资战略设计

与任何推销过程一样，在筹资和融资的过程中，也需要完善的策划和充分的准备。融资的具体的战略设计是总体战略设计的一项重要内容，是总体战略的支撑。因此，这一部分内容应该用心进行精细的策划。策划的内容应该包含以下内容。

哪些风险投资商对你这一类别的项目和产品感兴趣？

他们一般可能采取哪种投资合作形式？

他们一般在第一次接触中会提出和涉及哪些问题？应该做哪些准备才能展现本项目的优势和特点？

4．缺少对融资方案的比较性选择

尽管国内的融资渠道还不是很健全，但渠道还是比较多的。

（1）创业基金。

（2）创业贷款。

（3）银行及金融机构贷款。

（4）风险投资。

（5）发行债券。

（6）发行股票。

对以上多维的融资渠道进行深入的比较与选择，可以有效降低融资成本，提高融资成功率。通过上述途径得到的发展资金可以分为资本金和债务资金两类。资本金与债务资金应保持一个合理的比例。如果资本金太高，说明企业对社会资源的利用率较低；如果债务资金过高，企业受债务制约的程度加大，会面临债务到期的资金流动性风险，可能会因暂时的市场疲软和资金流动性管理不善而导致企业破产。因此，企业应当根据自身的特点，合理确定资本金与债务资金的比例，从而既有效地利用社会资金，又高效地使用自身资源。

5．过度包装或不包装

有些创业企业为了融资，不惜粉饰财务报表、甚至造假，进行"包装"融资，这是不应该的。

其实，财务数据脱离了企业的基本经营状况，明眼人是一眼就能看穿的。

但也有另一种情况，有些创业企业认为自己经营效益好，应该很容易取得融资，不愿意花时间及精力去包装企业，不知道资金方看重的不止是企业短期的利润，而是企业的发展前景及企业可能面临的风险，更看重的是企业团队带领员工战胜风险的能力。对此，企业的主要领导应该有一个清醒的、理性的认识和思考，在理性思考的前提下进行适度包装还是必要的。

6. 缺乏资金规划和融资准备

企业融资是企业发展过程中的关键环节，创业企业要获得快速发展，必须要有清晰的发展战略，并要从里到外营造一个资金愿意流入该企业、能够流入该企业的经营格局。不少民营企业在发展过程中把企业融资当作一个短期行为来看待，希望突击拿款或突击融资，而实际上成功的机会很少。缺乏融资准备最典型的表现是多数创业者对资本的本性缺乏深刻的研究和理解。在这种情况下就去盲目进行融资，往往效果不佳。其实，资本的本性是逐利，不是救急，更不是慈善。因此，创业企业在正常经营时就应该考虑融资策略。

7. 缺少必要的融资知识

很多创业者有很强的融资意愿，但缺少相应的融资知识。真正理解融资的人很少，很多融资者总希望托人打个电话、找个熟人、写个创业计划书，就能把钱贷到手，而不注重用心去研究融资知识，他们往往把融资简单化、随意化了。由于缺乏必要的融资知识，融资视野狭窄，只看到银行贷款或股权融资，不懂得除了银行贷款和股权融资外，租赁、担保、合作、购并及无形资产输出和转让等方式都可以达到融资目的，把宽泛的融资范围搞窄了。

8. 盲目对外出具融资担保函

由于创业融资比较困难，因此，一些创业企业之间往往进行相互出具融资担保的情况。这种盲目担保往往给创业企业带来很多意想不到的风险。

9. 盲目扩张，不建立合理的公司治理结构

企业的规范化管理是企业自身的一种融资能力。很多民营企业在不断扩张中企业管理却越来越粗放、松散。不注意在企业发展的过程中不断完善公司治理结构，增强自身的这种融资能力和规避企业扩张过程中的经营风险的能力。特别是一些创业企业只顾发展，不塑造企业文化，最终导致企业规模做大了，但企业却失去了原有的凝聚力，企业内部或各部门之间缺乏共同的价值观，没有协同能力。

10. 融资缺乏信用

银行是愿意贷款支持讲信用的创业中小企业做大做强的。对不讲信用者，自然会借贷无门。就一般情况而言，除了高新技术企业之外，银行还从贷款原则出发，青睐那些产品有市场、法人代表对企业的管理控制能力强、经营规模和经济效益呈向上趋势、并拥有长期稳定销售合同的中小企业。事实上，企业的每一轮融资，都将影响投资者对企业后续融资的可行性和价值评估。

阅读材料　　　　　　"视美乐"面对资本的惆怅

曾被誉为中国第一家高科技学生创业公司的视美乐，如今几乎销声匿迹。1999 年 3 月，王科、邱虹云和徐中组队参加了清华大学第二届学生创业计划竞赛，并作为最优秀的 5 个团队之一参加了全国大学生创业计划竞赛的决赛，获得了金奖。同年 5 月，视美乐诞生，注册资金 50 万元，邱虹云任公司总工程师，王科任总裁，徐中任总经理，其核心技术为多媒体超大屏幕投影电视，被专家称为"具有革命意义的产品"。

创业初期视美乐急需大笔资金的注入，因此他们开始了艰难的融资工作。2000 年 4 月 25 日，视美乐公司与青岛澳柯玛集团有限责任公司共同组建北京澳柯玛视美乐信息技术有限公司，注册资金 3 000 万元，双方各占 50%的股份。原视美乐公司的主要技术人员全部进入澳视公司。如今，青岛澳柯玛集团控股澳视 70%的股份，三位视美乐创始人只作为小股东存在，相继退出了公司管理层。对于过去的创业经历以及后来的退出，这些曾经的创业大学生都不愿意再谈，而随着澳柯玛侵占上市公司资金案发的伤筋动骨，视美乐也从此一蹶不振。

在清华大学任教的徐中，曾提到，视美乐的核心问题是资金短缺和经验不足，尽管当初大学生创业者已经考虑过会遇到的困难，但并不是有预料就意味着能够克服，公司运作是一件很复杂的事情。

视美乐的失败给创业者们敲响了警钟：在企业发展初期，特别是遇到困难的时候，应该怎样选择企业发展的路线，直接关系到企业的未来。首先，创业者必须明确创业的目的是什么，这应该在管理者的头脑中有一个清晰的轮廓。如果仅仅是为了被收购，那也要选择一个合适的收购者，才能使企业的利益得到最大化的满足。我国企业在创始阶段，基本都在为资金发愁。国家的贷款政策比较严格，风险投资成了他们最佳的选择。但是风险投资介入的目的非常明确，就是索取回报，分享股权是最常见的要求。这样一来创业者们就应该考虑：有没有必要为了眼前的一点投资把企业的命运交到别人的手中。钱，有时候并不一定是好东西。它可以给企业解决困难，带来短期内的形势好转，但是也可能使企业丧失自主权。在没有对企业的未来做出完整规划的时候，为了眼前利益而融资，很容易丧失企业管理经营的主动权。最初澳柯玛收购视美乐，可能是件皆大欢喜的事情，这也是澳柯玛这样的大企业多元化道路上的一部分。但是从现在的结果来看，这是一个双输的结局。

思考题

1. 什么是债券融资？
2. 什么是风险投资？
3. 大学生创业融资的主要渠道有哪些？
4. 创业融资中应注意哪些问题？寻找一下你能利用的创业融资渠道，并谈谈自己对风险投资的看法。

第 十 二 章

创业风险

Chapter 12 ————————————————————

　　任何企业都面临风险与问题，只要存在不确定性就会存在风险，尤其是对创业企业更是如此。创业者能够识别并关注企业的风险，可以削弱风险投资商的顾虑，赢得他们的支持，也便于企业健康快速成长。

第一节 创业风险概述

大学生创业者由于社会阅历有限，在开展创业活动之前必须对创业风险有清醒的认识，了解风险的概念、特征、类型及学会识别风险。

一、风险与创业风险

"风险"一词的由来，最为普遍的一种说法是，在远古时期，以捕捞为生的渔民们，每次出海前都要祈祷，祈求神灵保佑自己能够平安归来，其中主要的祈祷内容就是让神灵保佑自己在出海时能够风平浪静、满载而归；他们在长期的捕捞实践中，深深地体会到"风"给他们带来的无法预测、无法确定的危险，他们认识到，在出海捕捞打鱼的生活中，"风"即意味着"险"，因此有了"风险"一词。

现代意义上的"风险"一词，已经大大超越了"遇到危险"的狭义含义，而是"遇到破坏或损失的机会或危险"。可以说，经过两百多年的演义，风险一词越来越被概念化，并随着人类活动的复杂性和深刻性而逐步深化，并被赋予了从哲学、经济学、社会学、统计学甚至文化艺术领域的更广泛、更深层次的含义，且与人类的决策和行为后果联系越来越紧密，风险一词也成为人们生活中出现频率很高的词汇。

创业风险，通常指创业者在创业中存在的风险，即由于创业环境的不确定性、创业机会的复杂性、创业者能力与实力的有限性等原因，而导致创业活动偏离预期目标的可能性及其后果。

二、创业风险的特征

创业风险种类繁多，贯穿并交织于整个创业活动，但是这些风险具有以下一些共同的特征。

（1）客观性。创业本身就是一个识别风险和应对风险的过程，风险的出现是不以人的意志为转移的，因此创业风险的存在是客观的。

（2）不确定性。由于创业所依赖和影响的因素具有不确定性，这些因素是不断变化、不断发展甚至难以预料的，因此造成了创业风险的不确定性。

（3）双重性。创业有着成功或失败的两种可能性，创业风险具有赢利或亏损的双重性。

（4）可变性。随着影响创业的因素发生变化，创业风险的大小、性质和程度也会发生变化。

（5）可识别性。根据创业风险的特征和性质，创业风险是可以被识别和划分的。

（6）相关性。创业风险与创业者的行为紧密相连。同一风险，采取不同的对策，会出现不同的结果。

三、创业风险的类型

我们一般就创业风险分为外部风险和内部风险。当然，根据不同的标准，有不同的划分方式。

1. 按风险来源的主客观性划分

（1）主观创业风险，是指创业者的身体与心理素质等主观方面的因素导致创业失败的可能。

（2）客观创业风险，是指在创业阶段，由于客观因素导致失败的可能性，如市场的变化、政策的变化、竞争对手的出现、创业资金短缺等。

2. 按创业风险的内容划分

（1）技术风险，是指由于技术方面的因素及其变化的不确定性而导致创业失败的可能性。

（2）市场风险，是指由于市场情况的不确定性导致创业者或创业企业损失的可能性。

（3）政治风险，是指由于战争、国际关系变化或有关国家政权更迭、政策改变而导致创业者或创业企业蒙受损失的可能性。

（4）管理风险，是指因创业企业管理不善产生的风险。

（5）生产风险，是指创业企业提供的产品或服务从小批试制到大批生产的风险。

（6）经济风险，是指由于宏观经济环境发生大幅度波动或调整而使创业者或创业投资者蒙受损失的风险。

3. 按风险对所投入资金即创业投资的影响程度划分

（1）安全性风险，是指从创业投资的安全性角度来看，不仅与其实际收益有损失的可能，而且专业投资者与创业者自身投入的其他财产也可能蒙受损失，即投资方财产的安全存在危险。

（2）收益性风险，是指创业投资的投资方的资本和其他财产不会蒙受损失，但预期实际收益有损失的可能性。

（3）流动性风险，是指投资方的资本、其他财产以及预期实际收益不会蒙受损失，但资金有可能不能按期转移或支付，造成资金运营的停滞，使投资方蒙受损失的可能性。

4. 按创业过程划分

（1）机会的识别与评估风险，是指机会的识别与评估过程中，由于各种客观因素，如信息获取量不足，把握不准确或推理偏误等使创业一开始就面临方向错误的风险。另外，机会风险的存在，即由于创业而放弃了原有的职业所面临的机会成本风险，也是该阶段存在的风险之一。

（2）团队风险，创业团队的组建基本可以分成 3 种模式：关系驱动、要素驱动和价值驱动。不同的组建模式适用的条件不尽相同。如果盲目照搬照套某种组建模式，会给企业带来巨大的风险。此外，团队成员选择具有随意性和偶然性，缺乏明确和一致的团队目标，激励机制尤其是利润分配方式不完善等，也会给创业企业带来风险。

（3）准备与撰写过程带来的风险，指创业计划的创业计划准备与撰写过程带来的风险。创业计划往往是创业投资者决定是否投资的依据，因此创业计划是否合适将对具体的创业产生影响。创业计划制订过程中各种不确定性因素与制订者自身能力的限制，也会给创业活动带来风险。

（4）确定并获取创业资源风险，指由于存在资源缺口，无法获得所需的关键资源，或及时可获得，但获得的成本较高，从而给创业活动带来一定风险。

（5）新创企业管理风险，主要包括管理方式，企业文化的选取与创建，发展战略的制定，组织、技术、营销等各方面的管理中存在的风险。

四、创业风险识别

马克·吐温曾经说过，世界第一击剑手并不害怕世界第二击剑手，他害怕的是那些从未拿过剑的未知的对手。在创业的过称中也一样，我们并不惧怕已经知道的风险，怕的是未被识别出来的风险。创业风险识别是创业者依据企业活动，对创业企业面临的现实以及潜在的风险运用各种方法加以判断、归类并鉴别风险性质的过程。创业者都必须掌握风险识别的能力，并不断提高。

1. 创业风险识别的基本理念

创业者应该树立识别企业风险的几个基本理念。

（1）有备无患、未雨绸缪。风险与创业相伴，关键是要能做到预测风险，减少损失，化解不利，甚至将风险转化为赢利的机会。创业者不仅要通过信息分类，分析产生风险的原因和条件，风险面临的性质和后果，更重要的是要识别创业过程中的各种风险，并提前做好预防措施。

（2）实事求是、持之以恒。风险识别是一项复杂而细致的工作，要按照特定的步骤、程序、选用适当的方法逐层次地分析各种现象。由于创业的风险伴随着整个创业过程，同时风险具有可变性和相关性的特点，因此风险的识别应该是连续、系统地进行，并成为企业一项持续性、制度化的一项工作。

2. 创业风险的识别方法

一般而言，风险识别的方法一般包括调查法、数据对照法、资产损失分析法、环境扫描法、风险树分析法、情景分析法和风险清单法；也可以根据自己情况自行设计识别方法，如专家调查法、流程图分析法、财务报表分析法、SWOT 分析法、头脑风暴法等。

阅读材料　　　大学生创业企业常见风险及控制的基本方法

1. 盲目选择项目

大学生创业者在创业初期一定要做好市场调研，在了解市场的基础上创业。一般来说，大学生创业者资金实力较弱，选择启动资金不多、人手配备要求不高的项目，从小本经营做起比较适宜。

2. 创业技能匮乏

很多大学生创业者在当创业计划转变为实际操作时，才发现自己根本不具备解决问题的能力。一方面，大学生应去企业打工或实习，积累相关的管理和营销经验；另一方面，积极参加创业培训，积累创业知识，接受专业指导，提高创业成功率。

3. 融资渠道太过单一

企业创办起来后，就必须考虑是否有足够的资金支持企业的日常运作。如果没有广阔的融资渠道，创业计划只能是一纸空谈。除了银行贷款、自筹资金、民间借贷等传统方式外，还可以充分利用风险投资、创业基金等融资渠道。

4. 缺乏社会资源

大学生在社会资源这方面会感到非常吃力。平时应多参加各种社会实践活动，扩大自己人际交往的范围。创业前，可以先到相关行业领域工作一段时间，通过这个平台，为自己日后的创业积累人脉。

5. 管理不够正规

大学生知识单一、经验不足、资金实力和心理素质明显不足，会增加在管理上的风险。要想创业成功，大学生创业者必须技术、经营两手抓，可从合伙创业、家庭创业或从虚拟店铺开始，锻炼创业能力，也可以聘用职业经理人负责企业的日常运作。

6. 对市场需求不够了解

缺乏对市场的了解是大学生创业中比较普遍的问题，不少大学生缺乏创业的市场调查意识，市场定位模糊，市场容量盲目乐观。如何面对竞争是每个企业都要随时考虑的事，而对新创立企业更是如此。如果创业者选择的行业是一个竞争非常激烈的领域，那么在创业之初极有可能受到同行的强烈排挤。大学生创业初期一定要做好市场调研，或者委托专业机构进行调研，一定要明确在市场调研基础上的创业才能长久。

7. 团队分歧、人才流失

创业团队是创业企业在诞生或成长过程中最主要的力量来源。但与此同时，团队的力量越大，产生的风险也就越大。一旦创业团队的核心成员在某些问题上产生分歧不能达到统一时，极有可能会对企业造成强烈的冲击。一些研发、生产或经营性企业需要面向市场，大量的高素质专业人才或业务队伍是这类企业成长的重要基础。创业者应当时刻注意防止专业人才及业务骨干流失，在那些依靠某种技术或专利创业的企业中，拥有或掌握这一关键技术的业务骨干的流失是创业失败的最主要风险源。

8. 缺乏核心竞争力

企业是否具有自己的核心竞争力就是最主要的风险。一个依赖别人的产品或市场来打天下的企业和不计后果、盲目扩张的企业，是永远不会成长为优秀企业的。核心竞争力在创业之初可能不是最重要的问题，但要谋求长远的发展，就是最不可忽视的问题。没有核心竞争力的企业终究会被淘汰出局。

第二节　创业各阶段的风险

风险贯穿于整个创业过程。在创业的不同阶段也有不同的表现形式。

一、创业前期的风险

前期风险是指在打算创业到创业初期这一阶段。俗话说，万事开头难，做好这一阶段的工作对创业者格外重要。

1. 临渊羡鱼

古代格言有"临渊羡鱼，不如退而结网"，意思是站在水边想得到鱼，不如回家去结网。比喻只有愿望而没有措施，对事情毫无好处。

一切成功都是从"苦"中得来的，创业尤其如此。

汉朝史学家司马迁忍辱负重，历时13载，才完成了流传千秋万代的不朽巨著《史记》。

明朝医药学家李时珍为了获得第一手资料，试服有毒草药，因此他撰写的《本草纲目》才得以流传千古。

"千淘万漉虽辛苦，吹尽狂沙始到金"。成功的桂冠在向我们招手，但需要我们用辛苦的劳动去撷取。

2. 悲观主义

曾经有科学家专门对一些成功人士的心理做过专门研究，他们发现，成功者都具有以下特点：有积极的人生态度，有赚钱动机，内部冲突很少，勇于为结果承担责任，同时还具备风险控制和耐心这两个关键的因素。而失败的投资人普遍具有以下特点：有悲观主义倾向。当事情转坏时，总爱责怪别人，遇挫折容易灰心丧气。

创业的过程中，难免遇到挫折和困难，如果创业者是一个悲观主义者，一碰到暂时难以解决的难题就灰心丧气，再无当初的激情和雄心壮志，失去了面对现实变幻的灵活和机智，失败是在所难免的。我们反对过分的乐观头脑发热，但一个过分悲观的人同样难成大事。

3. 计划不明

凡事预则立，不预则废。机遇从来都是垂青有准备的人。创业，是走一条创新之路，是走一条冒险之路，其间的任何一步都要深谋远虑加机智灵活方能踏过，如果只是空有一番雄心，而无明了且符合实际的计划，或者漏洞百出，那么创业之路是很难走远的。

计划不明就意味着盲目，如果一个盲目的人成功了，那只能说是歪打正着，是一种幸运，而不能作为走下一步的经验来遵奉。管理学中有一个公式：成绩=目标+效率。在这里，明确的目标就代表着明确的计划，学过管理学的人都知道，目标是一个计划的先导和核心。西方学者认为"做正确的事情"比"正确地做事情"更重要，后者只能代表效率，前者才是事情的关键。

计划是创业过程中指导性方向性的东西，计划本身错误或者不明确都会给创业者带来苦头，尤其是关键的步骤、关键的地方不明确，失败就会向你招手。

4. 资源不足

如果在创业之前错误地估计了市场，那么，在这个方面这种错误的估计就会导致整个企业失败的命运。一般的创业者在创业阶段的资金往往都比较缺乏，或者十分有限，如果一开始在固定资产、原料存货上投入过多，容易造成资金匮乏。而没有了现金，公司将很难运转。实际上，公司要有足够规模的购买量发生之后，才会有资金的回流。因此，创业者务必在创办公司时充分估计到资金的需求量，而且一定要有相当大的资金余地。对公司的资金回流作出最为保守的估计，而对创业初期资金的需求量作出最为大胆地估计，这两点都有助于公司渡过最初的难关。

5. 仓促上阵

公司创业需要一个过程，创业初期可能没有业务，因此创业者要做好充分的准备。中国人办任何事情时，都讲究一个"天时、地利、人和。"如果把"地利"勉强地理解为选择自营企业的所在地的话，它在创业中所起的作用就十分重要了。选择自营企业的所在地是一门学问，房屋的租金、社区的环境、与目标顾客群的地理关系、与供应商的地理关系等问题都在考虑的范围之内。再次是缺乏创业经验及对对手的应有估计。

二、创业过程中的风险

创业中失败的原因很多，但归根结底还在于创业者自身。或是选项失误，或是管理不善，或是缺乏市场意识等多种原因致使创业无法成功。面对我国每年数以万计的倒闭企业，面对在困境中苦苦挣扎的企业经营者，每一位创业者心情都显得越发沉重和焦灼。据一项媒体资料显示，目前我国注册成立的企业，3 年后依然能够生存下来的只有 32.4%。处在创业过程中的人往往也会在不知不觉中进入一些失败的误区。

1. 目标游离

俗话说："有志之人立长志，无志之人常立志"。人的精力有限，当像走马观花一样频繁更换目标时，该目标就不是有效的，创业者需要坐下来，调整思绪，然后清理目标。

很多时候，我们并没有一个明确的目标。今天看见别人经商成功，我们也想经商，就买来成堆的炒股类书籍看。明天看见有人出国留学、移民，于是也拼命考托福，结果可能花了很多金钱和时间，但却没能得到想要的成功。除了能力、努力、天时、地利、人和等许多因素之外，还有一个细节，那就是：这些是你的真正目标吗？你想做这些事，是因为你的真正目标在此，还是你做它，只是因为别人在做，并且已经取得了成功？如果这不是创业者真正的目标，或并非真正适合创业者，创业者如果只是不断追随潮流，那只会使自己疲于奔命，一无所成。

2. 急功近利

创业的成功之路更像一场马拉松赛跑而不是百米冲刺，前 100 米领先者不一定就能成为全程的优秀者，甚至都不可能跑完全程。在这遥远的征途上，基础的积累将会起到决定性的作用。如果自觉先天不足而又已然踏上征程，那就更要格外注意随时给自己补充营养。

事实上，成功的企业家都是从短期利润做起的，有了做短期利润的经验，才有可能去涉足长期利润，而更重要的是，长期利润在总量上一定要超过短期利润的总和。从这个意义上说，利润之重要，不仅是对投资者来说是这样，而且对于企业家来说，也是这样。

3. 孤军奋战

现代社会，人与人之间的联系越来越紧密，社会专业化程度越来越高，人与人之间，公司与公司之间的相互依赖性也越来越强，现代社会不会有鲁宾孙式的人物，谁也不可能生活在孤岛上或不同任何人发生联系就取得成功。我们需要同客户打交道，需要同政府部门打交道，需要同合作伙伴打交道，这许多事情，根本不是凭着一个人的单独努力可以完成的。我们因此需要有一个良好的社会网络，需要有一个有力的团队，成功培训大师戴尔·卡耐基说：一个人的成功，只有15%来自于专业上的技能，另外的 85%则来自于人际关系上的成功，这种来自于同事、团队、合作伙伴等方面的支持与互动，对我们的成功起着非常关键的作用。孤军奋战不但会令我们疲于奔命，也根本不可能使我们取得大的成功。

例如，现在的加拿大海外集团旗下，有投资、考察、经商、定居、留学、工作等方面的咨询工作，同时还有报纸、学校、旅行社、广告、餐饮业等生意。如果全靠投资者一个人来操作，根本是不可能的事，他们的秘密在于有许多优秀的团队。

在一个人最初创业或想做些什么事的时候，就要逐渐开始建立这些支持，一开始不可能就有个团队和社会网络，但可以从一点点做起，慢慢地扩大自己的联系范围，当这个强有力的团队和网络建立起来之后，再做起事情来，才会如鱼得水，游刃有余。

创业者应当向自己提问：当我开拓时，谁是我的同盟军？当我奋斗时，谁是我的团队成员？当我遇到挫折和失败时，谁是我的支援力量和精神上的伙伴？创业者至少需要有一个坚强的自我，在奋斗的途中成为自己的同盟军。

4. 遇难即退

任何成功的创业者都必须具备坚忍不拔的创业精神，这是成功的必要条件。反过来看有一些失败的创业者之所以失败就是因为缺乏创业精神。不怕苦，不怕累，不怕失败、勇往直前，不达目的绝不罢休，这就是创业精神。任何人做任何事，都不可能一蹴而就，创业尤其如此。在创业期间，困难和挫折往往是无法预料的，诸如销路问题、质量问题、管理问题、资金问题、人员问题等。没有创业精神的创业者，在这些困难和挫折面前，会心灰意冷，停滞不前。因此，很难相信一个没有创新精神的创业者会取得成功。

5. 用心不专

① 花心病。当企业有了一定实力，就开始"对外搞活"，不再专注于主业，移情别恋，想再找点能挣钱的项目干干。这种愿望很好，但发展思路超越了企业经营能力和企业实力，往往以失败告终。

② 多动症。比如一家生产白酒的企业，觉得碳酸饮料能挣钱，就生产碳酸饮料。后来发现果汁饮料是未来发展趋势，就改生产柠檬茶，或生产其他饮料，这并不是产品系列化，而是狗熊掰棒子，变来变去，破坏了企业形象和品牌形象，从而失去了最重要的核心竞争力，丢掉了企业辛辛苦苦铸就的品牌和形象。

③ 虚胖症。和花心病"相似"，"创业"成功后形成多业并举的态势，但主辅业不分，大都是亏本的多，挣钱的少，基本是拆了西墙补东墙，说起产业来如数家珍，其实都是"夹生饭"，亏本买卖。

三、创业后期的风险与风险防范

创业成功后，仍然面临各种各样的风险，如果不能及时解决这些问题，不仅会影响到企业的未来发展，也会影响到企业价值的体现。

1. 盲目冒进

当创业的企业初具规模小有成就时，许多企业容易被自己营造的区域性知名度冲昏头脑，趁着手里有一定储蓄，不顾发展实际，盲目开拓超越实力的大市场。

孔府宴、秦池、爱多都是曾经夺得过中央电视台广告标王的产品，但是在媒体广告追捧到极度辉煌后很快就趋于消亡。比如秦池，这个曾经一度辉煌的品牌，就在它以 3.2 亿元中标的那一刻起，其命运就急转直下，相当于当时全年利润 6.4 倍的巨额广告费让它背负艰辛。2000 年 7 月，当年家喻户晓的"秦池"商标因 300 万元债务而被迫拍卖。

2. 好大喜功

大多数创业者思想解放、个性执著、敢作敢为，这种个性使他们在创业初期的商业浪潮中获得了成功。但随着企业规模的增大和实力的增强，个人追求财富欲望的膨胀，再加上市场环境日渐规范和竞争的更加激烈，他们执著的个性开始显示出脱离实际的倾向。企业行为也围绕着个人的喜好而波动。加入世界贸易组织把我国的企业家推到了国际化舞台上，跨国公司横扫中国进行大量行业并购，引发了国内一些拥有较高知名度的企业跑马圈地的野心；更有一些企业把追求规模、知名度、市场占有率作为首要目标。每当我们看到类似的信息，心情总有些矛盾，一方面希望逐步市场化的中国能产生自己的 GE 和麦当劳，同时又希望某些曾经发生的悲剧不再发生。步步为营，稳中求进才能保持基业常青。一位企业垮掉的老总说过令人深思的这样几句话："你不该挣的钱别挣，天底下黄金铺地，你不能通吃。这个世界诱惑太多，但能克制欲望的人却不多。"

3. 坐享其成

有些创业者在事业刚刚成功之时就失去了进一步的进取心，就像当年李自成进北京一样，坐享辛辛苦苦打下来的江山，却不去考虑如何巩固江山，如何开拓新的领域。当然，或许还有一些别的主客观原因使他们只满足于现状而不思进取，或者采用一些拙劣的手法、省事的途径维持现状。

4. 挥霍浪费

在创业初期，大多数创业者都能做到开源节流，艰苦勤俭，因为当时根本就没有资金供他们浪费，手里的钱省着花还不够用，可是当创业成功之后，企业有了资源，有了资金，在某些方面多花一些和少花一些并不明显，而且有些创业者以为苦尽甘来放松了过苦日子的意识，再加上管理上若出现混乱，虽然企业的业务在不断地增长，可到头来利润却有可能下降，关键就在于没有很好地控制成本和费用。前两年，并在清华大学旗下的几个校办企业，除了清华同方以外，其他几个都是大量亏损且伴随着代价高昂的主营业务利润，就属这类情况。

5. 小富即安

一是近视症。企业经营中追求小目标，小富即安，排斥新的融资方式与能人的参与，排斥现代营销观念，看不到更为广阔的市场，甚至产生自卑心理，否定自身可以发展壮大，不敢找高手竞争。由于目光狭隘，形成企业"弱不禁风"的体质。二是放不开本业。放不开本业就是人们常说的离不开老本行，以前在干什么，以后还想干什么。笔者有几位朋友，在服装业的圈子里转悠了几年后，想出来自己投资做点事情。在选择项目时，总是离不开服装。他们说，只知道服装能赚钱，自己还熟悉市场，除此之外，不知还有什么行业适合自己。这就是被老本行捆住了思想和手脚。对他们而言，走出这个圈子，也许就会广阔天地，大有作为。正是因为有很多创业者走不出这个圈子，创业时按固有的模式和套路操作，一成不变导致失败。

6. 缺乏创新

创业的过程就是不断创造与创新的过程，创新是企业的唯一生命主线，失去创新，企业将停滞不前，甚至衰亡。企业得以生存与发展的根本就是能不断地满足人类社会不断增长的物质与精神需要；企业要做到这一点，唯一的依赖是创新。目前市场上那些岌岌可危的企业和失败的创业者对此体会应该更加深刻。

当前，科学技术日新月异进步的新时代，资本力量在创业经营中的重要性已经让位给知识、技术创新，就是说走在时代前列的创新将引导企业走向繁荣。没有创新，就是抱着钱袋子，也赶不上时代的潮流，成为失败者。有些公司没有资本，但依靠创新获得发展。相反，不少企业尽管资本力量雄厚，工厂设备齐全，人员也不少，却因为经营不善和缺乏创新精神而出现亏损。时代的迅猛发展把企业经营中资本和"知本"的重要性颠倒过来了。

7. 管理危机

成功管理的关键不在于排除所有的问题，而在于把注意力集中到企业当前阶段所存在的主要问题上，这样企业才能成长、成熟并壮大起来。创业成功后，企业面临的主要管理问题是管理危机问题，具体表现为低效管理、用人失误、财务混乱、管理失控、创业缺乏动力等。

第三节　创业风险的防范措施

虽然在创业过程各阶段的各种风险是难以预测且不可避免的，但是我们完全可以未雨绸缪，针对不同风险的特点制订不同的防范措施，降低风险的发生概率，甚至化风险为机遇。

一、针对外部风险的企业对策

1. 应对竞争对手的跟进

（1）控制技术，限制竞争。如果你创业依托的技术有专利权，那么将在很大程度上排除了同类竞争项目出现的可能性，降低了投资成本和投资的商业风险。

（2）紧密注视同领域的动向。在研发阶段，应密切注视类似工作的进行情况，一般来说应确保未有同类产品的出现。由于很多项目从创业到真正成熟可以投向市场要经过几年的时间，在这么长的时间同类产品就有可能在市场上出现。

（3）选择高技术壁垒项目。选取高技术壁垒，使得其他企业要想通过完全破解技术配方或关键内核来仿制新产品是绝对不可能的，而其他企业想要自行研制开发也需要很长的时间。这样做能够有效地延长其他企业跟进的时间，在此期间，创业企业可以确保收回投资、完成利益返回并且占据较大市场份额。

（4）制订换代产品开发规划。在产品开发阶段，即第一代产品还在酝酿过程中，就要制订后继产品系列的开发计划，并在生产规划中详细论证以确保实施。真正有生命力的企业不是停滞不前的，新产品的成功并不代表整个市场的认可，所以，一方面企业要抓紧时机生产出升级换代产品以改善原有产品的缺点、更好地满足顾客的需求；另一方面还要优化生产工艺和销售渠道，在成本和价格方面适应市场竞争的需要，不断争取优势存在。

（5）注重产品多样性。在当今市场竞争日益激烈的情况下，创业企业推出主打产品的同时一定要采取产品多样化的战略，以扩大市场占有率，同时以系列多样化的产品，满足顾客不断变化和个性化、复杂化的需求。多样化的产品也能有效地防止竞争者的模仿和进攻。

2. 应对市场风险

（1）有效的市场调查。只有进行市场调查和分析，才能了解顾客的需求，这是保证产品或服务有市场的唯一可行办法。该过程不仅包括项目创意的市场调查，还应贯穿产品研发和试制过程的始终，应该作为标准，切实指导产品的开发和改进。只有这样，新技术、新产品才能有顾客、有市场、有存在的价值。

（2）新领域的先锋。新技术、新产品不仅是适应顾客需求，满足顾客需要，还应能够发掘并引起新的市场需求，动态地改变消费者的偏好，成为新领域的先锋，由被动适应变为主动引领。

（3）扎实高效的组织。仅有好的创意、好的机会还不足以真正成就一个企业，新产品、新技术的实现和推广特别是进入市场以后的环节，更要依靠扎实高效的团队努力。因此，建立高素质、善于学习和主动适应市场的组织，才能将新产品的营销推广策略真正落到实处，将企业的意图进行到底。

3. 应对宏观经济环境及政策法规的变化

（1）选准恰当的时机。任何一个国家或地区都存在经济周期。创业企业要把握市场动向，在经济下降阶段或是萧条阶段开始创意和研发，当然，但一般一定要在宏观经济繁荣时期和经济上升期进行市场运作。在周期的上升阶段，投资形势和市场需求都将看好，商业风险相对较小，可以降低成本，提高收益。

（2）重视环境和市场的选择。创业企业都应谨慎对待选址和市场开拓。不仅要注重行业发展特点，还应对企业预选地区的政策、文化以及自然环境进行综合考虑，特别是产业运作和资源条件要求比较高的企业更应如此。另外，市场开拓从哪里开始，其整体发展规划如何，都应考虑其所在国家、地区的宏观环境和相应的政策法规。

（3）了解相关政策法规。创业企业在选取项目时就应充分了解国家及地方对相关产业的政策法规及发展动向，选择政策法规给予支持发展的产业、行业。当然，关于公司的组建、运营以及市场的各类法律和规范，更应透彻了解，掌握最新动态，善于利用发展机会。

（4）冷静对待法规的变化。如果政策法规有所改变，创业者应冷静分析，利于自己的如何利用新出现的商业发展机会；不利于自己的又如何采取措施规避有可能出现的损失。切忌盲目追随热门产业或放弃自己的优势项目或是拒绝变化，以致做出违反国家或地方法规的事情。

4. 应对资金风险

（1）留意价格波动趋势。在发现有价格变化苗头时，应主动地采取积极措施：原材料有可能涨价时，适当加大库存，并相应调整产品的价格；动态地配置生产资源，根据市场变化调整进、存和出货量；通过现代化手段了解国际国内市场价格，调整自己产品价格；在国际贸易中采用套期保值等方法保护自己权益等。

（2）研究利率及其相关因素的变化。要特别注意利率水平及其变化的一些基本因素，如通货膨胀、金融政策、财经政策、税收政策等。在融资时注意采用合理的资金结构，并能适时加以调整。

5. 应对信用危机

由于在我国信用机制还处于相当不健全的阶段，因此创业者要提高警惕，对投资方、技术持有者、管理和技术开发人员、供应方等各方人员或组织的资信状况、技术和资金能力、资信的表现等都要了解清楚。另外，通过细致有效的合同，利用法律工具保护自己和他人的正当权益。

二、针对内部风险的企业对策

1. 应对投资分析的难题

由于传统行业的投资分析都是建立在所在产业的历史发展经验数据和可靠材料的基础上进行的，而创业企业绝大多数是高技术企业，往往是前所未有的技术，没有了历史数据的依托，只能在估计和经验统计的情况下做出投资决策，因此其精确度常常很低。鉴于此，建议创业企业采用新的评价分析体系，另外，还应参考相关行业的发展。由于是采用估计和统计的方法，所以在实施时特别要注意动态地分析和适时地调整，不要只根据计算出的数据，还要考虑环境的变化和企业的真正需要。

2. 应对技术风险

（1）专利/知识产权的保护。创业企业选取项目一定要选取申请专利或专有技术的项目。特别是现在，新技术还是创业企业的无形资产，可以估价入股。因而，寻求专利或是知识产权拥有的保护是不容忽视的重要环节。

（2）技术保护。除了专利的保护，在新技术或新产品推向市场之前，还应考虑加入技术成分的保护。如化学配方设法使他人无法通过成分检测破解，在机器的核心电路部分设置加密芯片、软件内核加有自己的监控毁灭程序等。

（3）追求领先。不论是创意的评价还是技术的评估，都要在完全充分的信息范围中进行。其目的当然是确保技术成果的水平是绝对领先的。

（4）争分夺秒。选准一个创意后，从它的实际研发开始到新产品的试制投产都要以最高的效率争分夺秒地进行。同时还要考虑到新产品可能的替代产品和新技术转化的可能性，保证更快、更及时地满足不断变化的市场需求，将投入风险、转化风险降到最低。

3. 应对管理出现的问题

由于创业企业的管理团队一般都比较年轻，又是刚刚组建，彼此缺乏默契，再加上管理经验不足，又要在短短的时间完成新技术、新产品的生产和推广，因而会出现很多的管理问题，必须采取积极的措施应对才行。

（1）借用外脑。对于管理队伍年轻化的问题，在公司起步，也是比较关键的发展阶段，可以与风险投资公司或是孵化器公司合作，邀请有经验的人士参与经营管理；也可以聘用各方面专业人才的加盟。这样可以利用有经验的专业人才带动整个组织及其管理团队的成长和进步。

（2）培养团队精神。高技术创业企业往往缺乏协作的精神。因此，要有意识地培养团队整体的协作、合作意识，塑造共同努力迈向目标的企业文化。

（3）控制人员的流失。由于创业企业很容易遇到各方面的风险和阻力，因此常常要面对技术、管理和销售服务人员的流失问题。要留住人才，就要根据不同类型人才的特点，采取不同的措施。对管理、技术人才：明确利益关系。管理人员和技术人员都要拥有一定数额的公司的股份；制定有效的激励机制。管理人员和技术人员应该有不同的绩效考评机制，不仅仅利用金钱激励，还应引入股票期权的奖励；用企业文化所形成的强大凝聚力留住人才。对销售服务人才：根据业绩评估，及时提高工资与福利待遇；建立完善的晋升制度，做到奖罚分明；服务人员本土化，加强其从业素质的培训和提高，使其感到在公司中的个人价值。

4. 应对财务危机

（1）放弃过多地追求高利润。在发展初期不过多地追求利润指标。大多数创业家在企业略有起步的时候都急于向外界表现自己的经营能力，而利润恰好是最有说服力的证据。这或许是出于安慰投资人的考虑，但是，这对新企业来讲弊大于利。一方面，账面上的利润成为计税依据，而此时的税务支出无异于釜底抽薪；另一方面，企业业务的快速膨胀，存货、应收账款等占用了大量资金，而此时企业的经验和应变能力都比较弱，企业任何一个环节出了问题都会引发财务综合症。因此应该在创业的头几年，起码是前五年，始终把用户的需求作为第一目标，并在资金允许的情况下加大投资力度，提高产品技术含量。

（2）利用现代财务分析工具。企业需要作现金流量分析、现金流量预测，以及制定完善的现金管理机制。现金流量预测是现金管理前期工作，也是现金管理的基础。现金流量预测应贯彻稳健原则，银行界是这样做的：在预测现金收入及支出时，现金支出要比预计日期早算6天，应收款项要比预计日期多算6天。此外，成长中的新企业必须能够预测公司现金需求量为多少，何时需要，目的又是什么。有一年的缓冲时间，它就可以筹措到所需的现金。良好的财务管理是达到创业目标的必要条件。应该用最先进的财务分析工具对公司财务状况进行控制。

（3）适时调整财务结构。公司在发展过程中应适时改变财务结构。公司在迅速成长时，现有的资本结构常常会成为企业成长的障碍。事实证明，如果销售额增长，新企业的成长速度就会大于其资本结构的成长速度。因此，新企业的每一次成长，都需要一个与众不同的新财务结构。当新企业成长时，私人的资金来源，不论是所有者本身、他的家庭、还是外人，都会变得不够充裕。于是公司在运营四年后，会力求寻找更大的资金来源，主要途径有筹措权益资本（发行股票），或找一个合伙人，或与其他公司合伙，或向保险公司求援等。在这之中，必须保证合伙人或合伙公司的信誉和营业互补性，而且有很好的发展前景，并且该公司不会成为自己公司的竞争对手。

（4）进行资金规划。公司在每个年度都要进行资金规划。资金规划对大多数新企业来说是求生存的必要工具。如果正在成长中的新企业能事先合理地为资金需求及资金结构做好 3 年计划，等到将来需要资金时，不论资金的种类、时间及需求的方式，通常都不会发生太大的困难。如果等到新企业的成长超过资金基础及资金结构的成长时，再进行财务规划，就等于是把新企业的独立性交到了新的投资人手中。

（5）制定财务制度。制定出一套财务制度。只有这样才能对应收款项、存货、制造成本、管理成本、服务、配销等进行有效的控制。其中任何一项失去控制，其他各项都会受到影响。加强公司内部重要领域的控制是防患于未然的重要手段。公司将会随时根据实际情况制定并调整自己的财务制度，并保证它的严格执行。

思考题

1. 如果你要创业，除了分析内外部风险之外，还有机会成本风险吗？什么是机会成本风险？你的机会成本风险是什么？

2. 为什么说一项高技术产品，也可能面临一些风险呢？会面临什么风险呢？

3. 创业团队内部在创业过程中会产生什么风险？如何避免？

第 十 三 章

创业企业的设立

大学生创办企业，必须了解企业不同的组织形式，能够根据自身实际情况选择合适的组织形式，并且要掌握设立企业的各项业务流程。

第一节 创业企业组织形式的选择

企业的组织形式不同，对创业者的要求也不同，只有对企业的概念、组织形式有了深入的了解，创业者才能做出正确的选择，使创业企业得以生存和发展。

一、企业的概念

简言之，企业就是指依法设立的、以营利为目的的、从事商品的生产经营和服务活动的独立核算经济组织。

二、企业的组织形式

现代企业的组织形式按照财产的组织形式和所承担的法律责任通常划分为不设立公司的企业、设立公司的企业。

不设立公司的企业形式为个体工商户、个人独资企业、合伙企业。设立公司的企业通常称为"公司"，指依照《中华人民共和国公司法》（简称《公司法》）规定设立的企业，包括有限责任公司和股份有限公司两种。

1. 有限责任公司与股份有限公司

有限责任公司又称有限公司，指符合法律规定的股东出资组建，股东以其出资额为限对公司承担责任，公司以其全部资产对公司的债务承担责任的企业法人。

股份有限公司又称股份公司，指注册资本由等额股份构成，股东通过发行股票筹集资本。我国《公司法》规定股份有限公司是指其全部资本分为等额股份，股东以其所持股份为限对公司承担责任，公司以其全部资产对公司的债务承担责任的企业法人。

2. 一人有限责任公司

一人有限责任公司，是指只有一个自然人股东或者一个法人股东的有限责任公司。根据我国《公司法》的规定，一人有限责任公司的注册资本最低限额为人民币 10 万元。一人有限责任公司的股东不能证明公司财产独立于股东自己的财产的，应当对公司债务承担连带责任。

3. 合伙企业

合伙企业是由两个或两个以上的自然人通过订立合伙协议、共同出资经营、共负盈亏、共担风险的企业组织形式。我国合伙组织形式仅属限于私营企业，一般无法人资格。合伙企业的优缺点如表 13-1 所示。

表 13-1　合伙企业的优缺点

优　点	缺　点
合伙人共同承担责任，专业技术资源更广泛 资金来源渠道多于个人独资企业 由于可获得更多担保，更易于筹措资金 合伙人共同承担企业的债务责任，个人责任减少	由于一项决定需要所有合伙人共同商议，因此自由度相对于个人独资企业减少 决策缓慢，管理增加 利润被分割 虽然责任被分担了，但是责任不是有限的

4. 个人独资企业

个人独资企业，简称独资企业，是指由一个自然人投资，全部资产为投资人所有的营利性经济组织。独资企业是一种很古老的企业形式，至今仍广泛运用于商业经营中，其典型特征是个人出资、个人经营、个人自负盈亏和自担风险。个人独资企业的优缺点如表 13-2 所示。

表 13-2　个人独资企业的优缺点

优　点	缺　点
企业容易建立，且管理和法律费用很低	所有者的个人资金有限且难以筹措大量资金
对会计和保持账簿没有硬性规定	贷款只能通过个人担保
所有者可以自由决定经营方式	所有者承担所有财务责任
所有者获得所有的经营利润	所有者必须依赖自己的能力运营企业

5. 个体工商户

个体工商户是在法律允许的范围之内，依法经核准登记，从事工商业经营的自然人或家庭。个体工商户业主只需一个人或一个家庭，人数上没有过多限制，注册资本也无数量限制，开办手续比较简单。业主只需要有相应的经营资金和经营场所，到工商部门办理登记手续即可以开业了，个体工商户还可以根据自己的需要起字号。

三、创业企业选择组织形式需考虑的因素

大学生创业者在选择企业组织形式时，要多咨询、多比较、多考虑，根据自己的实际选择一个最适合目前状况的组织形式。有的组织形式对别人来说是一种优势，但对自己来讲就是劣势。因此，要从自身的实际情况出发，不要盲目随波逐流，选择适合自己的组织形式，争取以最小的投资获取最大的收获。

企业组织形式各有利弊，我们不能简单地说某种形式最好或最差，但从总体而言，选择企业组织应当考虑以下因素。

（1）资本和信用的需求程度。

（2）投资者的责任大小。

（3）开办程序的繁简与费用大小。

（4）拟创办企业的规模的大小。

（5）企业的控制和管理方式。

（6）组织正式化程度与运营成本。

（7）利润和亏损的承担方式。

（8）税负。

（9）企业经营期间。

（10）权益移转的自由度。

（11）企业的行业性质和规模。

（12）法律上对某些产业、行业的限制。

校园走出大学生"小老板"

　　2008 年 12 月,正当同学们忙着找工作的时候,青岛大学管理专业毕业生邵立成已经在青岛和济南拥有两家烤地瓜连锁店,被同学们称为"地瓜王子"。开业第一个月,他的店一共收入 8 000 元。

　　和邵立成一样,山东大学服装设计专业大四女生王欣欣也当上了老板,在长清大学城商业街卖时装鞋。她每天上午上课,中午和下午照顾店里。目前每个月能净赚 4 000 元。

　　"没钱时先摆地摊,现在有资金了,我想开一个大点的公司!"林松涛是河北大学计算机专业的大四学生,现在已是电脑公司老板,聘用了 8 名员工,年利润十几万元。实际上,他也是从摆地摊开始创业的。

　　思考:邵立成、王欣欣、林松涛 3 个大学生创业者创业选择的是什么样的组织形式?

第二节　创业企业设立的流程

　　创业者设立一家企业,需要 7 个方面的流程:企业名称预先核准登记、申请验资出具验资报告、登记营业执照、刻制印章、领取组织机构代码证、办理国税、地税税务登记、开立企业银行账户。

一、企业名称预先核准登记

1. 名称构成

　　开办企业,首先需要为企业申请名称核准。企业(公司)名称一般由 4 部分构成:行政区划+字号+行业或经营特点+组织形式。例如北京市志恒贸易有限公司。

　　企业名称中的字号应当由两个以上的字组成,行政区划不得用作字号。企业名称可以使用自然人投资人的姓名作字号。企业名称应当使用符合国家规范的汉字,不得使用外国文字、汉语拼音字母、阿拉伯数字、标点符号。企业名称中不得含有其他法人的名称。

　　企业名称中的行业表述应当反映企业经济活动性质所属国民经济行业或者企业经营特点的用语。企业名称中行业表述的内容应当与企业经营范围相一致。

　　企业名称有下列情形之一的,不予核准。

　　(1)与同一工商行政管理机关核准或者登记注册的同行业企业名称字号相同,有投资关系的除外。

　　(2)与其他企业变更名称未满 1 年的原名称相同。

　　(3)与注销登记或者被吊销营业执照未满 3 年的企业名称相同。

　　(4)其他违反法律、行政法规的。

2. 登记依据

　　(1)《企业名称登记管理规定》(1991 年 7 月 22 日国家工商行政管理局第七号令发布)。

（2）《企业名称登记管理实施办法》（2004年国家工商行政管理总局第十号令发布）。

3. 办理机构

工商局企业注册处。所需材料如下。

（1）全体投资人签署的《企业名称预先核准申请书》。

（2）全体投资人签署的《指定代表或者共同委托代理人的证明》，应标明具体委托事项、被委托人的权限、委托期限。

（3）指定代表或者共同委托代理人的身份证。

（4）申请名称冠以"中国"、"中华"、"国家"、"全国"、"国际"字词的，提交国务院的批准文件复印件。

（5）特殊的申请名称，名称登记机关可以要求投资人提交相关的说明或者证明材料。

二、申请验资出具验资报告

验资证明是会计师事务所或者审计师事务所及其他具有验资资格的机构出具的证明资金真实性的文件。依照《公司法》规定，公司的注册资本必须经法定的验资机构出具验资证明，验资机构出具的验资证明是表明公司注册资本数额的合法证明。依照国家有关法律、行政法规的规定，法定验资机构是会计师事务所和审计师事务所，具体由在会计师事务所工作的注册会计师或在审计师事务所工作的经依法认定为具有注册会计师资格的注册审计师担任。

验资后，验资机构应出具验资报告，连同验资证明材料及其他附件，一并交与委托人，作为申请注册资本的依据。

所需材料如下。

（1）验资业务约定书。

（2）验资声明书。

（3）企业名称预先核准通知书。

（4）公司章程。

（5）房屋租赁协议（房屋产权证）。

（6）公司设立登记申请书。

（7）各股东身份证明复印件。

（8）出资者（股东为个人时）的身份证复印件。

（9）出资者（股东为公司时）的营业执照复印件及最近一期的会计报表（需盖该公司公章）。

（10）各类资金到位证明。包括：①以货币出资的应提交银行进账单；②以非货币出资的，应提交经有法定评估资格的机构评估的报告书和财产转移手续；③以新建或新购入的实物作为投资的，也可以不经过评估，但要提供合理作价证明。建筑物以工程决算书为依据，新购物品以发票上的金额为出资额。

三、登记营业执照

1. 有限责任公司

（1）登记条件。根据《公司法》第二十三条的规定，设立有限责任公司，应当具备以下5个方面的条件。

① 主体条件方面：股东必须符合法定资格及人数要件。我国《公司法》第二十四条规定，有限责任公司股东的人数要件为："有限责任公司由五十个以下股东出资设立"。由此可见，有限责任公司股东的法定人数是 50 人以下，如果超过 50 人（不包括 50 人），则不能设立有限责任公司。这里值得一提的是，由于新《公司法》允许设立一人有限责任公司，因此关于有限责任公司股东人数的下限应为 1 名股东，这名股东可以是 1 名自然人股东，也可以是 1 名法人股东，1 名股东设立的有限责任公司为一人有限责任公司。

② 财产条件方面：股东出资必须达到法定资本最低限额，这是设立有限责任公司的出资条件。根据我国《公司法》第二十六条的规定，有限责任公司注册资本的最低限额为人民币三万元。法律、行政法规对有限责任公司注册资本的最低限额有较高规定的，从其规定。

③ 章程条件方面：股东共同制定公司章程，这是设立有限责任公司的章程条件。有限责任公司的章程是记载有关公司组织和行为基本规则的文件。根据《公司法》的要求，章程应当由有限责任公司的全体股东来共同制定，以使章程反映全体投资者的意志。此外，《公司法》还对公司章程的记载事项予以了明确规定，即有限责任公司章程应当载明下列事项：公司名称和住所；公司经营范围；公司注册资本；股东的姓名或者名称；股东的出资方式、出资额和出资时间；公司的机构及其产生办法、职权、议事规则；公司法定代表人；股东会会议认为需要规定的其他事项。

④ 组织条件方面：有公司名称，建立符合有限责任公司要求的组织机构，这是设立有限责任公司的组织条件。依《公司法》的规定，有限责任公司的内部组织机构分为股东会、董事会和监事会等。其中，股东会由全体股东组成，是公司的权力机构；董事会对股东会负责；监事会由股东代表和适当比例的公司职工代表组成。另外，股东人数较少或规模较少的有限责任公司可以不设董事会，只设 1 名执行董事，也可以不设监事会，只设 1～2 名监事。

⑤ 住所条件方面：有公司住所是设立有限责任公司的住所条件。《公司法》修改之后，取消了原来关于设立有限责任公司必须具备"固定的生产经营场所和必要的生产经营条件"的限制，而只要求具备有公司住所的条件即可，这实际上旨在降低公司设立的标准，另外，也有利于一人公司制度的顺利执行。

（2）登记程序。

① 提出申请。有限责任公司是一种封闭性的法人，其设立方式只能以发起设立为限，不得采用募集设立方式，因此相对于股份公司的设立而言，有限责任公司的设立程序比较简单，可直接向公司登记机关提出申请。

② 登记发照。对于登记申请，登记机关应当依法进行审查。对于不符合《公司法》规定条件的，不予登记；对于符合《公司法》规定条件的，依法核准登记，发给营业执照。营业执照的签发日期为有限责任公司的成立日期。公司可以凭登记机关颁发的营业执照申请开立银行账户、刻制公司印章、申请纳税登记等。只有获得了公司登记机关颁发的营业执照，公司设立的程序才宣告结束。

（3）登记依据。

① 《中华人民共和国公司法》（2005 年 10 月 27 日中华人民共和国主席令第四十二号修正发布）。

② 《中华人民共和国公司登记管理条例》（2005 年 12 月 18 日国务院令第四百五十一号修正发布）。

（4）所需材料。

① 公司法定代表人签署的设立登记申请书。

② 全体股东指定代表或者共同委托代理人的证明。

③ 公司章程。

④ 依法设立的验资机构出具的验资证明，法律、行政法规另有规定的除外。

⑤ 股东首次出资是非货币财产的，应当在公司设立登记时提交已办理其财产权转移手续的证明文件。

⑥ 股东的主体资格证明或者自然人身份证明。

⑦ 载明公司董事、监事、经理的姓名、住所的文件以及有关委派、选举或者聘用的证明。

⑧ 公司法定代表人任职文件和身份证明。

⑨ 企业名称预先核准通知书。

⑩ 公司住所证明。

⑪ 国家工商行政管理总局规定要求提交的其他文件。法律、行政法规或者国务院决定规定设立有限责任公司必须报经批准的，还应当提交有关批准文件。

2. 股份有限公司

（1）登记条件。

① 发起人符合法定人数，即应当有 2 人以上 200 人以下的发起人，其中需有过半数的发起人在中国境内有住所。

② 发起人认购和社会公开募集的股本达到法定资本最低限额。注册资本的最低限额为人民币 500 万元。法律、行政法规有较高规定的，从其规定。

③ 股份发行、筹办事项要符合法律规定。

④ 发起人制定公司章程，采用募集方式设立的需经创立大会通过。

⑤ 需有公司名称和符合股份有限公司要求的组织机构。

⑥ 有公司住所。

（2）登记程序。

① 提出申请。申请设立股份有限公司，应当由全体发起人指定的代表或共同委托代理人向公司登记机关提出申请。

② 登记发照。公司登记机关收到申请人按规定提交的全部文件、证件后，发给申请人《公司登记受理通知书》，对文件、证件依法进行审查，并在 30 日做出核准登记或者不予登记的决定。经审查，对符合条件的，公司登记机关应核准登记，并自决定准予核准登记之日起 15 日内通知申请人，发给营业执照。对不符合条件的，不予核准登记，并自做出决定之日起 15 日内通知申请人，发给《公司登记驳回通知书》，退回申请人提交的文件、证件。

经公司登记机关核准登记并发给营业执照后，公司即合法成立。

股份公司应当在领取营业执照之日起 30 日内发布设立公告，并应自公告发布之日起 30 日内将发布的公告报送登记机关备案。

（3）登记依据。

①《中华人民共和国公司法》（2005 年 10 月 27 日中华人民共和国主席令第四十二号修正发布）。

②《中华人民共和国公司登记管理条例》（2005 年 12 月 18 日国务院令第四百五十一号修正发布）。

（4）所需材料。

① 公司董事长签署的《公司设立登记申请书》。

② 国务院授权部门或者省、自治区、直辖市人民政府的批准募集设立的股份有限公司还应提交国务院证券管理部门的批准文件。

③ 创立大会的会议纪要。

④ 公司章程。

⑤ 筹办公司的财务审计报告。

⑥ 具有法定资格的验资机构出具的验资报告证明。

⑦ 发起人的法人资格证明或者自然人身份证明。

⑧ 载明公司董事、监事、经理姓名、住所的文件以及公司董事、监事、经理委派、选举或者聘用的证明。

⑨ 公司法定代表人任职文件和身份证明。

⑩ 企业名称预先核准通知书。

⑪ 公司住所使用证明。

⑫ 经营范围中有法律、行政法规规定必须报经审批的项目的，应提交有关的批准文件。

⑬ 法律、法规规定的其他文件。

3. 合伙企业

（1）登记条件。根据《中华人民共和国合伙企业法》的第十四条规定，合伙企业的设立必须具备下列5项条件。

① 有符合要求的合伙人。

② 必须有合伙协议。

③ 有合伙人实际缴付的出资。

④ 有合伙企业的名称。

⑤ 有经营场所和从事合伙经营的必要条件。

（2）登记程序。

① 提出申请。由全体合伙人向拟设立合伙企业所在地的工商行政管理机关提出申请，具体操作时，应由全体合伙人指定的代表或者共同委托的代理人负责办理。

② 登记发照。企业登记机关应自收到申请人提交所需的全部文件之日起20日内，做出是否登记的决定。予以登记的，发给营业执照，合伙企业的营业执照签发日期，为合伙企业成立之日。不予登记的，登记机关应当给予书面答复并说明理由。合伙企业领取营业执照之前，合伙人不得以合伙企业的名义从事合伙业务。合伙企业可以设立分支机构。合伙企业设立分支机构的，应当向分支机构所在地的企业登记机关申请登记，领取营业执照。

（3）登记依据。

① 《中华人民共和国合伙企业法》（1997年2月23日第八届全国人民代表大会常务委员会第二十四次会议通过，2006年8月27日第十届全国人民代表大会常务委员会第二十三次会议修订，中华人民共和国主席令第五十五号发布）。

② 《中华人民共和国合伙企业登记管理办法》（1997年11月19日中华人民共和国国务院令第二百三十六号发布，根据2007年5月9日《国务院关于修改〈中华人民共和国合伙企业登记管理办法〉的决定》修订）。

（4）所需材料。

① 全体合伙人签署的《合伙企业设立登记申请书》。

② 全体合伙人签署的《指定代表或者共同委托代理人的证明》，合伙人为自然人的由本人签字，自然人以外的合伙人加盖公章。

③ 全体合伙人签署的合伙协议。

④ 全体合伙人的主体资格证明或者自然人的身份证明。

⑤ 全体合伙人签署的对各合伙人认缴或者实际缴付出资的确认书。

⑥ 主要经营场所证明。包括自有房产提交产权证复印件、租赁房屋提交租赁协议原件或复印件以及出租方的产权证复印件。以上不能提供产权证复印件的，提交其他房屋产权使用证明复印件。

⑦ 全体合伙人签署的委托执行事务合伙人的委托书；执行事务合伙人是法人或其他组织的，还应当提交其委派代表的委托书和身份证明复印件。

⑧ 合伙人以实物、知识产权、土地使用权或者其他财产权利出资，经全体合伙人协商作价的，提交全体合伙人签署的协商作价确认书；经全体合伙人委托法定评估机构评估作价的，提交法定评估机构出具的评估作价证明。

⑨ 法律、行政法规规定设立特殊的普通合伙企业需要提交合伙人的职业资格证明的，提交相应证明。

⑩ 《企业名称预先核准通知书》经营范围中有法律、行政法规或者国务院决定规定在登记前须经批准的项目的，提交有关批准文件。

⑪ 其他有关文件证书。

4. 个人独资企业

（1）登记条件。根据《中华人民共和国个人独资企业法》第八条的规定，设立独资企业须具备以下 5 个方面的条件。

① 投资人为一个自然人。个人独资企业的投资人必须是一个人，而且只能是一个自然人。法律、行政法规禁止从事营利性活动的人，如法官、检察官、警察、国家公务员等，不得作为投资人申请设立个人独资企业。

② 有合法的企业名称。企业名称，是企业作为一个独立的经营实体的标志，是企业以自己的名义从事营运并区别于其他企业的标志。个人独资企业的名称应当与其责任形式及所从事的主营业务相符合。

确定企业名称时，应注意以下几个问题。

• 企业名称应当在企业申请设立登记时，由企业登记机关（各级工商行政管理部门）加以核定。

• 企业只能登记使用一个名称，在登记主管机关辖区内不得与已登记注册的同行业企业名称相同或者近似。

• 企业名称不得含有下列内容和文字：一是"有限"或"有限责任"字样；二是可能对公众造成欺骗或误解的；三是外国国家名称、国际组织名称、政党名称、党政军机关名称、群众组织名称、社会团体名称及部队番号等。

• 企业应根据其主营业务，在企业名称中标明所属行业或经营特点。

③ 有投资人申报的出资。一定的资本是任何企业得以存在的物质基础，个人独资企业也不例外。但由于个人独资企业的出资人承担的是无限责任，而并不是仅以出资额为限承担责任，对与之进行交易的第三人并无所虑，故独资企业法不要求个人独资企业有最低注册资本金，仅要求

投资人有自己申报的出资即可。这一规定便于独资企业的设立，有利于独资企业的发展。

④ 有固定的生产经营场所和必要的生产经营条件。企业要经常性、持续性地从事营业活动，必须有固定的生产经营场所和必要的生产经营条件。所谓必要条件，是指根据企业的设立目的和经营范围，如果欠缺就无法正常营业的物质条件。

⑤ 有必要的从业人员。企业要想登记成立，必须有一定数量的从业人员。

（2）登记程序。个人独资企业的设立采取直接登记制，即设立独资企业无须经过任何部门的审批，而由投资人根据设立准则直接到工商行政管理部门申请登记。但从事法律、行政法规规定应报经有关部门审批的业务（如医药、文化等），应先报经审批。

① 提出申请。个人独资企业的申请人是个人独资企业的投资人。投资人也可以委托其代理人向个人独资企业所在地的登记机关申请设立登记。

② 核准登记。个人独资企业实行准则设立的原则，即个人独资企业依个人独资企业法规定的条件设立。登记机关应当在收到设立申请文件之日起 15 日内，对符合个人独资企业法规定条件者，予以登记，发给营业执照；对不符合个人独资企业法规定条件者，不予登记，并给予书面答复，说明理由。个人独资企业营业执照的签发日期为该企业的成立日期。

（3）登记依据。

① 《中华人民共和国个人独资企业法》（1999 年 8 月 30 日　中华人民共和国主席令第二十号发布）。

② 《个人独资企业登记管理办法》（2000 年 1 月 13 日　国家工商行政管理局令第九十四号发布）。

（4）所需材料。

① 投资人签署的个人独资企业设立登记申请书。

② 企业名称预先核准通知书。

③ 申请人身份证原件和复印件。

④ 职业状况承诺书。

⑤ 企业住所证明：租房协议书、产权证明、居改非证明。

⑥ 法律、行政法规规定设立个人独资企业必须报经有关部门批准的，提交批准文件。

⑦ 从事的经营范围涉及法律、行政法规规定必须报经审批项目的，提交有关部门批准文件。

⑧ 如委托他人代理，应提供投资人的委托书及代理机构的营业执照复件、代理人资质证书。

5. 个体工商户

（1）登记条件。有经营能力的城镇待业人员、农村村民以及国家政策允许个体工商业经营，依法经核准登记后为个体工商户。

具体规定如下。

① 受完义务教育、年满 16 周岁的青年和其他无业人员。

② 身体健康、有生产经营能力的离休、退休人员。

③ 政策或者有关规定许可的其他人员。

（2）登记依据。

① 《城乡个体工商户管理暂行条例》（1987 年 8 月 5 日　国务院发布）。

② 《城乡个体工商户管理暂行条例实施细则》（国家工商行政管理局工商个字[1987]第二百三十一号）。

（3）所需材料。

① 由个体户签署的个体工商户开业登记申请表。

② 身份证明：申请人应提供本人身份证。

③ 职业状况证明。

④ 从业人员及职业状况证明。

⑤ 经营场地证明：租房协议书、产权证明、居改非的证明；进入各类市场内经营的需经市场管理办公室盖章批准；利用公共空地等公用部位作经营场地的应提供市政、城管、土地管理等有关职能部门的批准件或许可证。

⑥ 法律、行政法规规定从事个体经营必须报经审批的，国家有关部门的批准文件。

四、刻制印章

新成立的企业申请刻制公章，须持《营业执照》复印件、法定代表人和经办人身份证复印件各1份，需由企业出具刻章证明、法人授权委托书；是分支企业的，证明和法人代表授权委托书要总公司盖公章，提供总公司营业执照副本复印件、法人身份证复印件，经公安机关审批后方可去承制公章的刻字社、厂刻制公章（注：必须在《营业执照》签发日期起1个月之内办好刻章备案，有特别原因延误的，可以在刻章证明上说明合理的原因才接受印章备案，否则公安机关不再接受印章备案）。

五、领取组织机构代码证

组织机构代码是国家质量技术监督部门根据国家标准编制，并赋予每一个机关、事业、企业单位、社会团体、民办非企业单位和其他机构颁发的全国范围内唯一的、终身不变的法定标识，覆盖所有单位（包括法人和非法人以及内设机构），是连接政府各职能部门之间的信息管理系统的桥梁和不可替代的信息传输纽带。目前已在工商、税务、银行、公安、财政、人事劳动、社会保险、统计、海关、外贸和交通等40余个部门广泛应用，已成为单位在进行社会交往、开展商务活动所必需的"身份证明"。

组织机构代码受理单位：技术质量监督局。

所需材料如下。

① 组织机构代码申报表（加盖公司公章）。

② 企业营业执照副本（复印件并加盖公司公章，带上原件核对）。

③ 法人资格证明（复印件并加盖公司公章）。

④ 经办人身份证（复印件并加盖公司公章）。

六、办理国税、地税税务登记

依法纳税是每一个企业的责任，企业进行纳税就需要进行税务登记，税务登记是我国税收管理中的一项重要管理制度。对广大纳税人来说，办理税务事项的第一件事，就是要向主管税务机关申请办理税务登记手续，接受登记管理。这是纳税人依法履行纳税义务的基本前提，也是纳税人合法经营的主要标志。同时，只有履行了登记手续，才能得到税务机关的管理服务，享受税收优惠，保证生产经营活动的顺利进行。

1. 办理税务登记的对象和期限

（1）企业及企业在外地设立的分支机构和从事生产、经营的场所，个体工商户和从事生产、经营的事业单位。自领取营业执照之日起 30 日内，持有关证件，向税务机关申报办理税务登记。承包和租赁及实行自负盈亏的生产经营者也应办理税务登记。

（2）不从事生产、经营活动，但是依照法律、行政法规规定负有纳税义务的单位和个人，除临时取得应税收入或发生应税行为以及只缴纳个人所得税、车船使用税以外，应当自依照税收法律、行政法规成为纳税义务人之日起30日内向所在地税务机关申报办理税务登记。

2. 税务登记的主要内容

税务登记证件应当载明纳税人名称、统一代码、法定代表人或负责人、详细地址、经济性质或经济类型、经营方式、经营范围（主营、兼营）、经营期限和证件有效期限等。

3. 办理程序

（1）申报。向当地税务机关申请办理开业税务登记，并提交申报材料。

（2）受理。税务机关收到业户申请报告和有关证件资料后，应进行初步审查，对符合登记条件的纳税人，按其登记的种类，发放税务登记表或注册税务登记表和纳税人税种登记表，纳税人应当如实填写相关表格。

（3）核准。

对纳税人填报的登记表格、提供的证件和资料，税务机关应当自受理之日起 30 日内审核完毕；符合规定的，予以登记，发给税务登记证或注册税务登记证及其副本，并分税种填制税种登记表，确定纳税人所适用的税种、税目、税率、报缴税款的期限和征收方式和缴库方式等。

（4）所需材料。

① 有限责任公司、股份有限公司。

- 营业执照副本或其他核准执业证件。
- 组织机构代码证书副本。
- 注册地址及生产、经营地址证明（产权证、租赁协议）；如为自有房产，请提供产权证或买卖契约等合法的产权证明；如为租赁的场所，请提供租赁协议，出租人为自然人的还需提供产权证明；如生产、经营地址与注册地址不一致，请分别提供相应证明。
- 有关机关批准的章程（国有、集体企业可不提供）。
- 有关机关出具的验资报告或评估报告。
- 法定代表人（负责人）居民身份证（或户口）、护照或其他证明身份的合法证件。
- 纳税人跨县（市）设立的分支机构办理税务登记时，还需提供总机构的营业执照及税务登记证（地税）副本复印件 1 份及是否独立核算的证明。
- 有关部门批准的涉外企业批准证书。
- 改组改制企业还须提供有关改组改制的批文。
- 土地使用证、机动车行驶证。
- 纳税人公章、法定代表人（负责人）名章。
- 税务机关要求提供的其他资料。

② 合伙企业、个人独资企业。

- 营业执照副本或其他核准执业证件。

- 组织机构代码证书副本。
- 房产证明（产权证、租赁协议）；如为自有房产，请提供产权证或买卖契约等合法的产权证明；如为租赁的场所，请提供租赁协议，出租人为自然人的还须提供产权证明。
- 负责人居民身份证（或户口）、护照或其他证明身份的合法证件。
- 土地使用证、机动车行驶证。
- 合伙企业提供合伙人协议。
- 公章及法人名章。
- 税务机关要求提供的其他资料或户口。
③ 个体工商户。
- 营业执照副本或其他核准执业证件。
- 业主居民身份证（或户口）。
- 房产证明（产权证、租赁协议）；如为自有房产，请提供产权证或买卖契约等合法的产权证明；如为租赁的场所，请提供租赁协议，出租人为自然人的还须提供产权证明。
- 土地使用证、机动车行驶证。
- 税务机关要求提供的其他资料。

七、开立企业银行账户

创业者要创办一家企业，往往需要通过银行进行资金周转和结账，这就不可避免地要和银行打交道，因而我们也要了解如何办理银行开户和销户等手续。

1. 银行账户的种类

（1）基本存款账户。

基本存款账户是企业的主要存款账户，该账户主要办理日常转账结算和现金收付，存款单位的工资、奖金等现金的支取只能通过该账户办理。基本存款账户的开立需报当地人民银行审批并核发开户许可证，许可证正本由存款单位留存，副本交开户行留存。企业只能选择一家商业银行的一个营业机构开立一个基本存款账户。

（2）一般存款账户。

一般存款账户是企业在基本账户以外的银行因借款开立的账户，该账户只能办理转账结算和缴存现金的缴存，不能支取现金业务。

（3）临时存款账户。

临时存款账户是外来临时机构或个体工商户因临时经营活动需要开立的账户，该账户可办理转账结算符合国家现金管理规定的现金业务。

（4）专用存款账户。

专用存款账户是企业因基本建设、更新改造或办理信托、政策性房地产开发、信用卡等特定用途需要开立的账户，该账户支取现金时，必须报当地人民银行审批。

2. 银行开户手续的办理

办理银行开户手续需要填制开户申请书并提供有关证明文件。

所需材料如下。

① 基本存款账户：当地工商行政管理机关核发的企业法人执照或营立执照正本。

② 一般存款账户：基本存款账户的存款人同意其独立核算单位开户的证明。

③ 临时存款账户：当地工商行政管理机关核发的临时执照。

④ 专用存款账户：有关部门批准立项的文件。

3. 银行销户手续的办理

存款人可以根据需要撤销其在银行开立的存款账户。存款人撤销存款账户时，应与银行核对账户余额，经银行审查同意后，办理销户手续。销户时，企业应交回剩余的重要空白凭证和开户许可证。

（1）一般存款账户余额不得超过企业在开户银行的借款余额，超过部分开户行将通知单位 5 日内将款项划转至基本存款账户，逾期未划转的，银行将主动代为扣收，借款清偿后要办理销户。

（2）临时存款账户的使用期限不得超过 1 年，超过 1 年的将予以销户。

（3）企业销货款、异地汇入款项中除基建或专项工程拨款外的非专项资金不得进入专用账户。

（4）存款人改变账户名称的应先撤销原账户，再开立新账户。

（5）开户行对 1 年内未发生收付活动的账户，将通知存款人自发出通知起 30 日内（以邮戳日为准）来行办理销户手续，逾期将视为自愿销户。

思考题

1. 企业的组织形式主要有哪几种？
2. 选择企业形式需要考虑的因素有哪些？
3. 创业企业设立的流程包括哪些方面？
4. 有限责任公司办理工商注册登记的流程是怎样的？
5. 个人独资企业、合伙企业办理税务登记需要提交哪些材料？

附录一 学生感言摘选

求职感言

从 10 月份开始到 12 月份签下"三方协议书",其间时间说长也不长,有经验也有曲折,粗略的小结一下,希望能对大家有些许启发。

其一,既然选择求职,就应该做好继续深造还是步入社会的思想准备。毕业后的出路问题无非是深造和工作两条路,两条路孰对孰非并没有定论,如果认为学历更重要那就应该去读研、深造;如果认为经验更重要,不妨先去工作,积累一些行业经验。当前社会还是普遍比较重视学历的,举个简单例子:

3 年工作经验+研究生学历(3 年)> 6 年本科生工作经验

对于技术类工作来讲有很大的正确性,技术类对行业理论基础比较重视,但是很多非技术类工作,特别是对专业要求不是很高的工作,工作经验表现得相当重要。个人建议:对于技术类工作,或者是国有企业、事业单位,学历重要一点;对于非技术类工作,社会经验,个人综合素质更重要一些。

第一个阶段应该尽早实施,可以在大二、大三就去考虑,去准备,如果等到大四再来考虑这个问题,不免有些手忙脚乱,而且会有很多不必要的麻烦。很多人并不知道自己到底是深造还是工作,往往"两手"准备,这样就意味着前半年要失去一流公司的工作机会,虽说下半年也有,但是一般都是招不齐人的岗位。一旦决定了工作,就可以大二、大三的时候多做做实习,看看行业前景,了解企业动态等。

然后,应该是企业定位,我想企业定位也是找工作中很重要的一部分。如何判断自己做好了这部分的工作,我想主要还是通过自己提问自己来检验。自己适合不适合公司的文化,自己能不能胜任这家企业的工作,这家企业能不能提供我发展的平台,这家企业能不能提供有竞争力的待遇。

不要一味追求名企,不要一味追求高工资,也不要不检不挑只要别人要就行。个人认为好企业的定位:适合自己的兴趣,自己确实能够长期从事这一行业,企业很人性化,尊重个人劳动成果,能够提供适合自己要求的待遇。

接着,准备中、英文简历。一份出色的简历,无疑给自己的求职增色不少,给用人单位留下深刻的印象。一份完整的简历应该包括:个人信息、职业规划和求职意向、教育背景、奖励和荣誉、实习经历。关于简历,网上有很多可以参考的,啰唆无益,需要注意一点就是实事求是。

最后,就是如何应对笔试和面试。先说笔试,笔试跟大学的考试不太一样,没人给你考试大纲,没人给你画重点,需要自己平时的积累。对自己所要从事的行业,对自己想要应聘的公司,自己想要应聘的职位要求,进行综合估计,应该能够得到自己应该掌握哪些知识。平时学习的时候应该好好掌握,同时把握重点,了解自己和他人容易犯错的知识点。比如 C++就可以到网上找到很多易错题目,const 和 static 关键字在笔试中尤为常见。建议各位大一大二的师弟师妹在以后的学习中,对于自己要从事行业的基础知识一定要牢牢掌握。

再说面试,用诚实守信、积极主动、沉着冷静、不亢不卑来概括形容最恰当不过了。诚实守信,在面试过程中要知一说一,一般面试官问的问题,都是他们在日常工作中遇到的棘手问题,如果不懂装懂，难免会给面试官留下坏印象。积极主动，在面试过程中，要和面试官很好的互动，不要老傻等着面试官给你提问题，如果面试官问的问题，正是你的强项，那么这个时候就应该多说一些，或者给出一个你曾经遇到过的类似的问题，然后给出你的解决方案。一般情况下，每个应聘者面试的时间都是有限制的，你懂的东西说的时间越长，那么他们提问题的机会就少，在他们看来你不懂的就越少。主动跟招聘单位沟通看能不能参加复试，能不能"霸王笔"或者"霸王面"。沉着冷静，在面试的过程中，要保持冷静的态度，如果一进门，四个面试官，然后脑子一片空白，显然是不行的。就是遇上答不到的问题，心平气和的说不会，如果是一知半解，就说出你知道的，避开不知道，如果接连几个都答不出，也不要灰心，继续认真听取下一个问题。不亢不卑，在面试中保持谦逊、尊重用人单位的态度，如果面试的一个小公司，自己就盲目乐观，扬扬得意，目空一切，肯定也是不能被录用的；相反，如果面试一个大公司，就妄自菲薄认为自己能力不行，连自己平素经常讲的东西都不敢讲，结果也可想而知；还有一种情况，某些公司趾高气扬，好像买奴隶一样，估计在这种公司工作简直是一种折磨。

只选对的，不选贵的

只选对的，不选贵的是我求职过程中的宗旨。也是以此为标准后让我决定了与某信业务支援中心签约。

对于每一位毕业生来说，找到一份满意的工作是对自己多年学习的一个交待与验证。如何通向自己那份向往的工作可以说是现如今一门时髦的学问。我认为给自己准确的定位是成功的关键。下面我就谈谈自己求职的经历，获得的经验教训。

作为一名即将走向工作岗位的毕业生也罢，抑或是继续深造的学子也好，对自己所处行业的大环境应该是有一个大概的了解，同时也应该有自己对行业发展趋势的看法和预测。我作为一名通信工程专业的学生，因为兴趣，平时爱在杂志、网络、朋友交流中关心这些事情。所以我对行业的形势，特别是招聘的趋势有自己的看法，这些在求职中对我帮助很大。更有意思的是我的观点在这求职过程中得到了证实，2006～2007年通信类招聘形势：运营商总体小幅减招，少数省因为业务原因扩招，对非邮电类学校招生比例增加，研究生需求明显上调；大型设备商减招，研发类对本科几乎无指标，本科走向多为技术支持与营销类；SP与其他一些中小通信IT类需求增加，就业范围拓宽。

求职这场战役打响于9月初，这一个月中重心放在制作一份好的简历。选择一个好的简历模板相当重要！那什么样的模板是好的呢？那就是合适你的模板，要能扬长避短，最大限度地展示你的优势所在，让HR一眼就记住你的长处。简历中用词要得当，千万别有错别字或是句意含糊。对有志去外企的同学，英文简历要做的合乎规范，没有遗漏，建议先多看一些别人的范例再下手。

10月是广撒网、多播种、开始出击的月份。一般这个月大型设备商会开始校园宣讲，同时很多单位的网投启动。大家在网投的时候应当注意不要狂投，就是漫无目的，根本不可能去的单位也投，也不能只投自己最中意的那么一两家。前者费神费时，后者断了自己退路。网投也很有讲究，首先我建议大家做份公版简历，每投一家做相应修改即可，这样节省时间精力。然后网投放在晚11:00～次日晨9:00比较好，一般此时网速较快，服务器负担也小，再者HR上班一开邮箱你的电子简历会在前几份出现，避免他们的视觉疲劳或是在看了很多优秀简历后你就靠边站啦。其次建议大家网投所需要填的项目最好不要空，但实在没有也不要做假。最后大家应该投大方向对口、自己能够有竞争力的岗位。依据以上这些体会，我的网投成功率在70%左右。说几个自己网投成功与失败的典型例子吧：爱立信与中兴没有拿到笔试机会，教训是学历不够；华为、锐捷网络、美国道富拿到笔试机会，经验是硬件达标，投岗准确。

11 月是我们学校理工科学生就业高潮的第一峰，这个月设备商一般在 15 天内完成笔试、面试、录取。同时一阶梯运营商开始宣讲，部分二阶梯运营商开始招聘.月底的双选会更是大家的福音。说一些设备商的笔试，面试的经验与体会。华为作为一个与国际接轨的大公司，其招聘流程的紧凑，高效与专业是叹为观止的。他的笔试特点是：时长，量多，面广，题活。测试了同学们专业知识的掌握深度与广度，综合素质，反映能力，耐压能力。面试更是要过五关闯六将！第 1 轮 15～20 分钟的专业面，技术类是一个考官对一个应聘者（1:1），问题基本根据你的简历与成绩单中的优劣科目问，也会问到实践经历，其中会有英语考察，但形式多样，如翻译、自我介绍、交谈、表述项目等。在此说明只有每一轮的胜出者才可以进级到下一轮。第 2 轮是群面（$N:N$），大概 1 小时，10 个人分两组进行话题讨论或辩论，几个考官会从中选出较优秀的几个。这种面试中要注意积极发言，同时也要注意合作，显示出你的交际、表达、团队合作的能力。切记不要紧张，尽管有可能 10 人中你是唯一的小本。第 3 轮是 15～20 分钟的行政面（1:1），会有一个主管级领导和你随便谈，观察你是否合适这个岗位。我在这轮得出的经验是交谈要有逻辑性，有说服力的表达自己可以胜任工作。第 4 轮是英文电话面，你会用电话和一老外日常交流 15～20 分钟，关键在于要求口语流利，日常交流没有太大障碍，能够听懂一些带口音的英语。最好事前做些准备，熟悉下日常用词用语，比如天气、旅游、体育、书籍、爱好等。毕竟有备无患！第 5 轮是签约面，就是在签约座谈前会要求在 20 分钟内完成 50 道四级难度单选题，从这里可以看出国际化大公司对英语的要求不仅仅限于你证书的成绩，它会亲自从各方面来考察你。锐捷网络（原福建实达）的笔试面试基本是对专业知识的考察，侧重点在专业技术上。很多运营商会在这个月进行宣讲，去听的话主要是了解今年的大概指标、基本要求、岗位需求、企业文化等。想进运营商的同学，也别限制太死，可以适当地去投周边几个省份的运营商。月底的双选会是就业的最高潮，在短短几天内几十家单位会要走很多毕业生，而且很多就业机会给了相对比较一般的同学。双选会对我们学校的学生专业对口，签约率高，需求量大，包括一些同学的家乡优秀企业会来设点，建议同学们抓住这个机会，不要太过挑剔，很多机会就是这样无意中丧失的。

但凡在我们学校宣讲、笔试的企业，对我们同学来说成功签约的可能性肯定是比自己在外面找的要高。所以应该每天都要关注学校的通知栏、海报、BBS、学校就业指导网页。找工作的过程中也应当不断复习所学的核心专业知识，同时还要不断补充新知识。在求职过程中不要把自己定死在设备商或运营商，那样会让就业机会减少很多，而且在尝试后你也许会发现自己更适合另外一种职业。

前一年 12 月至次年 1 月是就业的第二高峰期，在这段时间内东部沿海地区的运营商是招聘的主角。设计院类的工作出差多，比较辛苦，要求同学除了专业背景外，更要有吃苦精神。因为比较想去运营商工作，所以我在这方面的求职经验相对比较丰富。挑几个典型的说下，以便大家了解。广东电信，网投的成功在于硬件比较突出，岗位选择合理。它没有笔试，两轮面试。一面是专业面，二面是群面。专业问题不能有含糊，在运营商的实践经验很重要。群面还是讲究在合作中有自己独到观点。福建电信，笔试主要考综合素质，专业比较简单。面试三轮，一面专看证书，这就突出了证书的作用；二面是素质面，会问很多方面的问题，看看你的反映，涉猎广不广，爱好等；三面是专业面，这一面由于考官比较欣赏我在运营商实习时对新业务新技术的看法，所以成功拿到厦门电信的签约意向书。

最后详细说说我目前的签约单位某省电信。在对自己充分定位以后，在硬件比较突出的前提下，在有了丰富的求职经历后，我在网投时直接投了该省电信的省直属单位。因为前几项的整合，通过了网上筛选，进入笔试。我很清楚竞争对手们的实力，大多是牛硕，所以只有用笔试的高分才能获得面试的机会。今年笔试的题目清一色专业题，题量比往年多，有一定的难度。技术类卷子偏通信，充分复习是可以考出满意的成绩的。当笔试通知到笔试的 9 天中，我复习了通信与计算机专业的 10 本书。也就是凭着这些充分的准备，功夫不负有心人，进入了面试。省直属单位的面试是一轮，融专业与综合素质在一起。由于相对突出的硬件，连续 3 年在江苏电信地市分公司与设计院的实习，与对应聘岗位的充分的了解帮助我最终获得这个心仪已久的 offer。总的来说，运营商最看重两点：一是硬件，二是实践。

签约的时候要看清协议，明白自己与单位所要承担的责任，慎重签约，更要慎重毁约，求职诚信为本！

就啰唆到这里，以上只是个人的一些经验体会，仅供参考，毕竟世上没有对每个人都有用的秘诀。希望学弟学妹们青出于蓝！

自信使你成功一半

蜀道难，难于上青天。对于一个即将毕业的本科生来说，面临就业和考研的两种主流选择，也是不同类型的"蜀道"，但大家都会有自己的一个方向。考研即是一个要不断积累，不断总结，磨炼意志，坚定信念的过程，其实大部分本科生都多少有过考研的想法，这似乎也成为了当今社会的一种传统，但选择工作的未必就不会获得成功，我想对本科生朋友说的是：做什么都不要盲目，懂得审时度势，学习是终身的，你的人生不是一个固定的模式，选择自己最有幸福感的道路，你就不会后悔。

作为 2003 级的一名本科生，今年我在校园招聘当中幸运地成为了某 IT 制造商的一员，这也不能说明我有多么得优秀，就像该公司的招人原则一样：不一定是最优秀的，但一定是最合适的。我拥有的某些品质或许是一些学习成绩专业第一的人所没有的，因此我成功了。通过一次技术笔试，四次面试和一次英语笔试，我走进了华为，在这个过程中，我并没有太大的期望，并没有太多的奢望，但我内心总会有一种信念：这个职位如果不是我的又会是谁的，有自信就成功了一半。

2003 年进入南京邮电大学后，我就先后担任系团职书、学生会实践部部长、新生班主任、班长等，做的事情多了，自然就会多少对学习有所影响，我在保证学校工作顺利完成的情况下，也将学习水平保持班级前列，因此大学三年的奖学金都没有漏拿，这也是我值得欣慰的一点。

如果说大学当中参加一些社会工作对我应聘有什么帮助的话，那就是使我更加自如应对各种环境。该公司面试今年是四面，这也是因为今年相对去年缩招 7000 人的原因，所以相对严格。第一面的技术面，考官的问题是在技术层面上可以随意拔高，当时面我的考官就是一直用英文跟我对话，这就要求具备基本的听力和口语水平，对专业词汇有相当了解，所以英语六级通过应该是比较常规的要求。压力面试就是和部门主管聊天，所谓压力面试就是为难你，看你的反应，这就要看你是不是在与人交往方面有一定的经验积累，不然会很容易被 PASS 掉。十人 PK 面是今年每个面该公司的同学都会经历的，也是比较残酷的一个环节，将近两个小时的面试之后，平均刷掉一半人。这个环节刷人考虑的因素比较多，我当时和 9 个研究生一起面试，两个是南京大学的，最后刷掉了 4 个研究生。这也说明了很多问题，其中有两个研究生的表现真的让人看不出他们作为一名研究生的自信在哪里，而一个和我一起进入下一轮的南大研究生学姐告诉我：研究生对于就业有两个砝码：项目和自信。她的话让我思考许多。

就像技术面时考官对我说的话一样：面试是一种艺术，也是一种功利性的活动。你需要表现自己，但又不能夸张；需要表现出年轻人的活力与自信，但又不能不可一世；需要表达出你对公司的向往，但又不能急功近利。他的意思就是要有一个度，少了，你的张力不够，多了，你的形象受损，都会影响考官对你的打分。面试过程当中我都是用一种很自信的姿态去迎接考官的任何考验，自信地说"我懂"，自信地说"我不懂"，诚实地面对考官，也诚实地面对自己，你要传达给面试官的信息是：你在某些技术问题上过关，或者你在薄弱的环节也有努力的迹象，不然就说明你对面试不够认真，不够尽心，也会成为你走不到最后的绊脚石。

其实每个应聘成功的同学都会有自己一种特质，我走到了最后，只能说明我的方式是可行的，希望即将参加应聘的同学能够在自己性格当中挖掘闪光的一面将其发扬光大，这样对你应聘会有很大的帮助，"not now，when；not you，who"，相信你自己，成功就属于你。

考博心得

首先，考博是一个沉重的选择，这意味着在以后的几年里需要沉下心来钻研学术，这里的枯燥与辛苦是可想而知的。但是，为了取得成果后的成就感，为了在学术上有更高的发展，为了实现自己的人生目标，考博是一个必要的途径，也是一件很值得的事情。而且，随着发展的需要，好多原先不打算继续深造的人也会加入考博的行列。下面我就简单介绍一下心得，与大家分享。

（1）确定目标

凡事预则立，不预则废。做任何事情都需要有一个方向和目标，考博亦是如此。目标可以坚定一个人的信念。因此，一旦决定要考博，就不能被其他因素所左右而放弃。中途放弃的代价不仅仅是达不到目标，而且是对自己信心的重大损失。要坚定信念准备考试，相信自己一定能够成功。

（2）选择的智慧

选择是一种决策，正确的选择能加大成功的机会。考博也包括一系列选择：学校、专业、导师等都需要根据自己的情况做明智的选择。选择是一种智慧，也是一种对自己的定位。考博专业的选择需要根据自己的兴趣爱好和特长，如果选择自己不擅长的专业，将对以后的学习带来很多挫折。导师的选择是一种双向选择，一定要跟导师沟通，取得导师的认可，然后才能准备考试。

（3）关于复习：认真做每一件事

每做一件事情都要有一个认真的心态，只有这样，不管最后结果是成功还是失败，只要努力了都无怨无悔。认真准备考试是考博需要做的最重要的环节。博士入学考试分为英语和两门专业课。英语考试我们比较熟悉，但是由于好久不考试了，临考之前还需要好好热热身，恢复以前的水平。专业课不同的学校情况不同，总的方向是考察的知识面比较宽，科目的方方面面都有涉及，而且与所报考学校专业设置特点有很大关系。作为一种考试，成绩是最有发言权的指标，因此要努力考出自己最好的水平。这就需要在复习时候沉下心来，踏实准备，不放过任何一个知识点，弄懂每一个章节。

新的起点

考试成功，不是胜利果实，而是一个新的起点。因为上博需要更深入地学习和钻研。如果跨专业，则有许多新知识需要学习。博士学位的获得比硕士要求严格很多，更需要付出努力和汗水。

校园生活感悟

2007 年是我在南邮度过的第 7 个年头。记得余世维曾说过，7 年对于一个人来说，可以算是一个人生周期。南邮的这 7 年时间，我完成了从一个高中生到研究生，从一个懵懂无知的青年到经历多次面试考验即将踏入社会的毕业生的转变，收获很多，下面就根据自己的感受，从思想、学习和工作几方面简单地谈一谈。

一、思想上。在具体行动之前，每个人都应当学会冷静的思考。也就是要用具体的思维指挥自己的行动，尽量弄清楚"自己想要什么"。

在动不动就被心灵鸡汤淋湿了一身的今天，这个话题不宜扯得太远，具体说来，我提几点：

1. 牢记自己的目标。制定目标对每位同学来说不是问题，但能一直真正牢牢记住，不容易。

2. 把时间敲死。时断时续、信马由缰式的"勤奋"不会有好效果

3. 克服自己的缺点。在努力过程中，不要老是做你喜欢和擅长的事，也要倾注毅力于你有待改进的领域。

4. 给自己奖励。不管自己任务有多艰巨，都要学会为自己取得的成绩设置"奖励"。

5. 回顾走过的路。每隔一段时间，应当冷静下来，回顾一下，总结很重要。

二、学习上。可能跟很多在校的同学不太一样，在南邮的这几年，我最看重的是课业的学习，从找工作的经历上看，良好的成绩确实是我比较顺利的最基础最重要的保障。虽然都是些老生常谈的内容，我还是总结自己，简要谈几点：

1. 做好学习计划。这里没什么要提醒的，需要注意的是，在做学习计划时，应留有时间余地，不要把计划做死，每个阶段应留有时间去奖励自己，也是为可能没完成的部分留下余地。

2. 重视课堂。不管怎样，课堂是最重要的，上课认真听讲，绝对是事半功倍的，南邮人其实更应重视这点。

3. 课后补缺。每节课后应及时把课堂上的问题弄清楚。虽然平时同学笑话我"将老师都逼到厕所去了"，但其中的好处，谁试谁知道。

4. 兴趣培养。找到自己在专业某方面的兴趣所在，着重培养。不要什么都懂，什么都懂的不深。"宁磨一把倚天剑，不要百把杀猪刀"，等找工作时，你就能深深体会到了。

三、工作上。大部分同学可能最感兴趣的是这部分内容了。提醒一下，最重要的是上面一、二部分，不要等到要找工作时，再来临时报佛脚。现在各种面经满天飞，相信大家都已经很了解面试这一过程了，这里我只根据自己情况，提几点体会：

1. 基础知识的准备。就南邮的大部分专业而言，基本的像 C、C++语言，数据结构，通原，都是很多公司的面试笔试必考内容，应当提早时间好好复习一下。

2. 做好专门的功课。对即将面试的公司做一点针对性的准备，诸如公司的历史、业绩信息、产业概况等，不一而足，可能无用，可能很有用。

3. 面试时目的要明确，表现出自己诚恳加盟的意愿，不要含糊犹豫。

4. 有条件一定要实习。本科生应该，研究生可能更需要实习的铺垫。实习一定要做实事，要能学到东西，具体说，最好能根据具体情况跟着公司做项目，一个项目下来，收获很大。在找工作时，实习学到的东西很多时候至关重要。

5. 要有专长。这里的专长可以是某门课程，也可以是某方面的技术，比如实习时学习的技术。就我而言，在校时我比较着重学习软交换方面的内容，实习时做的也是这方面的项目，所以

面试时一谈到这方面的内容，就很有话可说，这是很有用的。

6. 公司一般更看重的是你学习的能力和良好的性格。有时面试官与你不经意的聊天，就是在考验你，比如问你平常喜欢什么活动之类的，可以谈一些与人协作的体育活动，抓住机会表现自己，不要过于表现出自己所谓特例独行的一面。

7. 群面时，最重要的一点，我认为是提出的意见一定要有建设性，不要有太多废话。某移动群面时，我就犯了这个毛病，最终被拒我总结跟这有一定关系。

8. 运营商比较看重成绩，在校的职务，社团经验。面试时要注重着装，尤其面试运营商时。在参加浙江移动面试时，最后面试官就向我提了这个建议，认为我应尽量正式着装，当然不一定要西装革履，但仪表一定要整洁，显出精神面貌来。

以上是我这几年在南邮生活学习的一点总结，希望能给依然在校享受美好时光的学弟学妹一点启示，大学这几年的时光是人生中最美好的时光，希望每一位南邮人都好好珍惜，在享受美好时光的同时，更多地对自己的未来做一些筹划，"天道酬勤"，只要你坚持努力，一定会有回报。祝愿每一位同学都能拥有美好的未来！

实习手记

今天，2006 年 9 月 7 日，过了今天，我在某工厂公司实习就满三个月了，这三个月是我跨出的职业生涯的第一步。这段日子里，我感受到了很多在学校没有的东西，也学到了很多知识，不论是关于技术，还是关于做人。

很多年以前，就听说过这样一个公司，在电视、街头、商场里都会时不时看到这个百年老店的身影。它可以算是在中国本地化最成功的跨国企业，在中国政府、公众以及消费者之间都有比较好的口碑。虽然以前在报社、印刷厂等国企、民营企业实习过，但没去过外企，所以外企在我心中仍然有一种神秘感。而该公司就是这样一个世界财富 500 强的外企，而且在南京有研发中心，所以，当我这次考虑找一份较长时间的实习工作时，自然地想到该公司。更重要的是该公司对实习生的工资待遇恐怕在中国算是最高的了，比 Intel、Microsoft、IBM、GE 都要高很多。今年 5 月 17 日，研一课程还没完全结束，让在该公司实习的师姐帮我投了份简历，由于部门经理当时在美国出差，所以 5 月 25 日才接到面试通知，由于那几天我正好比较忙，所以商量到 5 月 30 日去面试。

第一次去跨国公司面试，心里免不了有些紧张，因为面试的好坏直接关系到我能否得到这一份至少 6 个月的工作。由于这一学期忙于创业计划，编程的东西已有些生疏，面试前一天晚上复习 C 语言编程至凌晨 2 点。去公司后在大厅等了大概 20 分钟，然后来了两个面试官，见面后先向我说对不起，由于打印简历时出了一点问题，所以让你久等了。他们对人非常客气，我倒是变得不紧张了。面试过程很轻松，来面试我的是两个工程师，一男一女，说话非常和气，给人一种很舒服的感觉。面试的问题有难有易，记得其中有个问题是，C++里的引用和指针有什么区别？引用是否必须在定义时赋初值？第二个问题我记不清楚了，所以就如实相告，然后请面试官告诉我答案，他很客气地让我回去再看看书，呵呵，很有趣的经历。后来我知道这个面试官叫 Harry，也就是我后来的 mentor，技术很厉害，现在已经去美国了。那个女的面试官叫 Julie，上班后才知道，她也是我们项目组的核心人物，很厉害的人物。

我是上午去面试的，下午就收到了录用通知，通知我尽快去上班，看来该公司的效率还挺高。由于我马上要去徐州参加江苏省创业计划大赛的决赛，要好几天，所以就推迟到 6 月 7 日去报到。

　　上班第一天，由项目组 leader Jerry 带着我和同事们认识，大家都很友好，Jerry 也很随和，带着我跑上跑下办理手续，领门卡，领电脑。后来见到了经理，我只叫过他一次经理，他说叫他名字 John 就好，John 是中国人，但是他英语非常棒，非常地道，听起来像是一种享受。我想 John 应该在美国留过学。说到英语，当然，不只是 John，在该公司有很多中国员工的英语都是很棒的，我们常常用英语开会，我们项目组有员工在美国，所以每周都和美国电话会议。有时由于工作的需要，也会和印度分公司、韩国分公司的员工交流，该公司在韩国有测试中心，上个月我还和一个韩国 MM 视频了一把，当然是和工作相关的。该公司的办公语言是英语，所有文档、E-mail 都必须用英文来写，即便是中国员工间 E-mail，也必须要用英语。我想这应该也是所有国际化公司的要求吧。即便是该公司美国总部里，也有很多中国和印度的工程师，如果大家都用自己的母语，就很难做到信息共享。总之，来该公司实习后，我前所未有地、切身地感受到了英语的重要，如果想在真正的国际化企业工作，英语必须要过关。现在各种媒体上有很多专家认为，中国对英语太重视过头了，四六级应该废除。但是我要说，如果你想到跨国企业工作，那么请忽略这些所谓专家的声音。即使不去外企，中国的企业要想走出去，英语还是免不了。

　　该公司是一个很注重商业道德和知识产权的企业，在公司的电脑上是不允许有盗版软件出现的，即使是使用共享软件也必须得通过审查。该公司对自己的知识财富也是非常重视的，对于企业文档、信息的管理有很详细的规定，据说华为分了四个密级，该公司是分了三个密级的，所以关于工作的详细内容，在这里是不能说了。

　　该公司有一种很特殊、很吸引人的企业文化，每个员工生日的时候都会收到公司给的小礼品，项目组 team building 也常常大手笔，什么吃饭、唱歌、拓展训练等非常丰富。每天上午 9 点上班、下午 5 点半下班，周末休息两天，公司一般不要员工加班，而且有丰富的业余活动，在公司里有健身器材、篮球场、乒乓球台，上个周组织了扑克牌大赛和军棋赛，下个周末又组织去外地旅游。一个去 Intel 工作了几个月的师兄还常说很怀恋在该公司的日子，也许这就是公司人性化的企业文化的威力。据说很多人在该公司工作过都会被同化，以后到其他企业就会很难适应。公司也有一个罕见的政策，员工在离职跳槽后 1 年内，仍然随时欢迎他回来工作，甚至可以保留以前的 grade，而这样的员工还真不在少数。

附录二　霍兰德职业性向测验量表

本测验量表将帮助您发现和确定自己的职业兴趣和能力特长，从而更好地做出求职择业的决策。如果您已经考虑好或选择好了自己的职业，本测验将使您的这种考虑或选择具有理论基础，或向您展示其他合适的职业；如果您至今尚未确定职业方向，本测验将帮助您根据自己的情况选择一个恰当的职业目标。

本测验共有 7 个部分，每部分测验都没有时间限制，但请您尽快按要求完成。

第 1 部分　你心目中的理想职业（专业）

对于未来的职业（或升学进修的专业）你也许早有考虑，它可能很抽象、很朦胧，也可能很具体、很清晰。不管是哪种情况，现在都请你把你最想干的 3 种工作或最想读的 3 种专业，按顺序写下来。

1. _____
2. _____
3. _____

第 1 部分已完成，现在请继续做第 2 部分。

第 2 部分　你所感兴趣的活动

下面列举了一些十分具体的活动。这些活动无所谓好坏，如果你喜欢去参加（包括过去、现在或将来），就请在答题卷的相应题号上的"是"一栏的方框内画个"√"，如果不喜欢就请在"否"一栏的方框内画"√"。注意，这一部分测验主要想确定你的职业兴趣，而不是让你选择工作，你喜欢某种活动并不意味着你一定要从事这种活动。答题时不必考虑过去是否干过和是否擅长这种活动，只根据你的兴趣直接判断即可。请务必做完每一题目。

一、R 型（现实型活动）

你喜欢做下列事情吗?

1. 装配修理电器。
2. 修理自行车。
3. 装修机器或机器零件。
4. 做木工活。
5. 驾驶卡车或拖拉机。
6. 开机床。
7. 开摩托车。
8. 上金属工艺课。
9. 上机械制图课。
10. 上木工手艺课。
11. 上电气自动化技术课。

二、I 型（调查型活动）

你喜欢做下列事情吗?
1. 阅读科技书刊。
2. 在实验室工作。
3. 研究某个科研项目。
4. 制作飞机、汽车模型。
5. 做化学实验。
6. 阅读专业性论文。
7. 解一道数学或棋艺难题。
8. 上物理课。
9. 上化学课。
10. 上几何课。
11. 上生物课。

三、A 型（艺术性活动）

你喜欢做下列事情吗?
1. 素描、制图或绘画。
2. 表演戏剧、小品或相声节目。
3. 设计家具或房屋。
4. 在舞台上演唱或跳舞。
5. 演奏一种乐器。
6. 阅读流行小说。
7. 听音乐会。
8. 从事摄影创作。
9. 阅读电影、电视剧本。
10. 读诗写诗。
11. 上书法美术课。

四、S 型（社会型活动）

你喜欢做下列事情吗?
1. 给朋友们写信。
2. 参加学校、单位组织的正式活动。
3. 加入某个社会团体或俱乐部。
4. 帮助别人解决困难。
5. 照看小孩。
6. 参加宴会、茶话会或联欢晚会。
7. 跳交谊舞。
8. 参加讨论会或辩论会。
9. 观看运动会或体育比赛。
10. 寻亲访友。
11. 阅读与人际交往有关的书刊。

五、E 型（企/事业型活动）

你喜欢做下列事情吗?
1. 对他人做劝说工作。
2. 买东西与人讨价还价。
3. 讨论政治问题。
4. 从事个体或独立的经营活动。
5. 出席正式会议。
6. 做演讲。
7. 在社会团体中做一名理事。
8. 检查与评价别人的工作。
9. 结识名流。
10. 带领一群人去完成某项任务。
11. 参与政治活动。

六、C 型（常规型活动）

你喜欢做下列事情吗?

1. 保持桌子和房间整洁
2. 抄写文章或信件。
3. 开发票、写收据或打回条。
4. 打算盘或用计算机计算。
5. 记流水账或备忘录。
6. 上打字课或学速记法。
7. 上会计课。
8. 上商业统计课。
9. 将文件、报告、记录分类与归档。
10. 为领导写公务信函与报告。
11. 检查个人收支情况。

你所感兴趣的活动答卷

R 型				I 型				A 型		
题号	是	否		题号	是	否		题号	是	否
1	☐	☐		1	☐	☐		1	☐	☐
2	☐	☐		2	☐	☐		2	☐	☐
3	☐	☐		3	☐	☐		3	☐	☐
4	☐	☐		4	☐	☐		4	☐	☐
5	☐	☐		5	☐	☐		5	☐	☐
6	☐	☐		6	☐	☐		6	☐	☐
7	☐	☐		7	☐	☐		7	☐	☐
8	☐	☐		8	☐	☐		8	☐	☐
9	☐	☐		9	☐	☐		9	☐	☐
10	☐	☐		10	☐	☐		10	☐	☐
11	☐	☐		11	☐	☐		11	☐	☐
"是" 总数：				"是" 总数：				"是" 总数：		

S 型				E 型				C 型		
题号	是	否		题号	是	否		题号	是	否
1	☐	☐		1	☐	☐		1	☐	☐
2	☐	☐		2	☐	☐		2	☐	☐
3	☐	☐		3	☐	☐		3	☐	☐
4	☐	☐		4	☐	☐		4	☐	☐
5	☐	☐		5	☐	☐		5	☐	☐
6	☐	☐		6	☐	☐		6	☐	☐
7	☐	☐		7	☐	☐		7	☐	☐
8	☐	☐		8	☐	☐		8	☐	☐
9	☐	☐		9	☐	☐		9	☐	☐
10	☐	☐		10	☐	☐		10	☐	☐
11	☐	☐		11	☐	☐		11	☐	☐
"是" 总数：				"是" 总数：				"是" 总数：		

第 2 部分已完成，现在请继续做第 3 部分。

第 3 部分　你所擅长或胜任的活动

下面从 6 个方面分别列举一些十分具体的活动，以确定你具备哪一方面的工作特长。回答时，只需考虑你过去或现在对所列活动是否擅长、胜任，不必考虑你是否喜欢这种活动。如果你认为你擅长从事某一活动，就请在答题卷的相应题号上的"是"一栏的方框内画"√"，如果不擅长，就请在"否"一栏的方框内画"√"。注意，你如果从未从事过某一活动，那就请考虑你将来是否会擅长从事该项活动。请你务必做完每一个题目。

一、R 型（现实型能力）

你擅长做或胜任下列事情吗？

1. 使用锯子、钳子、车床、砂轮等工具。
2. 使用万能电表。
3. 给自行车或机器加油使它们正常运转。
4. 使用钻床、研磨机、缝纫机等。
5. 修整木器家具表面。
6. 看机械、建筑设计图纸。
7. 修理结构简单的家用电器。
8. 制作简单的家具。
9. 绘制机械设计图纸。
10. 修理收音机的简单部件。
11. 疏通、修理自来水管或下水道。

二、I 型（调研型能力）

你擅长做或胜任下列事情吗？

1. 了解真空管的工作原理。
2. 知道 3 种以上蛋白质含量高的食物。
3. 知道 1 种放射性元素的"半衰期"。
4. 使用对数表。
5. 使用计算器或计算尺。
6. 使用显微镜。
7. 辨认 3 个星座。
8. 说明白血球的功能。
9. 解释简单的化学分子式。
10. 理解人造卫星不会落地的道理。
11. 参加科技竞赛或科研成果交流会。

三、A 型（艺术型能力）

你擅长做或胜任下列事情吗？

1. 演奏一种乐器。
2. 参加二重唱或四重唱表演。
3. 独奏或独唱。
4. 扮演剧中角色。
5. 说书或讲故事。
6. 表演现代舞或芭蕾舞。
7. 人物素描。
8. 油画或雕塑。
9. 制造陶器、捏泥塑或剪纸。
10. 设计服装、海报或家具。
11. 写得一手好文章。

四、S 型（社会型能力）

你擅长做或胜任下列事情吗？

1. 善于向别人解释问题。
2. 参加慰问或救济活动。
3. 善与人合作、配合默契。
4. 殷勤待客。
5. 能深入浅出地教育儿童。
6. 为一次宴会安排娱乐活动。
7. 帮助他人解决困难。
8. 帮助护理病人或伤员。
9. 安排学校或社团组织的各种集体事务。
10. 善察人心或善于判断人的性格。
11. 善与年长者相处。

五、E 型（企业型能力）

你擅长做或胜任下列事情吗?

1. 学校里当过班干部并且干得不错。
2. 善于督促他人工作。
3. 善于使他人按你的习惯做事。
4. 做事具有超常的经历和热情。
5. 能做一个称职的推销员。
6. 代表某个团体向有关部门提出建议或反映意见。
7. 担任某种领导职务期间获过奖或受表扬。
8. 说服别人加入你所在的团体（俱乐部、运动队、工作或研究组等）。
9. 创办一家商店或企业。
10. 知道如何做一位成功的领导人。
11. 有很好的口才。

六、C 型（常规型能力）

你擅长做或胜任下列事情吗?

1. 一天能誊抄近一万字。
2. 能熟练地使用算盘或计算器。
3. 能够熟练地使用中文打字机。
4. 善于将书信、文件迅速归档。
5. 做过办公室职员工作且干得不错。
6. 核对数据或文章时既快又准确。
7. 会使用外文打字机或复印机。
8. 善于在短时间内分类和处理大量文件。
9. 记账或开发票时既快又准确。
10. 善于为自己或集体作财务预算（表）。
11. 能迅速誊清贷方和借方的账目。

你所擅长或胜任的活动答卷

R 型 题号	是	否		I 型 题号	是	否		A 型 题号	是	否
1	☐	☐		1	☐	☐		1	☐	☐
2	☐	☐		2	☐	☐		2	☐	☐
3	☐	☐		3	☐	☐		3	☐	☐
4	☐	☐		4	☐	☐		4	☐	☐
5	☐	☐		5	☐	☐		5	☐	☐
6	☐	☐		6	☐	☐		6	☐	☐
7	☐	☐		7	☐	☐		7	☐	☐
8	☐	☐		8	☐	☐		8	☐	☐
9	☐	☐		9	☐	☐		9	☐	☐
10	☐	☐		10	☐	☐		10	☐	☐
11	☐	☐		11	☐	☐		11	☐	☐
"是"总数:				"是"总数:				"是"总数:		

S 型 题号	是	否		E 型 题号	是	否		C 型 题号	是	否
1	☐	☐		1	☐	☐		1	☐	☐
2	☐	☐		2	☐	☐		2	☐	☐

S型				E型				C型		
题号	是	否		题号	是	否		题号	是	否
3	☐	☐		3	☐	☐		3	☐	☐
4	☐	☐		4	☐	☐		4	☐	☐
5	☐	☐		5	☐	☐		5	☐	☐
6	☐	☐		6	☐	☐		6	☐	☐
7	☐	☐		7	☐	☐		7	☐	☐
8	☐	☐		8	☐	☐		8	☐	☐
9	☐	☐		9	☐	☐		9	☐	☐
10	☐	☐		10	☐	☐		10	☐	☐
11	☐	☐		11	☐	☐		11	☐	☐
"是"总数:				"是"总数:				"是"总数:		

第 3 部分已完成，现在请继续做第 4 部分。

第 4 部分　你所喜欢的职业

　　下面列举了许多职业，对这些职业的基本情况你或多或少都有所了解，并在此基础上形成了自己的评价态度。如果你对某项职业喜欢的话，请在答题卷的相应题号上的"是"一栏中打"√"，如果不喜欢则请在"否"一栏中打"√"。这一部分测验也要求每题必做。

一、R 型（现实型职业）

你喜欢做下列事情吗？

1. 飞行机械技术人员。
2. 鱼类和野生动物专家。
3. 自动化工程技术人员。
4. 木工。
5. 机床安装工或钳工。
6. 电工。
7. 无线电报务员。
8. 长途汽车司机。
9. 火车司机。
10. 机械师。
11. 测绘、水文技术人员。

二、I 型（调研型职业）

你喜欢做下列事情吗？

1. 气象研究人员。
2. 生物学研究人员。
3. 天文学研究人员。
4. 药剂师。
5. 人类学研究人员。
6. 化学研究人员。
7. 科学杂志编辑。
8. 植物学研究人员。
9. 物理学研究人员。
10. 科普工作者。
11. 地质学研究人员。

三、A 型（艺术型职业）

你喜欢下列职业吗？

1. 诗人。
2. 文学艺术评论家。
3. 作家。
4. 记者。
5. 歌唱家或歌手。
6. 作曲家。

7. 剧本写作人员。
8. 画家。
9. 相声演员。
10. 乐团指挥。
11. 电影演员。

四、S 型（社会型职业）

你喜欢下列职业吗？

1. 街道、工会或妇联负责人。
2. 中学教师。
3. 青少年犯罪问题专家。
4. 中学校长。
5. 心理咨询人员。
6. 精神病医生。

7. 职业介绍所工作人员。
8. 导游。
9. 青年团负责人。
10. 福利机构负责人。
11. 婚姻介绍所工作人员。

五、E 型（企业型职业）

你喜欢下列职业吗？

1. 供销科长。
2. 推销员。
3. 旅馆经理。
4. 商店管理费用人员。
5. 厂长。
6. 律师或法官。

7. 电视剧制作人。
8. 饭店或饮食店经理。
9. 人民代表。
10. 服装批发商。
11. 企业管理咨询人员。

六、C 型（常规型职业）

你喜欢下列职业吗？

1. 簿记员。
2. 会计师。
3. 银行出纳员。
4. 法庭书记员。
5. 人口普查登记员。
6. 成本核算员。

7. 税务工作者。
8. 校对员。
9. 打字员。
10. 办公室秘书。
11. 质量检查员。

你所喜欢的职业答卷

R 型				I 型				A 型		
题号	是	否		题号	是	否		题号	是	否
1	☐	☐		1	☐	☐		1	☐	☐
2	☐	☐		2	☐	☐		2	☐	☐
3	☐	☐		3	☐	☐		3	☐	☐
4	☐	☐		4	☐	☐		4	☐	☐
5	☐	☐		5	☐	☐		5	☐	☐
6	☐	☐		6	☐	☐		6	☐	☐
题号	是	否		题号	是	否		题号	是	否
7	☐	☐		7	☐	☐		7	☐	☐
8	☐	☐		8	☐	☐		8	☐	☐
9	☐	☐		9	☐	☐		9	☐	☐
10	☐	☐		10	☐	☐		10	☐	☐
11	☐	☐		11	☐	☐		11	☐	☐
"是" 总数:				"是" 总数:				"是" 总数:		

S 型				E 型				C 型		
题号	是	否		题号	是	否		题号	是	否
1	☐	☐		1	☐	☐		1	☐	☐
2	☐	☐		2	☐	☐		2	☐	☐
3	☐	☐		3	☐	☐		3	☐	☐
4	☐	☐		4	☐	☐		4	☐	☐
5	☐	☐		5	☐	☐		5	☐	☐
6	☐	☐		6	☐	☐		6	☐	☐
7	☐	☐		7	☐	☐		7	☐	☐
8	☐	☐		8	☐	☐		8	☐	☐
9	☐	☐		9	☐	☐		9	☐	☐
10	☐	☐		10	☐	☐		10	☐	☐
11	☐	☐		11	☐	☐		11	☐	☐
"是" 总数:				"是" 总数:				"是" 总数:		

第 4 部分已完成,现在请继续做第 5 部分。

第 5 部分　你的能力类型简评

下面两张表是你在 6 个职业能力方面的自我评分表。你可以先与同龄人比较一下自己在每一方面的能力,然后经斟酌以后对自己的能力作一评价。评分时请在表中适当的数字上画圈。数字越大表示你的能力越强。

注意,请勿全部圈画同样的数字,因为人的每项能力不可能完全一样。

表 A

	R 型	I 型	A 型	S 型	E 型	C 型
	机械操作能力	科学研究能力	艺术创造能力	解释表达能力	商业洽谈能力	事务执行能力
高	7	7	7	7	7	7
中	6	6	6	6	6	6
	5	5	5	5	5	5
	4	4	4	4	4	4
低	3	3	3	3	3	3
	2	2	2	2	2	2
	1	1	1	1	1	1

表 B

	R 型	I 型	A 型	S 型	E 型	C 型
	体力技能	数学技能	音乐技能	交际技能	领导技能	办公技能
高	7	7	7	7	7	7
中	6	6	6	6	6	6
	5	5	5	5	5	5
	4	4	4	4	4	4
低	3	3	3	3	3	3
	2	2	2	2	2	2
	1	1	1	1	1	1

第 5 部分已完成，请继续做第 6 部分。

第 6 部分　统计和确定你的职业倾向

请将第 2 部分～第 5 部分的全部测验分数按前面已统计好的 6 种职业倾向（R 型、I 型、A 型、S 型、E 型和 C 型）得分填入下表，并作纵向累加。

测 验	R 型	I 型	A 型	S 型	E 型	C 型
第 2 部分						
第 3 部分						
第 4 部分						
第 5 部分（A）						
第 5 部分（B）						
总分						

请将上表中的 6 种职业倾向总分按大小顺序依次从左到右重新排列：

__型、__型、__型、__型、__型、__型

最高分 ◀——— 你的职业倾向性得分 ———▶ 最低分

得分最高的职业类型意味着最适合你的职业。比方说，假如你在 I 型上得分最高，说明你适合做自然科学方面的研究工作，如气象研究、生物学研究、天文学研究等，或科学杂志编辑。其余类推。

如果最适合你的工作和你在第 1 部分所写的理想工作之间不太一致，或者在各种类型的职业上你的能力和兴趣不相匹配，那么请你参照第 7 部分——你的职业价值观来作出最佳选择。

比方说，假如第 2 部分你在 I 型上得分最高，但第 3 部分你在 A 型上得分高，那么请参考你最看重的因素：假如你最看重（8）能充分发挥自己的能力特长或（2）工作环境舒适，那么 A 型工作最适合你；假如你最看重（10）能从事自己感兴趣的工作或（4）工作稳定有保障，那么 I 型工作最适合你；假如你最看重的是其他因素，那么请向 A 型职业方面的专家咨询，选择和你的职业价值观最接近的工作。

第 7 部分　你所看重的东西——职业价值观

这一部分测验列出了人们在选择工作时通常会考虑的 9 要素（见所附工作价值标准）。请你在其中选出对你最重要二项因素，以及最不重要的二项因素，并将序号填入下边相应空格上。

最　重　要：＿＿＿＿＿＿＿＿＿＿＿＿＿

最不重要：＿＿＿＿＿＿＿＿＿＿＿＿＿

次　重　要：＿＿＿＿＿＿＿＿＿＿＿＿＿

次不重要：＿＿＿＿＿＿＿＿＿＿＿＿＿

附　工作价值标准。

1. 工资高福利好。
2. 工作环境（物质方面）舒适。
3. 人际关系良好。
4. 工作稳定有保障。
5. 能提供较好的受教育机会。
6. 有较高的社会地位。
7. 工作不太紧张、外部压力少。
8. 能充分发挥自己的能力特长。
9. 社会需要与社会贡献较大。
10. 能从事自己感兴趣的工作。

以上全部测验完毕。

现在，将你测验得分居第一位的职业类型找出来，对照下表，判断一下自己适合的职业类型。

职业索引——职业兴趣代号与其相应的职业对照表：

R（现实型）：木匠、农民、操作 X 光的技师、工程师、飞机机械师、鱼类和野生动物专家、自动化技师、机械工（车工、钳工等）、电工、无线电报务员、火车司机、长途公共汽车司机、机械制图员、修理机器、电器师。

I（调查型）：气象学者、生物学者、天文学家、药剂师、动物学者、化学家、科学报刊编辑、地质学者、植物学者、物理学者、数学家、实验员、科研人员、科技作者。

A（艺术型）：室内装饰专家、图书管理专家、摄影师、音乐教师、作家、演员、记者、诗人、作曲家、编剧、雕刻家、漫画家。

S（社会型）：社会学者、导游、福利机构工作者、咨询人员、社会工作者、社会科学教师、学校领导、精神病工作者、公共保健护士。

E（企业型）：推销员、进货员、商品批发员、旅馆经理、饭店经理、广告宣传员、调度员、律师、政治家、零售商。

C（常规型）：记账员、会计、银行出纳、法庭速记员、成本估算员、税务员、核算员、打字员、办公室职员、统计员、计算机操作员、秘书。

下面介绍与你 3 个代号的职业兴趣类型一致的职业表，对照的方法如下：首先根据你的职业兴趣代号，在下表中找出相应的职业，如你的职业兴趣代号是 RIA，那么牙科技术人员、陶工等是适合你兴趣的职业。然后寻找与你职业兴趣代号相近的职业，如你的职业兴趣代号是 RIA，那么，其他由这 3 个字母组合成的编号（如 IRA、IAR、ARI 等）对应的职业，也较适合你的兴趣。

RIA：牙科技术员、陶工、建筑设计员、模型工、细木工、制作链条人员。

RIS：厨师、林务员、跳水员、潜水员、染色员、电器修理、眼镜制作、电工、纺织机器装配工、服务员、装玻璃工人、发电厂工人、焊接工。

RIE：建筑和桥梁工程、环境工程、航空工程、公路工程、电力工程、信号工程、电话工程、一般机械工程、自动工程、矿业工程、海洋工程、交通工程技术人员、制图员、家政经济人员、计量员、农民、农场工人、农业机器操作、清洁工、无线电修理、汽车修理、手表修理、管子工、线路装配工、工具仓库管理员。

RIC：船上工作人员、接待员、杂志保管员、牙医助手、制帽工、磨坊工、石匠、机器制造、机车（火车头）制造、农业机器装配、汽车装配工、缝纫机装配工、钟表装配和检验、电动器具装配、鞋匠、锁匠、货物检验员、电梯机修工、托儿所所长、钢琴调音员、装配工、印刷工、建筑钢铁工人、卡车司机。

RAI：手工雕刻、玻璃雕刻、制作模型人员、家具木工、制作皮革品、手工绣花、手工钩针编织、排字工人、印刷工人、图画雕刻、装订工。

RSE：消防员、交通巡警、警察、门卫、理发师、房间清洁工、屠夫、锻工、开凿工人、管道安装工、出租汽车驾驶员、货物搬运工、送报员、勘探员、娱乐场所的服务员、起卸机操作工、灭害虫者、电梯操作工、厨房助手。

RSI：纺织工、编织工、农业学校教师、某些职业课程教师（诸如艺术、商业、技术、工艺课程）、雨衣上胶工。

REC：抄水表员、保姆、实验室动物饲养员、动物管理员。

REI：轮船船长、航海领航员、大副、试管实验员。

RES：旅馆服务员、家畜饲养员、渔民、渔网修补工、水手长、收割机操作工、搬运行李工人、公园服务员、救生员、登山导游、火车工程技术员、建筑工人、铺轨工人。

RCI：测量员、勘测员、仪表操作者、农业工程技术、化学工程技师、民用工程技师、石油工程技师、资料室管理员、探矿工、煅烧工、烧窑工、矿工、保养工、磨床工、取样工、样品检验员、纺纱工、炮手、漂洗工、电焊工、锯木工、刨床工、制帽工、手工缝纫工、油漆工、染色工、按摩工、木匠、农民建筑工人、电影放映员、勘测员助手。

RCS：公共汽车驾驶员、一等水手、游泳池服务员、裁缝、建筑工人、石匠、烟囱修建工、混凝土工、电话修理工、爆炸手、邮递员、矿工、裱糊工人、纺纱工。

RCE：打井工、吊车驾驶员、农场工人、邮件分类员、铲车司机、拖拉机司机。

IAS：普通经济学家、农场经济学家、财政经济学家、国际贸易经济学家、实验心理学家、工程心理学家、心理学家、哲学家、内科医生、数学家。

IAR：人类学家、天文学家、化学家、物理学家、医学病理学家、动物标本剥制者、化石修复者、艺术品管理员。

ISE：营养学家、饮食顾问、火灾检查员、邮政服务检查员。

ISC：侦察员、电视播音室修理员、电视修理服务员、验尸室人员、编目录者、医学实验室技师、调查研究者。

ISR：水生生物学者、昆虫学者、微生物学家、配镜师、矫正视力者、细菌学家、牙科医生、骨科医生。

ISA：实验心理学家、普通心理学家、发展心理学家、教育心理学家、社会心理学家、临床心理学家、目录学家、皮肤病学家、精神病学家、妇产科医生、眼科医生、五官科医生、医学实验室技术专家、民航医务人员、护士。

IES：细菌学家、生理学家、化学专家、地质专家、地理物理学专家、纺织技术专家、医院药剂师、工业药剂师、药房营业员。

IEC：档案保管员、保险统计员。

ICR：质量检验技术员、地质学技师、工程师、法官、图书馆技术辅导员、计算机操作员、医院听诊员、家禽检查员。

IRA：地理学家、地质学家、水文学家、矿物学家、古生物学家、石油学家、地震学家、声学物理学家、原子和分子物理学家、电学和磁学物理学家、气象学家、设计审核员、人口统计学家、数学统计学家、外科医生、城市规划家、气象员。

IRS：流体物理学家、物理海洋学家、等离子体物理学家、农业科学家、动物学家、食品科学家、园艺学家、植物学家、细菌学家、解剖学家、动物病理学家、作物病理学家、药物学家、生物化学家、生物物理学家、细胞生物学家、临床化学家、遗传学家、分子生物学家、质量控制工程师、地理学家、兽医、放射治疗技师。

IRE：化验员、化学工程师、纺织工程师、食品技师、渔业技术专家、材料和测试工程师、电气工程师、土木工程师、航空工程师、行政官员、冶金专家、原子核工程师、陶瓷工程师、地质工程师、电力工程师、口腔科医生、牙科医生。

IRC：飞机领航员、飞行员、物理实验室技师、文献检查员、农业技术专家、动植物技术专家、生物技师、油管检查员、工商业规划者、矿藏安全检查员、纺织品检验员、照相机修理者、工程技术员、编计算机程序者、工具设计者、仪器维修工。

CRI：簿记员、会计、记时员、铸造机操作工、打字员、按键操作工、复印机操作工。

CRS：仓库保管员、档案管理员、缝纫工、讲述员、收款人。

CRE：标价员、实验室工作者、广告管理员、自动打字机操作员、电动机装配工、缝纫机操作工。

CIS：记账员、顾客服务员、报刊发行员、土地测量员、保险公司职员、会计师、估价员、邮政检查员、外贸检查员。

CIE：打字员、统计员、支票记录员、订货员、校对员、办公室工作人员。

CIR：校对员、工程职员、海底电报员、检修计划员、发报员。

CSE：接待员、通讯员、电话接线员、卖票员、旅馆服务员、私人职员、商学教师、旅游办事员。

CSR：运货代理商、铁路职员、交通检查员、办公室通信员、簿记员、出纳员、银行财务职员。

CSA：秘书、图书管理员、办公室办事员。

CER：邮递员、数据处理员、航空邮件检查员。

CEI：推销员、经济分析家。

CES：银行会计、记账员、法人秘书、速记员、法院报告人。

ECI：银行行长、审记员、信用管理员、地产管理员、商业管理员。

ECS：信用办事员、保险人员、各类进货员、海关服务经理、售货员、购买员、会计。

ERI：建筑物管珲员、工业工程师、农场管理员、护士长、农业经营管理人员。

ERS：仓库管理员、房屋管理员、货栈监督管理员。

ERC：邮政局长、渔船船长、机械操作领班、木工领班、瓦工领班、驾驶员领班。

EIR：科学、技术和有关周期出版物的管理员。

EIC：专利代理人、鉴定人、运输服务检查员、安全检查员、废品收购人员。

EIS：警官、侦察员、交通检验员、安全咨询员、合同管理者、商人。

EAS：法官、律师、公证人。

FAR：展览室管理员、舞台管理员、播音员、驯兽师。

ESC：理发师、裁判员、政府行政管理员、财政管理员、工程管理员、职业病防治、售货员、商业经理、办公室主任、人事负责人、调度员。

ESR：家具售货员、书店售货员、公共汽车的驾驶员、日用品售货员、护士长、自然科学和工程的行政领导。

ESI：博物馆管理员、图书馆管理虽、古迹管理员、饮食业经理、地区安全服务管理员、技术服务咨询者、超级市场管理员、零售商品店店员、批发商、出租汽车服务站调度。

ESA：博物馆馆长、报刊管理员、音乐器材售货员、广告商售画营业员、导游、（轮船或班机上的）事务长、飞机上的服务员、船员、法官、律师。

ASE：戏剧导演、舞蹈教师、广告撰稿人、报刊专栏作者、记者、演员、英语翻译。

ASI：音乐教师、乐器教师、美术教师、管弦乐指挥、合唱队指挥、歌星、演奏家、哲学家、作家、广告经理、时装模特。

AER：新闻摄影师、电视摄像师、艺术指导、录音指导、丑角演员、魔术师、木偶戏演员、骑士、跳水员。

AEI：音乐指挥、舞台指导、电影导演。

AES：流行歌手、舞蹈演员、电影导演、广播节目主持人、舞蹈教师、口技表演者、喜剧演员、模特。

AIS：画家、剧作家、编辑、评论家、时装艺术大师、新闻摄影师、演员、文学作者。

AIE：花匠、皮衣设计师、工业产品设计师、剪影艺术家、复制雕刻品大师。

AIR：建筑师、画家、摄影师、绘图员、环境美化工、雕刻家，包装设计师、陶器设计师、绣花工、漫画工。

SEC：社会活动家、退伍军人服务官员、工商会事务代表、教育咨询者、宿舍管理员、旅馆经理、饮食服务管理员。

SER：体育教练、游泳指导。

SEI：大学校长、学院院长、医院行政管理员、历史学家、家政经济学家、职业学校教师、资料员。

SEA：娱乐活动管理员、国外服务办事员、社会服务助理、一般咨询者、宗教教育工作者。

SCE：部长助理、福利机构职员、生产协调人、环境卫生管理人员、戏院经理、餐馆经理、售票员。

SRI：外科医师助手、医院服务员。

SRE：体育教师、职业病治疗者、体育教练、专业运动员、房管员、儿童家庭教师、警察、引座员、传达员、保姆。

SRC：护理员、护理助理、医院勤杂工、理发师、学校儿童服务人员。

SIA：社会学家、心理咨询者、学校心理学家、政治科学家、大学或学院的系主任、大学或学院的教育学教师，大学农业教师，大学工程和建筑课程的教师，大学法律教师，大学数学、医学、物理、社会科学和生命科学的教师，研究生助教，成人教育教师。

SIE：营养学家、饮食学家、海关检查员、安全检查员、税务稽查员、校长。

SIC：描图员、兽医助手、诊所助理、体检检查员、监督缓刑犯的工作者、娱乐指导者、咨询人员、社会科学教师。

SIR：理疗员、救护队工作人员、手足病医生、职业病治疗助手。

SAC：理发师、指甲修剪师、包装艺术家、美容师、整容专家、发式设计师。

SAE：听觉病治疗者、演讲矫正者。

SAE：图书馆管理员、小学教师、幼儿园教师、学前儿童教师、中学教师、师范学院教师、盲人教师、智力障碍人的教师、聋哑人的教师、学校护士、牙科助理、飞行指导员。

后　记

本书在第一版的基础上，充分汲取了教学与工作中的经验进行了修订，是对大学生职业规划、就业与创业问题探索和教学实践的结果。在这里，我们要感谢何海洋、刘明喜、张翼、张敏、黄婷婷、葛敏、尹志丽、陈晓波、高志华、魏昂、李承晟、赵允玉、徐欣、王立辉、彭刘生、韩树海、张强、王小露、钟凯、邓艳华、金久仁、王美霞、张海珍、姚飞等各位老师的大力支持。他们为我们提供了大学生就业创业教育的宝贵经验，将一线的工作感受及理论研究进行了总结和提升，使得本教材编写的内容更具有指导性、针对性和实用性，为毕业生就业、创业、走向职业岗位并在工作中创新、成才提供帮助。感谢相关毕业生将学习、实习和求职的切身体会与感受过程与大家分享。感谢金久仁、祁保华等各位老师为本教材进行素材的收集与整理。

本书主编为朱永平教授。参加本书编写的有：第一章、第九章、第十章由朱永平教授编写；第六章、第七章、第八章、第十一章、第十二章、第十三章由荆晅老师编写；第二章、第三章、第四章、第五章由蒋琴雅老师编写。全书由朱永平教授最后统稿审定。

由于成书时间仓促，编者水平所限，本书难免有错漏之处，敬请广大同行和读者指正。

编　者

2012 年 6 月于南京

参 考 文 献

[1] 李光，易晓波，孙强，李明传. 创业导论. 武汉：武汉大学出版社，2003.

[2]（美）吉尔森（Joergensen.R.）. 选对池塘钓大鱼. 彭书淮，编译. 北京：机械工业出版社，2004.

[3] 陈曦，赵北平. 大学生就业指导（第2版）. 武汉：武汉理工大学出版社，2007.

[4] 尹忠泽. 大学生职业生涯规划. 长春：吉林大学出版社，2007.

[5] 曹振杰. 职业生涯设计与管理. 北京：人民邮电出版社，2006.

[6] 程社名，卜欣欣，戴洁. 人生发展与职业生涯规划. 北京：团结出版社，2003.

[7] 刘冰，张欣平. 职业生涯管理. 济南：山东人民出版社，2004.

[8] 李伟，赵瑛，张建民. 新世纪大学生就业指导. 西安：西安交通大学出版社，2002.

[9] 赵北平. 大学生职业生涯规划教程（第2版）. 武汉：武汉理工大学出版社，2007.

[10] 钱建国. 大学生职业规划与就业指导. 北京：人民出版社，2006.

[11] 毛上文. 职业成功向导与谋职技巧. 北京：气象出版社，2001.

[12]（美）格林豪斯(Greenhaus.J.H.)，（美）卡拉南(Callanan.G.A.)，（美）戈德谢克(Godshalk.V.M.)；职业生涯管理（第三版）. 王伟译. 北京：清华大学出版社，2006.

[13] 李卫平. 求职必知的100个故事. 北京：光明日报出版社，2006.

[14] 高校就业类教材课题研究组. 大学生职业发展与就业指导：本科版. 长春：吉林大学出版社，2009.

[15] 曲振国. 大学生就业指导与职业生涯规划. 北京：清华大学出版社，2008.

[16] 方伟. 大学生职业生涯规划咨询案例教程. 北京：北京大学出版社，2008.

[17] 黄中天. 生涯规划——理论与实践. 北京：高等教育出版社，2007.

[18] 熊萍. 职业生涯规划. 长沙：中南大学出版社，2006.

[19]（美）里尔登（Reardon），等. 职业生涯发展与规划. 教育部高校学生司组织编译，侯志瑾等译. 北京：高等教育出版社，2005.

[20] 张文勇，马树强. 大学生职业规划与就业指导. 北京：科学出版社，2006.

[21] 高桥，王辉. 大学生职业发展与就业指导教学指南. 北京：现代教育出版社，2008.

[22] 高桥. 大学生就业指导. 北京：清华大学出版社，2006.

[23] 高校教材编委会. 大学生就业指导. 长春：吉林大学出版社，2005.

[24] 洪凤仪. 一生的职业规划. 广州：南方日报出版社，2002.

[25] 田新民，张宗恩. 择业与就业：大学生职业规划与发展（第3版）. 上海：上海交通大学出版社，2008.

[26] 王宝生，赵居礼. 大学生就业与创业指导教程（第2版）. 北京：机械工业出版社，2007.

[27] 劳动和社会保障部培训就业司，中国就业培训技术指导中心. 创新职业指导—新理念. 北京：中国劳动社会保障出版社，2005.

[28] 周文霞著. 职业成功：从概念到实践. 上海：复旦大学出版社，2006.

[29] 周文霞. 职业生涯管理. 上海：复旦大学出版社，2004.

[30] 程良越. 准备人生的盛宴：解密就业与职业发展的黄金法则. 北京：机械工业出版社，2008.

就业指导与职业规划（修订版）

[31] 张建东，线联平. 大学生就业案例教程. 北京：中国人民大学出版，2002.

[32] 汤耀平，罗明忠，穆林. 大学生职业生涯规划理论与实务. 广州：暨南大学出版社，2006.

[33] 杨沛霆. 静雅的管理故事与哲理. 北京：机械工业出版社，2009.

[34] 王林. 成功探索十二讲. 北京：机械工业出版社，2008.

[35] 陈运明. 网猎天下. 1：54club 名企访谈录. 北京：民族出版社，2005.

[36] （英）詹纳（Jenner.S.）；大学生求职指南：成功人生第一步. 秦岩译. 北京：电子工业出版社，2003.

[37] 山东省人事厅. 新编大学生职业发展与就业指导教程. 济南：山东大学出版社，2008.

[38] 周矩. 大学生职场核心能力训练（经典）教程. 重庆：重庆出版社，2006.

[39] 凤陶，梁燕. 毕业不失业. 北京：机械工业出版社，2006.

[40] 李新省，刘正刚. 大学生创业过程中常见问题及对策. 交通职业教育 2008 年第 2 期.